München
2. Auflage 2011
ISBN 978-3-89883-297-7

Grafische Gestaltung	Georg Feigl, Claudia Wolff
Foodfotografie	Susie Eising, Martina Görlach
Foodstyling	Michael Koch
Reportagefotografie/Coverfoto	Alexander Haselhoff
Rezeptbearbeitung	Monika Reiter, Gerlinde Hans, André Schellenberg, Susanne Lang
Mitarbeit (Rezepte)	Patrick Raaß, K. Joe Gasser
Rezeptredaktion	Ines Alms, Eva-Maria Hege, Katharina Lisson
Kulturgeschichte/Gesundheit	Jakob Strobel y Serra, Dr. Johannes Gottfried Mayer
Städtereportagen	Jakob Strobel y Serra, Kristin Helberg, Dr. Claudia Teibler
Gewürzporträts	Dr. Johannes Gottfried Mayer, Dr. Claudia Teibler
Textredaktion	Katrin Pilars de Pilar, Dr. Claudia Teibler, Regina Carstensen
Redaktionelle Mitarbeit	Dr. Bernhard Abend
Herstellung	Karin Mayer, Peter Karg-Cordes
Lithografie	Christine Rühmer
Druck & Bindung	Mohn media Mohndruck GmbH, Gütersloh

Beim Druck dieses Buchs wurde durch den innovativen Einsatz der Kraft-Wärme-Kopplung im Vergleich zum herkömmlichen Energieeinsatz bis zu 52% weniger CO_2 emittiert. *Dr. Schorb, ifeu.Institut*

Besuchen Sie uns auch im Internet unter www.zsverlag.de

Die Städtereisen von Alfons Schuhbeck

Harissa, Ras-el-Hanout, Berbere & Co.: Die Auswahl an traditionellen Gewürzmischungen, die Alfons Schuhbeck auf seiner Reise entdeckt hat, ist beeindruckend. In diesem Kapitel werden die sechs Mixturen, die seine Küche am meisten beeinflusst haben, in bebilderten Porträts vorgestellt. Inspiriert von diesen Gewürzklassikern, hat Alfons Schuhbeck auch acht neue eigene Gewürzmischungen kreiert, die in diesem Kapitel ebenfalls präsentiert werden. Neben der kulinarischen Bedeutung wird dabei besonders die gesundheitliche Wirkung hervorgehoben.

Von Hummus über Lamm-Tajine bis hin zu Milchpudding mit Rosenwasser: In diesem Kapitel werden 14 kulinarische Klassiker aus der Orientküche ausführlich und mit anschaulichen Step-by-Step-Bildern erklärt.

Was verleiht Reis das besondere Etwas? Wie gare ich Couscous, sodass er noch körnig bleibt? Wie bereite ich schnell einen raffinierten Gewürz-Dip zu? Antworten auf diese Fragen gibt diese kleine Aroma-Kochschule.

Das Glück der Gewürze

Nichts hat mich in meinem Leben als Koch so beeinflusst wie die Gewürze.
Je mehr ich mich mit ihnen beschäftige, je tiefer ich in diese wunderbare Welt eintauche, umso mehr bin ich davon überzeugt: Gewürze sind vielleicht das schönste Geschenk, das uns die Natur macht. Denn sie besitzen zwei großartige Talente, die für jeden Koch unwiderstehlich sind. Zum einen erfreuen sie unseren Gaumen, und zum anderen profitieren wir seit Menschengedenken von ihren heilenden Kräften. Und keines ist weniger wertvoll als das andere.

Mit dieser faszinierenden Reise in den Orient habe ich mir einen Lebenstraum erfüllt.
In meinem neuen Buch blicke ich so umfassend und weit in die Vergangenheit der Gewürze zurück, wie ich es bisher noch nie getan habe. Ich wollte alles über sie erfahren, alles über sie lernen, all ihre verborgenen Geheimnisse lüften. Und staunend habe ich dabei festgestellt, wie faszinierend die Geschichte der Gewürze ist, wie sehr ihr weltweiter Handel das Zusammenleben der Menschen auch in Europa gelenkt hat, gerade wenn es um Essen, Trinken und Geselligkeit ging, warum Mediziner sie zur Heilung von Krankheiten einsetzten. Erst jetzt verstehe ich, wie zu allen Zeiten die größten Anstrengungen unternommen wurden, um an die hochbegehrten Würzmittel zu gelangen. Die Menschen riskierten ihr Leben und führten gar Kriege – und nur, um Getränke mit Kardamom zu verfeinern, das erlegte Wild mit Kubebenpfeffer zu marinieren, ein Mittel gegen die Pest zu haben. Und glauben Sie mir, liebe Leser: Diese Welt- und Kulturgeschichte der Gewürze besteht aus einer Vielzahl fantastischer Episoden, die Sie genauso verblüffen werden wie mich. Im wahrsten Sinne Tausendundeine-Nacht-Erzählungen aus den Kochtöpfen des Orients.

Besonders interessiert mich seit jeher die gesundheitsfördernde Wirkung der Gewürze. Jahrtausendelang waren Pfeffer, Ingwer oder Kurkuma die einzige Medizin, die den Menschen zur Verfügung stand, um gesund zu werden oder zu bleiben. Gewürze retteten also Leben: Sie wirken immer noch genauso positiv auf unseren Körper wie vor 5000 Jahren im alten Babylon oder bei den Ägyptern. Nur lassen wir es viel zu selten dazu kommen. Deswegen will ich mit diesem Buch auch von den segensreichen Wirkungen der Gewürze erzählen. Uns sollte wieder bewusst sein, dass zerriebener Schwarzkümmel bei Schnupfen die Nasenschleimhäute schnell abschwellen lässt und deswegen wie ein Aspirin der Natur wirkt. Oder dass Zimt krampflösend, Koriander ein Himmelsgeschenk für die Verdauung und Safran sogar eine Art Universalmedikament ist.

Wir sollten wieder lernen, richtig zu würzen, um dank der Heilkraft der Gewürze gesund zu bleiben.
Seit ich mich mit orientalischen Gewürzen beschäftige und je mehr ich über sie erfahre, umso klarer wurde mir: Ich muss dorthin reisen, wo sie seit Jahrhunderten zum täglichen Leben gehören, in Städte, die im Universum der Gewürze eine ganz besondere Rolle spielen: Marrakesch, Damaskus, Beirut, Istanbul und Jerusalem. Alle diese Orte sind schicksalhaft mit der Geschichte der Gewürze verbunden, sie waren wichtige Handelsplätze oder Sehnsuchtsziele der Europäer in ihrem unstillbaren Verlangen nach Pfeffer und Zimt. Sehnsuchtsorte sind sie bis heute geblieben, und so wurden es für mich fünf fantastische, unvergessliche Reisen.
Ich habe großartige Menschen kennengelernt, quirlige Suqs durchquert, an Garküchen auf der Straße und in herrlichen Restaurants gegessen, die mir atemberaubende Speisen angeboten haben, und natürlich bin ich

über Basare mit ihren duftenden Gewürzstraßen gezogen, vorbei an bunt leuchtenden Kegeln und Pyramiden mit den Schätzen des Orients. Die Händler nahmen sich ausführlich Zeit, mir alles über die Wirkung ihrer Gewürze zu erzählen, und ich war beeindruckt, welche Wertschätzung und Aufmerksamkeit ihnen in den Ländern rund um das Mittelmeer entgegengebracht wird. Die Menschen dort wissen genau, was sie an Gewürzen wie Knoblauch und Ingwer, Muskatnuss und Kreuzkümmel haben.

Meine Reisen, die mich in die Welt der Gewürze führten, waren auch unglaublich inspirierende Abenteuer für meine Küche. Sie haben mich zu neuen Gewürzmischungen angeregt, die ich eigens für dieses Buch komponiert habe, und zu 150 neuen Rezepten. Ich habe versucht, orientalische Gewürze und Mischungen mit heimischen Produkten zu vermählen.

Ich möchte die Küchen des Orients und die Küchen Europas friedvoll vereinigen.

Dabei war ich selbst immer wieder von den kreativen Möglichkeiten überrascht, die wir bisher ungenutzt gelassen haben: Wenn wir die Gewürze klug mit unseren traditionellen Rezepten kombinieren, sind sie der Schlüssel zu einer grandiosen neuen Geschmackswelt. Es ist das Paradies auf Erden, da sie zugleich unserer Gesundheit helfen.

Dieses Buch ist der erste Band meiner Weltreise zu den Gewürzen. Er erzählt die Geschichte bis zum Ende des Mittelalters – bis zu jenem Moment, als die europäischen Seefahrer auf der Suche nach Pfeffer und Nelken den Weg über die Ozeane nach Indien fanden, Amerika entdeckten und die Welt dadurch radikal veränderten. Der zweite Band wird mich dann

auf den Spuren der Abenteurer an noch fernere Orte führen, nach Sansibar und zur Seidenstraße, an die indische Pfefferküste und auf die Gewürzinseln in Indonesien.

Jetzt aber wünsche ich mir, dass ich Sie mit diesem Buch auf eine eigene Reise mitnehmen kann, die Sie ein wenig spüren lässt, was mich unterwegs berührte und bewegte. Und wenn Sie meine Rezepte nachkochen und zum Dessert das berauschende Gefühl bekommen, wie auf einem fliegenden Teppich selbst eine kleine Reise in die wunderbare Welt der orientalischen Gewürze unternommen zu haben, dann werde ich glücklich sein.

Herzlichst Ihr Alfons Schuhbeck

Ostsee
Hamburg
Bremen
London
Rhein
Leipzig
Köln
Nürnberg
Paris
Augsburg
MÜNCHEN
Basel
GOLF VON BISCAYA
Rhone
Venedig
Marseille
Rom
Barcelona
Toledo
Tajo
Lissabon
Córdoba
Sevilla
Granada
Karthago
Tunis
MARRAKESCH
Routen der Phönizier
Routen der Römer
Routen der Araber
Routen des Mittelalters
Andere Routen
Reiseroute von Alfons Schuhbeck

Nowgorod
Dnepr
Don
Wolga
Rostow
Donau
SCHWARZES MEER
KONSTANTINOPEL
ISTANBUL
Athen
Tigris
MITTELMEER
BEIRUT
DAMASKUS
Bagdad
Kyrene
JERUSALEM
Gaza
Alexandria
Kairo
Petra
Nil
Somalia
Indien
Jemen
N

ICH WÜRZE, ALSO BIN ICH

Warum der Mensch ohne Gewürze nicht sein kann

Trinke einen Safrantee, und du fühlst dich fröhlich.« So lautet ein persisches Sprichwort, das uns ein fantastisches Versprechen gibt: Gewürze machen glücklich. Wer die Geheimnisse ihres Geschmacks und ihrer Wirkung kennt, führt ein besseres, zufriedeneres, fröhlicheres Leben. Das haben die Menschen schon immer gewusst und deswegen vom Anbeginn der Zeit Gewürze geschätzt, gesucht, gehandelt. Und deswegen ist es nicht tollkühn, sondern legitim, die Geschichte der Menschheit als Geschichte der Gewürze zu erzählen. Ohne sie hätte die Geschichte einen anderen Verlauf genommen. Ohne sie wäre unsere Welt heute nicht dieselbe. Wie tief die Wurzeln unseres Würzens in die Anfänge aller Zivilisation zurückreichen, zeigt das Beispiel des Kreuzkümmels, eines der ältesten Gewürze der Welt, wenn nicht das älteste überhaupt: Auf Englisch heißt er *cumin*, auf Spanisch *comino* – und in der 5000 Jahre alten Sprache Mesopotamiens *kamunu*.

Vermutlich verwenden die Menschen schon so lange Gewürze, solange sie kochen. Keinen Zweifel gibt es daran, dass seit den frühesten Hochkulturen eines der wichtigsten Unterscheidungsmerkmale zwischen Zivilisation und Barbarei die Beherrschung der Kochkunst war. Im alten China oder in der Antike war man stolz auf die eigene kulinarische Kultiviertheit, während man jene Völker als roh und unzivilisiert verachtete, die einfach aßen und ihr Essen nicht würzten.

Küche und Medizin, Ernährung und Gesundheit sind immer Verbündete gewesen und keine Feinde.

Weihrauch für die Pharaonen, Zimt für die Mesopotamier

Gewürze sind das früheste Beispiel der Globalisierung. Schon in der Antike gab es einen weltumspannenden Gewürzhandel von China, Indonesien und Indien über Persien und Arabien bis nach Europa. Doch am erstaunlichsten ist, dass dieser Handel in der Menschheitsgeschichte niemals zum Erliegen kam. Keine Zeitenwende, keine hundertjährigen Kriege, keine Pestepidemien konnten ihn stoppen. Der Heißhunger der Menschen nach Gewürzen war einfach zu groß.

Betrachtet man die Geschichte der Menschen als Geschichte der Gewürze, erkennt man verblüffende Zusammenhänge: Die geistige und zivilisatorische Blüte des antiken Abendlands etwa von 500 vor bis 400 nach Christus ist identisch mit jener Zeit, als Griechen, Phönizier und Römer den Gewürzhandel rund um das Mittelmeer und weit darüber hinaus dominierten und Gewürze im Überfluss vorhanden waren. Der Niedergang des Abendlands nach dem Kollaps des Römischen Reichs bedeutete in Europa auch den Anbruch einer Epoche, in der exotische Gewürze kaum eine Rolle spielten. In jener Zeit gewann die arabisch-

Seit der Mensch denken kann, verwendet er Gewürze. Sie haben den Lauf der Geschichte bestimmt und jahrtausendelang Menschenleben gerettet – ein Gewürzhändler in der pakistanischen Stadt Lahore.

islamische Welt die Kontrolle über den Gewürzhandel – und genau jetzt, im 7. und 8. Jahrhundert, begannen Aufstieg und Blüte der arabischen Reiche, die so lange dauerten, solange die Araber die Herren der Gewürze waren. Und die Renaissance Europas im späten 15. und 16. Jahrhundert fällt exakt in die Zeit der überseeischen Expansion Spaniens und Portugals, deren wichtigstes Motiv die Suche nach Gewürzen war. Nach den triumphalen Fahrten von Vasco da Gama, Christoph Kolumbus und all den anderen Entdeckern dauerte es nicht lange, bis die Europäer wieder den weltweiten Gewürzhandel beherrschten – und bald die ganze Welt.

Die einzige Medizin, die schmeckt

Die Globalisierung der Gewürze hat derart gründlich funktioniert, dass ihre Ursprünge längst verwischt sind und sie sich auf dem gesamten Planeten ausgebreitet haben. Die Paprika ist für uns heute der Inbegriff von ungarischer Puszta, doch sie stammt aus Amerika. Die Kapuzinerkresse halten wir für ein typisches Kraut aus den Klostergärten, doch in Wahrheit ist sie ein Souvenir der spanischen Konquistadoren aus der Neuen Welt. So vieles wissen wir nicht mehr über die Geschichte und Herkunft der Gewürze und kolportieren stattdessen die immer gleichen Legenden, etwa die Mär, dass die Menschen früher ihr Fleisch übermäßig stark würzten, um den Verwesungsgeschmack zu überdecken – das ist Unfug, denn wer sich teure Gewürze kaufen konnte, konnte sich natürlich auch das frischeste Fleisch leisten.

Dass die Menschen ohne Gewürze nicht leben können, hat aber nicht nur kulinarische, sondern geradezu existenzielle Gründe. Denn jahrtausendelang waren sie die einzige wirksame Medizin. Seit gerade einmal 150 Jahren wissen wir, was Viren und Bakterien sind und wie die Pharmakologie sie bekämpfen kann. All die Zeit davor hatte man keine Ahnung davon, doch man war nicht dumm: Die Menschen wussten, wie Gewürze und Heilkräuter wirken. Sie wussten nur nicht, warum sie es taten. Deswegen wurden Gewürze prinzipiell mit göttlichen oder mystischen Eigenschaften in Verbindung gebracht. Aus der Unkenntnis zog man genau die richtigen Schlüsse. Und so sind Küche und Medizin, Ernährung und Gesundheit immer Verbündete gewesen, keine Feinde und kein gegenseitiges Korrektiv.

Gewürze sind die einzige Medizin, die schmeckt. Dieses wunderbare Wissen ignorieren wir heute viel zu oft. Stattdessen ernähren wir uns unvernünftig und versuchen dann, uns mit einer Chemikalie in Pillenform gegen Sodbrennen zu behelfen, anstatt unser Essen mit verdauungsförderndem Kreuzkümmel oder Koriander zu würzen. Müssten ein Hippokrates oder eine Hildegard von Bingen das heute mit ansehen, würden sie nur ungläubig den Kopf schütteln. Unsere Ahnen waren in manchem klüger. Wir sollten von ihnen und ihrer Geschichte lernen. Wir sollten lernen, wieder richtig zu würzen.

Ein Weltreisender und Gewürzkenner zwischen Orient und Okzident: der venezianische Händler Marco Polo, mit seiner Karawane abgebildet auf einem katalanischen Atlas aus dem Jahr 1375.

aquesta carauana es partida del imperi
de sarra p anar al catayo :
sebur

MYRRHE BESÄNFTIGT DEN ZORN DER GÖTTER

Die Gewürze der ersten Hochkulturen

Kannte der Urmensch »Ötzi« Gewürze? Verwendeten seine Zeitgenossen in der Steinzeit Kräuter, um ihre Nahrung schmackhafter zu machen? Waren also unsere frühesten Vorfahren schon Feinschmecker? Beweise gibt es dafür keine, doch viele Anhaltspunkte sprechen dafür. »Ötzi«, die Gletschermumie aus den Ötztaler Alpen, lebte vor mehr als 5000 Jahren in der Jungsteinzeit. Schon 7000 Jahre zuvor hatten die Menschen begonnen, sich in bäuerlichen Siedlungen niederzulassen. Sie entwickelten eine primitive Gesellschaft, domestizierten Tiere, bauten Getreide an und sammelten Kräuter und Gewürze. Irgendwann müssen sie angefangen haben, sie zu kultivieren. Das weiß man unter anderem deswegen, weil man bestimmte Pflanzen dort gefunden hat, wo sie natürlich nicht vorkommen.

Zu »Ötzis« Zeit gab es in Mitteleuropa Pfahlbausiedlungen, in denen verschiedene Kümmelarten, aber auch Dill und Engelswurz nachgewiesen werden konnten. Kümmel ist damit vermutlich das älteste europäische Gewürz – »Ötzi« könnte es ohne Weiteres gekannt haben. Auch in Kleinasien fanden Archäologen viele Beweise für die Nutzung von Gewürzen in dieser Zeit. In Syrien grub man ein jungsteinzeitliches Keramikgefäß mit den verkohlten Knospen von Kapern aus. Im europäischen Teil der Türkei stieß man auf einen Klumpen verkohlter Gartenkressesamen – er wog ein Kilo, und da Kresse in solchen Mengen in der Natur nicht vorkommt, kann das nur eines bedeuten: Unsere Vorfahren haben Kresse gezielt gesammelt oder sogar schon angebaut. Und den Knoblauch schätzen die Menschen ebenfalls seit ihren ersten Tagen. Sie müssen sehr früh erkannt haben, welche Wunderwirkung diese Pflanze entfaltet – sie ist antiseptisch und antibakteriell und außerdem ein wahrer Jungbrunnen. Heute weiß man, dass Menschen, die regelmäßig sehr viel Knoblauch essen, bis zu fünfzehn Jahre länger leben als die Verächter der aromatischen Zehen. Gegen einen gewaltsamen Tod wie bei »Ötzi« war natürlich auch Knoblauch machtlos.

Es ist verblüffend: Die beiden ersten Hochkulturen Mesopotamien und Ägypten entstanden genau dort, wo intensiv Gewürze angebaut und gehandelt wurden – ganz so, als seien Gewürze der beste Humus für Zivilisation.

Mesopotamiens Liebe zu Koriander und Knoblauch

Der Mann aus den Ötztaler Alpen war kein Wilder. Wäre er aber sehr weit nach Südosten gewandert, bis in das Gebiet des heutigen Irak, hätte er sich bestimmt für einen Wilden gehalten. Denn vor 5000 Jahren entwickelte sich an den Strömen Euphrat und Tigris eine Zivilisation, die eine neue Epoche in der Menschheitsgeschichte einläutete: Mesopotamien, das zunächst von den Sumerern, später von den Assyrern und schließlich von den Babyloniern beherrscht wurde. Sie gaben

Schon vor 5000 Jahren zogen die Gewürzkarawanen mit ihrer kostbaren Fracht an den Nil: die Pyramiden von Gizeh.

sich eine Religion, organisierten sich als Staatswesen, lebten in Städten statt Höhlen, trieben Handel und schufen mit den Hängenden Gärten der Semiramis eines der sieben antiken Weltwunder – eine kunstvolle, mehrstöckige Gartenanlage, die der Euphrat bewässerte. So wurde Mesopotamien, das man wegen seiner beiden großen Flüsse auch Zweistromland nennt, zur ersten Hochkultur der Geschichte. Und da die Mesopotamier als erstes Kulturvolk überhaupt eine Schrift entwickelten, haben sie die ersten schriftlich fixierten Kochrezepte der Menschheit hinterlassen. Sie stehen auf Keilschrifttafeln aus dem Jahr 1750 vor Christus, umfassen dreißig Gerichte und sind der älteste unzweifelhafte Beweis für die Verwendung von Gewürzen beim Kochen.

Aber schon um 4000 vor Christus sollen an Euphrat und Tigris die ersten Arzneipflanzen kultiviert worden sein. Das berichtet der antike griechische Naturforscher Theophrast. Keilschrifttafeln aus der Zeit um 3000 vor Christus erwähnen Knoblauch als festen Bestandteil der Nahrung und der Volksmedizin. Koriander war ebenfalls weitverbreitet. Er wurde wahrscheinlich zur Veredelung des Geschmacks benutzt, aber auch wegen seiner verdauungsfördernden Wirkung geschätzt. Dafür, dass die Mesopotamier seine magenfreundliche Wirkung kannten, spricht eine simple Tatsache: Koriander wurde oft zusammen mit schwer verdaulichen Hülsenfrüchten und Zwiebeln angebaut. Sesam wiederum mischte man in den Brotteig, um dessen Geschmack zu veredeln. Auf den Keilschrifttafeln aus dem Zweistromland werden noch viele andere Gewürze und Kräuter erwähnt, etwa Kresse, Dill, Fenchel, Majoran, Minze, Senf, Rosmarin,

Erste Zeugnisse großartiger Zivilisation: die Mosaikstandarte von Ur aus dem 3. Jahrtausend vor Christus, die den Triumph eines sumerischen Königs verherrlicht.

Safran, Thymian, Wacholderbeeren und Weinraute. Außerdem nutzte man Salz, um Fische haltbar zu machen, und würzte das Bier mit Zimt und Kassia, einer Zimtvariante, die wohl aus China kam.

Der ungeheure Hunger Mesopotamiens auf Gewürze konnte nur mit einem gut funktionierenden Fernhandel gestillt werden. Er erstreckte sich über Tausende von Kilometern hinweg, wahrscheinlich bis nach Indien, Arabien und China. Besonders intensiv muss er zwischen dem 20. und 18. Jahrhundert vor Christus gewesen sein. Dafür sprechen die vielen Handelsvorschriften in den Gesetzestexten des großen Herrschers Hammurabi. In ganz Kleinasien gab es mesopotamische Kaufmannsniederlassungen, etwa in der anatolischen Stadt Kayseri, deren Warenlisten unter anderem gefärbte Stoffe, Kleidung und Tiere aufführten – und vor allem Gewürze.

Die ersten Kochrezepte der Welt, überliefert auf einer mesopotamischen Keilschrifttafel etwa 1750 vor Christus.

Und es unterwirft sich dir jeder Feind

Es ist verblüffend, wie allgegenwärtig Gewürze in der Kultur und auch im Alltag Mesopotamiens waren. Ihre größten Liebhaber waren die Monarchen höchstpersönlich. So werden im riesigen Palastarchiv von König Zimri-Lim aus dem 18. vorchristlichen Jahrhundert regelmäßige Lieferungen von Koriander, Kreuzkümmel, Schwarzkümmel und anderen Pflanzen für die königliche Küche erwähnt. König Merodach-Baladan wiederum erließ detaillierte Vorschriften für den Anbau von vierundsechzig Kräutern. Und in dem berühmten »Gilgamesch-Epos« aus dem 12. Jahrhundert vor Christus, einem der ersten Werke der Weltliteratur überhaupt, wird immer wieder davon gesprochen, wie gerne und reichlich die Babylonier Gewürze und Düfte verwendeten. So dankt Utnapischti, der Vater der Menschheit, den Göttern für seine Rettung nach der Sintflut, indem er Zedernholz und Myrrhe verbrennt – und es gelingt ihm tatsächlich, den Zorn der Himmelshüter dadurch zu besänftigen.

Gewürze scheinen im Zweistromland auch sonst ein probates Zaubermittel gewesen zu sein. Aus der grandiosen Bibliothek des Assurbanipal in Ninive, der größten Mesopotamiens, ist das Rezept eines assyrischen Magiers überliefert, mit dem die Kraft eines übermächtigen Feindes gebrochen werden kann: Man muss Koriander, Kümmel, Schwarzkümmel und Emmer – eine Weizenart – gründlich zerreiben, in Bier geben und schließlich die Götter um Gnade anflehen. Danach soll man den Namen seines Feindes auf eine Tafel schreiben, eine Kugel aus Ton formen, die Tafel in die Kugel drücken und sie exakt um Mitternacht in einen Fluss werfen. Und dann, so verspricht es der assyrische Zauberer, »wird sich dein Feind dir unterwerfen«.

Das süße Leben im Ägypten der Pharaonen

Das erste richtige Feinschmeckervolk der Geschichte betrat ein paar Jahrhunderte nach den Mesopotamiern die Bühne der Zivilisation: die alten Ägypter. Sie aßen gern und gut und verstanden ungeheuer viel von Gewürzen und tranken

Unmengen von Bier und Wein. Die höheren Stände ließen sich dreimal am Tag zum Essen nieder, doch auch die armen Leute mussten nicht darben. Zu ihren Grundnahrungsmitteln gehörten Zwiebeln und Knoblauch, zu den Delikatessen Gazellen und Antilopen. Der antike Geschichtsschreiber Herodot berichtet, dass die Ägypter auch rohe Wachteln und andere kleine Vögel liebten und alle Arten von Fischen, außer denen, die ihnen heilig waren. Ein typisches Rezept aus der Pharaonenzeit, das entschlüsselt werden konnte, empfiehlt für einen Nil-Fisch eine Marinade aus Öl, Zwiebeln, Pfeffer, Koriander und anderen Kräutern, danach soll man ihn braten – ein Rezept, nach dem man heute noch genauso einen Fisch zubereiten könnte. Tatsächlich gibt es in der modernen ägyptischen Küche einige 4000 Jahre alte Gerichte.

Das Ägypten der Pharaonen lebt nicht nur in der Küche weiter. Es ist die erste Hochkultur, die uns mit ihren Pyramiden und Tempeln prachtvolle Zeugnisse ihrer eigenen Größe hinterlassen hat – lauter Bauwerke, mit denen die göttergleichen Herrscher verherrlicht werden sollten und die großartiger waren als alles, was die Menschheit bis dahin errichtet hatte. Man konnte es sich leisten, denn das alte Ägypten war ein gesegnetes Land, in dem man den Hunger kaum kannte und den Überfluss genoss. Der Nil war ein Garant für Fruchtbarkeit, er schenkte den Menschen so viele Aale, Karpfen, Barsche und Tigerfische, wie sie sich wünschten, und an seinen Ufern wuchs im Marschland alles, was man zum Glücklichsein brauchte – es waren nicht zuletzt Gewürze.

Knoblauch war schuld am ersten dokumentierten Streik der Weltgeschichte.

Pfefferkörner in der Nase der Mumie

Über die altägyptische Küche wissen wir sehr viel, weil Essen immer auch eine Grabbeigabe war. Die Ägypter glaubten daran, dass man im Jenseits genauso wie im Diesseits weiterlebt, also gaben sie den Toten das mit, was auch die Lebenden gerne hatten. Daneben beschäftigen sich viele Reliefs und Papyri mit dem Thema Essen und Kochen. Die Ägypter, das ist sicher, verwendeten, kultivierten oder importierten Anis, Kassia, Dill, Bockshornklee, Fenchel, Kapern, Kardamom, Koriander, Knoblauch, Kümmel, Ajowakümmel, Kreuzkümmel, Schwarzkümmel, Pfeffer, Minze, Mohn, Safran, Senf, Sellerie, Sesam, Thymian und Wacholder. Und sie benutzten Kräuter und Gewürze nicht nur in der Küche, sondern ebenso für die Einbalsamierung. Zimt, Myrrhe, Anis, Kreuzkümmel und süßer Majoran wurden zum Aromatisieren in die Körper gefüllt, aus denen man zuvor sämtliche Weichteile entfernt hatte. Es ist erstaunlich: Wie schon in Mesopotamien entstand auch die zweite frühe Hochkultur genau dort, wo im großen Stil Gewürze angebaut, gehandelt und benutzt wurden, sei es in der Küche, in der Medizin oder in der Kosmetik – ganz so, als seien Gewürze der beste Humus für Zivilisation.

Ein Lieblingsgewürz der Ägypter war Koriander. Ganze Schiffsladungen sollen aus anderen Mittelmeerregionen importiert worden sein. Er wurde in Bier und Wein gemischt, um diese Getränke berauschender zu machen. Koriander wurde aber auch vernünftiger verwendet, zum Beispiel bei Magenschmerzen oder als Insektizid. Genauso allgegenwärtig im Leben der alten Ägypter war Kreuzkümmel. Es ist kein Zufall, dass man im Grab Tutanchamuns neben vielen Gewürzen eine Flasche Kreuzkümmelöl fand. Wie rege der Gewürzhandel in jenen Zeiten war, beweist ebenfalls die Mumie von Pharao Ramses II.: Sie hatte Pfefferkörner in der Nase, die eindeutig von der Malabarküste im Südwesten Indiens stammten. Der Pfeffer wurde vermutlich auf dem Landweg über Iran und Palästina importiert. Auf derselben Route gelangte auch der hochbegehrte, zum Färben von Speisen verwendete Lapislazuli aus Afghanistan nach Ägypten.

Keine andere Pflanze verehrten die Ägypter so sehr wie den Knoblauch. Er galt ihnen als heilig, weil er das Universum symbolisierte. Das war den Menschen deswegen so wichtig, weil Essen für sie immer eine rituelle Vereinigung mit dem Universum bedeutete. Wenn die Pharaonen den Göttern ihre Treue und Ergebenheit gelobten, schlossen sie selbstverständlich Knoblauch und Zwiebeln in ihren Schwur ein. Die antiseptische Wirkung der Zehen kannte man natürlich ebenfalls, deswegen wurden dünne Knoblauchscheiben bei Schlangenbissen oder Skorpionstichen auf die Wunde gelegt. Sogar vom blutverdünnenden Effekt des Knoblauchs wussten die Ägypter, weswegen sie ihn bei Herzleiden verabreichten – nicht anders als die moderne Naturmedizin auch. Und Weltgeschichte hat der Knoblauch im Reich der Pharaonen außerdem geschrieben: Beim Bau der Cheops-Pyramide gehörte Knoblauch zu den Hauptnahrungsmitteln der Arbeiter – und als er einmal knapp wurde, kam es zum ersten dokumentierten Streik in der Geschichte der Menschheit.

Essen für das Jenseits: Diese Wandmalerei aus einem Grab in Theben zeigt, wie Opfergaben dargebracht werden.

Das Ägypten der Pharaonen war ein Land des Überflusses. Hunger kannte man kaum am Nil, wie diese Wandmalerei aus Theben zeigt.

In der Bibel hat der berühmte ägyptische Knoblauch gleichfalls seine Spuren hinterlassen: Im 4. Buch Mose steht geschrieben, dass sich die Israeliten auf ihrem Marsch durch die Wüste nach so vielen Dingen sehnten, die sie am Nil gegessen hatten. Das Wertvollste aber, das sie dort zurücklassen mussten, waren nicht der frische Fisch, nicht die Gurken oder Melonen und nicht der Lauch, sondern die herrlichen Knoblauchzehen. Diese Sehnsucht schlug sich auch im Talmud nieder: Dort heißt es, dass Knoblauch »den Körper beruhigt und beglückt, das Gesicht strahlen lässt, den Samen kräftigt und gegen Magenwürmer wirkt«.

Ein komplettes Menü als Grabbeigabe

Die armen Israeliten in der Wüste hatten allen Grund, sich in das Land ihrer Unterjochung zurückzusehnen. Denn dort wurde geschlemmt, dass es eine Freude war. In einem Grab in Saqqara, nicht weit von Kairo entfernt, hat man das komplette Menü für einen Edelmann in Ton- und Alabastergefäßen gefunden. Dem feinen Herrn, der im 3. Jahrtausend vor Christus lebte, wurden unter anderem gegrillte Wachteln, gekochte Lammlebern, eine geschmorte Taube in der Kasserolle, eine Rippe vom Rind, ein Fischeintopf, ein Brot in dekorativer Dreiecksform, dazu Feigen, Beeren, Käse und reichlich Wein und Bier ins Jenseits mitgegeben. Und dank detaillierter Malereien in anderen Gräbern ist bekannt, dass in besseren Kreisen Bankette überaus beliebt waren. Dabei kamen lauter einzelne Schüsseln und Töpfe auf den Tisch, man sprach Toasts auf Gott Hathor aus, delektierte sich am Spiel von Laute, Harfe und Trommel, applaudierte Akrobaten, ließ sich von Geschichtenerzählern unterhalten und von Tänzerinnen in Stimmung bringen, die nur mit einem Lendenschurz bekleidet waren. Ob der Spaß dann in einer Orgie endete, wie es später bei den Griechen üblich war, wird diskret verschwiegen. Weniger zurückhaltend sind die Malereien, wenn es um die Maßlosigkeit beim Trinken geht: Man sieht immer wieder Gäste, die sich übergeben und denen ein Diener dezent ein Gefäß unters Kinn hält.

Nicht nur nach solchen Missgeschicken behalfen sich die Ägypter gerne mit Parfüm. Ihr Land war bis weit in die Römerzeit im gesamten Mittelmeerraum berühmt für die Qualität seiner Duftstoffe, die natürlich als Grabbeigaben nicht fehlen durften. So entdeckte man in Tutanchamuns Totenkammer ein unversehrtes Alabastergefäß mit Geruchsölen. Glaubt man dem römischen Naturforscher Plinius, war das ägyptische Parfüm von so erlesener Qualität, dass es nach acht Jahren noch duftete wie am ersten Tag. Fast die gesamte zivilisierte Welt war damals verrückt nach dem Pharaonenparfüm, und das berühmteste war Kyphi, das auch in den Tempeln als Weihrauchmischung, bei der Einbalsamierung der Toten und beim Exorzismus von kranken Menschen verwendet wurde. Ein Papyrus, den man bei der Cheops-Pyramide gefunden hat, gibt Aufschluss über die Zusammensetzung von Kyphi: Es enthielt Myrrhe, Koriander und Wacholder neben vielen anderen Zutaten wie Zimt, Minze und Pistazien.

Der beste Koriander kommt aus Ägypten, und auch der beste Senf der Welt.

Plinius, römischer Naturforscher

Kamele voller Gewürze, Häuser voller Gold

Unermesslich war der Bedarf am Harz des Weihrauchbaums, weil er eine zentrale Rolle im Leben und sogar im Tod der Ägypter spielte. Die Hieroglyphen geben Aufschluss darüber, dass schon vor 5500 Jahren süße Kräuter und Weihrauch in den Tempeln verbrannt wurden, um die Götter gnädig zu stimmen und eine gute Ernte zu erbitten. Während der großen Feste entzündete man Weihrauchfeuer in den Straßen, damit auch die einfachen Leute in den Genuss des Wohlgeruchs kamen. Und immer wieder wurden Schiffsexpeditionen in das sagenhafte Land Punt gesandt, die Wiege des Weihrauchs, die möglicherweise im heutigen Somalia stand. Die Fahrt war extrem gefährlich, allein schon wegen der vielen Korallenriffe. Doch Weihrauch und Myrrhe waren so begehrt, dass die Ägypter das Abenteuer ein ums andere Mal wagten. Die erste Expedition soll König Sahure 2450 vor Christus nach Süden geschickt haben. Legendär aber wurde die Flotte, die im Auftrag der Pharaonin Hatschepsut um 1470 vor Christus nach Punt segelte.

Ein Relief im Palast von Deir el-Bahari dokumentiert die Reise bis ins Detail: Die Schiffe kehrten mit Weihrauch- und Myrrhebäumen zurück, wahrscheinlich um eine eigene Produktion in Ägypten zu beginnen, dazu mit Zimt, Kosmetika und vielen anderen Pretiosen. Niemals, so sagt es eine Tempelinschrift, niemals sei eine solche Menge an Schätzen für einen König oder eine Königin seit Anbeginn aller Zeit an den Nil gebracht worden.

Der beste Weihrauch soll aber nicht aus Punt, sondern dem »Weihrauchland« gekommen sein, das im heutigen Jemen und Oman lag. Schon vor 4000 Jahren wurde das Räucherwerk nicht nur nach Mesopotamien und Altägypten, sondern auch nach China und Indien exportiert und dort gegen Pfeffer oder Zimt eingetauscht. Bis zu 4000 Kamele sollen die Weihrauchkarawanen gebildet haben. Der griechische Historiker Strabo schrieb im 1. Jahrhundert vor Christus, Weihrauch, Zimt und Myrrhe hätten das Königreich von Saba im Jemen so sagenhaft reich gemacht, dass die Menschen die Türen, Wände und Dächer ihrer Häuser mit Elfenbein und Edelsteinen, Gold und Silber schmückten. Und als König Salomon in Jerusalem Besuch von der Königin von Saba erhielt, wurde die schöne Herrscherin von »Kamelen voller Gewürze und sehr viel Gold und Edelsteinen« begleitet, so steht es im biblischen »Buch der Könige«.

Die Weihrauchbäume werden von geflügelten Schlangen bewacht, die klein und buntfarbig sind und sich in Mengen in der Nähe jedes einzelnen Baumes aufhalten. Es sind dieselben, die die feindlichen Züge nach Ägypten unternehmen.

Herodot, griechischer Geschichtsschreiber

Schauergeschichten von Monstervögeln

Die Gewürzhändler aus dem Morgenland erzählten ihren Kunden mit Vorliebe Schauergeschichten über die Herkunft der begehrten Ware, damit ja niemand womöglich auf den Gedanken kam, sich selbst auf den Weg zu machen. Das funktionierte viele Jahrhunderte lang. Noch der griechische Historiker Herodot ging den Schwindlern allzu gern auf den Leim und berichtete seltsame Geschichten über Monstervögel, die in ihren Nestern Zimtrinde sammeln. Herodot nennt die Rinde Kinamomon: »Die äußersten Länder der Erde besitzen die kostbarsten Dinge; dafür hat Griechenland das bei Weitem gleichmäßigste Klima ... Noch wunderlicher ist die Art, wie Kinamomon geerntet wird ... Große Vögel, heißt es, tragen die getrockneten Rindenstücke herbei, die bei uns mit phönizischem Namen Kinamomon heißen. Sie tragen sie in ihre Nester, die aus Lehm gebaut sind und an schroffen Felsen kleben, an denen kein Mensch emporklettern kann. Da haben die Araber sich nun das Folgende ausgedacht. Tote Ochsen, Esel und andere Zugtiere hacken sie in möglichst große Stücke und schleppen sie herbei. In der Nähe der Nester lassen sie sie liegen und gehen dann ziemlich weit fort. Die Vögel tragen die Fleischstücke ins Nest – das aber die Last nicht tragen kann und auf die Erde herabstürzt. Dann kommen die Leute zurück und sammeln das Kinamomon ein.«

Als Herodot im 5. Jahrhundert vor Christus diese Gruselgewürzgeschichten schrieb, hatte das alte Ägypten seinen Zenit längst überschritten. Neue Völker und fortschrittlichere Zivilisationen waren an seine Stelle getreten. Eines aber blieb, wie es immer gewesen war: die Sehnsucht der Menschen nach Gewürzen.

Der Totentempel der Pharaonin Hatschepsut im Talkessel von Deir el-Bahari.

Frühe Hochkulturen

Die Austreibung des Schnupfens

Vor 5000 Jahren schreibt ein unbekannt gebliebener Arzt aus Mesopotamien Medizingeschichte: Er ritzt Gewürzrezepturen in eine Tontafel – und verfasst damit den ältesten erhaltenen Text der menschlichen Heilkunst, der gleichzeitig der älteste eindeutige Beweis für die gezielte Verwendung von Pflanzen bei der Krankheitsbekämpfung ist. Doch das ist nicht der Anfang der Geschichte. Vermutlich benutzt der Mensch, seit er denken kann, Gewürze und andere Heilpflanzen, um gesund zu werden oder gesund zu bleiben. Als er noch in Höhlen hauste und keine Ahnung von Zivilisation hatte, wusste er schon, wie man Kräuter nicht nur in der Küche, sondern auch in der Heilkunde einsetzt. Dafür haben Archäologen 7000 Jahre alte Hinweise gefunden.

In Mesopotamien, der ersten Hochkultur, war gute Gesundheit extrem wichtig. Denn die Menschen glaubten nicht an ein Paradies im Jenseits und legten entsprechend großen Wert auf ein langes Leben im Diesseits. Dank vieler Tontafeln wissen wir, dass die Mesopotamier Pflanzen als Arzneien benutzten, die heute ausschließlich als Lebensmittel betrachtet werden: Trauben, Feigen, Granatäpfel, Knoblauch, Zwiebeln, Bohnen, Gurken, ebenso Gerste, Weizen und Hirse. Bei den Kräutern sind Fenchel, Thymian, Safran und Senf belegt. Selbst die Rose galt als bedeutende Heilpflanze.

Das medizinische Wissen der Mesopotamier war verblüffend. Sie hatten begriffen, dass Lungenentzündungen am besten mit heißen Fenchelumschlägen zu behandeln sind – eine Therapie, die in Europa bis zur Entdeckung der Antibiotika üblich war. Sie kannten die segensreichen Wirkungen des Knoblauchs, der vor Bakterien und Pilzen schützt und außerdem Alterserscheinungen wie Arterienverkalkung und Bluthochdruck bekämpft. Und sie hatten erkannt, dass die verschiedenen Minzen die Verdauung erleichtern und den Gallenfluss fördern.

Ein Indiana Jones seiner Zeit: der Altertumsforscher Georg Ebers, nach dem der berühmte »Papyrus Ebers« benannt ist.

Im Ägypten der Pharaonen wurde ein paar Jahrhunderte später wohl zum ersten Mal versucht, die Funktionen des Organismus, die Ursachen der Krankheiten und die Wirkungsweise der Heilmittel systematisch zu erklären. Das gesamte Denken Ägyptens war vom Nil geprägt, der Lebensader des Reichs. Deshalb bildete der Strom auch das Vorbild für die Vorstellungen des menschlichen Organismus. Gesundheit wurde als ungestörter Fluss des körpereigenen Stroms verstanden. Wenn die Versorgung durch Nahrung und die Entsorgung des Ballasts ohne Behinderung geschieht, ist der Mensch gesund. Falls nicht, muss man die Hindernisse im Körper beseitigen.

Diese medizinische Theorie ist uns in mehreren Papyri überliefert, allen voran im berühmten »Papyrus Ebers«, der wichtigsten Quelle für die altägyptische Heilkunde überhaupt. Seine Geschichte ist eine richtige Räuberpistole, eine wahre Indiana-Jones-Geschichte: Der Ägyptologe Georg Ebers, ein Altertumsforscher von unbändigem Ehrgeiz, ist 1872 auf der Jagd nach einem sagenhaften Papyrus, hinter dem auch die Engländer und Amerikaner her sind wie der Teufel. Doch der deutsche Professor ist schneller: Wie durch ein Wunder entdeckt er ihn eines Tages in einem Antiquitätengeschäft in Theben. Ebers zieht den Verkäufer über den Tisch und zahlt 350 Pfund für diesen Schatz – immer noch eine ungeheure Summe, die fünf Jahresgehältern des Professors entspricht. Doch andere hätten bestimmt das Zehnfache gezahlt. Heute wird der Papyrus wie ein Kronjuwel in der Leipziger Universitätsbibliothek verwahrt.

Der 3500 Jahre alte »Papyrus Ebers« enthält aberhunderte Rezepte gegen alle erdenklichen Krankheiten von Magen- und Darmerkrankungen über Augenleiden, Schlangenbisse und Asthma bis zu Brandwunden, Geschwüren und Leberschäden. Dass den Ägyptern nichts Menschliches fremd war, zeigen viele Mixturen, die sich mit eher lässlichen Dingen wie der Vermeidung von Haarausfall oder der Straffung der Gesichtshaut beschäftigen. Die Rezepturen wirkten nach der Vorstellung der Ägypter allerdings nur mit dem Wohlwollen der Götter – Medizin und Magie waren in den frühen Hochkulturen untrennbar, weil die Menschen zwar die Heilwirkung der Gewürze kannten, aber nicht den Grund dafür. Also konnten nur die Götter dahinterstecken, die auch für die Krankheiten verantwortlich gemacht wurden. »Wirksam ist der Zauber zusammen mit dem Heilmittel, wirksam ist das Heilmittel zusammen mit dem Zauber«, lautet das Mantra des »Papyrus Ebers«. Gegen einen einfachen Schnupfen zum Beispiel muss man beim Einnehmen der Medizin diese schaurige Beschwörungsformel aufsagen: »Du mögest ausfließen, Schnupfen, Sohn des Schnupfens, der die Knochen zerbricht, der den Schädel zerstört, der im Knochenmark hackt ... komme heraus, zu Boden, verfaule, verfaule, viermal.«

Mit Aberglaube hatte das alles aber nur zum Teil zu tun. Denn die Ägypter wussten über die medizinische Wirkung der Pflanzen bestens Bescheid. Sie schätzten die Früchte des Johannisbrotbaums, weil sie die Blutfettwerte senken und die Fettverdauung beschleunigen. Wacholder war eines der beliebtesten Heilmittel überhaupt. Man setzte die Beeren unter anderem als harntreibendes Medikament und zur Senkung des Blutzuckerspiegels ein. Kreuzkümmel wiederum wurde verabreicht, um den Speichelfluss, die Gallensaftausscheidung und die Aktivität der Bauchspeicheldrüse zu fördern – lauter Erkenntnisse, die bis heute aktuell sind. So wird gegenwärtig diskutiert, ob man Kreuzkümmel wegen seiner positiven Wirkung auf die Bauchspeicheldrüse und Wacholder wegen seines erstaunlichen Effekts auf den Blutzucker als Präventionsmittel gegen Diabetes einsetzen kann. Doch wir sollten uns noch eine ganz andere Frage stellen: Vielleicht hat die erschreckende Karriere des Altersdiabetes als Volkskrankheit auch damit zu tun, dass wir Gewürzen wie Kreuzkümmel und Wacholder viel zu wenig Aufmerksamkeit in unserer Ernährung schenken.

Fenchel gehörte schon in den frühen Hochkulturen zu den beliebtesten Heilmitteln. Er ist entzündungshemmend, krampflösend und wirkt antibakteriell.

Damaskus

Wie mir im pochenden Herzen des Orients das Geheimnis vom Milchpudding mit Rosenwasser verraten wurde: meine Reise nach Damaskus

Dem Trubel der Altstadt entflohen, bietet mir der Innenhof der Omayyaden-Moschee die nötige Ruhe, um mir Notizen zu machen.

Ist es wirklich hier geschehen? Bin ich tatsächlich an jenem Ort, an jener Stelle, die mir aus dem Religionsunterricht noch so vertraut ist und mir immer einen kalten Schauer über den Rücken jagte? Ich kann es gar nicht glauben und schaue meine Begleiter fragend an. Doch sie nicken nur und sagen: »Genau hier ist es gewesen.« Hier floh der Apostel Paulus, nachdem er nicht mehr Saulus sein wollte, in einem großen Weidenkorb über die Stadtmauer von Damaskus, um seinen Häschern zu entkommen. Und ganz in der Nähe soll auch der Ort sein, an dem Kain seinen Bruder Abel erschlug.

Ich bin in der ältesten durchgängig besiedelten Stadt der Welt. Das lerne ich mit ehrfürchtigem Staunen von meinen Begleitern. Seit 5000 Jahren leben ununterbrochen Menschen in der syrischen Hauptstadt, und bei der Aufzählung all der Völker, denen das Gebiet des heutigen Syrien Heimat war, wird mir ganz schwindelig: Sumerer, Akkader, Amoriter, Hethiter, Babylonier, Assyrer, Aramäer, Perser, Griechen, Römer, Byzantiner, Omayyaden, Abbasiden, Fatimiden, Ayyubiden, Mameluken, Osmanen – sie alle haben hier ihre Spuren hinterlassen und Damaskus im Laufe der

Jahrtausende zu einer weltoffenen, toleranten Stadt werden lassen. Heute ist sie der Inbegriff des Morgenlands und ein Ort, an dem Christen und Muslime ganz selbstverständlich friedlich zusammenleben.

Die Altstadt kommt mir vor wie die Kulisse für »Tausendundeine Nacht«. Hier schlägt nicht nur, hier pocht das Herz des Orients – Berge von Gewürzen lagern in Karawansereien, Händler feilschen mit Hausfrauen, und Laufburschen rumpeln mit voll beladenen Handkarren über das holprige Pflaster enger Gassen. Hier stehen Moscheen und Kirchen seit Jahrhunderten Seite an Seite, und hier liegt der große Sultan Saladin begraben, Sinnbild des edlen orientalischen Herrschers, der strahlendste Held des Morgenlands – keinen Steinwurf entfernt von jenem Sarkophag, der den Kopf von Johannes dem Täufer enthalten soll. Und in Damaskus spürt man bis zum heutigen Tag, dass sich in der Stadt zwei uralte Handelsrouten kreuzten: die Seidenstraße von Ost nach West und die Weihrauchstraße von Süd nach Nord. Während auf der Seidenstraße neben Stoffen vor allem Gewürze, Pelze, Keramik, Jade, Bronze und Eisen aus China und Südostasien den Nahen Osten erreichten, kam auf der Weihrauchstraße das begehrte Harz aus dem heutigen Oman über die Arabische Halbinsel und Jordanien nach Gaza und Damaskus.

Auf Seide, Weihrauch und Gewürze stoße ich bei meinem Streifzug durch die Altstadt, die bis heute in verschiedene Suqs aufgeteilt ist, schattige Gassen, in denen jeweils ähnliche Produkte verkauft werden. Auf den Ehrenplätzen direkt an der prächtigen Omayyaden-Moschee, der ältesten Moschee der Stadt, drängen sich die Suqs mit Stoffen, Gold und Gewürzen, weil diese Waren schon immer als besonders wertvoll galten. Hier finde ich die älteste Naturheilmittelapotheke von Damaskus, in der ich von den Gewürzapothekern über die luststeigernde Wirkung von Nelken, Zimt und Ingwer aufgeklärt werde. Und einige Ecken weiter wartet schon der Stoffhändler Hassahn Zahabi auf mich, der mir die wunderbaren floralen Muster der als Damast bekannt gewordenen Damaszener Seidenstoffe erklärt.

Hassahn ist es auch, der mir die Omayyaden-Moschee zeigt. Das ist eine Ehre, denn der kleine Mann mit der großen Brille hat schon Fidel Castro,

Die Glut für Wasserpfeife wird nachgelegt.

Jahrhundertelang kreuzten sich zwei bedeutende Handelsrouten in Damaskus: die Seidenstraße, die aus China kam, und die Weihrauchstraße, die im Oman begann.

Hier lagerten einst Gewürze: der Khan As'ad Pasha, die größte Karawanserei der Stadt.

Am Ende des Suq al-Hamidiye beeindrucken mich die Säulenreste des antiken Jupitertempels.

Tony Blair, François Mitterrand und viele andere Staatsgäste durch das Gotteshaus geführt. Auf Strümpfen stehen wir im riesigen, mit Teppichen ausgelegten Gebetssaal vor dem Schrein mit dem Kopf Johannes' des Täufers, doch statt sakraler Andacht herrscht eine angenehm gedämpfte Ruhe. Ich kann kaum glauben, wie entspannt die Atmosphäre hier ist. Männer und Frauen spazieren durch den Saal, manche beten, einige lehnen sich gegen die Säulen und ruhen sich aus. Wieder andere lesen im Koran oder unterhalten sich leise, zwischendrin springen sogar Kinder herum. Im Vergleich zu den katholischen Kirchen meiner bayerischen Heimat geht es hier beneidenswert locker zu – ein Jammer ist das für uns, denke ich still, während mir Hassahn erzählt, wie er im Jahr 2000 Papst Johannes Paul II. zum Schrein des Johannes' geführt hat. Damals betrat zum ersten Mal in der Geschichte ein Papst eine Moschee. Darauf ist ganz Damaskus bis heute stolz.

Wir verlassen den kühlen Gebetsraum und gehen nach draußen auf den Hof. Der weiße Marmorboden glitzert in der Sonne, Frauen und Männer sitzen zusammen, kleine Jungen scheuchen Tauben auf, und Hassahn fasst die Geschichte dieses Orts für mich zusammen. Sie ist so beeindruckend wie typisch für die Toleranz von Damaskus: Im 2. Jahrtausend vor Christus stand hier ein Tempel zu Ehren des Wettergotts Hadad. Die Römer machten daraus einen Jupitertempel, die Byzantiner eine Basilika. Als die Muslime im Jahr 636 nach Damaskus kamen, nutzten auch sie den Ort zum Beten. Christen und Muslime sollen damals durch ein und denselben Eingang gegangen sein, die Muslime nach rechts zu ihrer Moschee, die Christen nach links zu ihrer Basilika.

Ein paar Gassen weiter beginnt hinter einem römischen Torbogen das Christenviertel. Es heißt wie das nördliche Altstadttor »Bab Tuma«, »Thomastor«. Statt an Moscheen laufen wir jetzt alle hundert Meter an einer Kirche, einem Marienaltar, einem Kloster vorbei. Die Vielfalt der christlichen Gemeinden ist imponierend: römisch-katholisch,

Bei den Gewürzhändlern

syrisch-katholisch, griechisch-katholisch-melkitisch, armenisch, maronitisch, syrisch-orthodox, griechisch-orthodox, protestantisch – alles ist hier vertreten, aus einem einfachen Grund: In den Jahrhunderten islamischer Herrschaft, so erklärt mir Hassahn, konnten die verschiedenen Konfessionen überdauern, denn die Muslime respektierten sie als religiöse Minderheiten.

Gegenseitiger Respekt scheint bis heute ein Lebensmotto der Menschen in Damaskus zu sein – aller Politik und aller staatlichen Grausamkeiten zum Trotz. Niemand versucht mich übers Ohr zu hauen, niemand will mir Touristennepp aufzwingen. Nirgendwo gibt es aufdringliche Teppichhändler oder lästige Ledertaschenverkäufer. Auch untereinander heißt die Devise der Syrer: »Leben und leben lassen.« Manche Männer tragen Anzug und Hemd, manche bodenlange Gewänder und um den Kopf gewickelte

Gewürzhändler Mohammed Taba'a erklärt mir bereitwillig seine Gewürzmischungen.

Gebündelte Zimtrinden finden sich in jedem Gewürzladen.

Die Gastfreundschaft der Menschen ist überwältigend. Denn sie kommt immer von Herzen.

Tücher. Ich sehe Frauen in weiten Mänteln, engen Jeans, schicken Kostümen oder ganz in Schwarz gehüllt. Mir begegnen Händchen haltende Paare und Gruppen lärmender Teenager, die Jungs mit gegelten Haaren, die Mädchen mit oder ohne Kopftuch. Andere junge Männer sitzen in ihren winzigen Geschäften, verkaufen traditionelles Handwerk, duftenden Kaffee oder die neuesten Handymodelle und surfen nebenbei mit ihren Laptops im Internet – für Tradition und Moderne gilt hier ebenfalls das Gebot der friedlichen Koexistenz.

Was mich aber fast noch mehr beeindruckt, ist die Gastfreundschaft der Menschen. Sie kommt immer von Herzen. Überall werden meine vielen Fragen bereitwillig beantwortet. In den Küchen der besten Restaurants lassen mich die Chefköche ohne zu zögern in ihre Töpfe schauen, und in den Gassen der Altstadt ist es nicht anders – zum Beispiel in einem kleinen offenen Eckladen, in dem eine Art Crêpe zubereitet wird. Der Koch wirft einen Fladen mithilfe eines dicken runden Kissens auf eine heiße Eisenplatte und bestreicht ihn dort mit Zatar, einer auf Thymian basierenden Gewürzpaste. Dann lächelt er mich an und drückt

Wer nicht probiert, lernt nichts: mit dem Imbissmeister vor einer Schüssel Fatteh.

Damaskus' Küchen

mir den zusammengefalteten Fladen in die Hand. Ein paar Schritte weiter bleibe ich vor einem Berg leuchtend gelber Kichererbsen auf dem Verkaufstresen eines winzigen Imbisses stehen. Man winkt mich herein, und ich schaue zu, wie der Meister dieses kleinen Orts aus weich gekochten Kichererbsen, Brotfetzen, Joghurt und Sesampaste das traditionelle Frühstück Fatteh zaubert, das in Syrien gerne am Freitagvormittag gegessen wird, dem islamischen Feiertag und Beginn des syrischen Wochenendes. Keine fünf Minuten später sitzen der Imbissmeister und ich zusammen an einem wackligen Tisch und löffeln aus einer Schüssel. Ein Handschlag, ein Schulterklopfen, schon stehe ich wieder auf der schmalen Gasse und schüttle den Kopf angesichts so viel unkomplizierter Herzlichkeit.

Und dann kommt der Höhepunkt der Altstadt, jedenfalls für mich: der Kerne- und Gewürzmarkt Suq al-Busurije. Ich verbringe einen ganzen Nachmittag zwischen Körben voller Pistazien, Mandeln, Kürbiskernen und getrockneten Kichererbsen, zwischen blank polierten Blechdosen voller Gewürzmischungen, die in Rot, Gelb, Orange leuchten. Mitten im Suq hat die Familie Taba'a ihren Laden: acht Quadratmeter voller Gewürze, die in der Obhut des dreiundzwanzigjährigen Mohammed Taba'a liegen. Er hat von seinem Vater und seiner Großmutter alles über Gewürze gelernt, studiert nebenbei Wirtschaft und beantwortet im Lager des Familienbetriebs, einem zugigen Raum in einer Karawanserei um die Ecke, geduldig meine Fragen. Die Kunst des Gewürzhandels besteht in Damaskus darin, gute Mischungen zu kreieren, lerne ich. Die syrische Hausfrau will nicht viele einzelne Gewürze, son-

Tiefe Blicke: Küchenchef Tarraf Tarraf lässt mich in alle seine Töpfe schauen.

Akkurates Arbeiten ist Pflicht in der arabischen Haute Cuisine – wie auch bei uns.

Chefkoch Siwar al Bitar aromatisiert seine Brühe mit Gewürzen.

Die Hausfrau in Syrien kocht am liebsten mit Gewürzmischungen, nicht mit vielen einzelnen Gewürzen. Deswegen besteht die Kunst des Händlers darin, genau die richtigen Ingredienzen zusammenzustellen.

Das braucht Routine: Aus Brotteig werden an der heißen Ofenwand knusprige Fladen.

dern eine Mischung für Huhn, eine für Fleisch und eine für Fisch kaufen. Jetzt verstehe ich, warum vor Mohammeds Laden so viele Kunden stehen – er hat die besten Gewürzmischungen der Stadt. Zwei Stunden lang erklärt er mir deren genaue Zusammensetzung, dann packt er mir lauter Kostproben in einzelne Tütchen, beschriftet sie und weigert sich standhaft, Geld dafür zu nehmen. Mir fehlen die Worte.

Die Damaszener Händler sind ein Phänomen. Nicht nur ihre unaufdringliche Art, Geschäfte zu machen, erstaunt mich, sondern noch weit mehr die Tatsache, dass sie mit wenigen Quadratmeter Fläche Großfamilien ernähren. Manche Läden sind nicht mehr als Ausbuchtungen in der Wand mit einem Stuhl und einem Rollladen davor. Andere Händler sind mit dem Verkauf von gerade einmal zwei Produkten reich und berühmt geworden – so wie die Besitzer des legendären und immer proppenvollen Eissalons »Bakdash« im größten Altstadt-Suq, dem Suq al-Hamidiye. Bei »Bakdash« gibt es nichts anderes als Milcheis und Milchpudding, beides mit Rosenwasser abgeschmeckt und mit Pistazien garniert. Alles, was das Café dafür braucht, sind kleine Löffel und Glasschälchen. Zu trinken gibt es Wasser, das in großen Glaskrügen auf den langen Tischreihen steht. 115 Jahre ist das Familienunternehmen inzwischen alt, und noch immer kommt jeder hierher, vom Präsidenten bis zum einfachen Arbeiter, von der syrischen Großfamilie bis zur deutschen Reisegruppe. Als ich das Milcheis und den Milchpudding probiere, verstehe

Erst aushöhlen, dann geschickt füllen: Die syrische Küche zeigt Raffinement.

Anschließend werden die Auberginen in heißem Fett ausgebacken.

Für die Vorspeise Baba Ghanoush werden Auberginen aus dem Ofen gehäutet.

Ein wunderbares Dessert der Damaszener: Milchpudding mit Pistazien und Mandeln.

Besuch in der Eisdiele

ich sofort, warum. Und unbedingt will ich das von Generation zu Generation vererbte Geheimrezept der Familie Bakdash entschlüsseln. Von wegen geheim! Der freundliche alte Herr an der Kasse stellt sich als der derzeitige Besitzer vor und lädt mich zu einer Extraportion Pudding ein, um mir das Rezept zu verraten.

Nachdem die Altstadt jahrzehntelang einen Dornröschenschlaf schlief – vergessen von der Welt, vernachlässigt von der Regierung, verschmäht von ihren eigenen Bewohnern –, erlebt sie seit einigen Jahren eine Renaissance. Die Syrer, sagen mir meine Begleiter, finden es wieder schick, abends durch die engen Gassen zu flanieren und in traditionellem Ambiente essen zu gehen. Viele der für Damaskus typischen arabischen Hofhäuser sind inzwischen in Restaurants, Cafés und kleine Hotels umgewandelt worden, in deren Innenhöfen man fantastisch entspannen kann. Die Gäste sitzen unter Orangenbäumen um einen plätschernden Brunnen herum, lassen sich die Spezialitäten der syrischen Küche schmecken und den Blick über kunstvolle Steinmosaiken, blau-weiße Kachelornamente und kostbare Intarsienarbeiten aus Holz und Perlmutt gleiten. Im Innenhof des stadtbekannten Restaurants »Al Khawali« trinke ich den besten alkoholfreien Aperitif von Damaskus: Zitronensaft mit Minze, so fein gemixt, dass er kiwigrün schimmert.

Das beste Lokal der Stadt ist das »Naranj«. Es liegt im Herzen der Altstadt, in der Nähe des römischen Torbogens, und bietet Gerichte aus ganz Syrien an, die man sonst nur bei privaten Einladungen kennenlernt. Denn in den meisten Restaurants von Damaskus werden üblicherweise vor allem Vorspeisen, Salate und gebratenes Fleisch in allen Variationen serviert. In dem sonnendurchfluteten, luftigen Saal des »Naranj« hingegen esse ich Bulgur mit Tomatensauce und Joghurt, im Tongefäß geschmorte Lammhaxe, Mansaf, einen cremigen Reis mit gebratenem Fleisch, Kibbe Labaniye, kleine, mit Hackfleisch und Pinienkernen gefüllte Bulgurbällchen in Joghurtsauce, Sayadiye, Fisch mit Zimtreis, sowie Kibbe Nayeh, ein mit Bulgur verfeinertes Tatar. Es ist großartig – nur viel zu viel. Vom Gastraum aus blickt man in die verglaste, bestens ausgestattete Küche, durch die mich Chefkoch Tarraf Tarraf führt.

So vielfältig sind die Düfte von Damaskus, dass meine Nase oft vor Rätseln steht.

Der Eissalonbesitzer Bakdash verrät mir das Geheimnis seines Milchpuddings.

Während er mir erklärt, warum sein Reis beim Warmhalten nicht zusammenfällt und dass in seine Tomatensauce nur Tomaten, Olivenöl und Zwiebeln kommen, stecke ich meine Finger zum Probieren hier und da in eine Schüssel oder einen Topf. Panisch reichen mir seine offensichtlich zu strengster Hygiene erzogenen Mitarbeiter ständig saubere Löffel.

Am Abend zeigt mir dann Siwar Al Bitar, der Chefkoch des edlen, aus zwei umgebauten Altstadthäusern entstandenen Hotels »Beit Zafran«, wie er kocht. Siwar war zuvor Chef-Patissier in einem Luxushotel in Damaskus und ist in der ganzen Stadt für seine Süßspeisen berühmt – doch längst nicht nur das. Auf der Dachterrasse des Hotels präsentiert er die Klassiker der arabischen Küche in westlichem Gewand, mit Hummus gefüllte kleine Tomaten oder Artischockenböden mit einer Gemüsevariation. Den krönenden Abschluss bilden hauchdünne, knusprige gelbbraune Zuckerfäden, die in der arabischen Küche für verschiedene Nachspeisen verwendet werden. Es gibt sie in Form von kleinen, mit Nüssen gefüllten Nestern, als Rollen mit karamellisierten Pistazien oder ganz schlicht auf einem Tablett mit einer schmelzenden Käsefüllung.

Nach dem üppigen Mahl lasse ich mich im Innenhof des »Beit Zafran« in die dunkelroten Samtpolster der Sessel sinken. Der Brunnen plätschert, die Blätter der Bäume rascheln, und die Kupferlaternen mit den vielen kleinen Buntglasscheiben werfen ein melancholisches Licht in den Hof.

Verschnaufpause im Café »Al Naufara«.

Bei dem Gedanken, Damaskus verlassen zu müssen, werde ich melancholisch. Ich spüre, dass ich hier der Wiege der Gewürze ganz nahe gekommen bin.

Auch ich werde bei dem Gedanken, Damaskus bald verlassen zu müssen, ein wenig wehmütig. Ich muss an eine Geschichte denken, die ich über die älteste Stadt der Menschheit gelesen habe: Für die Gewürzhändler mit ihren Karawanen war der Anblick dieses Orts nach vielen Wochen in der Ödnis der Wüste eine Offenbarung. Diese grüne, fruchtbare, hochkultivierte Oasenstadt kam ihnen wie ein Garten Eden vor; deswegen erhielt Damaskus den Beinamen »Jannat al-Ard«, Paradies auf Erden. Und genau deswegen soll sich der Prophet Mohammed im 7. Jahrhundert geweigert haben, Damaskus zu betreten – weil er nur einmal, und zwar im Jenseits, ins Paradies eingehen könne. Ich hingegen habe es vielleicht schon getan. Und ich bereue nichts.

Aufgezeichnet von Kristin Helberg

Mit dem Küchenchef des »Al Khawali« spreche ich über Rezepturen seiner Vorspeisen.

DER HERD IST EIN HEILIGER ORT

Die Kunst des Kochens und Würzens im antiken Griechenland

Die Götter Griechenlands liebten Gewürze genauso glühend wie die Menschen. Kaum einen Gott gab es, der nicht irgendein Lieblingsgewürz hatte, und kaum ein Gewürz, das nicht einen göttlichen Paten besaß. Lorbeer zum Beispiel war viel mehr als nur ein Gewürz von dieser Welt. Für den Göttervater Zeus waren seine Blätter heilig. Die Siegerkränze bei den Olympischen Spielen wurden aus Lorbeer geflochten. Die Priesterinnen des Orakels von Delphi kauten Lorbeerblätter, um mit den Göttern in Kontakt zu treten. Und die Nymphe Daphne verwandelte sich in einen Lorbeerbaum, um vor dem aufdringlichen Dichtergott Apollon sicher zu sein – deswegen war der Lorbeer für die Griechen auch das Sinnbild der Dichtkunst.

Genauso göttlich war der Granatapfel. Paris übergibt Aphrodite diese Frucht als Zeichen ihres Sieges beim Wettbewerb mit Hera und Athene um den Rang der schönsten aller Frauen. Der schreckliche Totengott Hades wiederum raubt Persephone, die Tochter der Erdgöttin Demeter, die aber mit einer nicht minder schrecklichen Drohung die Rückgabe ihres Kindes erzwingt: mit der Drohung des ewigen Winters. Da Persephone in der Unterwelt aber schon von einem Granatapfel genascht hat, muss sie Jahr für Jahr für eine gewisse Zeit als Gemahlin des Hades in die Unterwelt zurückkehren – so sind nach der griechischen Mythologie die Jahreszeiten entstanden. Eine besonders schaurige Geschichte steckt hinter den Harztropfen der Myrrhe: Sie sollen nichts anderes als die Tränen der Nymphe Myrrha sein, die von den zürnenden Göttern wegen ihres Ungehorsams in einen Baum verwandelt wurde. So hatte jedes Gewürz in Griechenland einen mythologischen Duft.

Kaum einen griechischen Gott gibt es, der nicht irgendein Lieblingsgewürz hatte, und kaum ein Gewürz, das nicht einen göttlichen Paten besaß.

Die einflussreichste Epoche der Weltgeschichte

Die Wiege des Abendlands stand in Griechenland – und wir alle lagen in dieser Wiege, die mehr als 3000 Jahre alt und immer noch intakt ist. Denn keine andere Epoche der Weltgeschichte war einflussreicher und folgenschwerer als die Antike. All die philosophischen, moralischen, politischen Ideen, die das alte Griechenland entwickelte, bestimmen bis heute unser gesellschaftliches Zusammenleben, unser Verständnis von Recht und Gesetz, unser Streben nach Glück – und auch unseren Umgang mit Gewürzen.

Die Antike begann etwa 1200 vor Christus, als sich die griechischen Stadtstaaten allmählich herausbildeten und den Mittelmeerraum kolonisierten, ohne allerdings ein starkes, homogenes Reich wie später das römische Imperium zu

Sinnbild des antiken Griechenlands: die Akropolis in Athen.

errichten. Ihren geistigen Höhepunkt erreichte sie mit der Blüte Athens im 5. und 4. Jahrhundert vor Christus und dem Wirken der drei berühmtesten Philosophen der Geschichte: Sokrates, Platon und Aristoteles. Niemals zuvor hatte die europäische Zivilisation solche Höhen erreicht wie damals, niemals zuvor hatten die Menschen – sofern sie freie Bürger und keine Sklaven waren – so kultiviert gelebt. Und niemals zuvor hatten sie so gut gekocht, gegessen, gewürzt, wobei Gewürze gleichermaßen in der Mythologie und der Medizin, in der Küche und selbst im Krieg eine zentrale Rolle spielten. Thymian zum Beispiel galt als Symbol des Mutes. Deswegen badeten die Soldaten vor einer Schlacht in Wasser, das mit Thymian aromatisiert war. Nach dem Kampf rieben sie sich dann mit Lorbeerzweigen ab, um sich symbolisch vom vergossenen Blut zu reinigen.

Die Kühnheit der phönizischen Seefahrer

Um den ungeheuren Appetit auf Gewürze stillen zu können, war ein intensiver Handel notwendig. Er lag im 1. Jahrtausend vor Christus zu großen Teilen in den Händen der Phönizier, der begabtesten und kühnsten Seeleute ihrer Zeit. Sie machten Tyros im heutigen Libanon und später Karthago im heutigen Tunesien zu den wichtigsten Umschlagplätzen für Würzmittel, übernahmen in Kleinasien von arabischen Zwischenhändlern Weihrauch, Pfeffer oder Ingwer aus dem Jemen, dem Horn von Afrika, Indien und China, versorgten damit den gesamten Mittelmeerraum und wagten es sogar, die Säulen des Herkules zu passieren – so nannte man in der Antike die Straße von Gibraltar. An der Iberischen Halbinsel entlang segelten sie nach Norden, um Gewürze gegen Zinn aus Britannien oder Bernstein aus der Ostsee einzutauschen.

Die Kaufleute aus den griechischen Stadtstaaten eröffneten sich später ihre eigenen Handelswege über Land, um nicht nur von den Phöniziern abhängig zu sein: Sie kamen den Gewürzkarawanen bis an die Ufer des Roten und Schwarzen Meeres entgegen, weil sie selbst die Gewinnspannen abschöpfen wollten. So entstanden neue Gewürzrouten von der Mündung des Don bis zur Mündung des Nil. Die Knotenpunkte in diesem dichten Netz aus Handelswegen waren Athen, Korinth und Syrakus. Alexander der Große stieß dann im 4. vorchristlichen Jahrhundert in ganz neue Dimensionen vor: Seine triumphalen Feldzüge dehnten das hellenistische Reich bis zum Indus aus – fast bis zu den Anbaugebieten so begehrter Gewürze wie Pfeffer. Alexandria, die prachtvollste Stadt des hellenistischen Griechenlands mit der größten Bibliothek der Antike, wurde jetzt zur Herzkammer eines wahrhaft weltweiten Gewürzhandels. Hier liefen alle Stränge zusammen. Zimt aus China gelangte über die Seidenstraße, über Pamir, Turkmenistan, Persien und Antiochia in die Stadt des größten Feldherrn der Altertums. Pfeffer und Weihrauch, selbst Nelken und Muskatnüsse kamen auf Schiffen von den Molukken im heutigen Indonesien über Malaysia, Indien und Ceylon an die Küste des Roten Meeres, an der sie auf Karawanen umgeladen und nach Alexandria transportiert wurden.

Die alten Griechen waren große Gourmets: ein Fischer mit seinem Fang auf einem minoischen Fresko.

Schlemmen mit Stil: Diener bereiten das Essen für ein Festmahl vor. So zeigt es dieses bemalte Gefäß aus Korinth aus dem 7. Jahrhundert vor Christus.

Wann genau die Griechen anfingen, systematisch Gewürze in ihrer Küche zu verwenden, lässt sich nicht bestimmen. Man weiß aber, dass schon sehr früh, in der minoischen Kultur auf Kreta und der mykenischen Kultur auf dem griechischen Festland zwischen 3000 und 1000 vor Christus, Gewürze für die Parfümherstellung verwendet wurden. Auch zum Färben wurden Kräuter und Gewürze seit frühesten Zeiten benutzt. Bei Ausgrabungen in einer Parfümmanufaktur auf Zypern, die wohl um 1850 vor Christus errichtet wurde, fand man Reste von Koriander, Lorbeer, Myrte, Lavendel und Rosmarin. Und ein Fresko auf der Insel Santorin aus dem frühen 2. Jahrtausend vor Christus zeigt Safranpflückerinnen bei der Arbeit. Safran war beliebt als Färbemittel, als Ingredienz von Parfüm und auch als Medizin, etwa bei Augenleiden und Entzündungen der Gebärmutter.

Ein ganzes Volk im Parfümrausch

Heute ist Alkohol die Basis der Parfüms. In der Antike waren es Öle, dadurch waren sie dickflüssiger als unsere Duftstoffe. Der griechische Naturforscher Theophrast beschreibt ausführlich die Herstellung von Parfüm, bei der unter anderem Oliven- und Sesamöl zur Fixierung von Rosenduft benutzt wurde. Rosenparfüm war wahrscheinlich der beliebteste Duft der Antike. Zimt wurde nach dem Vorbild des pharaonischen Ägyptens zu einer weiteren, überaus beliebten Ingredienz für Parfüm, die erst Jahrhunderte später in die Küche Eingang fand. In der klassischen Zeit vom 6. Jahrhundert an wurden Düfte zu einer Art Volksdroge. Die Athener benutzten sie so exzessiv, dass sich der athenische Staatsmann Solon gezwungen sah, seine Mitbürger zur Mäßigung aufzurufen. Viel hat es nicht genutzt. In der Agora von Athen, dem Herz der Stadt, wimmelte es von Parfümläden, in denen Männer so selbstverständlich einkauften wie Frauen. Die Männer liebten es, sich beim Sport mit Olivenöl einzureiben, das zuvor mit Majoran aromatisiert worden war.

Wein, Weib, Gesang – das wilde Treiben auf den Symposien

Eine ganz besondere Rolle spielten Gewürze bei den Symposien, den geselligen Trinkrunden, bei denen Musikstücke gespielt, lyrische Gesänge vorgetragen und sehr viele Becher Wein getrunken wurden. Doch damit war es mit den leiblichen Genüssen noch lange nicht vorbei. In ganz Athen berüchtigt war ein Mann namens Stratokles, genannt »der Ausschweifungsmeister«, der im Ruf stand, jede gewünschte Prostituierte für ein Gelage herbeischaffen zu können. Da ist es kein Wunder, dass sich Philosophen wie Klearchos von Soloi über die Sittenlosigkeit ihrer Landsleute empörten. Diese Saufbrüder unterhielten sich bei Trinkgelagen, so meinte Klearchos entsetzt, nicht nur darüber, welcher Fisch wie am besten zu kochen sei, sondern befragten sich auch gegenseitig ganz offen, »welche Stellung beim Geschlechtsverkehr am angenehmsten ist«. Und da die Klugheit der alten Griechen auch überaus praktische Züge hatte, wussten sie ganz genau, wie man ein Symposion möglichst angenehm gestaltet. Ein gewisser Hikesios von Smyrna empfahl seinen Zechkumpanen, sich den Kopf vor dem Symposion mit einer Salbe aus Bockshornklee und anderen Gewürzen einzureiben, damit man nicht so schnell betrunken wird. Er kannte aber noch mehr Tricks: »Rosenduft passt zu einem Trinkgelage, ebenso Myrrhe und Quitte, Letztere wirkt auf den Magen und ist für Lethargiker angemessen. Mädesüß, das ebenfalls auf den Magen wirkt, hält den Verstand klar. Majoran- und Thymiandüfte passen ebenfalls zu einem Trinkgelage, ebenso Safran.«

Petersilie hielten die Griechen für einen ausgezeichneten Kraftspender, für den Inbegriff der Stärke. Deswegen bekränzte sich Herkules am liebsten mit Petersilie.

Die Liebe der Griechen zu gutem Essen und gutem Wein war spätestens mit dem Beginn der klassischen Zeit um 500 vor Christus voll entbrannt. Das Kochen war ein allgegenwärtiges Thema, leidenschaftlich wurde über alle Fragen der Kulinarik debattiert, pausenlos traf man sich zu Festmahlen, die sehr gerne in Trinkgelagen mündeten. Und die besten Köche der griechischen Stadtstaaten waren hoch angesehene Persönlichkeiten, wobei die Küchenchefs aus dem griechisch besiedelten Sizilien als die Besten der Besten galten. In einem Werk des Komödiendichters Kratinos des Jüngeren gibt es diese hübsche Stelle, die alles sagt: »Spürst du, welch süßen Geruch dieses Land hat und wie ein gar würziger Rauch aufsteigt? In dieser Schlucht muss anscheinend ein Weihrauchverkäufer wohnen – oder ein sizilianischer Koch.«

Schwertlilienzwiebeln – das Viagra der Antike

Die wichtigste Quelle für die Küche und die Esssitten, die Bedeutung des Genusses und die Lust am Exzess, die Wertschätzung von Kräutern und den Gebrauch von Gewürzen in der Antike ist »Das Gastmahl der Gelehrten« des griechischen Grammatikers Athenaios. Es besteht aus fünfzehn voluminösen

Lange bevor es das Wort Globalisierung überhaupt gab, waren Gewürze ein globales Handelsgut.

Büchern mit erfundenen Tischgesprächen kluger Gäste über alle Aspekte des Essens und ist gespickt mit Zitaten aus literarischen und philosophischen Werken. Auch Dutzende von Rezepten und Gerichten werden beschrieben, etwa geräucherte Fischstückchen mit Kapern, Salat mit scharfer Senfsauce oder dünne Fleischscheiben mit Hyazinthen-, Asphodelos- und Schwertlilienzwiebeln – sie galten als das Viagra der Antike.

Gewürze gab es im klassischen Griechenland in Hülle und Fülle, wobei sie – wie schon in Mesopotamien und dem Ägypten der Pharaonen – gleichermaßen in der Küche und der Medizin Verwendung fanden. Zimt wurde aus China importiert und als Königin der Gewürze angesehen. Fenchel war nicht nur eine Art Volksgewürz, sondern auch ein Symbol des Sieges. Knoblauch galt als das Allheilmittel der Armen und wurde als Abführmittel empfohlen. Petersilie war so begehrt, dass man die besten Qualitäten aus Mazedonien herbeischaffte. Denn sie schmeckte nicht nur gut, sondern soll überdies ein ausgezeichneter Kraftspender gewesen sein, der Inbegriff von Stärke: Herkules bekränzte sich gern mit Petersilie statt mit Lorbeer. Mohn, Sesam und Leinsamen wurden schon um 400 vor Christus als Würzmittel dem Brotteig beigemischt. Auch Dill, Kapern, Zwiebeln, Lauch, Koriander, Kreuzkümmel, Ysop, Safran, Salbei und Rauke gehörten selbstverständlich in jede gute Küche, genauso wie die fermentierte Fischsauce Garos, die später bei den Römern als Garum überaus beliebt werden sollte. Weder ihr Geschmack noch ihr Geruch können sehr fein gewesen sein. Denn für sie wurden Sardellen und Makrelen zu einem Teig verknetet, der mit reichlich Salz angesetzt und dann in einem irdenen Krug zwei, drei Monate lang in der sengenden Sonne stehen gelassen wurde – nichts für delikate Nasen.

Grollende Philosophen, schlemmende Bürger

Einige sehr einflussreiche Griechen rümpften indes nicht nur über die Fischsauce Garos die Nase. Platon und Aristoteles, den größten Philosophen des Abendlands, waren die ständige Schlemmerei und Genusssucht ihrer Landsleute ein Dorn im Auge. Die beiden Großdenker mögen Geistesgenies gewesen sein, Gourmets waren sie ganz gewiss nicht. Sie verachteten das gute Essen, weil es ihrer Meinung nach die Menschen am vernünftigen Denken hinderte. Für sie war Völlerei prinzipiell der Feind des Verstands – eine Geisteshaltung, die sich im deutschen Sprichwort vom vollen Bauch, der nicht gerne studiert, niedergeschlagen hat.

Platon befand kategorisch, dass Kochen »keine Kunst« sei, also keine Wissenschaft, sondern bestenfalls eine »Geschicklichkeit«. Er schimpfte über die Maßlosigkeit seiner Mitbürger beim Essen und ihre Sucht nach Delikatessen, über all die »ausländischen Leckereien« und die schädliche »Mannigfaltigkeit von Speisen«. Und ganz besonders grimmig verdammte er die »Gewürze« und »Süßigkeiten«, von denen die Griechen den Hals nicht voll bekommen konnten. Stattdessen pries er die trostlose, lustfeindliche Kost der Spartaner – ausgerechnet der Spartaner, die so streng waren, dass Dicke in ihrem Staat Geldstrafen zahlen mussten; ausgerechnet der Spartaner, über deren Küche dieses berühmte Bonmot eines Griechen aus Süditalien kursierte: »Natürlich sind die Spartaner die tapfersten Männer der Welt. Aber jeder, der nur irgendwie bei Trost ist, würde lieber zehntausend Tode sterben, als sich ein so schlechtes Essen vorsetzen zu lassen.« Noch radikaler war Aristoteles: »Kochen ist ein knechtisches Gewerbe«, befand er, eines freien Mannes nicht würdig, höchstens etwas für Sklaven, die im klassischen Griechenland alle körperlichen Tätigkeiten verrichten mussten – und tatsächlich waren die Köche in der Antike ausnahmslos Sklaven.

Unser Denken wird bis heute von Platon und Aristoteles geprägt, unsere Küche zum Glück nicht. Und zum Glück waren die beiden Philosophen mit ihrer Lobpreisung der spartanischen Schmalkost in der Minderheit. Andere berühmte Denker wie Heraklit vertraten eine ganz andere, nämlich Volkes Meinung: »Der Herd«, sagte der lebenskluge Philosoph, »ist ein heiliger Ort.« Und genau diese Maxime sollten die Römer, die das Erbe der Griechen antraten, mit größter Lust beherzigen.

Safranpflückerinnen

Safran ist eines der ältesten und begehrtesten Gewürze und auch das teuerste von allen. Seit 4000 Jahren wird er geerntet – so wie hier auf dem berühmten Fragment eines Freskos, das auf der griechischen Insel Santorin ausgegraben wurde. Es stammt vermutlich aus der Zeit um 1600 vor Christus und zeigt anmutige Safranpflückerinnen auf dem Feld. Die Fäden des Krokus wurden aber nicht nur in der Küche geschätzt, sondern auch in der Medizin und als Ingredienz für Parfüm.

Antikes Griechenland

Der Mensch ist endlich frei

Die Befreiung des Menschen aus den Klauen der Götter und Dämonen begann vor 2500 Jahren. Damals fingen die Philosophen der griechischen Antike an, die alles entscheidenden Fragen zu stellen: nach dem Ursprung der Welt, nach den Ursachen für das Werden und Vergehen der Dinge und Menschen. Vor allem aber suchten revolutionäre Denker wie Thales von Milet oder Heraklit ihre Antworten nicht mehr in der Magie und Mystik, sondern in der Naturwissenschaft. Das hatte fundamentale Konsequenzen für die Heilkunde: Sie wurde zur wissenschaftlich begründeten Medizin. Die griechischen Ärzte waren die Ersten, die nach den natürlichen Ursachen für Gesundheit und Krankheit forschten. Götterbeschwörungen und Reinigungszeremonien wurden jetzt überflüssig. Denn man hatte begriffen, dass Krankheiten nicht von zürnenden Gottheiten oder Dämonen als Strafe verhängt wurden, sondern auf organischen Ursachen beruhten, die vom Menschen allein beseitigt werden konnten. Der Mensch hatte sein Schicksal also selbst in der Hand. Er war endlich frei.

Neben Hippokrates der größte Arzt der Antike: Galen von Pergamon (129–etwa 200), der sowohl Kaiser als auch Gladiatoren kurierte.

Ohne Gewürze ist die antike Medizin undenkbar. Denn sie sorgen dafür, dass im Körper Harmonie herrscht. Und genau das, die körperliche Harmonie, ist der Schlüssel zu allem, das Grundkonzept der Heillehre im Altertum. Als Erster formulierte es der Grieche Alkmaion von Kroton. Er lebte etwa von 500 bis 420 vor Christus, ist einer der ersten Ärzte der Weltgeschichte, deren Namen wir kennen, und definierte Gesundheit als Zustand physischer Ausgeglichenheit. Krankheit ist im Umkehrschluss also nichts anderes als eine Unausgeglichenheit. Die entscheidenden Faktoren für Harmonie und Disharmonie sind nach Alkmaion die sogenannten Primärqualitäten, die beiden Gegensatzpaare warm–kalt und feucht–trocken. Sie sollen sich möglichst immer im Gleichgewicht befinden.

Hippokrates, der berühmteste Arzt der Antike, entwickelte die Ideen des Alkmaion weiter. Er lehrte im späten 5. und frühen 4. Jahrhundert auf der Insel Kos, ist der Verfasser des berühmten hippokratischen Ärzteeids und wurde zum Vater der sogenannten Viersäftelehre. Der Mensch hat nach der Definition von Hippokrates und seinen Schülern vier Körpersäfte – Blut, Schleim, gelbe Galle, schwarze Galle –, die mit vier Elementen und vier Organen korrespondieren. Wenn die vier Säfte im Gleichgewicht sind, ist man gesund. Sind die Körpersäfte nicht mehr ausgewogen, versucht man, sie mithilfe von Medizin, also Gewürzen und Kräutern, wieder zu harmonisieren. Dabei trennten die Griechen – ganz im Gegensatz zu unseren modernen Gesellschaften – Medizin und Ernährung nicht. Das wäre für sie ein absurder Gedanken gewesen. Stattdessen verknüpften sie selbstverständlich beides. Hippokrates sagte es so einfach wie einleuchtend: »Dein Arzneimittel sei dein Lebensmittel, und dein Lebensmittel dein Arzneimittel.«

So weit die Theorie. Ein wichtiger Schritt für die praktische Anwendung fehlte aber noch – und kein Geringerer als Aristoteles vollzog ihn: Er erhob im 4. Jahrhundert vor Christus die Botanik in den Rang einer Wissenschaft und bereitete damit der systematischen Beschäftigung mit der Heilwirkung von Kräutern und Gewürzen den Weg. Sein Schüler Theophrast von Eresos übernahm von ihm die Leitung der legendären Athener Philosophenschule, beschrieb in seinem Hauptwerk »Die Geschichte der Pflanzen« deren heilende Wirkung und wurde damit zum Begründer der Botanik. Das dadurch gewonnene Wissen war unverzichtbar für die gesamte antike Ärzteschaft.

Ingwer gehört zu den Wundermitteln der Natur. Er stärkt Herz und Kreislauf, senkt den Blutzuckerspiegel, schützt den Magen, und das ist längst nicht alles.

Die Lehre der vier Säfte sollte 2000 Jahre lang die Medizin und das wissenschaftliche Denken in Europa bestimmen. Einen wesentlichen Anteil daran hatte Dioskurides, einer der einflussreichsten Ärzte der Antike. Er verfasste im 1. Jahrhundert nach Christus mit seiner »De materia medica« ein epochales Werk, das für die nächsten anderthalb Jahrtausende das wichtigste Gewürz- und Kräuterbuch des ganzen Abendlands und Vorderen Orients sein sollte. 800 pflanzliche, 100 mineralische und 100 tierische Heilmittel beschrieb der griechische Arzt – und legte mit ihnen den Grundstein für eine systematische Therapie mit Kräutern und Gewürzen.

Dioskurides wusste wahrscheinlich mehr über die heilende Wirkung von Gewürzen und Kräutern als je ein Mensch vor ihm. Dass Bockshornklee bei Diabetes hilft, war ihm bekannt – und neuere Forschungen haben ihn zwei Jahrtausende später bestätigt. Dem Basilikum schreibt er völlig zu Recht reinigende sowie eine blähungs- und harntreibende Kraft zu. Und auch die Geheimnisse des Pfeffers, der in der »Materia medica« ausführlich behandelt wird, blieben ihm nicht verborgen, wobei er genau zwischen langem, weißem und schwarzem Pfeffer unterscheidet. Am besten zum Würzen der Speisen geeignet ist für ihn der schwarze Pfeffer, weil er süßer und schärfer, dem Magen bekömmlicher und viel würziger als der weiße Pfeffer ist. Alle Pfeffersorten haben eine erwärmende, harntreibende Wirkung, regen die Verdauung an und lösen schädliche Säfte auf. Sie fördern den Speichelfluss, die Produktion von Magensaft und die Ausscheidung der Gallenflüssigkeit. Pfeffer wird überdies als probates Mittel gegen Husten und andere Brustleiden gelobt. Tatsächlich ist heute wissenschaftlich belegt, dass er vor Erkrankungen der Atemwege schützt. Schwarzer Pfeffer beeinflusst dank seiner ätherischen Öle außerdem die Entgiftungskapazität der Leber positiv.

Genauso wichtig wie der Pfeffer war für die antiken Ärzte die aus Indien importierte Ingwerwurzel. Dioskurides befindet, dass sie als Ingredienz für fast alle Speisen ganz besonders geeignet sei. Sie habe eine erwärmende Wirkung, fördere die Verdauung und sei insgesamt gut für den Magen. Das alles ist inzwischen ebenfalls bewiesen: Ingwer steigert die Aktivität verschiedener Verdauungsenzyme. Der Scharfstoff Gingerol bekämpft zudem nicht nur Entzündungen und Ödeme, sondern ist auch stark choleretisch, das heißt, er regt besonders die Galle an. Außerdem beeinflusst Ingwer die Blutfettwerte positiv und verhindert den übermäßigen Anstieg unter anderen von Cholesterol und Triacylglycerolen selbst bei ungünstiger Ernährung. In hohen Dosen beugt er Arteriosklerose vor. In Tierversuchen hat sich sogar gezeigt, dass Ingwer vor Krebs schützen kann. Und in klinischen Studien konnte eine Besserung bei rheumatischen Beschwerden nachgewiesen werden.

Dioskurides war aber nicht nur ein großer Arzt, sondern muss ein ebenso großer Feinschmecker gewesen sein. Denn er beschreibt mit großem Enthusiasmus viele Gewürze, die sowohl in der Heilkunde also auch in der Küche verwendet werden können. Die wichtigsten sind für ihn Anis, Bertramwurzel, Koriander, Zimt, Ingwer, Safran, Myrrhe, Pfeffer, Süßholz, Sesam, Kardamom und Schwarzkümmel.

Fixsterne der antiken Medizin: Ein Fresko aus Anagni in Mittelitalien von 1230 zeigt Hippokrates und Galen im fruchtbaren Austausch.

Das Fundament legte Dioskurides, doch das Haus sollte ein anderer bauen: Galen von Pergamon, der bedeutendste Mediziner der Antike neben Hippokrates. Galen lebte im 2. Jahrhundert nach Christus, war Gladiatorenarzt, medizinischer Berater verschiedener Kaiser und Begründer eines völlig neuen Verständnisses von Gesundheit, das die Lehre der vier Körpersäfte weiterentwickelte. Kein Mensch, so seine Kernthese, ist vollkommen gesund, sondern nur mehr oder weniger krank. Der Normalzustand ist also, dass wir immer auf unsere Gesundheit achten und uns um sie kümmern müssen. Es gilt, durch eine Harmonisierung der Körpersäfte im Sinne des Hippokrates einen möglichst guten gesundheitlichen Zustand zu erreichen – »einen Zustand, in dem wir weder Schmerzen leiden noch im Gebrauch der Lebenskräfte behindert sind«. Es geht also um nichts anderes als präventive Medizin. Der Arzt soll nicht erst dann kommen, wenn es zu spät ist, sondern eben dafür sorgen, dass er gar nicht kommen muss.

Und dann macht Galen von Pergamon den alles entscheidenden, alles verändernden Schritt. Er verknüpft in seiner Schrift »Die Kräfte der Nahrungsmittel« die Viersäftelehre des Hippokrates mit den Primärqualitäten des Alkmaion. Galen bildet aus diesen und den Körpersäften, den vier Elementen und den vier wichtigsten Organen Korrespondenzen: warm–feucht/Luft/Blut/Herz; warm–trocken/Feuer/gelbe Galle/Leber; kalt–trocken/Erde/schwarze Galle/Milz; kalt–feucht/Wasser/Schleim/Gehirn. Dadurch erkennt er, welche Krankheiten welche Ursachen haben. Und er kann sie entsprechend mit Gewürzen und Kräutern bekämpfen, denen er ihrerseits Qualitäten wie warm oder feucht zuordnet. Krankheiten mit kalten und feuchten Ursachen können also mit warmen und trockenen Mitteln geheilt werden. Bei Schnupfen zum Beispiel sammelt sich zu viel Schleim im Gehirn, was zu einer Dominanz von kalt–feucht führt. Abhilfe schaffen hier warme und trockene Würzmittel wie Fenchel, Salbei, Thymian, Sellerie und Wermut. Bei Verdauungsstörungen wird die Harmonie des Körpers durch zu viel Kälte im Magen aus dem Gleichgewicht gebracht, also muss man warmen Dill oder Liebstöckel nehmen. Stellenweise lesen sich Galens Anweisungen wie Koch- und nicht wie Arztrezepte: »Trockene« Speisen soll man mit Anis und Fenchel anreichern, damit sie harmonischer und bekömmlicher werden. Und zu Geflügel, Ziege und Ferkel empfiehlt er aus Gründen der medizinischen Prävention Pfeffer, Senf, Ölrauke und die Fischsauce Garum.

Unfassbar aufwendig sind seine Gewürzmischungen. Sie beweisen, dass den Griechen und Römern so gut wie alle zur damaligen Zeit bekannten Gewürze zur Verfügung standen. Galen empfiehlt zum Beispiel ein Gewürzsalz als appetitanregendes Verdauungsmittel – und behauptet ein wenig kühn, es erzeuge einen derart großen Hunger, dass man danach einen ganzen Ochsen verschlingen könne. Das Salz soll bei schlechter Verdauung wegen der Kälte des Unterleibs hilfreich sein und enthält einen ganzen Gewürzbasar: ein Pfund Pfeffer, drei Unzen Petersilie, drei Unzen Katzenminze, drei Unzen getrocknetes Flohkraut, drei Unzen Liebstöckel, eine Unze Baldrian, eine Unze Selleriefrüchte, zwei Unzen Bergkümmel, ein Pfund Salz und zwei Unzen geröstetes zerkleinertes Brot, alles fein zerstoßen und als Streugewürz zu verwenden.

Wissenschaftlich ist diese Salzmischung vollkommen plausibel. Allein die ätherischen Öle von Pfeffer, Petersilie, Minze, Liebstöckel, Baldrian, Selleriefrüchten und Bergkümmel sowie die scharf schmeckenden Säureamide des Pfeffers, die Cumarine der Petersilie sowie der Selleriefrüchte und die Labiatengerbstoffe der Minzen stellen eine stark appetitanregende und verdauungsfördernde Wirkung sicher. Die Sekretion von Speichel, Magensaft und Galle wird nahezu von allen Ingredienzen begünstigt, zudem wird die Kontraktion des Darms stimuliert. Und außerdem sorgen Pfeffer und Salz für einen guten konservierenden Effekt und damit für einen Schutz vor verdorbenen Speisen.

Seit der Antike würzt man fettige Speisen mit einer Prise Muskatnuss – aus gutem Grund· Denn ihre ätherischen Öle unterstützen Leber und Galle.

Ein anderes Gewürzheilmittel von Galen enthält sehr viel Safran – insgesamt sechzig Gramm, die heute mehrere Hundert Euro kosten würden. Dazu kommen Röhrenkassie, Balsamholz, Zimt, Indische Narde – ein Baldriangewächs – und Mastix, ein wohlschmeckendes Harz. Als Abführmittel werden zum Schluss noch anderthalb Pfund Aloepulver untergemischt. Hier handelt es sich um ein sehr fein dosiertes, überaus sinnvoll zusammengestelltes Mittel. Die Röhrenkassie hat eine sanft abführende Wirkung, die Rinde des Balsambaums einen konservierenden Effekt, ebenso wie die Indische Narde, die zudem leicht beruhigende Eigenschaften besitzt. Zimt fördert nicht nur die Verdauung, sondern ist auch entzündungshemmend und schmerzlindernd, senkt den Blutzucker- und Blutfettspiegel und wird bei Erkältungskrankheiten eingesetzt. Von entscheidender Bedeutung ist hier jedoch der Safran, der aufgrund seines ätherischen Öls und der Bitterstoffe den Appetit anregt und die Verdauung stimuliert. Doch nicht nur das: In Tierversuchen hat sich gezeigt, dass Safran in sehr hoher Dosierung gegen Tumore wirksam ist. Außerdem können Safranextrakte bei starkem Alkoholgenuss für einen klaren Kopf sorgen.

Galen von Pergamon hat die Medizin revolutioniert. Sein Wort sollte anderthalb Jahrtausende lang Gesetz sein. Die Medizin hat seit seiner Zeit gewaltige Fortschritte gemacht. Der menschliche Körper aber ist gleich geblieben. Und Galen von Pergamon hat noch immer recht.

Marrakesch

Schwarzkümmel vertreibt Kopfschmerzen, Safran alle Sorgen, und der Sesam öffnet sich: meine Reise nach Marrakesch.

Wenn es eine Traumstadt des Orients gibt, einen Ort, an dem unsere geheimsten Wünsche vom Morgenland wahr werden, ohne dass wir uns vor Albträumen fürchten müssen, dann kann es nur einer sein: Marrakesch. Nirgendwo sonst kann man sich leichter vom Zauber Arabiens betören lassen, ohne auf europäischen Komfort verzichten zu müssen, als in der alten marokkanischen Königsstadt am Fuß des Hohen Atlas. Ihr Name hat seit tausend Jahren einen magischen Klang, eine sehnsüchtige Schwingung, etwas Verführerisches, Verlockendes, dem auch ich mich nicht entziehen kann. Seit ich weiß, dass ich auf meiner Reise in die Welt der Gewürze nach Marrakesch fahren werde, spukt die Stadt in meinem Kopf herum. Und ich bin bei Weitem nicht der Erste, der ihrem Sirenenruf erliegt. Sie hat schon immer Maler und Schriftsteller, Millionäre und Lebenskünstler in ihren Bann gezogen. Alfred Hitchcock hat hier gedreht, Josephine Baker getanzt, Truman Capote geflirtet. Die Beatles und die Rolling Stones haben in Marrakesch ihr Bewusstsein erweitert, Angelina Jolie und Penélope Cruz die Suqs leer gekauft und hochsensible Mimosenwesen wie der Modeschöpfer Yves Saint-Laurent alte Paläste in luxuriöse Anwesen umge-

In den Suqs der Altstadt beginnt meine Entdeckungsreise.

wandelt, um sich im schweren Duft von Marrakesch ihrer Melancholie hinzugeben. Ich aber suche hier ein viel einfacheres, doch genauso berauschendes Glück: Ich suche Gewürze für meine Küche und meine Fantasie. Mein erster Weg führt mich indes weder in ein Restaurant noch zu einem Gewürzhändler, sondern in eine der vielen Apotheken, für die Marrakesch berühmt ist. Denn die Apotheker sind wahre Meister der Kräuter und Gewürze, die im gesamten arabischen Raum so selbstverständlich in der Küche wie in der Medizin und der Kosmetik eingesetzt werden. Alle kaufen hier ein: Hausfrauen und Köche, Rheumageplagte und Fußlahme, Melancholiker und Menschen beiderlei Geschlechts, die sich weigern, alt zu werden. Mit unseren nüchternen Arzneimittelverabreichungsstätten hat die Apotheke, in der ich jetzt stehe, allerdings nichts zu tun. Der bestimmt vier Meter hohe Hauptraum mit seiner kunstvoll gearbeiteten Holzdecke erinnert fast an eine Kirche, so erhaben wirkt er. Der Boden ist übersät mit Körben voller Wurzeln, getrockneter Blüten und Harzbrocken. Hinter Rundbögen verbergen sich Nebenräume, in denen sich Gläser mit Kräutern, Farbpigmenten und Gewürzen stapeln. Und in Verkaufsständern werden Flakons mit Rosenwasser wie geheimnisvolle Wundermittel dargeboten.

Verständigungsschwierigkeiten gibt es keine. Ahmed Beharat, der die Apotheke in der vierten Generation führt, hat in Aachen studiert. Wenn ich schon einen Gewürzapotheker vor mir habe, will ich auch gleich sein Können testen. Ich sage ihm, dass ich leichte Kopfschmerzen habe, der Wetterwechsel von München nach Marrakesch, die Müdigkeit, man kennt das ja. Sofort füllt Ahmed ein paar schwarze Körner in ein Tuch, dreht es zusammen, reibt damit ein paarmal energisch über seinen Handrücken und hält mir das Ganze unter die Nase. Ich rieche daran, erkenne sofort, dass es Schwarzkümmel ist – und spüre genauso schnell, wie mein Kopf immer klarer wird. Ahmed hat noch eine Menge anderer heilsamer Tricks auf Lager: eine Prise geriebene Granatapfelschale gegen Völlegefühl, eine Mischung aus Arganöl, Arnika und Lavendel zum Einreiben bei Rückenschmerzen – lauter Rezepte, die bis ins 19. Jahrhundert bei uns gang und gäbe waren. Doch dann verschwand das Wissen um die Heilkräfte von Gewürzen. Oder besser gesagt: Wir haben es mutwillig weggeworfen. Zu Ahmed Beharat kommen die Menschen nicht nur, wenn es ihnen schlecht geht, sondern auch, wenn

Gewürze statt Pillen: Apotheker Ahmed Beharat behandelt nach uralter Tradition.

Marrakesch ist berühmt für seine Gewürzapotheken. Hier kaufen alle ein, denen es schlecht geht – aber auch all jene, die es sich gut gehen lassen wollen.

Fast wie im Schlaraffenland: Die Köchin Aziza mörsert ihr eigens Ras-el-Hanout.

Das pralle Leben in den Suqs

sie es sich gut gehen lassen wollen. Und so gehört es zu den vornehmsten Aufgaben des Apothekers, für Hausfrauen und Hobbyköche Gewürze zu mischen, allen voran das berühmte Ras-el-Hanout, Marokkos Leib-und-Magen-Mischung. Bis zu fünfunddreißig verschiedene Zutaten kann sie enthalten. Bei Ahmed gehören unter anderem schwarzer Pfeffer, Zimt, Kreuzkümmel, Kurkuma Sternanis, Lavendel, die Blüte des Muskatbaums, Safran, Oregano und Piment dazu. Alle Ingredienzen werden sorgfältig auf einem Teller angeordnet und danach abgefüllt – aber meistens nicht gemahlen. Das machen die Hausfrauen erst zu Hause in einem Messingmörser, damit das Ras-el-Hanout immer frisch ist.

In einer Ecke der Apotheke sehe ich zwei seltsame Mühlen. Das könnten Arganmühlen sein, mit denen dieses kostbare Öl gewonnen wird, das auch ich so gerne benutze. Ich frage Ahmed, und er bestätigt meine Vermutung lächelnd. »Ganz richtig«, sagt er, »die Mühlen sind keine Dekoration, sondern sollen meinen Kunden signalisieren, dass ich Arganöl verkaufe. Wir nennen es ›das marokkanische Gold‹, weil es für uns beste Öl der Welt ist.« Er erklärt mir, dass es ausschließlich in Südmarokko zwischen Essaouira, Agadir und Taroudant gewonnen wird, weil nur dort der Arganbaum wächst. Aus seinen Früchten wird das Öl gepresst. Wie genau das geschieht, ist sehr interessant und nicht ganz so

Datteln, Nüsse, Pistazien… Jeder Stand des berühmten Nachtmarkts Djeema el Fna nutzt auch noch den letzten Zentimeter an Platz.

Das Ausbacken von Warka-Teigblättern beobachte ich im Restaurant »Dar Yacout«.

appetitlich: Ziegen sind als einzige Tiere in der Lage, auf die stacheligen Bäume zu klettern. Sie fressen die Früchte und scheiden später deren Kerne aus. Dadurch werden diese mandelartigen Kerne, die zwölfmal härter sind als Haselnüsse, so weich, dass sie von Hand gemahlen werden können – eine mühevolle Arbeit, die den stolzen Preis dieses einzigartigen Öls rechtfertigt. Selbstverständlich nehme ich eine Kostprobe mit und auch noch etwas von dem wundersamen Schwarzkümmel.

Draußen verschlingt mich sofort der Suq. Es ist ein Sog, dem sich nichts und niemand widersetzen kann. Die Altstadt von Marrakesch, die mit ihren 600 Hektar Fläche als die größte Nordafrikas gilt, bombardiert ihre Besucher mit so vielen Eindrücken, dass sich die Sinne erst allmählich darauf einstellen können. Alles schwirrt hier in den engen Gassen durcheinander: feilschende Händler, knatternde Mofas, blökende Schafe; Lastenträger, die sich laut rufend den Weg für ihre Eselskarren bahnen; Zigarettenverkäufer, die pausenlos mit Geldmünzen in der Hand klimpern; Silberschmiede, die ihren jahrhundertealten Rhythmus dengeln; Drechsler, die minutiös Holzstangen verzieren. Und immer wieder öffnet sich die Altstadt zu Marktplätzen wie dem Rahba Lakdima mit seinen Ständen voller duftender Kräuter oder zu Riesenplätzen wie den Djemaa el Fna, dem berühmtesten Platz von Marrakesch mit seinen Couscous-Küchen, Schlangenbeschwörern, Affendompteuren, Geschichtenerzählern, Schalmeienspielern, Bauchtänzerinnen – es ist ein einziger Rausch für Augen, Ohren, Nase.

Für die berühmte Würzmischung Ras-el-Hanout hat jeder marokkanische Koch sein ganz eigenes Rezept.

Ich komme bei einem Metzger vorbei, der mir lauthals ein halbes Lammböcklein anpreist. »Schau her, das Gemächt hängt noch an dem guten Tier, das ist der beste Beweis für seine Qualität.« Ich sehe mit ungläubigem Staunen den Gerbern zu, die in ihrem Viertel wie seit Jahrhunderten mit Händen und bloßen Füßen das Leder in übel riechenden Trögen walken und färben, ein Bild aus einer Zeit, die eigentlich gar nicht mehr existiert. Ich bleibe am Karren eines fahrenden Händlers stehen und probiere eine seiner Teigtafeln mit Sesamhonig – es ist ein »Sesam-öffne-dich« für mich, denn exakt so hat der Orient in meiner Fantasie immer geschmeckt. Und ich wünsche den Hühnern alles Gute, die verängstigt aus ihren Käfigen hervorlugen und erst geschlachtet werden, wenn sich ein Käufer gefunden hat.

Immer wieder stoße ich auf Gewürzgeschäfte, die schon von Weitem an ihren leuchtend gelben und roten Pulverkegeln zu erkennen sind. In einem besonders prachtvollen Laden stehen dicht gedrängt hüfthohe Säcke voller Kreuzkümmel, Rosenknospen, Kardamom, Bockshornklee, schwarzem Pfeffer, weißem Pfeffer, Langpfeffer, Kubebenpfeffer, Malaguettapfeffer. Viele Kunden scheinen mir professionelle Köche zu sein, die mit geübter Hand die Zutaten für ihr ganz persönliches Ras-el-Hanout zusammensuchen. Sie werfen Dutzende verschiedener Gewürze in einen Mörser, kosten, zögern, variieren, experimentieren, sind nach langem Hin und Her schließlich zufrieden und geben den Angestellten das Zeichen, genau diese

In der Küche des »Riad Kniza« schmort Lamm mit Aprikosen und Pflaumen.

Höhepunkt der Kochkunst Marokkos: die Tajine, ein stundenlang im Tontopf geschmortes Ragout.

Mischung en gros für sie zusammenzustellen und in einer museumsreifen Mühle unter viel Getöse zu mahlen.

So inspirierend das Gewimmel der Altstadt auch ist, so dringend braucht man nach einiger Zeit eine Atempause. Und die schönsten Oasen der Stille sind die Riads, die typischen alten arabischen Häuser mit ihren schattigen Innenhöfen. Dutzende, wenn nicht Hunderte dieser Riads sind in den vergangenen Jahren oft von wohlhabenden Ausländern restauriert und in Privathäuser, Hotels oder Restaurants umgewandelt worden. Meine Rettungsinsel ist in diesem Moment das »Riad Kniza«, das in einem Gebäude aus dem 18. Jahrhundert residiert und den allerschönsten Klischees des Orients entspricht: Säulen und Spitzbögen umrahmen den schönen Innenhof, an jeder Seite versteckt sich ein kleiner Salon mit Diwanen und niedrigen Intarsientischen. Ein Springbrunnen plätschert leise seine immer gleiche Melodie, auf der Wasseroberfläche schwimmen duftende Rosenblätter, und der Lärm von Marrakesch hat sich zu einem fernen Murmeln verflüchtigt. Leise beginnt eine Laute zu spielen, kurz danach ist Händeklatschen zu hören, schließlich Gesang. Und dann kommen die Vorspeisen.

Es gibt pürierte Auberginen, marinierte Zucchini und Okraschoten in Tomatensauce, danach Briouats, kleine, mit Käse oder sonnengetrocknetem Fleisch gefüllte Teigtaschen, B'stilla, eine Pastete mit Tauben, Mandeln und reichlich Zimt. Die Hauptspeise ist die Spezialität der Stadt schlechthin: geschmortes Lamm mit getrockneten Pflaumen, Aprikosen und Mandeln. Zum Abschluss des opulenten Mahls werden Gebäck und Pfefferminztee serviert, der in weitem Schwung eingegossen wird, damit er sich etwas abkühlt und trotzdem frisch bleibt.

Während des Essens hat sich Mohammed Bouskri zu mir gesetzt. Er hat das »Riad Kniza« mit ebenso viel Liebe wie Aufwand in ein Hotel mit Restaurant umgebaut und sich als studierter Historiker außerdem eingehend mit der Entwicklung der marokkanischen Küche befasst. »Am Anfang«, sagt er, »gab es hier nur die Küche der Berber.« Sie kochten mit dem, was die Wüste hergab: Fleisch, Milch, Datteln, etwas Getreide. Mit den Arabern kamen im 8. Jahrhundert die Gewürze ins Land. Und einen wichtigen Einfluss übten die Juden aus, die Ende des 15. Jahrhunderts von der Inquisition aus Spanien vertrieben wurden und nach Marokko flohen. Sie brachten viel Raffinesse in die Küche, vor allem im

In der Küche bei Aziza

Umgang mit Teig. Die Pastete B'stilla zum Beispiel hat jüdische Ursprünge. Ich weiß, dass der Küche Marokkos ein gewaltiger Ruf vorauseilt. »Gelbe Küche« wird sie oft genannt, weil sie viel mit gelb färbenden Gewürzen wie Kreuzkümmel, Kurkuma und Safran arbeitet. Im Gegensatz dazu kocht man in Tunesien eine »rote Küche« – dort mag man es am liebsten scharf –, und im östlichen Mittelmeer eine «weiße«, zu deren Hauptzutaten Joghurt zählt. In kaum einem anderen arabischen Land werden Gewürze so variantenreich eingesetzt wie in Marokko. Und nirgendwo sind die Tajines, die in kegelförmigen Tongefäßen geschmorten Ragouts mit Fleisch, Obst und Nüssen, so raffiniert wie in Marrakesch. Wer hinter das Geheimnis der echten Tajines kommen will, muss allerdings nach Marokko reisen. Denn in dem Land gibt es keine Kochbuchtradition. Die Rezepte werden seit jeher von den Müttern an die Töchter weitergegeben und nicht aufgeschrieben.

Deswegen bin ich am nächsten Morgen auch mit Aziza verabredet, einer Köchin aus Marrakesch, die in ihrer schmalen Küche mit beeindruckender Sorgfalt und Gelassenheit hantiert. Sie zeigt mir, wie man Couscous so zubereitet, dass er locker wie Pulverschnee bleibt: In einer großen Tonschale verteilt sie die Grießkörner, benetzt sie mit Wasser und verreibt sie zwischen den Händen, bis sich alle Körner voneinander lösen. Anschließend fügt sie noch einmal Wasser hinzu, damit der Couscous quellen kann. Erst danach gibt Aziza ihn in den Siebeinsatz der Couscousière, in deren unteren Teil schon Gemüse in einer Brühe köchelt. Zwanzig Minuten lang zieht er im Gemüsedampf, anschließend beginnt die Prozedur von vorne: heißen Grieß in die Schale schütten, mit eingeölten Händen durcharbeiten, zurück in den Siebeinsatz füllen, wieder über den Dampf setzen. Das wird im Abstand von je zwanzig Minuten zweimal wiederholt, bis der Couscous fertig ist.

Zu guter Letzt weiht mich Aziza in das Geheimnis ihres Blätterteigpfannkuchens ein. Wieder kommt die große Tonschale zum Einsatz. Zunächst knetet sie darin die Zutaten für den

Köchin Aziza erklärt mir die wichtigsten Handgriffe für Blätterteigpfannkuchen …

… und für Couscous, der in Marokko sehr aufwendig zubereitet wird: Der Weizengrieß wird in eine flache Tonschale geschüttet.

Dann wird er mit Wasser benetzt, damit er quellen kann, und mit den Händen gründlich durchgearbeitet.

Erst wenn alle Körnchen voneinander getrennt sind, wird er in der Couscousière über Dampf gegart.

Zakia Ait Boulahcen verblüfft mich mit ihren Vorspeisen – vor allem mit den Mairübchen, die sie mit Kardamom vermählt hat.

Die Kunst von Zakia

Hefeteig zusammen, lässt ihn gehen und teilt ihn in fünfzehn Bällchen, die alle einzeln verarbeitet werden. Dann platziert sie einen Wasserkrug in der Schale, um die Teigportionen immer wieder mit Wasser zu benetzen. Erst nach viermaligem Flachdrücken und Falten landet das nun rechteckige Teigstück in der Pfanne. Nur so erhält der Pfannkuchen seine feine, blättrige Konsistenz. Ein Geheimnis der marokkanischen Küche, so viel ist mir jetzt klar, besteht in der aufwendigen und sorgfältigen Zubereitung selbst der schlichtesten Dinge.

In einer ganz anderen Liga, aber nach denselben Grundgedanken wie Aziza kocht Zakia Ait Boulahcen, Chefköchin des Restaurants im eleganten Hotel »Dar Rhizlane« in der Villengegend L'Hivernage. Sie kennt die französisch inspirierte Variante der marokkanischen Küche, wie sie in den besten Restaurants der Stadt serviert wird, buchstäblich von Kindesbeinen an: Ihre Mutter und auch ihre Großmutter waren Köchinnen in Marrakeschs legendärem Hotel »La Mamounia«, das der König von Marokko 1923 seinen Söhnen als Spielplatz für

Die Chefköchin des »Dar Rhizlane« zählt zu den besten Marokkos. Das Talent erbte sie von Mutter und Großmutter.

alle erdenklichen Freuden schenkte. Erst jetzt fällt mir auf, dass in Marokko erstaunlich viele Frauen als Profis am Herd stehen. Zakia bestätigt das: »Kochen ist eine traditionell weibliche Aufgabe«, sagt sie, »während Männer nur für die Zubereitungen unter freiem Himmel wie das Grillen und für den Tee zuständig sind.«
Sie ist in ihrer Küche ein Derwisch, vor dem man sich besser in Acht

Im Rausch der blauen Blumen

nimmt. Unter ihrem temperamentvollen Kommando werden Hähnchen mit eingelegten Zitronen geschmort, Auberginen mit Mandeln gefüllt, Mairübchen mit Kardamom vermählt und Karotten mit Vanille geadelt. Aus dem Zusammenklang der vielen Gewürze in ihrer heimatlichen Küche löst Zakia also einzelne heraus und kombiniert sie gezielt mit bestimmten Produkten, um europäische Gaumen langsam an die ganze Geschmacksvielfalt Marokkos zu gewöhnen. Und wieder lerne ich etwas: Mir ist klar geworden, welches riesige Potenzial in der Verschmelzung westlicher und maghrebinischer Traditionen liegt – nicht nur für Zakia, sondern auch für mich.

Mit diesem wunderbar inspirierenden Gedanken verlasse ich Marrakesch, doch für einen Abstecher will ich mir unbedingt noch Zeit nehmen: Ich besuche eine Safranplantage, um die Ernte jenes Gewürzes mitzuerleben, das bekanntermaßen alle Sorgen vertreibt. Sie muss in aller Herrgottsfrühe stattfinden, denn nur solange die Blüten des Safrankrokus geschlossen sind, darf er gepflückt werden. Sobald sie sich öffnen, verlieren die wertvollen Staubfäden ihre geschmackliche Intensität. Es ist ein Knochenjob. Frauen kauern mit krummen Buckeln im kalten Morgentau zwischen den Pflanzen, knipsen blitzschnell mit den Fingern die Blüten ab und legen sie in weite Körbe. Sobald eine der zwei mal drei Meter großen Parzellen abgeerntet ist, gehen sie in ein nahe gelegenes Haus, leeren ihre Körbe auf große, niedrige Tische, setzen sich rundherum und lesen aus jeder Blüte die drei rötlichen Safranfäden heraus, einen nach dem anderen, mit unendlicher Geduld wie lauter marokkanische Aschenputtel, denen keine fleißigen Tauben helfen. Das Häufchen, das von dem Blütenberg schließlich übrig bleibt, wiegt keine fünfzig Gramm. Wenn es getrocknet ist, werden es gerade noch fünfzehn Gramm sein – so wahnsinnig viel Mühe für fünfzehn Gramm Safran! Wer das je gesehen hat, weiß, welchen Respekt Gewürze verdienen. Ich bin sehr froh, es zu wissen.

Aufgezeichnet von Claudia Teibler.

Von einem ganzen Korb mit Krokussen bleiben allenfalls zwei, drei Gramm Safran.

Kaum eine andere Küche des Orients setzt Gewürze so vielfältig und auch so virtuos ein wie die marokkanische.

HUNDERTTAUSEND NACHTIGALLENZUNGEN

Das Römische Reich und die Lust an der Dekadenz

Das römische Imperium war ein Glücksfall der Geschichte. Fast ein halbes Jahrtausend lang, etwa von Christi Geburt bis zum Untergang Roms im 5. Jahrhundert, herrschten von Galiläa bis Britannien, von der Iberischen Halbinsel bis zum Schwarzen Meer, von der Libyschen Wüste bis zum Limes in Germanien Frieden und Wohlstand, und das Dasein war – zumindest für die freien Bürger – so angenehm wie nie zuvor in der Menschheitsgeschichte. Die Barbaren wurden zivilisiert, der römische Lebensstandard wurde zum Maß aller Dinge, und die halbe Welt sprach nun Latein. Rom war der Mittelpunkt des Abendlands, eine Millionenstadt, die sogar eine Berufsfeuerwehr besaß und einen Circus Maximus, in dem 250 000 Menschen die Wagenrennen verfolgen konnten. Die Römer bauten überall luxuriöse Badeanstalten, legten ein Abertausende Kilometer langes Straßennetz an, machten ganze Landstriche urbar und verbreiteten den Weinbau in halb Europa. Vor allem aber in der Kunst des Kochens und der Meisterschaft des Würzens erreichte man ein fabelhaftes Raffinement – wieder gingen Zivilisation, Kultiviertheit und Gewürze quasi Hand in Hand durch die Geschichte.

Allerdings waren die Römer am Anfang ihres Aufstiegs eher anspruchslose Esser. Erst die Kriege gegen das hellenistische Griechenland öffneten ihnen im 2. Jahrhundert vor Christus die Augen. Sie kamen in Kontakt mit der griechischen Kochkunst, staunten nicht schlecht und beschlossen, in ihrem Reich eine kulinarische Revolution anzuzetteln: Künftig sollten alle Belange des Kochens höchste Wertschätzung genießen. Die Revolution glückte, die Römer verwandelten sich in leidenschaftliche Gourmets, jeder bessere Haushalt leistete sich einen guten Koch, und die Meister ihres Fachs genossen ungeheures Ansehen. Für talentierte Köche, die immer Sklaven waren, wurden höhere Preise gezahlt als selbst für die besten Verwalter. Und bei den Spitzenkräften gab es kein Halten mehr. Der römische Historiker Sallust bot für den Koch des Cassius Nomentamus unfassbare 100 000 Sesterzen – ein Landarbeiter hätte fast siebzig Jahre lang für diese Summe arbeiten müssen, denn er verdiente nur vier Sesterzen pro Tag.

Hundert Millionen Sesterzen gaben die Römer jedes Jahr für Gewürze aus. Das entspricht heute einer Summe von mehreren Milliarden Euro.

Der Germane ist wirklich kein Gourmet

Rom nutzte weiterhin die Handelsrouten der Griechen und Phönizier, spannte aber gleichzeitig ein dichtes Netz an Verkehrswegen kreuz und quer durch das Imperium. Dadurch gelangten Gewürze und Kräuter selbst in die entlegensten Winkel des Reichs, die dort bis dahin völlig unbekannt waren. So wurden me-

Schlemmen und Prassen zählten zu den Lieblingsbeschäftigungen der Römer. Sie dürften dabei so versonnen und zufrieden ausgesehen haben wie »Bacchus«, der Gott des Weins, auf dem 1593 entstandenen Gemälde von Caravaggio.

diterrane und exotische Gewürze nördlich der Alpen populär. Die Römer lebten in Gallien, Germanien und Britannien in großen Landhäusern, die »Villa rustica« hießen und immer auch einen Kräuter- und Gewürzgarten hatten. Dort wuchsen Wunderpflanzen wie Melisse, Dill, Bohnenkraut oder Borretsch, von denen die Gallier oder Germanen noch nie etwas gehört hatten – und die sie begeistert in ihre Küche aufnahmen. Das zeigt sich daran, dass viele deutsche Bezeichnungen für Kräuter und Gewürze aus dem Lateinischem abgeleitet sind, etwa Pfeffer, Zimt, Fenchel und Minze.

Wie bitter nötig die kulinarische Zivilisierung der germanischen Barbaren durch die Römer war, kann man beim Historiker Tacitus nachlesen. Er schrieb im 1. Jahrhundert mit einer gewissen Verachtung in seiner »Germania«, einer Schrift über Sitten und Gebräuche unserer Vorfahren: »Ihre Nahrung ist schlicht. Ohne Aufwand, ohne Raffinesse vertreiben sie den Hunger.«

Sie kommen mit Gold an und fahren mit Pfeffer ab

Der Handel mit Gewürzen erreichte in der Blütezeit Roms unfassbare Ausmaße und war ein Garant für den Wohlstand des Imperiums. Hundert Millionen Sesterzen sollen die Römer jedes Jahr für Würzmittel ausgegeben haben, nach heutigem Verständnis mehrere Milliarden Euro. Das schreibt kein Fantast, sondern der sehr ehrenwerte Plinius der Ältere, ein weit gereister römischer Offizier und Flottenadmiral, der 79 nach Christus beim Ausbruch des Vesuv in Pompeji starb, weil er dort die Rettung der Menschen organisieren sollte. In seiner »Naturgeschichte« nehmen Gewürze wie Kardamom, Zimt oder Ingwer einen breiten Raum ein, oder auch Kreuzkümmel, den er das »beste aller Gewürze« nennt. Und er berichtet von einem weltumspannenden Handel mit Gewürznelken, die aus Hinterindien über Griechenland nach Rom gelangten. Bei so viel Heißhunger auf Gewürze ist es kein Wunder, dass sie im alten Rom mit großem Eifer gefälscht und gestreckt wurden. Plinius erwähnt den Trick, langen Pfeffer, die teuerste Pfeffersorte von allen, mit ägyptischem Senf oder Wacholderbeeren wundersam zu vermehren. Und echte chinesische Zimtrinde fand sich schnell in Gesellschaft schnöden Lorbeers wieder.

Das mit Abstand beliebteste Würzmittel der Römer war der Pfeffer. Es wurde vom Luxusgut zum Alltagsgewürz.

Das mit Abstand beliebteste Gewürz der römischen Küche war der Pfeffer in allen Farben. Man pfefferte sogar seinen Wein und seinen Essig, selbst über Desserts streute man ihn mit Vorliebe und reichlich. So gewaltig waren die Mengen an Pfeffer, die im indischen Hafen Muziris an der Malabarküste für Rom an Bord gingen, dass ein tamilischer Dichter nur über die Heerscharen an Gewürzhändlern staunen konnte: »Sie kommen mit Gold an und fahren mit Pfeffer ab«, schrieb er. Der Pfeffer, der bis zu den Römern in der Menschheitsgeschichte eine Kostbarkeit fast so teuer wie Gold gewesen war, wurde nun zu einem Alltagsgewürz. Vierzig Gramm – das entspricht dem Inhalt eines gängigen Pfefferstreuers – kosteten zwei Sesterzen, also etwa so viel wie der Tagessold eines römischen Soldaten. Im Jahr 92 nach Christus errichtete man in Rom sogar einen Pfeffer-

Auf der Jagd nach den Schätzen des Meers: ein nordafrikanisches Mosaik aus dem 3. Jahrhundert.

speicher, um der Unmengen des Gewürzes Herr zu werden. Aber auch die Provinzen mussten nicht darben. In Trier stieß man auf Pfefferetiketten aus Blei, in der englischen Stadt Hoxne auf einen Pfefferstreuer in Menschenform. Und der Gotenkönig Alarich, der im Jahr 410 Rom plünderte, war vielleicht ein grober Klotz, aber genauso ein lernfähiger Feinschmecker: Er nahm als Beute unter anderem 5000 Pfund Pfeffer mit nach Hause.

Anisgebäck für die Gladiatorenkämpfe

Das Lieblingsgewürz der Barbaren war offenbar der Kreuzkümmel. Der in Rom hoch geachtete griechische Historiker Poseidonios berichtet im 1. Jahrhundert vor Christus, dass die Kelten gebratenen Fisch mit Kreuzkümmel würzen und ihn außerdem »in ihr Getränk werfen«, also ihr Bier damit aromatisieren. Weitaus beliebter als heute muss Anis gewesen sein. Plinius schreibt, dass Anis »für die Köche und die Ärzte« wachse. Der Dichter Vergil lobte überschwenglich die römischen Aniskekse. Und bei Ausgrabungen im Kolosseum hat man unter den Sitzreihen Anisgebäck gefunden. Es wurde vermutlich vom Publikum während der Gladiatorenkämpfe genascht. Heute unverzichtbare Kräuter der italienischen Küche wie Rosmarin und Salbei wurden hingegen vergleichsweise selten verwendet. Basilikum benutzte man in der Antike gelegentlich, er galt aber auch als Unglückskraut. Aus seinen Blättern, so glaubte man, wachsen Skorpione und

Silphium gehörte zu den populärsten Gewürzen in der Antike. Es wuchs nur in Libyen und war so begehrt, dass es schon in der Zeit von Kaiser Nero ausgerottet wurde. Wie es genau schmeckte, wird für immer ein Geheimnis bleiben. Diese griechische Malerei zeigt das Verladen des kostbaren Gewächses.

Würmer. Erst im Mittelalter wurde er zu einem hoch geschätzten Würzmittel, und zu den vornehmsten Aufgaben der Hausfrau gehörte die Pflege des empfindlichen Basilikumstocks. In Giovanni Boccaccios berühmter Dichtung »Das Dekameron« gräbt Lisabetta als Zeichen der Wertschätzung den abgeschlagenen Kopf ihres Liebhabers unter einer Basilikumpflanze ein.

Statt Rosmarin und Salbei war das längst ausgestorbene Gewürz Silphium fester Bestandteil jeder römischen Küche. Es wuchs an einem einzigen Ort im gesamten Imperium: in Kyrene in Libyen. Man verwendete die Blätter und Wurzeln, vor allem aber das Harz, das durch Anritzen der Rinde gewonnen und als Aphrodisiakum geschätzt wurde. Glaubt man Plinius, wogen die Römer den Milchsaft des Silphiums in Silber auf. Und als Cäsar 49 vor Christus den römischen Staatsschatz plünderte, fand er zu seiner großen Freude fast eine halbe Tonne Silphium vor. Doch die Begierde der Menschen wurde der Pflanze zum Verhängnis. Durch Raubbau verschwand sie im 1. nachchristlichen Jahrhundert. Das allerletzte Silphium soll laut Plinius als Geschenk auf dem Tisch von Kaiser Nero gelandet sein.

Der wahre Feinschmecker verfeinert mit Ferkelhoden

Die Frage, wie Silphium schmeckte, wird für immer unbeantwortet bleiben. Die Frage, wie Garum schmeckt, wollen wir gar nicht beantwortet wissen. Denn die fermentierte Fischsauce, eine Weiterentwicklung des griechischen Garos, ließe uns heute wahrscheinlich Reißaus nehmen. In Rom aber wurde sie eines der beliebtesten Würzmittel, das auch als Medizin bei Brandwunden, Tierbissen, Geschwüren, Ohrenschmerzen oder Krätze zum Einsatz kam. Garum wurde im Prinzip nicht anders hergestellt als Garos: Man gewann die Brühe aus möglichst fetten Fischen und Meeresfrüchten, die man zerkleinerte, vermengte und drei Monate lang in der prallen Sonne stehen ließ. Das Ganze stank natürlich fürchterlich, deswegen befanden sich die Garum-Fabriken stets außerhalb der Ortschaften. Ab und zu wurde umgerührt, dann die Flüssigkeit abgeseiht, gesalzen, gefiltert und in Amphoren gefüllt. Ähnlich wie beim Olivenöl war die erste Marge, die man gewann, die reinste und teuerste; sie hieß »Jungferngarum«. Die begehrteste Fischsauce des Imperiums stammte aus Cartagena in Spanien und wurde aus Makrelen gewonnen. Plinius schreibt, dass nur Parfüm teurer war als das spanische Garum. 6,5 Liter kosteten die ungeheure Summe von 1000 Sesterzen. Und als Gipfel des Raffinements verfeinerten die Gourmets ihr Garum mit Honig, Gurken, Trüffeln, Dill, Koriander, Fenchel, Sellerie, Oregano, Raute, Minze, Liebstöckel, Thymian, Salbei, Pfeffer, Zimt, Gewürznelken und Bockshornklee. Den wahren Exzentrikern unter den Feinschmeckern war das freilich zu profan. Sie nahmen lieber Gebärmütter von Jungsäuen und Hoden von Ferkeln.

Essen war im alten Rom nicht nur Nahrungsaufnahme, sondern immer auch lustvolle Unterhaltung. Als besonders vornehm galt es, seine Gäste mit kunstvoll verfremdeten Speisen zu verblüffen, sodass man im ersten Augenblick gar nicht wusste, was man aß. Wie bizarr es dabei zuweilen zuging, wird in einer Episode des »Satyricon« geschildert, eines satirischen Romans aus der Zeit von Kaiser Nero, dessen Autor gewiss übertreibt, aber auch viel Wahres schreibt: »Das Gastmahl des Trimalchio« handelt vom Festessen eines ehemaligen Sklaven, der zu sehr viel Geld gekommen ist und jetzt seine Gäste beeindrucken will. Deswegen lässt er seinen Koch kulinarische Zaubertricks vollführen und aus einem Schwein alles Erdenkliche zubereiten – »aus der Gebärmutter einen Fisch, aus Speck eine Ringeltaube, aus Schinken eine Turteltaube und aus einem Schulterstück ein Hühnchen«. Danach gibt es dann Siebenschläfer mit Honig glasiert und Mohnsamen bestreut, dann Pfaueneier mit Feigendrossel in gepfeffertem Eidotter, anschließend Saueuter in Pfeffersauce.

Essen war im alten Rom nicht nur Nahrungsaufnahme, sondern immer auch Unterhaltung. Als besonders vornehm galt es, seine Gäste mit kunstvoll verfremdeten Speisen zu verblüffen.

Eine ganze Stadt badet in Safran

Die Römer waren veritable kulinarische Künstler und dazu maßlose Schlemmer. Im Laufe der Jahrhunderte trieben sie es immer toller, bis sie schließlich den Gipfel der Dekadenz erklommen und allerlei kulinarischen Schabernack trieben – etwa das Waschen der Füße mit gewürztem Wein, von dem der Dichter Plutarch berichtet. Gewürze spielten bei den Verschwendungsorgien eine zentrale Rolle. Und mit Feuereifer gingen die Kaiser beim lustigen Sittenverfall voran. Kaiser Elagabalus ließ im 3. Jahrhundert nach Christus sein Schwimmbad mit exotischen Gewürzen parfümieren und mit Safran färben, dem teuersten Gewürz der Welt. Hadrian ordnete hundert Jahre zuvor sogar an, Safranwasser über die Stufen eines Theaters rinnen zu lassen, damit sie wie Gold glänzten. Und Nero befahl, für einen Triumphzug ganze Straßenzüge in Rom mit Safran zu bestreuen.

Was der Kaiser kann, kann ich schon lange, sagte sich der Aristokrat Metellus Scipio und veranstaltete ein Gelage, bei dem Drosseln für 60 000 Sesterzen auf den Tisch kamen – ein einfacher Römer hätte für diese Summe sein ganzes Leben lang arbeiten müssen. Das war aber noch nichts gegen das Mahl, das sich der offensichtlich höchst erfolgreiche Schauspieler Aesop zubereiten ließ. Es gab Nachtigallen und andere Singvögel für 100 000 Sesterzen. Unsterblichen Ruhm und ewige Hochachtung im Kreis seinesgleichen erlangte auch ein Prasser namens Octavius, der 5000 Sesterzen für eine einzige, anscheinend besonders prachtvolle Seebarbe zahlte. Und von einer besonders hübschen Blüte der römischen Dekadenz berichtet Athenaios in seinem Gastmahl der Gelehrten: Bei Gelagen tunkte man Tauben in parfümiertes Wasser und ließ sie dann durch den Raum flattern, damit sie die Gäste mit einem feinen Parfümregen benetzten.

Apicius – der verrückteste Gourmet der Antike

Wenn es das Idealbild des dekadenten, antiken Erzschlemmers gibt, dann kann es nur einer sein: Marcus Gaius Apicius, der berühmteste, verwegenste, verrückteste Gourmet des römischen Imperiums. Seine Unsterblichkeit verdankt er dem Kochbuch »De re coquinaria«, das ihm zugeschrieben wird, der Nachwelt allerdings nur in einer Version aus dem 4. Jahrhundert nach Christus erhalten ist. Es ist die älteste erhaltene Rezeptsammlung der Antike, war viele Jahrhunderte lang das wichtigste Kochbuch des Abendlands und gilt als bedeutendste Quelle für die römische Kochkunst überhaupt. Apicius war ein Gewürzfanatiker, der größten Wert auf die Vielschichtigkeit der Aromen legte. Je komplizierter ihre Struktur war, umso besser. Er verwendete alles, was der Kräutergarten und die Gewürzmärkte hergaben – Silphium aus Libyen, die fermentierte Fischsauce Garum, Schalotten, Lauch, Kresse, Majoran, Oregano, Thymian, Asantwurzel, Rucola, Kümmel, Koriander, Pfeffer, Flohkraut, Salbei, Kerbel, Schnittlauch, Zimt, Majoran, Dill, Binsenwurzel, Alant, Kardamom, Bohnengras, Wacholderbeeren, Liebstöckel, Meerrettich, Mohnsamen und vieles mehr.

Wenn Apicius die Grundzutaten für ein einfaches Rezept beschreibt, klingt das so: »Kalte Sauce für gekochtes Wildschwein: Pfeffer, Wiesenkümmel, Liebstöckel, gemahlener Koriander, Dill- und Selleriesamen, Thymian, Oregano, Zwiebel, Honig, Essig, Senf, Fischbrühe und Öl.« Apicius genoss einen Ruf wie ein Donnerhall als Gewürzjongleur und Schöpfer extravaganter Speisen. Er erfand das Mästen

Im Römischen Reich herrschte ein reger Handel zu Lande und zu Wasser: ein typisches Kaufmannsschiff im Mosaikfußboden des Kontors von Karthago.

von Schweinen mit Feigen und bereitete Flamingo- und Nachtigallenzungen so kunstvoll wie kein Zweiter zu. Allein vier Rezepte seines Buchs beschäftigen sich mit Kuheutern und der Gebärmutter von Säuen. Selbst mit den Fußsohlen von Kamelen wusste er etwas anzufangen. Vom strengen Moralisten Seneca wurde Apicius deswegen als Verderber der Sitten verdammt. Legendär ist der Bericht des römischen Philosophen über den Tod dieses grandiosen Gourmets: Eines Tages soll er festgestellt haben, dass sein Vermögen nur noch lächerliche zehn Millionen Sesterzen beträgt – für normale Menschen ein unvorstellbarer Reichtum, für ihn aber eine Summe, die ihm nicht angemessen erscheint, um stilvoll weiterprassen zu können. Also nimmt er Gift und entsagt der Welt. Seneca meinte nur fassungslos: »Gipfel des Wohllebens: sich mit zehn Millionen Sesterzen für bettelarm zu halten! Nun glaube noch einer, dass es auf die Größe des Vermögens, nicht des Geistes ankomme.«

Tausend Leckerbissen, um die Gier zu erregen

Im antiken Griechenland hatten noch die großen Philosophen Platon und Aristoteles ihre Landsleute für deren glühende Liebe zum Essen und für das maßlose Würzen getadelt. In Rom hingegen schwiegen die meisten Denker und ließen es sich stattdessen selbst gut gehen. Einer der ganz wenigen Kritiker war ebenjener Seneca, der die ungesunde Völlerei und die »prahlerische Küche« mit ihrem exzessiven Gebrauch von Gewürzen anprangerte. Besonders das Garum erregte seinen Zorn, diese »kostspielige Jauche aus verdorbenem Fisch, die durch faulige Salzlake brennende Schmerzen in den Eingeweiden verursacht«. Dekadente Köche, so Seneca, hätten »tausend Leckerbissen erfunden, um die Gier zu erregen«. Und in einem Brief an seinen Freund Lucilius schrieb er resigniert: »Über die Unzahl der Krankheiten brauchst du dich nicht zu wundern: Zähle die Köche.«

Über die Unzahl der Krankheiten brauchst du dich nicht zu wundern: Zähle die Köche.

Seneca, römischer Philosoph

Die exzessive Verwendung von Gewürzen war zwar immer wieder Gegenstand von Hohn und Spott in der Literatur, doch Maß hielten die Römer deswegen noch lange nicht. Eine herrliche Passage aus dem »Pseudolus« des Satirikers Plautus schildert, wie unbekümmert Roms Köche in die Gewürzkiste griffen: »Ich würze nicht so, wie die anderen Köche es tun. Die servieren mit ihren Gerichten ganze Wiesen – sie füttern die Gäste wie Weidevieh und stopfen sie mit grünen Kräutern voll, die sie mit noch mehr Kräutern würzen. Dann kommt frischer Koriander rein, Fenchel, Knoblauch, Pastinaken, daneben häufen sie Sauerampfer, Kohl, Mangold, dazu ein Pfund Silphium und dann noch eine geballte Ladung Senfkörner. Das ist dann so scharf, dass ihnen selbst die Augen triefen, noch bevor sie es klein geschnitten haben.«

Kulinarische Raffinesse ist Teufelswerk

Einen ganz anderen Ton bekam die Kritik an den Gewürzorgien der Römer, als die christliche Kirche dominanter wurde. Der Kirchenlehrer Clemens Alexandrinus geißelte im 3. nachchristlichen Jahrhundert die römische Völlerei, weil sie zu einer Abstumpfung der Seele und zu Vergesslichkeit führe. Ganz und gar nicht geheuer waren ihm vor allem die Gewürze und »Wohlgerüche« wegen ihrer luststeigernden Wirkung. Wollust und Ausschweifungen seien die unvermeidliche Folge, wenn man so koche wie Apicius. Stattdessen sang Clemens Alexandrinus das Loblied der einfachen christlichen Küche, die jede kulinarische Raffinesse für Teufelswerk hielt. Doch trotz der küchenfeindlichen Haltung der Kirche ließen sich die Menschen nicht von den Gewürzen abbringen. Die Kirche musste schließlich kapitulieren und wurde im Laufe der Jahrhunderte selbst zu einer ungestümen Gewürzliebhaberin, wie später noch erzählt werden soll.

Die Haltung der Kirche war nicht frei von Heuchelei, schließlich wimmelt es in der Bibel von Geschichten, in denen Gewürze eine Rolle spielen. Der Evangelist Matthäus schreibt zum Beispiel: »Weh euch Gesetzeslehrern und Pharisäern! Ihr Scheinheiligen! Ihr gebt Gott den zehnten Teil von allem, sogar von Gewürzen wie Anis und Kümmel, aber um die entscheidenden Forderungen seines Gesetzes – Gerechtigkeit, Barmherzigkeit und Treue – kümmert ihr euch nicht!« Und jeder kennt das Gleichnis vom Senfkorn, das zwar winzig ist, aber trotzdem mächtig wächst.

Er konnte einen Aal zubereiten, den man den Göttern hätte vorsetzen können.

Der Komödiendichter Euphron über den Koch Nereus von Chiros

Der Untergang des römischen Imperiums

Kein Reich währt ewig auf Erden, selbst Rom nicht. Im Jahr 395 wurde das Imperium geteilt. Keine hundert Jahre später ging der westliche Teil in den Stürmen der Völkerwanderung unter, während der östliche Teil in gestutzter Form überlebte. Dadurch verschob sich der Schwerpunkt des Gewürzhandels in Richtung Oströmisches Reich, das auch Byzanz genannt wird. Dessen Hauptstadt Konstantinopel, das heutige Istanbul, stieg zur ebenbürtigen Konkurrentin von Alexandria als Umschlagplatz für Gewürze auf und entwickelte einen weltumspannenden Handel mit allen Arten von Würzmitteln, sogar mit Muskatnuss und Gewürznelken aus Indonesien. In der neuen Kaiserstadt wurde es üblich, an Fastentagen den Erbsenbrei mit Muskat zu würzen und das Wasser mit Pfeffer, Anis und Kreuzkümmel zu aromatisieren. Gewürze blieben im Oströmischen Reich ein Allgemeingut. Selbst arme Leute hatten genug davon. So beschreibt ein byzantinischer Gedichtzyklus die Vorratskammer einer einfachen Familie und erwähnt neben verschiedenen Obst- und Gemüsesorten, Käse, Oliven und Honig auch Pfeffer, Kreuzkümmel und Kümmel.

Der kulinarische Einfluss Anatoliens und des Nahen Ostens auf die römische Küche wurde nun stärker. Jetzt aß man das Fleisch von Gazellen, Wildeseln und Sperlingen und wickelte die Speisen nicht mehr in Feigenblätter ein, sondern in Weinblätter – eine Tradition, die bis heute in Griechenland und der Türkei lebendig ist. Aufwendige Süßspeisen, die häufig mit Gewürzen und Früchten verfeinert wurden, fanden nun ebenso Eingang in die Küche von Byzanz. Der erste Beleg für die Verwendung von Zucker in Europa stammt aus byzantinischer Zeit. Bis ins Mittelalter war Konstantinopel berühmt für seine Süßigkeiten – ein beliebtes

Wasser für eine ganze Kaiserstadt: die byzantinische Zisterne im heutigen Istanbul, dem früheren Konstantinopel, die 80 Millionen Liter fasst.

Souvenir bei den durchreisenden Kreuzrittern des 12. Jahrhunderts waren Kekse und kandierte Früchte –, und Istanbul ist es noch immer.

Schluss mit Orgien und Unzucht

Mit einer ganz besonderen Spezialität der antiken Ess- und Tischsitten war allerdings Schluss, dafür sorgte gnadenlos das Christentum: mit dem sündhaften kulinarischen Lotterleben der Griechen und Römer. Mahlzeiten und Trinkgelage endeten jetzt nicht mehr in Orgien, sondern blieben gesittete Veranstaltungen. Wer ins Gasthaus ging, wusste, dass die leiblichen Genüsse auf den Gaumen beschränkt bleiben würden, wie diese Passage aus der Lebensbeschreibung des heiligen Theodor von Sykon zeigt: »An der Straße stand ein Gasthof, der von einem wunderschönen Mädchen, Maria, und der Mutter und Schwester Marias betrieben wurde ... In dem Haus wohnte ein gottesfürchtiger Mann namens Stephanos, der sich darauf verstand, kunstfertig zubereitete Gerichte herzustellen. Die Frauen waren unterdessen recht anständig geworden, denn sie hatten ihren Beruf als Prostituierte aufgegeben und waren dem Pfad der Nüchternheit und Frömmigkeit gefolgt.«

Römisches Reich

Das Geheimnis des Schwarzkümmels

Die Römer waren ein Volk mit tausend Talenten. Niemand übertraf sie als Baumeister, Ingenieure, Militärstrategen, Kaufleute, Köche. Nur für eine Profession hatten sie offenbar nicht die geringste Begabung: für den Beruf des Arztes. Und so waren sie klug genug, sich erst gar nicht auf dem Feld der Medizin zu versuchen, sondern überließen es den Griechen, die seit Hippokrates die besten Ärzte der Antike hervorgebracht hatten. Die Griechen, allen voran Dioskurides und Galen von Pergamon, bedankten sich auf ihre Art für so viel Vertrauen: Sie sorgten dafür, dass die antike Heilkunst im Römischen Reich ihren absoluten Höhepunkt erreichte.

Danach sah es zunächst nicht aus. Als die Römer noch nicht die halbe Welt beherrschten, sondern als brave Bauern am Tiber lebten, praktizierten sie eine einfältige Volksmedizin, deren beliebteste Heilpflanze der Kohl war. Der große Feldherr und Staatsmann Marcus Cato, der auch einen kleinen medizinischen Ratgeber verfasste, pries den Kohl als Haus- und Allheilmittel bei chronischen Wunden, Fisteln, Verrenkungen und Gicht. Kohl besitzt tatsächlich Wirkstoffe, die keine andere Pflanze in sich trägt: die Glucosinolate, die eine schützende Wirkung auf Magen, Leber und Lunge haben. Die Legionäre hatten immer Unmengen von Kohl auf ihren Feldzügen dabei, weil sie ihn nicht nur als Notration, sondern auch als Verbandsmaterial nutzten. Marcus Cato behauptete deshalb, das römische Imperium sei mit der Kraft des Kohls errichtet worden. Knoblauch war den Truppen allerdings genauso wichtig. Er sollte die Kampfeswut der Soldaten stärken, böse Geister vertreiben und Feinde in die Flucht schlagen. Dass er außerdem eine antiseptische Wirkung hatte und vor Magen-Darm-Erkrankungen schützte, war natürlich ein willkommener Nebeneffekt.

Dank des Naturforschers Plinius und seiner »Naturalis historia« wissen wir viel über Gewürze und Medizin im Römischen Reich.

Die Römer überließen den Griechen so vollständig die medizinische Theorie und Praxis, dass es fast keine römischen Schriften auf diesem Gebiet gibt. Zum Glück haben wir Plinius den Älteren, einen Naturforscher und weit gereisten Soldaten, der im 1. Jahrhundert nach Christus seine siebenunddreißig Bände umfassende Enzyklopädie »Naturalis historia«, seine berühmte Naturgeschichte verfasste. In ihr beschreibt er nicht nur die römisch-griechische Heilkunst, sondern auch die medizinischen Traditionen der einzelnen Völker, selbst in den entlegensten Provinzen des riesigen Imperiums. Ohne ihn müsste zum Beispiel Asterix ohne die Misteln in seinem Zaubertrank auskommen – Plinius ist die einzige Quelle, die den Mistelkult der Gallier belegt.

In seiner »Naturalis historia« offenbart sich Plinius als großer Gewürzkenner. Der verdauungsfördernde, krampflösende Koriander, der zudem das Wachstum von Bakterien hemmt und so Lebensmittel haltbarer und bekömmlicher macht, ist für ihn das ideale Gewürz schlechthin. Für den Magen empfiehlt er ganz richtig Kümmel, der bis heute als eines der wirkungsvollsten Magenmittel überhaupt gilt. Und von der Minze schwärmt er: »Ihr Geruch erfrischt den Geist; ihr Geschmack wirkt appetitanregend.« Außerdem soll man bei Erkrankungen der Atemwege auf sie zurückgreifen. Und bei Kopfschmerzen ist es hilfreich, die Schläfen mit Minzöl einzureiben – nichts anderes machen wir heute auch. Schwarzkümmel garantiert laut Plinius ebenfalls Linderung bei Kopfschmerzen: Man muss den Kümmel in ein Tuch füllen, zerreiben und unter die Nase halten. Durch das Einatmen der ätherischen Öle schwellen die Nasenschleimhäute ab, der Kopf wird binnen kürzester Zeit klar. In arabischen Ländern kennt jeder Mensch diese so einfache wie effektvolle Sofortmaßnahme. Nur wir wollen von diesem Schwarzkümmel-Aspirin der Natur nichts mehr wissen.

Basilikum ist Plinius ein wahres Loblied wert: Er sei gut für den Magen, helfe bei Ödemen und wirke sogar als Aphrodisiakum. Vieles davon lässt sich wissenschaftlich belegen: Basilikum ist verdauungsfördernd und krampflösend. Extrakte von den Blättern können sogar Magengeschwüren vorbeugen. In den Mittelmeerländern wird die Pflanze bis heute als entwässerndes Mittel benutzt, was den Einsatz bei Ödemen sinnvoll erscheinen lässt. Die luststeigernde Wirkung wiederum könnte mit dem positiven Effekt auf die Verdauung zusammenhängen: Bei guter Verdauung funktionieren alle Organe besser.

Zimt verschrieben die römischen Ärzte bei Grippe und Bronchitis und verboten ihn Schwangeren, außer kurz vor der Geburt. Denn das Gewürz fördert die Wehen.

In der Küche des alten Rom wurde Basilikum allerdings selten benutzt, ebenso wenig wie Petersilie, Rosmarin und Salbei. Sie alle galten als Heilpflanzen. Petersilie wurde gegen Erkrankungen der Harnwege eingesetzt, Rosmarin als allgemeines Stärkungsmittel, aber genauso als Arznei gegen Rheuma. Salbei war ein sehr wichtiges Medikament bei Atemwegserkrankungen, Verdauungsbeschwerden sowie zur Wundheilung. All das ist auch nach modernen Erkenntnissen sinnvoll.

Die Römer liebten ihre Gewürze über alle Maßen. Sie schätzten Bohnenkraut, weil es vor Durchfällen schützt und die Haltbarkeit von Fleisch erheblich verlängert. Sie wussten, dass sie sich mit Oregano gegen Bakterien behelfen konnten und dass sie der Fenchel dank seiner krampflösenden Eigenschaften vor Darmkoliken bewahrt. Auch seine schleimlösende Wirkung bei Atemwegserkrankungen und seinen blutdrucksenkenden Effekt kannten die Römer. Und Lorbeer setzten sie nicht nur Triumphatoren aufs Haupt, sondern regulierten damit genauso ihren Blutzuckerspiegel. Es gibt sogar Hinweise, dass hoch dosierter Lorbeer vor Magengeschwüren schützen kann. So sinnvoll, gezielt und massiv wie im antiken Rom sind Gewürze nie zuvor in der Menschheitsgeschichte eingesetzt worden. Als man aber in Zeiten spätrömischer Dekadenz damit anfing, Paläste und halbe Städte mit den kostbaren Gewürzen zu parfümieren, statt damit sein Essen vernünftig zu würzen, war der Untergang des Imperiums besiegelt.

Beirut

Der Schlüssel zur Schatzkammer, eine Stadt voller Widersprüche, ein Revoluzzer am Herd und der Moment der Erkenntnis: meine Reise nach Beirut

Jede Länderküche braucht einen Rebellen mit Sinn für Tradition: der großartige Koch Joe Barza – ein Seelenverwandter!

Nie im Leben hätte ich gedacht, dass ich einmal meinen Geburtstag in Beirut feiern würde. Doch das Leben ist einfallsreicher als die Fantasie. Und so stehe ich jetzt auf der Gartenterrasse eines herrschaftlichen Anwesens hoch über der Küste des Libanon, schaue hinunter auf den Hochhauswald seiner Hauptstadt Beirut und fühle mich eher wie in New York als im Nahen Osten. Verwandte von Freunden von Bekannten haben für mich spontan eine Feier organisiert, als sei ich ein uralter Freund der Familie und nicht irgendein Koch auf der Durchreise. Es sind Menschen von überwältigender Gastfreundschaft, alter libanesischer Geldadel, viel zu vornehm, um zu protzen, viel zu herzlich, um arrogant zu sein, viel zu rührend, um es nicht ehrlich zu meinen. Und sie haben mir zu Ehren einige der besten Köche des Landes eingeladen, in das mich meine Reise in die Welt der Gewürze aus einem einzigen Grund geführt hat: Wen auch immer man fragt – alle sagen, dass die libanesische Küche die beste der arabischen Welt sei.

Die Stadt aber, auf die ich blicke, verdient einen ganz anderen Superlativ. Nicht die Beste, Schönste, Magischste des Morgenlands ist sie, sondern die Eigenartigste. Eine kluge Frau hat mir gerade auf der Feier gesagt, dass Beirut ein Ort voller Widersprüche an der Grenze zum Wahnsinn sei. Genauso habe ich ihn heute erlebt. Wie verrückt wachsen die Wolkenkratzer

Die mächtige Hariri-Moschee im ottomanischen Stil ist das Wahrzeichen der Stadt.

aus dem Boden – und dazwischen rotten Kriegsruinen vor sich hin, übersät mit Einschusslöchern wie Pockennarben. Die Straßen sind voller Jaguars, Range Rovers oder Porsches – und zwischen ihnen ächzen rostige Mercedes-Taxen aus den Siebzigerjahren wie altersschwache Mulis die Hügel hinauf.

Die Stadt schwimmt in Geld, weil die Libanesen seit 3000 Jahren, seit den Zeiten der Phönizier, vielleicht die begabtesten Kaufleute der Welt sind – und trotzdem sieht Beirut an manchen Stellen aus wie Dritte Welt. Der alles beherrschende Bau ist die Hariri-Moschee mit ihren leuchtend blauen Kuppeln und himmelsstürmenden Minaretten – und großmütig lässt sie direkt neben sich Platz für eine Kirche der maronitischen Christen, in der die Messe noch immer auf Aramäisch gelesen wird, der Muttersprache von Jesus Christus.

»Unsere Heimat ist wie eine große Familie«, sagen die Libanesen. »Meistens vertragen wir uns, aber manchmal gibt es eben Streit.« Und manchmal auch Mord und Totschlag. 1975 eskalierte der Familienzwist zu einem mehr als fünfzehn Jahre dauernden Bürgerkrieg. Jeder kämpfte gegen jeden, Schiiten gegen Sunniten, gegen Drusen, gegen Christen, und am schlimmsten soll es gewesen sein, als sich die Christen sogar untereinander zerfleischten. Das schöne, alte Beirut, das vor dem Krieg als »Paris des Ostens« gerühmt wurde, haben die Panzer und Haubitzen fast vollständig ausgelöscht. Wenigstens die Altstadt hat man in einem eigenwilligen Mischmasch aus französischer Klassik und arabischem Traditionalis-

Die libanesische Küche soll die beste des ganzen Orients sein. Ist das wirklich wahr?

Schätze in Säcken: eine Straße mit Gewürzläden in Beirut.

Küchenrevolutionäre unter sich

Austausch am Herd: Mit Joe Barza spreche ich über eine moderne libanesische Küche.

mus wiederaufgebaut und mit lauter Luxusgeschäften von Dior bis Tiffany vollgestopft. Doch ihre Künstlichkeit klebt an ihr wie ein böser Fluch.

Ich rufe mir jetzt all das ins Gedächtnis, was ich heute in Beirut gesehen habe – etwa den Bioerzeugermarkt hinter der neuen Altstadt, auf dem zwischen Jachthafen und Kriegsruinen ausschließlich kleine, lokale Produzenten ihre Waren verkaufen dürfen: Obst und Gemüse, Honig und Öl, Brot und Snacks, Kräuter und Gewürze wie die berühmte »Sieben-Pfeffer-Mischung«, die auch Zimt, Nelken, Muskatnuss und Koriander enthält. Ich gehe von Stand zu Stand, nasche hier und da, frage die Marktfrauen nach ihren Gewürzen und Küchengeheimnissen, lasse mir jedes Wort haargenau übersetzen, weil ich alles wissen muss. Denn erst das Verstehen der fremden Küche gibt jemandem wie mir das Recht, sie verändern zu dürfen. Verständnis, Respekt und Demut sind die Grundlagen jeder Weiterentwicklung. Das habe ich in vielen Jahren als Küchenchef gelernt.

Dann werde ich Kamal vorgestellt, dem Initiator des Markts, der mir erklärt, welche große Idee hinter dieser kleinen Sache steckt: Der Markt ist der einzige Ort im Libanon, an dem die Angehörigen der verschiedenen Religionen und Volksgruppen gemeinsam essen und einkaufen, anstatt sich gegenseitig die Köpfe einzuschlagen. Christen, Drusen, Schiiten, Sunniten kommen mit Einkaufstaschen hierher, nicht mit Gewehren. »Das hier«, sagt Kamal vorsichtig lächelnd, »das

Jean Doummar gibt für mich ein spontan organisiertes Geburtstagsfest.

Am Buffet des Fests: Kosten von den Klassikern der libanesischen Küche.

Vielleicht nur ein bisschen mehr Koriander: fachsimpeln mit Joe Barza.

ist nicht nur ein Markt. Das ist Versöhnung, wenigstens einmal pro Woche.« Auch das also erlebe ich auf meiner Reise in die Welt der Gewürze: nicht nur Städte wie Damaskus, die auf einem Fundament aus Tausenden Jahren Geschichte ruhen, sondern ebenso Orte wie Beirut, die ihre Vergangenheit mutwillig vernichtet haben.

Gedankenverloren stehe ich an der Promenade, an der alles neu und nichts alt ist, zwischen angelnden Großvätern und Fußball spielenden Kindern, zwischen Teeverkäufern und Obstsaftpressern. Ich blicke auf das Meer und versuche mir vorzustellen, dass einst phönizische, dann griechische, später römische, schließlich venezianische Gewürzhändler über dieses Meer an die Küste des Libanon segelten, an der sie Zimt, Ingwer, Pfeffer, Nelken und Muskat gegen Gold tauschten. Hier landeten die Kreuzritter, um das Grab Christi in Jerusalem zu befreien und gleichzeitig an die Quelle der Gewürze zu gelangen. Und ganz nebenbei lernten sie im Heiligen Land die Küche der Kalifen mit ihrer grandiosen Kunst des Würzens kennen und brachten sie begeistert mit nach Hause. Es ist schwer, sich das alles vorzustellen.

»Wir leben in einer Stadt«, haben mir die Menschen in Beirut immer wieder gesagt, »die im Angesicht ihrer tragischen Geschichte gar nicht weiß, ob sie eine Zukunft hat, und deswegen die Gegenwart wie einen Tanz auf dem Vulkan in vollen Zügen genießt.« Nach mir die Sintflut, scheint das Lebens-

Die Reichen und Schönen Arabiens legen mit ihren Jachten gerne in Beirut an.

Beirut, die Hauptstadt des Libanon, liebt das Leben so stürmisch, weil sie genau weiß, wie tragisch es sein kann. Sie genießt es in vollen Zügen, als gebe es kein Morgen, als tanze sie auf einem Vulkan – und ich feire mit.

motto von ganz Beirut und vor allem von jenen blendend schönen Frauen zu sein, die so aufreizend hochhackig die Uferpromenade entlangstöckeln, dass es jedem genierlichen Menschen die Schamesröte ins Gesicht treibt. Minirock statt Tschador, High Heels statt Burka – in Beirut ist es offenbar eine Sünde, seine Schönheit zu verbergen.

Die Menschen hier lieben jede Art von Fleischeslust. Ich habe einen Metzger gesehen, der sich auf einem Schild vor seinem Geschäft stolz »Kunsthandwerker des Fleisches« nennt. Ich bin in einem Feinkostgeschäft gewesen, das sich vornehm als »Boutique des guten Geschmacks« bezeichnet. Ich habe in einem winzigen armenischen Familienrestaurant, kaum größer als ein Esszimmer, die wunderlichsten Dinge gegessen: Bauchspeicheldrüsen, Knochenmark, Kalbshirn, allesamt geheimnisvoll gewürzt, und – als sei man im Schlaraffenland – gebratene Vögelchen in Granatapfelmelasse, nicht größer als eine Pflaume. Wo, wenn nicht hier, sollte ich die beste Küche des Morgenlands finden? Wann, wenn nicht jetzt auf meiner Geburtstagsfeier hoch über den Dächern von Beirut?

Es ist ein wunderbares Fest. Der Hausherr, ein Grandseigneur mit silbernem Haar, safrangelbem Seidentuch und tadellosen Manieren, ist glänzend in Form und unterhält mit großer Geste seine Gäste. Wir stehen dicht gedrängt und laut plappernd in seiner Küche, und im Rausch der Begeisterung erklärt er mir, dass die

Farbenpracht der Wohlgerüche im Herzen von Beirut.

Gewürzreigen

libanesischen Olivenöle direkt vom göttlichen Olymp kommen und die libanesischen Chilipasten die besten des Erdenrunds sind. Jede Köstlichkeit, jede Kostbarkeit hält er mir zum Probieren unter die Nase, während um uns herum ein halbes Dutzend Köche ein Buffet mit allen Klassikern der libanesischen Küche zaubert: Es gibt das Kichererbsenmus Hummus, den Petersiliensalat Tabouleh, pürierte Auberginen, gebratene Wüstentrüffel, scharfe Bratwürste, Huhn am Spieß, gefüllte Weinblätter, Tatar von der Ziege, gewürzt mit Kreuzkümmel und Zimt, süßem Pfeffer und Zatar, einer Mischung aus Thymian, Sesam, Sumach, Salz und Olivenöl. Und zur Krönung serviert man uns das Lamm, am Stück mit Kopf, perfekt gegart, das Fleisch zart wie eine Mousse. Nur eines fehlt ihm seltsamerweise: Gewürze.

Wieder gehe ich auf die Terrasse, schaue hinab auf die Lichter des Libanon, der jahrhundertelang eine Drehscheibe des Weltgewürzhandels war, und frage mich, warum in der libanesischen Küche so sparsam, manchmal sogar einfallslos gewürzt wird – und warum es vor allem immer dieselben Gerichte gibt. Man hätte das Lamm auf ein Bett aus Orangen- und Zitronenschalen, Thymian und Rosmarin, Ingwer und Knoblauch legen können, damit die Aromen beim Garen ins Fleisch einziehen. Man hätte in den letzten fünfzehn Minuten die Haut einritzen und mit einer Gewürzpaste einreiben können, das wäre wunderbar geworden. Warum hat das niemand gemacht? Wer erklärt mir das? Ich blicke mich um – und finde niemanden.

Doch dann naht die Rettung in letzter Sekunde. Sie taucht in Gestalt eines weißen Ritters auf – nur mit Hut statt Helm. Plötzlich steht er vor mir, redet

So wird das traditionelle libanesische Brot hergestellt: Zuerst wird der Teig geknetet.

Dann werden gleichmäßige Kugeln geformt, die ein wenig ruhen müssen.

Daraus wird nun ein Fladen gerollt. Eine Arbeit, die viel Geschick erfordert.

In einem kleinen Biorestaurant kochen die Landfrauen aus der Umgebung.

wie ein Wahnsinniger auf mich ein, und nach zwei Minuten ist mir klar: Das ist er! Joe Barza ist mein Mann, mein schönstes Geburtstagsgeschenk an diesem Abend!

Joe Barza ist ein wilder Bursche mit Spitzbart, Hammerwerferkreuz, Ohrring in Besteckform und Glatze, die er als leidenschaftlicher Hutsammler permanent unter einer Kopfbedeckung versteckt. Er war Fallschirmjäger und Bodyguard eines libanesischen Präsidenten, der ermordet wurde. Anscheinend hat Joe kein Talent zum Menschenlebenretten und verlegte sich deswegen aufs Kochen. Heute hat er eine gut gehende Beratungsfirma für schlecht gehende Restaurants, die er nicht immer mit Geduld und Sanftmut auf Trab bringt. Und in seiner Kochfernsehshow, erzählt mir Joe, sei er sowieso der böse Bube.

Vor allem aber ist Joe Barza ein Revoluzzer, ein Bilderstürmer, ein Gotteslästerer, der den Heiligen Gral der libanesischen Küchenklassiker mit dem Vorschlaghammer zertrümmert. Zuerst wurde er dafür als Vaterlandsverräter verdammt, doch inzwischen begreifen immer mehr Menschen, dass er eine Mission hat: die Befreiung der Küche aus dem Gefängnis der Einfallslosigkeit und Traditionshörigkeit – genauso, wie ich vor vielen Jahren eine Mission hatte, als ich der bayerischen Küche einen Weg aus ihrer fetttriefenden Selbstgefälligkeit zeigte. Joe und ich, wir sind also Brüder im Geiste, umarmen uns stürmisch und verabreden uns für morgen früh an seinem Herd.

Joe Barza ist am nächsten Tag nicht zu bremsen, improvisiert wie der Teufel, lässt keinen Stein seiner Heimatküche auf dem anderen. Er legt mit seiner ganz eigenen Pesto-Variante los, mischt Thymian, Rucola, Minze, Koriander, Knoblauch, Pinienkerne, Olivenöl, pulverisierten Joghurt, schwarzen Pfeffer und Zitronensalz mit Hummus. Ich koste, lerne, lobe, grüble – sehr gut, Joe, ich würde nur

Die Fladen, die an Pizzen erinnern, werden mit einer Gewürzpaste bestrichen.

Nach einer kurzen Zeit im Ofen sind die Gewürzbrote knusprig und kross.

Fertig sind die Köstlichkeiten, die akkurat gestapelt auf Käufer warten.

Immer Zeit für ein Spielchen: in den Straßen der libanesischen Hauptstadt.

Die Küche darf nie stehenbleiben. Sie muss sich immer weiterentwickeln. Das Schlimmste ist ein starrer Kanon von Klassikern.

etwas mehr Knoblauch nehmen und das Pesto mit flüssigem Joghurt cremig abschmecken. Joe ist aber schon, bevor ich es ihm sagen kann, bei der nächsten Kreation, einem roten Hummus, der seine Farbe Tomatenmark und einer Chilipaste verdankt und mit Walnüssen veredelt wird. Das schmeckt noch besser, vielleicht fehlen nur ein paar Korianderblätter, um die Geschmacksextreme auszubalancieren. Doch allein die Tatsache, dass sich jemand traut, dem immer gleichen, kleistergrauen Kichererbsenmus eine andere Farbe und einen anderen Geschmack zu geben, verdient einen Orden.

Wie ein Derwisch saust Joe in seiner Küche herum, vom Mixer zum Herd, von der Fritteuse zum Schneidebrett, und lässt sich von seiner Kreativität forttragen wie von einem fliegenden Teppich. Er bestreicht haarfeine Vermicelli-Nudeln mit geklärter Butter, wickelt in dieses Engelshaar den kräftigen Halloumi-Käse, frittiert das Ganze und vollendet es mit einem Tupfer Pesto. Er formt aus Linsen, Bulgur und gerösteten Zwiebeln ein Püreenest und füllt es mit einer Mischung frisch wie der Tau aus Tomaten, Petersilie, Zitrone, Minze, Granatapfelkernen, süßsaurer Granatapfelmelasse. Dann würzt er es mit Ingwer, Zimt, Nelken, Muskatnuss und Pfeffer. Die Auberginen röstet er ganz traditionell, um Raucharomen zu gewinnen, hackt sie aber zu einem Concassé klein, anstatt sie zu pürieren, um diese schleimige Konsistenz zu vermeiden. Danach verfeinert Joe sie mit Balsamico, Sesampaste und rohem weißem Bulgur, der die überschüssige Flüssigkeit bindet und den Auberginen eine körnige Konsistenz gibt – kleine Tricks, große Wirkung. Und ein spontaner Geniestreich ist sein Rote-Beten-Püree, das nur ein bisschen Sesampaste, Zitronensaft und Balsamico braucht, um in den kulinarischen Adelsstand erhoben zu werden. Jetzt noch ein Chutney aus Mispeln dazu, und wir wären im Himmelreich, sage ich Joe, der heftig nickt.

Ab und zu geht mit ihm der Gaul durch, dann schießt er Löcher in die Wand. Bei seinem Milchreis, der Variante eines traditionellen libanesischen Desserts, ist es sogar ein richtiger Krater. Er kann – wie jeder anständige Revolutionär – einfach nicht aufhören und wirft alles, was ihm in die Hände fällt, in den armen Milchreis: Semmelbrösel, Mozzarella, Hal-

Im Restaurant »Tawlet« von Kamal Mazawak (links) probiere ich traditionelle Gerichte.

Die Kalifen hatten recht

loumi, Orangenwasser, Rosenwasser und als Krönung der Maßlosigkeit das weihrauchartige Harz des Aprikosenbaums. Ich schlage eine andere Variante vor, eine Gewürzmilch aus Safran, Kardamom, Zimt, Ingwer und einer Prise Chili, der den Geschmack so gut am Gaumen hält. »Fabelhafte Idee«, sagt Joe, und schon machen wir uns ans Werk.

Am letzten Abend sitze ich in einem Restaurant am Hafen von Beirut, blicke auf die lichterfunkelnden Hügel, fühle mich eher wie in Nizza als im Nahen Osten, denke über meine Erlebnisse nach – und bekomme plötzlich ein Kribbeln, das Kribbeln der Erkenntnis. Ich glaube, ich weiß jetzt, worum es geht. Jetzt habe ich es endlich begriffen: Die Küche des Libanon und vieler anderer arabischer Länder ist voller Stolz, aber ohne Ehrgeiz. Zuzeiten der Kalifen war sie unglaublich fantasievoll. Doch jetzt gibt sie sich mit einem kleinen Kanon an Klassikern zufrieden, den niemand zu verändern oder zu hinterfragen wagt. Kaum jemand denkt darüber nach, welche Möglichkeiten in dieser Küche und ihren Gewürzen stecken. Das ist ein ungehobener Schatz. Mir kommt es vor, als hätten die Leute vor vielen Jahrhunderten den Schlüssel zum kulinarischen Serail einfach weggeworfen und bis heute nicht wiedergefunden.

Nun bin ich mir meiner Sache ganz sicher: Das eigentliche Ziel meiner Reise in die Welt der Gewürze ist nicht das Morgenland. Dort finde ich vielleicht den Schlüssel, aber nicht die Schatztruhe. Die muss ich mir selbst füllen. Bei allem Respekt vor der traditionellen libanesischen Küche ist es die Aufgabe von Köchen wie Joe Barza und mir, ihre Gerichte weiterzuentwickeln. Bei aller Würde, die diese großartigen Klassiker haben und die auch ich ihnen niemals nehmen wollte, könnten sie eine kleine Revolution ganz gut vertragen. Jetzt werde ich pathetisch und sage: Die grandiose Küche der Kalifen hat im Mittelalter die europäische Schmalkost aus dem finsteren Loch der Einfallslosigkeit geführt und sie das Raffinement gelehrt. Nun ist es an der Zeit, sich dankend mit aller Bescheidenheit dafür zu revanchieren.

Die Altstadt beherbergt in jedem noch so entlegenen Winkel einen kleinen Laden.

DER BESTE KOCH IST DER KALIF

Das Hohelied der Kulinarik in der arabischen Welt

Die Geschichte der Gewürze endet nie. Sie wechselt nur ihren Schauplatz. Im 5. Jahrhundert ging das Römische Reich in den Wirren der Völkerwanderung unter, und die Finsternis brach über Europa herein. Niemand kochte mehr Nachtigallenzungen, kein Kaiser badete mehr ganze Städte in Safran, stattdessen brieten Hunnen und Vandalen Fleischbrocken ungewürzt über dem offenen Feuer. Die Straßen verfielen, der Handel kollabierte, alle staatlichen Strukturen lösten sich auf, und das einzig gültige Gesetz war das Recht des Stärkeren. Die Reste Roms überlebten zwar als Oströmisches Reich mit seiner Hauptstadt Konstantinopel, die später Istanbul heißen sollte. Doch die ehrenwerte Aufgabe, die Menschheit vor dem vollkommenen Rückfall in die Barbarei zu bewahren und die Fahne der Kultiviertheit hochzuhalten, fiel jetzt einem anderen Kulturkreis zu: dem arabisch-islamischen.

Nicht nur Architektur und Philosophie, Medizin und Literatur, sondern auch die Kunst des Kochens und des Würzens erreichte unter den Kalifen von Bagdad und Córdoba ein fantastisches Niveau. Die islamischen Herrscher schrieben die Geschichte der Gewürze fort und stellten sicher, dass das antike Wissen über ihre aromatischen und medizinischen Wirkungen nicht verloren ging. Denn sie waren es, die die Schriften der griechischen und römischen Denker und Ärzte vor dem Vergessen bewahrten. Und davon sollte schließlich niemand mehr profitieren als das Abendland selbst.

Der Islam hat Europa vor dem vollkommenen Rückfall in die Barbarei bewahrt und im Mittelalter die Fahne der Kultiviertheit hochgehalten.

Gewürzhändler werden zu Missionaren

Der Islam ist alles andere als eine lustfeindliche Religion, jedenfalls was das Essen betrifft. Ganz im Gegenteil: Er ist ein Glaube für Gourmets, der das Loblied des feinen Geschmacks singt und viel weniger kulinarische Verbote kennt als etwa das Judentum. Im Koran heißt es: »Esset von den guten Dingen, die Wir euch bereitet haben, und seid Allah dankbar.« Die Paradiesschilderungen des Korans sind voller Hinweise auf reich gedeckte Tische und Flüsse voller Wein. Die »Ingwerquelle« ist sogar eine der himmlischen Freuden. Und ein asketischer Kostverächter war der Prophet Mohammed ganz gewiss nicht, auch wenn er und seine Gefährten in der Wüste notgedrungen einfach aßen. Doch er befand: »Die göttlichste Speise dieser Welt und des Paradieses ist Fleisch.« Er liebte auch Datteln und Honig und kannte sich bestens mit Gewürzen aus, weil Mekka seit babylonischen Zeiten ein Knotenpunkt des Karawanenhandels vom Jemen nach Syrien, Ägypten und Mesopotamien war.

Vielleicht das schönste Zeugnis für die Blüte der islamischen Kultur: die Moschee im spanischen Córdoba, die 1236 nach der Eroberung der Stadt durch die Christen in eine Kathedrale umgewandelt wurde.

Nach dem Tod des Propheten Mohammed 632 breitete sich der Islam wie eine Springflut im gesamten Nahen und Mittleren Osten und in Nordafrika aus. Keine achtzig Jahre später, im Jahr 711, begann die Eroberung der Iberischen Halbinsel, die für fünf Jahrhunderte zu großen Teilen unter islamischer Herrschaft stand. Bagdad im Osten und Córdoba im Westen wurden zu den Zentren der islamischen Welt, und die Pracht, die sich dort entfaltete, sprengte jedes Maß der Vorstellung – eine Ahnung davon bekamen die Europäer, als Kalif Harun al-Rashid um das Jahr 800 Kaiser Karl dem Großen einen goldgeschmückten weißen Elefanten schenkte; und noch heute kann man es ahnen, wenn man im Pfeilerwald der Mezquita von Córdoba steht, der wahrscheinlich schönsten Moschee, die jemals gebaut worden ist.

Der rasend schnelle Erfolg des Islam verdankte sich nicht zuletzt dem Gewürzhandel. Denn die Missionare des neuen Glaubens nutzten ihre alten Kontakte als arabische Gewürzhändler, um die Botschaft des Propheten in alle Welt zu tragen. Die Infrastruktur und die Kommunikationswege waren vorhanden. Jetzt wurde auf ihnen nicht mehr nur Muskat aus Indonesien transportiert, sondern auch das Heilsversprechen des Islam. Und es ist bezeichnend, dass Mohammed selbst die Witwe eines reichen Gewürzhändlers heiratete.

Nirgendwo sonst auf der Welt gab es bis zum 15. Jahrhundert eine solch reiche Kochbuchliteratur wie in den islamischen Ländern. In Europa herrschte im Vergleich dazu kulinarisches Analphabetentum.

Die Tinte der Weisen ist wertvoller als das Blut der Märtyrer

Die Söhne der Wüste ließen ihre karge Heimat hinter sich, kamen in Kontakt mit Hochkulturen wie Byzanz, Persien und Ägypten – und konnten gar nicht glauben, wie schön die Welt ist. Besonders beeindruckte sie Damaskus. Die Stadt war eine Offenbarung, ein kosmopolitisches byzantinisches Kolonialzentrum inmitten einer fruchtbaren Landschaft, umringt von Weinstöcken, Weizenäckern, Rosengärten und Feldern voller Apfel-, Aprikosen-, Pflaumenbäume – und die Anhänger Mohammeds machten das einzig Richtige: In der Mitte des 7. Jahrhunderts verlegten sie ihre Hauptstadt aus der saudischen Wüste hierher. Dieser Ort der Wunder sollte unter islamischer Herrschaft weiterhin eine der vibrierendsten Städte des Orients bleiben. Selbst Kosmopoliten wie den marokkanischen Weltreisenden Ibn Battuta setzte er in Erstaunen. Damaskus, schrieb er, »steht dort, wo Kain seinen Bruder Abel getötet hat, und ist eine außergewöhnlich noble, glorreiche und schöne Stadt, reich gefüllt mit allen Arten von Handelswaren, mit Gewürzen, Edelsteinen, Silber, golddurchwirkten Kleidern, Parfüm aus Indien, dem Land der Tartaren, Ägypten, Syrien und unserer Seite des Mittelmeers.«

Damaskus war eine Metropole, die vor Gewürzen duftete, und die Muslime integrierten sie nach den Vorgaben des Korans in ihre Küche. Mohammeds Lieblingsspeise Tharid zum Beispiel, ein Fleischeintopf mit Brot, wurde jetzt mit Zimt und Kardamom verfeinert. Auch in seiner kulinarischen Kultur bewies der Islam also, dass eine seiner größten Stärken das Aufnehmen und Verschmelzen fremder Einflüsse ist. So wie ihm in der Architektur eine Synthese byzantinisch-persisch-arabischer Elemente gelang, etwa in der großen Omayyaden-Moschee von Damaskus, so sog er fremde kulinarische Einflüsse auf und schuf daraus völlig Neues. Heute vergessen wir oft, dass der Islam eine Religion der Wissbegier ist, der Offenheit und Neugier, nicht der Intoleranz. Ein islamisches Sprichwort sagt alles: »Die Tinte der Weisen ist wertvoller als das Blut der Märtyrer.«

Sehnsucht nach Pfefferland und Zimtgärtlein

Der Siegeszug des Islam war nicht aufzuhalten. Im Jahr 641 eroberten die Araber Alexandria, das Welthandelszentrum für Gewürze, und erlangten damit die Kontrolle über den Gewürzhandel mit Europa. Allerdings gab es damals kaum Nachfrage aus dem im Chaos versinkenden Abendland. Und die Menschen im Frühmittelalter waren so sehr mit ihrem blanken Überleben beschäftigt, dass sie weder Zeit noch Kraft für eine kultivierte Küche hatten. Außerdem hatten sich die Araber wie ein Riegel zwischen Abendland und Fernen Osten geschoben und konsumierten die Gewürze aus Ostasien und Südostasien jetzt lieber selbst, als sie zu exportieren. Manche Historiker sprechen deswegen vom »Eisernen Vorhang des Islam« in dieser Zeit. Er war allerdings immer durchlässig für Gewürze. Aus dem Strom wurde eben nur ein Rinnsal.

Der Gewürzhandel zwischen Morgenland und Abendland wurde erst wieder im 9. und 10. Jahrhundert und vor allem nach dem ersten Kreuzzug (1096–1099) stärker. Denn inzwischen hatte sich die Lage in Europa nach dem Durcheinander der Völkerwanderung beruhigt. Immer mehr exotische Gewürze tauchten auf den europäischen Märkten auf, immer mehr arabische Händler zogen in den

Ruhende Karawane: arabische Buchmalerei, entstanden im 13. Jahrhundert.

Fernen Osten, um den wachsenden Bedarf zu decken. Und immer größer wurde die Sehnsucht der Europäer nach der Quelle der Gewürze: Der Orient mit seinen »Spezereien«, das unerreichbar ferne »Pfefferland«, dieses herbeigesehnte »Zimtgärtlein« im tiefsten Herzen Asiens, wurde zum Sinnbild für den Garten Eden. Lange Zeit ahnten die Europäer nicht, dass es das Paradies auf Erden nicht nur sinnbildlich, sondern auch tatsächlich gab, jedenfalls in kulinarischer Hinsicht. Denn im frühen Mittelalter wurde im Orient unendlich viel besser gekocht und gegessen als im Abendland.

Der beste Eintopf im Leben des Kalifen

In ihrer Liebe zum guten Essen standen die Araber den Römern in nichts nach, im Gegenteil. Man hat fast den Eindruck, dass die Kalifen die Kaiser in ihrem kulinarischen Fanatismus noch übertreffen wollten. Unter Kalif Harun al-Raschid wurde im 9. Jahrhundert das Essen zum alles beherrschenden Thema am Hof von Bagdad – und sollte es jahrhundertelang bleiben. Dutzende, wenn nicht Hunderte von Kochbüchern wurden mit dem Wohlwollen der Kalifen geschrieben und tausendfach kopiert. Nirgendwo sonst auf der Welt gab es bis zum 15. Jahrhundert eine solch reiche Kochbuchliteratur wie in den islamischen Ländern. In Europa herrschte im Vergleich dazu kulinarisches Analphabetentum.

Christentum und Islam sind auf dem Teller immer Verbündete und niemals Feinde gewesen.

Viele Kalifen verbrachten die meiste Zeit des Tages in der Küche und delegierten die Regierungsgeschäfte an die Wesire. Manche Historiker sind sogar der Ansicht, dass die erstaunliche Machtfülle der Wesire in der Geschichte des klassischen Arabiens keinen anderen Grund als die Kochleidenschaft der Kalifen hatte. Von jedem Edelmann wurde ein profundes Wissen über die Kunst der Küche erwartet, kulinarische Ignoranz war geradezu eine Todsünde. Kochwettbewerbe, an denen oft die Söhne des Herrschers teilnahmen, waren ein beliebter Zeitvertreib. Und manchmal machte sich der Kalif einen Spaß daraus, höchstpersönlich im Tigris einen Fisch zu fangen und ihn für zwei Liebende inkognito zuzubereiten. So schildert es eine Szene aus der arabisch-persischen Geschichtensammlung »Tausendundeine Nacht«. Dass die gute Küche kein Privileg der feinen Leute war, zeigt diese Anekdote über den 861 gestorbenen Kalifen al-Mutawakkil: Eines Tages saß er am Ufer und war betört vom Duft eines Eintopfs, den ein Seemann auf seinem Schiff zubereitete. Er ließ sich eine Schüssel kommen, war wie von Sinnen und schickte sie mit Geld gefüllt zurück. Denn es sei, so versicherte er, der beste Eintopf seines Lebens gewesen.

Die wunderschöne Königin der Vorspeisen

Am Hofe erlaubten sich die Kalifen ganz andere Extravaganzen. So wurden kunstvolle Gesänge auf raffinierte Speisen zu einer wichtigen literarischen Gattung: Jeder Gast trug ein Gedicht zu Ehren eines von ihm erwünschten Gerichts vor, das dann sofort genauso von den Köchen zubereitet und serviert wurde. Als einmal ein Feinschmeckerpoet die Zartheit des Spargels besang, dieser aber in der Kali-

Die islamischen Herrscher veranstalteten mit großem Enthusiasmus und noch größerem Aufwand Festmahle. Hier zeigt eine Szene aus einem Manuskript des 15. Jahrhunderts, wie Köche Zutaten zurechtschneiden und eine Ziege geschlachtet wird. Das Blut des Tiers wird von einem Helfer in einer Schale aufgefangen.

fenküche fehlte, schickte man umgehend einen Reiter los, um das edle Gemüse aus Damaskus herbeizuschaffen. Kochkünste konnten sogar Leben retten: In der Mitte des 9. Jahrhunderts kam Kalif al-Muhtadi nach einem Umsturz an die Macht und wütete fürchterlich unter seinen Feinden. Doch den Wesir Abu Nuly al-Khatib verschonte er – weil ihm dessen Mutter immer eingelegte Gewürze so zart wie Nougat und Oliven so groß wie Eier geschenkt hatte.

Der wohl berühmteste kochende Hocharistokrat war Prinz Ibrahim bin al-Mahdi, Verfasser einer weitverbreiteten Rezeptsammlung, Erfinder von Küchenklassikern wie dem nach ihm benannten Fleischeintopf Ibrahimiya, Halbbruder des Kalifen Harun al-Rahid und Bruder im Geiste des großen römischen Schlemmers Marcus Gaius Apicius. Als der Prinz eines Tages Harun al-Rashid eine Freude machen wollte und ihm ein Gericht aus 150 Fischzungen in Aspik zubereitete, bekam er Ärger wegen der irrwitzigen Kosten. Die Speise wurde dann als »Gericht für 1000 Dirham« berühmt. Legendär war auch die unglaubliche Badi'a, die Konkubine von Ibrahim bin al-Mahdi, weithin gerühmt als beste Köchin des Erdkreises, als blonde Schönheit und Königin der kalten Vorspeisen und Desserts. Selbst der Kalif konnte ihren Künsten nicht widerstehen und bat sie, für ihn Gerichte zuzubereiten. Bida zauberte kunstvolle Arrangements, richtete die Speisen wie blühende Gärten, geschmückte Schwerter oder Bräute vor der Hochzeit an und wurde als Dank vom Kalifen mit einer Kette für 1000 Dirham nebst einem persönlichen Lobgedicht beschenkt.

Wisse, dass die Kenntnis der Gewürze die Grundlage aller Kochkunst ist, der Fels, auf dem alles errichtet wird, weil die Gewürze das haben, was den Speisen am besten bekommt.

Motto eines anonymen arabischen Kochbuchs

Prügelstrafe für schlechte Köche

Dass gutes Essen etwas vorbehaltlos Gutes ist, muss in der arabisch-islamischen Welt breitester Konsens gewesen sein. Kritische Stimmen, die das Prassen verdammten und zur Mäßigung aufriefen, gab es kaum. Einer der wenigen Nörgler war der Philosoph und Moralist Abd al-Quddus. Er lebe, so klagte er bitter, unter »wilden Tieren«, die sich für nichts anderes als ihren Gaumen und ihren Magen interessierten. »Wenn man über Fisch und Gemüse schreibt, sammelt man in ihren Augen große Verdienste. Legt man indes wahrhaft wissenschaftliche Dinge dar, finden sie das ermüdend und langweilig.« Genau dieser Meinung war auch der genusssüchtige Kalif al-Mahdi, der die moralischen Werke von Abd al-Quddus derart öde fand, dass er ihn kurzerhand hinrichten ließ. Am Hof der Kalifen war ebenjene Haltung kulinarische Staatsräson, die ein Gourmet namens Thawb Ibn Shama kurz und bündig formulierte: Er wolle lieber Hungers sterben, als mittelmäßige Speisen zu essen.

Die Liebe zum guten Essen war unermesslich in der islamischen Welt. Das hat sich nicht nur auf dem Teller, sondern – zu unserem Glück – ebenfalls in der Literatur niedergeschlagen. In den Erzählungen von »Tausendundeiner Nacht« wimmelt es von Episoden, die das Hohelied des guten Geschmacks anstimmen, doch nicht nur das. Hier kann man auch nachlesen, dass es für schlechte Köche kein Erbarmen gab. Der arme Hasan musste das in der »Geschichte Nuruddins

Zimt, Sternanis, Nelken, Pfeffer: Im arabischen Mittelalter gab es alle Gewürze, die das Herz begehrte und den Koch erfreuten.

und seines Sohnes und Schemsuddins und seiner Tochter« erleben. Er, der Koch, bereitet Granatäpfel zu, die ihm offensichtlich nicht so recht gelingen, wird deswegen von den Schergen des Sultans fürchterlich verprügelt, in eine Kiste gesperrt und soll sogar hingerichtet werden. Schon ist der Galgen errichtet, und Hasan fleht: »Doch sagt mir endlich, was ich dabei für ein Verbrechen begangen habe?« Endlich wird es ihm verraten: »Weil du so schlechte Granatäpfel gekocht und zu wenig Pfeffer dazu genommen hast.« Hasan ist fassungslos: »Wie? Weil an den Granatäpfeln zu wenig Pfeffer war, habt ihr meinen Laden verwüstet und mein Geschirr zerbrochen? O ihr Muselmänner, um ein bisschen Pfeffers willen habt ihr mich also gebunden und in diese Kiste gesperrt: darum habt ihr mich gefesselt und wollt mich nun hängen lassen? O ihr Muselmänner, und dies alles, weil die Granatäpfel nicht genug gepfeffert waren; verdient denn ein solches Vergehen eine so grausame Strafe?« Am Ende lässt man allerdings Gnade vor Recht walten – und den guten Koch Hasan am Leben.

Brot so dünn wie feinster Stoff

Die Philosophie der Kalifen-Küche war so modern, dass sie bis heute plausibel klingt: Nicht teure Zutaten und hochkomplexe Aromen waren – wie noch bei den Römern – das Wichtigste, sondern die sorgfältige Zubereitung und saubere Verarbeitung der Ingredienzen. Man bevorzugte das langsame, schonende Kochen und Schmoren in Tontöpfen und entwickelte raffinierte Techniken wie das Pochieren

– das Garen im Wasserbad – oder das Dampfgaren. Und man experimentierte leidenschaftlich gern, zum Beispiel mit Brot, das man hauchdünn backen wollte. Nach vielen Versuchen gelang es, und so kam das berühmte Ruqaq zustande. Es soll so dünn gewesen sein, dass es die derben Beduinen bei ihren Besuchen in der Stadt für feinen Stoff hielten. Das Alpha und Omega der arabischen Kochkunst aber waren die Gewürze. In einem anonymen Kochbuch aus der Zeit der Almohaden, die im 12. und frühen 13. Jahrhundert Andalusien beherrschten, steht es klipp und klar: »Wisse, dass die Kenntnis der Gewürze die Grundlage aller Kochkunst ist, der Fels, auf dem alles errichtet wird, weil die Gewürze das haben, was den Speisen am besten bekommt.«

Die beliebteste Gewürzmischung Arabiens war die Kombination aus Pfeffer, Kreuzkümmel und Koriander, der man von Andalusien bis zum Zweistromland überall begegnete. Auch der sprichwörtliche Sesam und das Ingwergewächs Galgant zählten zu den Standardgewürzen. So begehrt wie schon in der Antike war der Safran, denn er war nicht nur gut für den Gaumen, sondern genauso fürs Gemüt – wie es jenes persische Sprichwort besagt, das Safrantee fürs Fröhlichsein empfiehlt. Das Auge der Araber aß selbstverständlich immer mit, deswegen gehörte eine raffinierte Präsentation für jeden Koch zum Pflichtprogramm. Die Teller wurden mit Thymian, Estragon, Basilikum, Minze, Weinraute und Lauch verziert. Am wichtigsten aber waren Petersilie und Koriander als Dekoration. Und Desserts verschönerte man am liebsten mit gefärbtem Zucker und Konfetti aus kolorierten Nüssen. So wurde jedes Gericht zur essbaren Arabeske, während man im Europa dieser Zeit seinen Brei mit der Schöpfkelle in den Napf warf.

Ein Kochbuch für Herrscher und Würdenträger

Die beiden berühmtesten Kochbücher des arabischen Mittelalters haben kurioserweise denselben Namen: »Kitab al-Tabikh«, das »Buch der Gerichte«. Das erste wird im 10. Jahrhundert von Ibn Sayyar al-Warraq geschrieben und nennt sich im Untertitel selbstbewusst »Ein Kochbuch für Könige, Kalifen, Herrscher und Würdenträger«. Es enthält eine lange Liste von Würzmitteln, die für jeden guten Koch unverzichtbar sind, und führt dabei beinahe jedes Gewürz auf, das damals bekannt war. Selbst Zutaten zum Färben von Speisen wie Lapislazuli, ein blau glänzendes Mineralgemisch, oder Indigo werden genannt. Das Buch berücksichtigt in seinen Rezepten auch die Viersäftelehre des Hippokrates und des Galen von Pergamon. »Ich habe die Schriften der alten Philosophen und Ärzte gelesen«, bekennt der Autor nicht ohne Stolz. Er beschreibt in eigenen Kapiteln ausführlich die Wirkung der einzelnen Gerichte und Gewürze auf den Körper, gibt Tipps für die richtige Verdauung und sogar die angemessene Körperertüchtigung vor dem Essen. Das »Buch der Gerichte« ist also gleichermaßen ein Koch- und Gesundheitswerk im Geiste des antiken Medizinverständnisses, nach dem sich der Mensch ganz leicht gesund essen kann, wenn er ein paar simple Grundregeln beachtet. Auch Mohammed al-Khatib al-Bagdadi, der Verfasser des zweiten »Kit-

Nie ohne Minze: ein Service für den »thé à la menthe«, Marokkos Nationalgetränk.

Warenlager und Refugium der Gewürzhändler: eine Karawanserei, dargestellt auf einer türkischen Miniatur aus dem 16. Jahrhundert.

ab al-Tabikh«, ist von diesem Gedanken beseelt. Er gibt im 12. Jahrhundert seinen Lesern eine Einführung in die heilsamen Freuden guter Ernährung. 164 Gerichte enthält sein berühmtes Werk, die vor Gewürzen nur so strotzen. Ein Fleischeintopf wird mit Koriander, Zimt und Safran gewürzt, mit Weinessig gesäuert, mit Dattelsaft und Honig gesüßt, mit Feigen, Mandeln und Rosinen dekoriert und vor dem Servieren mit Rosenwasser beträufelt. Die Kebabs kochen in einer Brühe, die mit Pfeffer, Mastix – dem Harz des Pistazienbaums –, Zimt, Ingwer, Karotten und Zwiebeln gewürzt ist. Und verschiedene Fische werden mit Walnüssen, Knoblauch, Sumach – den gemahlenen Früchten des Färberbaums –, Thymian, Koriander, Zimt, Kreuzkümmel und Mastix gefüllt, mit einer Paste aus Sesamöl, Safran und Rosenwasser bestrichen und im Lehmofen am Spieß gegart.

Das Morgenland ist weder fremd noch fern

So kunstvoll und elaboriert wie im Mittelalter kocht man heute in den arabischen Ländern nicht mehr. Es ist erstaunlich, dass sich die kulinarische Kultur des Islam nach einer ersten Blüte unter den Kalifen nicht weiterentwickelte, sondern in einem vergleichsweise kleinen Kanon aus Küchenklassikern erstarrte. Allerdings werden in den Küchen Arabiens bis heute nahezu alle Gewürze von damals verwendet, von Pfeffer, Kardamom und Koriander über Dill, Fenchel, Safran und Kreuzkümmel bis zu Anis, Zimt, Gewürznelken und Muskatnuss. Zum Aromatisieren nimmt man wie seit jeher Rosenwasser, wilde Minze oder Orangenblüten, und völlig verschwunden ist nur ein einziges Würzmittel des Mittelalters: Murri, die fermentierte Fischsauce, die dem römischen Garum und dem griechischen Garos entspricht.

Die Anekdoten von kochverrückten Kalifen mögen wie Geschichten aus »Tausendundeiner Nacht« klingen, aus einem exotischen Morgenland, das uns unendlich fremd und fern ist. Das ist es aber nicht. Diese Welt ist mitten in uns. Denn der arabische Einfluss auf die abendländische Kulinarik – und nicht nur auf sie – kann gar nicht überschätzt werden. Die Schlüsselrolle spielte dabei die arabische Eroberung der Iberischen Halbinsel vom Jahr 711. Sie war gleichzeitig der Brückenschlag zwischen dem christlichen und islamischen Kulturkreis. Doch auch die Kämpfe zwischen Christen und Muslimen um Süditalien und später die Kreuzzüge brachten die Religionen in engen Kontakt miteinander. Wie solide diese Brücke gebaut war, zeigt allein die Sprache. Mehr als 4000 spanische Wörter sind aus dem Arabischen entlehnt, darunter die Bezeichnungen für Zucker, Aprikose und Reis. Das deutsche Wort »Ziffer« leitet sich vom arabischen *sifr* für null ab, und in unserer Vokabel »Risiko« steckt nichts anderes als das *rizk* der Araber.

Der Kühlschrank des Kalifen

Die Seide und das Schießpulver, der Kompass und die Windmühlen sind chinesische Erfindungen, die dank des Islam nach Europa kamen. Auch die Technik der Kühlung haben wir von den Arabern gelernt, die sie sich ihrerseits von den Ägyptern abgeschaut hatten: Schon im 2. Jahrtausend vor Christus transportierten spezielle Karawanen im Winter gestampften Schnee von den Gipfeln des Libanon über Hunderte von Kilometern in nur sechzehn Tagen an den Nil. Dort wurde der Schnee in tiefen Schächten aufbewahrt. Maßen sie zehn Meter, hielt das Eis bis Juli, waren es zwanzig Meter, hielt es sich das ganze Jahr über. Im arabischen Spanien holten sich die Kalifen von Córdoba den Schnee aus der Sierra Nevada und konnten sich so auch im brüllend heißen andalusischen Sommer ihr *sherbet* schmecken lassen – im Abendland wurde daraus später das Sorbet.

Esset von den guten Dingen, die Wir euch bereitet haben, und seid Allah dankbar.

Zitat aus dem Koran

Die arabische Welt veränderte die Küche Europas grundlegend. Sie bereicherte sie um neue Früchte und Gemüsesorten wie Spinat aus Nepal, Auberginen aus Indien, Granatäpfel aus Syrien, Melonen aus Ägypten und Feigen aus Anatolien. Sie lehrte die abendländischen Köche die Methode des Einlegens und damit Haltbarmachens von Essen in einer sauren Marinade. Und sie schenkte Europa den Zucker. Am bedeutendsten aber war die Renaissance der Gewürze dank der arabischen Küche. Koriander, der schon im Buch Mose erwähnt wird und in der Antike ganz selbstverständlich in jeden guten Haushalt gehörte, war ein Standardgewürz im islamischen Spanien und wurde es bald wieder jenseits der Pyrenäen in der mittelalterlichen europäischen Küche. Davor war er bestenfalls als Heilpflanze gegen Tollwut und Husten benutzt worden. Und ganz geheuer fanden manche Abendländer das Kraut auch nach Jahrhunderten noch nicht. Der in Tübingen lehrende Botaniker Leonart Fuchs schrieb 1543: »Kein Wanz kann nit so übel stincken als der grün Coriander.« Nicht die geringsten Diskussionen gab es hingegen beim Safran, der in der spanischen Küche bis heute zu den Säulenheiligen gehört und ohne den keine Paella eine richtige Paella ist. Die Safranfelder in der Mancha in Zentralspanien liefern bis heute den größten Teil der europäischen Ernte und – wie viele Feinschmecker meinen – die beste Qualität überhaupt.

Lauter Verbündete im Kampf um den guten Geschmack

Christentum und Islam haben sich viele blutige Schlachten geliefert und stehen sich heute fast so unversöhnlich gegenüber wie in ihren düstersten Epochen, als die Fanatiker auf beiden Seiten das Wort führten. Die Iberische Halbinsel wurde mit dem Schwert erobert und mit dem Schwert zurückgewonnen, bis 1492 Granada fiel, die letzte islamische Bastion auf spanischem Boden. Die Kreuzritter befreiten 1099 mit roher Gewalt das Grab Christi in Jerusalem und wurden keine hundert Jahre später von Sultan Saladin vernichtend geschlagen. Das Osmanische Reich stand mit seinen Armeen 1529 und 1683 vor den Toren Wiens und konnte nur von einer heiligen christlichen Allianz zurückgeworfen werfen. Doch die Osmanen haben bei dieser Gelegenheit den Europäern kulinarische Schätze wie den Kaffee dagelassen – und genau das ist symptomatisch: So kriegerisch die Konflikte zwischen Christen und Muslimen gewesen sein mögen, so inspirierend waren die Begegnungen immer, für die Kultur wie für die Kulinarik, für den Geist wie für die Gewürze. Erbfeindschaften gibt es hier nicht, nur lauter Verbündtete im Kampf für den guten Geschmack. Das hat uns die Geschichte gelehrt. Und das sollten wir niemals vergessen.

Die letzte Bastion des Islams auf der Iberischen Halbinsel: Im Jahr 1492 eroberten die Katholischen Könige die andalusische Stadt Granada – und mit ihr die berühmte Alhambra, deren Glanzstück bis heute der Löwenhof ist.

Arabien

Tausendundeine Weisheit

»Warum sollte ein Mensch sterben, in dessen Garten Salbei wächst?« So lautet ein altes arabisches Sprichwort, das für die Menschen in der islamischen Welt des Mittelalters eine klare Botschaft hatte: Die Natur gibt uns alle Heilmittel in die Hand, die wir für unsere Gesundheit brauchen. Wir müssen sie nur in der Küche richtig verwenden. Essen ist also nicht nur höchstes Vergnügen, sondern auch das beste Instrument für Heilung und Prävention. Dieser Grundsatz prägte jahrhundertlang das Denken der Araber, vom einfachen Mann bis hinauf zum Kalifen. Die Herrscher aßen am liebsten unter den wachsamen Augen ihrer Leibärzte, die ihnen je nach Tagesform und Gesundheitszustand bestimmte Gerichte mit ganz speziellen Gewürzen ans Herz legten. Diese Sitte wurde – wie wir später noch sehen werden – im Mittelalter von den europäischen Fürsten übernommen. Die Fürsten übernahmen aber noch viel mehr von der arabischen Gesundheitsphilosophie – genau genommen, so gut wie alles, und das völlig zu Recht. Denn die islamische Medizin war im Mittelalter der Gipfel der Heilkunst. Und so fand das arabische Sprichwort vom lebensrettenden Salbei Eingang in den Sprachschatz der Europäer, die wussten: »Wer Salbey baut, den Tod kaum schaut.«

Gottvater der mittelalterlichen Medizin, ebenso in der arabischen wie in der europäischen Welt: der Arzt Avicenna.

Der Prophet Mohammed starb im Jahr 632 und hinterließ einen Glauben mit einem unfassbaren Expansionsdrang. Schon wenige Jahrzehnte später war er von den Pyrenäen bis zum Hindukusch zur vorherrschenden Religion geworden. Man darf sich die arabische Welt aber nicht als geschlossenes kulturelles System vorstellen. Juden, Perser, Christen und Berber spielten in der islamischen Welt ebenfalls eine bedeutende Rolle. Bis weit ins hohe Mittelalter hinein waren Christen sogar die Leibärzte von Kalifen.

Die arabische Medizin war der europäischen deswegen so überlegen, weil sie das Wissen der Antike bewahrte und fortschrieb. Die islamisch dominierte Welt deckte sich in vielen Teilen mit dem früheren Reich Alexanders des Großen. Dort waren die medizinischen Traditionen des antiken Griechenland noch immer lebendig. Die Araber kannten deswegen Ärzte wie Hippokrates oder Galen genau und schätzten sie in höchstem Maß. Aber auch mit persischen und indischen Schriften kamen die Araber früh in Kontakt und nutzten sie für sich. Dieser ganze Wissensschatz wurde im 11. und 12. Jahrhundert in der Übersetzerschule von Toledo des kastilischen Königs Alfons des Weisen und der Medizinerschule von Salerno in Süditalien ins Lateinische übertragen. So profitierte über viele Umwege und nach vielen Jahrhunderten das Abendland, in dem bis zu diesem Zeitpunkt nur Bruchstücke des antiken Wissens existiert hatten, wieder von den Erkenntnissen seiner Vorväter.

Die zentrale Rolle in der arabischen Medizin spielten wie in allen Epochen zuvor die Gewürze. Schon der

Prophet Mohammed empfahl Knoblauch zur Stärkung des Körpers. Seine Nachfahren wussten, dass Kampfer dem Herz guttut, Tamarinde, Kassia und Aloe die Verdauung fördern und kein Mittel wirkungsvoller bei der Schmerzbehandlung ist als Mohn. Diese Erkenntnisse verdankten die Araber zu großen Teilen Hippokrates, Galen und Dioskurides. Doch die Araber gingen einen entscheidenden Schritt weiter. Ihre Hauptleistung bestand im Systematisieren, Differenzieren und Erweitern der griechischen Medizin. So war eine ihrer neuen Leitlinien, eine Diagnose nicht nur nach der körperlichen, sondern auch der geistigen Verfassung des Patienten zu erstellen. Das Individuum stand also im Mittelpunkt, und da der Geist so wichtig war, wurde zur Genesung zum Beispiel auch Musik eingesetzt.

Die alles überragende Gestalt der arabischen und der mittelalterlichen Medizin überhaupt ist Ali Ibn Sina, der im Lateinischen Avicenna genannt wird. Er war vermutlich persischer Herkunft, wurde um 978 in Usbekistan geboren und hatte keine Schwierigkeiten mit seinem Selbstbewusstsein. So bekannte er einmal: »Die Medizin gehört nicht zu den schweren Wissenschaften. Deshalb tat ich mich in kürzester Zeit darin so hervor, dass tüchtige Ärzte anfingen, bei mir Medizin zu studieren.« Schon mit achtzehn Jahren hatte er seine Ausbildung abgeschlossen, führte danach ein unstetes Leben und wirkte schließlich in der persischen Stadt Isfahan als politischer Berater, Minister und Leibarzt. Das alles ließ ihm noch genügend Zeit, im Laufe seines Lebens eine ganze Bibliothek zusammenzuschreiben. Unsterblich aber wurde er mit einem einzigen Werk: seinem »Canon medicinae«.

Diese riesige Richtschnur der Medizin ist die umfassendste systematische Darstellung der Medizin im Mittelalter. Ihre Grundlage sind die Schriften des griechischen Arztes Galen von Pergamon, dem selbst nie eine solche ordnende Analyse seiner Einsichten gelungen war. Der »Canon medicinae« entwirft eine Theorie der Anatomie und Physiologie, behandelt alle Arten von Krankheiten und beschreibt vor allem die Wirkungsweisen der Heilmittel.

Vermutlich das älteste Gewürz der Menschheit, das auch in der arabischen Welt überaus beliebt war: der Kümmel, der unter anderem das Immunsystem stärkt.

Das monumentale Werk basiert eindeutig auf der »Materia medica« des römisch-griechischen Arztes Dioskurides, des einflussreichsten Heilpflanzenbuchs vielleicht der gesamten Medizingeschichte. Doch Avicenna geht in seinen Rezepten oft deutlich darüber hinaus und ist von einer bestechenden Systematik. Jedes Kapitel ist identisch aufgebaut, beginnt mit dem Namen der Pflanze, beschreibt ihre Haupteigenschaften und schließlich ihre Wirkungen auf die einzelnen Organe. Über Ingwer heißt es zum Beispiel, dass er stark wärmend ist, also die Kälte in Magen und Leber vertreibt, und dadurch das Verdauungssystem ins Gleichgewicht bringt. Fast unbegrenzt sind laut Avicenna die Anwendungen des Safrans. Als Getränk eingenommen, sorgt er für eine gute und gesunde Hautfarbe. Er kann überdies eitrige Geschwüre auflösen, die Sehkraft verbessern, die Atemwege stärken und harntreibend wirken. Ein Segen für Gebärmutter, Magen und Milz ist er auch noch. Und zu guter Letzt steigert er die Lust bei Mann und Frau.

Avicenna behandelt eine Fülle komplexer Heilmittel, bei denen eine unglaubliche Vielfalt von Pflanzen und Gewürzen zum Einsatz kommt. Für ein vergleichsweise einfaches Rezept, das gegen Magenschmerzen, Blähungen und Leberleiden wirken soll, mussten die Bestandteile aus der halben Welt zusammengetragen werden, darunter Indischer Goldregen, Indische Narde, Früchte von Fenchel, Sellerie, Kümmel, Dill, Anis, Lorbeerseidelbast und Bibergeil, das Sekret aus den Drüsensäcken des Bibers. Kaum weniger aufwendig ist die Zutatenliste für ein verdauungsförderndes Mittel namens »Electuarium«, das gegen einen sehr kalten, also sehr trägen Magen helfen soll. Man stellt es so her: Kreuzkümmel wird mit Essig aufgegossen und dann wieder getrocknet. Pfeffer, Ingwer, getrocknete Weinraute und Salpeter werden anschließend mit gereinigtem Honig vermischt – fertig ist der Wundertrank.

Brückenschlag: Die Medinzinschule von Salerno in Süditalien brachte das Wissen der Antike und der arabischen Welt nach Europa.

Bei diesem Rezept dachte Avicenna aber nicht nur an die Gesundheit, sondern auch an den Gaumen seiner Patienten. Dass Kreuzkümmel in Essig eingelegt, wieder getrocknet und geröstet werden soll, hatte keine zwingenden medizinischen Gründe. Die Kümmelfrüchte werden durch die Hitze aufgeschlossen, so entsteht ein erstaunlich angenehmes Aroma. Die therapeutische Wirkung des Kreuzkümmels wird dadurch nicht beeinflusst. Er regt den Speichelfluss sowie die Sekretion des Magen- und Gallensafts an. Der Pfeffer wirkt genau in dieselbe Richtung. Ingwer steigert die Aktivität verschiedener Verdauungsenzyme und fördert ebenfalls den Gallenfluss. Die früher so beliebte Weinraute und Salpeter gelten heute als bedenklich, weil sie unter anderem Allergien auslösen können. Das Rezept wirkt aber sicher auch ohne diese Zutaten – und es wirkt heute genauso zuverlässig wie vor tausend Jahren.

Der »Canon medicinae« wurde um 1170 in der spanischen Stadt Toledo von Gerhard von Cremona und seinen Mitstreitern ins Lateinische übersetzt. Von der Mitte des 13. Jahrhunderts an war er das maßgebliche Grundlagenwerk des Medizinstudiums an sämtlichen europäischen Universitäten. Bis ins 16. Jahrhundert hinein musste sich jeder Medizinstudent über vier Semester mit Avicenna befassen. Eine solche Strahlkraft, die ein halbes Jahrtausend lang nicht verblasste, hat kein anderes Werk der mittelalterlichen Medizin erreicht.

Eine einzige andere Schrift konnte sich mit Avicennas epochalem Kanon messen: das Gesundheitshandbuch des christlichen Arztes Ibn Butlan, der 1066 starb. Mit seinem Werk »Tacuinum sanitatis« schuf er einen neuen Typ von medizinischer Literatur. Ibn Butlan diagnostiziert nicht, sondern tritt einen grundlegenden Schritt zurück und beschreibt erstmals in der Medizingeschichte eine umfassende Lehre der Diätetik, also der Gesundheitsvorsorge. Nach ihm kann der Mensch auf sechs Gebieten seine Gesundheit durch sein eigenes Verhalten positiv beeinflussen. Der vernünftige Umgang mit Essen und Trinken und die richtige Dosierung der Gewürze spielen dabei die zentrale Rolle. Dieses Wissen erklärt Ibn Butlan in tabellarischer Form – seine Tabellen wurden wegen ihres Aussehens als »Schachtafeln der Gesundheit« berühmt.

Die Aktualität von Ibn Butlan ist selbst nach tausend Jahren noch verblüffend. Er misst zum Beispiel den

Meeresfischen einen größeren gesundheitlichen Wert als den Süßwasserfischen zu – genau das hat die moderne Forschung bestätigt. Er empfiehlt, alten Käse zu meiden und möglichst frischen zu essen – heute wissen wir, dass alter Käse den entzündungsfördernden Stoff Histamin enthält. Oliven, Spargel, Zwiebeln und Knoblauch werden sehr gelobt, Knoblauch vor allem deswegen, weil er die Säfte verdünnt – tatsächlich haben die Zehen, wie längst wissenschaftlich nachgewiesen ist, eine blutverdünnende Wirkung. Ibn Butlan gibt sogar Empfehlungen für bestimmte Menschentypen und Lebensalter. So legt er Koriander vor allem Menschen mit einem empfindlichen Magen als Mittel zur Förderung der Verdauung ans Herz – was sehr vernünftig ist, weil Koriander wesentlich milder wirkt als andere verdauungsstimulierende Gewürze wie Pfeffer und Ingwer.

Eine arabische Handschrift des »Tacuinum sanitatis« gelangte im 13. Jahrhundert an den Hof des letzten Stauferkönigs Manfred in Sizilien, wurde dort ins Lateinische übersetzt und illustriert. Seit dem ausgehenden 14. Jahrhundert war eine gekürzte Fassung, die sich auf Ernährungsfragen konzentrierte, vor allem beim italienischen Adel sehr beliebt. Die besseren Stände des europäischen Mittelalters ernährten sich also nach den Prinzipien eines christlich-arabischen Arztes und bewiesen damit ein weiteres Mal, wie wenig Barrieren es zwischen den Weltreligionen in der Geschichte der Medizin und der Gewürze immer gegeben hat.

Das Weltgewürz schlechthin und ein exzellentes Heilmittel überdies: Pfeffer regt den Appetit an, fördert die Durchblutung, hilft der Leber – und schmeckt gut.

Es klingt verwegen, doch es ist wahr: Ohne die Heilkunst der arabischen Ärzte wäre es um die Gesundheit der Menschen im europäischen Mittelalter viel schlechter bestellt gewesen. Denn ohne Avicenna und Ibn Butlan hätten sie kaum etwas von der segensreichen Wirkung der Gewürze gewusst. Doch so klug und scharfsinnig die islamischen Gelehrten die Heilkraft der Pflanzen durchschauten und dokumentierten, so viel Platz blieb noch, um den Gewürzen fantasievolle literarische Denkmäler jenseits der Naturwissenschaft zu setzen – wie diese schöne Episode aus »Tausendundeiner Nacht« zeigt. In der »Geschichte Ala Eddin Abu Schamats« wird geschildert, wie ein verzweifelter Kaufmann ein Rezept gegen seine Kinderlosigkeit sucht. Scheich Muhamed weiß, was zu tun ist: »Gib nur zwei Goldstücke her und eine chinesische Schüssel.« Als der Kaufmann ihm gab, was er verlangte, kaufte er einen chinesischen Braten, nahm Zimt, Nelken, Ingwer, Pfeffer und andere Gewürze, stieß es zusammen, ließ es in feinem Öle kochen. Dann tat er einige Nieren hinzu und einen Becher voll Sesamöl, knetete es mit Honig und griechischem Essig, hielt alles dem Kaufmann hin und sagte: »Lasse dir zum Nachtessen stark gewürztes Schaffleisch und eine Taube braten, dann nimm diese Arznei und trinke Zuckerwasser darauf.« Der Kaufmann befolgte die Vorschrift des Maklers, und nach einigen Monaten erklärte ihm seine Frau, die Arznei habe gewirkt. Nach neun Monaten gebar sie »einen sehr hübschen Knaben«.

Istanbul

Der Schicksalsort der Gewürze – eine Stadt, zwei Kontinente, tausend Geschichten: meine Reise nach Istanbul

Das Schöne am Reisen ist, dass man schlauer zurückkommt, als man losfährt. Und so schlau wie aus Istanbul bin ich wahrscheinlich noch von keiner Reise zurückgekehrt. Denn am Bosporus habe ich eine ganz andere Türkei kennengelernt, als ich zu kennen glaubte. Ich bin in einer Stadt gewesen, die einfach unglaublich ist: unglaublich kultiviert und kosmopolitisch, geschichtsträchtig und zukunftsgläubig, schön und reich – und das längst nicht nur an Geld.

Schon beim ersten Anblick stockt einem der Atem. Ich weiß nicht, ob ich je eine Stadt gesehen habe, die fantastischer liegt. Über sieben und noch viel mehr Hügel ergießt sich das wogende Häusermeer und wird dabei überall von echten Wellen mit mythischen Namen umspült – von Bosporus, Marmarameer, Goldenem Horn. Istanbul ist eine Stadt aus Wasser und Stein, voller Menschen und Möwen, voller Fähren und Brücken, die Europa und Asien miteinander verbinden – zwei Kontinente, ein Brückenschlag. Greifbarer wird Geografie nirgendwo sonst auf dem Globus. Es ist eine Stadt mit einem majestätischen Auftritt, in der siebzehn Millionen Einwohner leben und die viel zu würdevoll ist, um deswegen gleich im Chaos zu versinken. Das ist die zweite Überraschung beim

Eine Schatzkammer für alle Sinne: der 400 Jahre alte Gewürzbasar von Istanbul.

Wasser und Stein: Istanbul wird umspült von lauter Meeren mit mythischen Namen.

zweiten Blick: Istanbul ist kein morgenländisches Tohuwabohu, sondern eine hochzivilisierte, gut funktionierende, sehr europäische Metropole – viel weniger eine Stadt des Orients als des Mittelmeers.

Ich bin nach Istanbul gekommen, weil es ein Schicksalsort in der Geschichte der Gewürze ist. So viel habe ich über ihn gelesen: Tausend Jahre lang saß die Stadt wie die Spinne im Netz eines weltweiten Gewürzhandels, wurde darüber reich, prunkvoll und begehrenswert. Seit jeher haben sich alle von diesem Ort und seiner Lage verführen lassen, die antiken Griechen, die die Stadt um 660 vor Christus als Byzantion gründeten, die Perser, die sie 513 vor Christus eroberten, später die Römer, die sie Konstantinopel tauften und zur Hauptstadt des Oströmischen Reichs machten. Schließlich die Osmanen, die sie 1453 in Besitz nahmen und damit ein neues Kapitel in der Weltgeschichte aufschlugen. Denn der Fall Konstantinopels und die damit verloren gegangene Kontrolle über den Gewürzhandel war der Antrieb für die Europäer, den Seeweg nach Indien zu suchen – mit allen bekannten Folgen.

Und diese ganze Geschichte sieht man, spürt man, atmet man. Wie hypnotisiert fühle ich mich von der grandiosen Silhouette Istanbuls, dieser allgegenwärtigen Panoramakulisse, in der sich die Schichten der Geschichte wie bei einem Baumkuchen übereinandergetürmt haben: Die Minarette Dutzender Moscheen, eine prachtvoller als die andere, stechen wie göttliche Lanzen in den Himmel, während der riesige Topkapi-Palast der osmanischen Sultane auf seiner Landzunge melancholisch vergangenem Ruhm nachtrauert und auf dem wuchtigen Galata-Turm immer noch die genuesischen Gewürzhändler sehnsüchtig auf die Ankunft ihrer Schiffe zu warten scheinen. Die Königin dieser Kulisse aber ist die Hagia Sophia. Ihr nicht seine Aufwartung zu machen ist ein Verbrechen.

Wo aber sind die Gewürze, das wahre Gold des Lebens? Ich frage die Goldhändler im Großen Basar, und sie sagen: Geh zum Wasser, geh zur Galata-Brücke, und du wirst sie finden, in einem eigenen Basar.

Kurs auf Asien: Mit meinem Reisegefährten überquere ich den Bosporus.

Ich mache mich nicht schuldig, stehe in der Hagia Sophia, lege den Kopf tief in den Nacken und bekomme eine Gänsehaut. Mein Führer flüstert fast, um die Andacht nicht zu stören, der kein Touristenrummel etwas anhaben kann. Tausend Jahre lang, sagt er, war die Hagia Sophia die wichtigste, großartigste, prunkvollste Kirche der Christenheit, im 6. Jahrhundert als letztes großes Bauwerk der Antike errichtet und für Jahrhunderte als unübertroffene architektonische Sensation gefeiert. Denn sie wurde als Kuppelkirche errichtet, in der kein einziger Stützpfeiler die Erhabenheit des mo-

Gewürzgeschichte zum Greifen nah

numentalen Innenraums entweiht. Winzig klein fühle ich mich unter der 56 Meter hohen, goldglänzenden, die ganze Herrlichkeit des Himmelreichs ankündigenden Kuppel, so klein, wie sich ein Mensch im Angesicht Gottes fühlen soll.

»Doch wie in Gottes Namen konnte man damals nur eine solche Kuppel bauen?«, frage ich meinen Führer. Es war ein simpler Sandkastentrick: Nachdem alle Grundmauern errichtet worden waren, füllte man das gesamte Gebäude mit Erde und setzte die Kuppel gefahrlos obenauf. Damit die Kirche möglichst schnell fertig wurde, ließ Kaiser Justinian Goldstücke unter die Erde mischen – und jeder Arbeiter, der eines fand, durfte es behalten. So war die Kirche in Windeseile wieder leer geräumt. Als dann die osmanischen Eroberer 1453 die Hagia Sophia sahen, waren sie so fassungslos im Angesicht des riesigen, freien Raums wie jetzt ich. Und sie beschlossen: Diese Kirche soll künftig das Vorbild aller Moscheen sein. Denn bis dahin waren die islamischen Gotteshäuser immer als Pfeilermoscheen gebaut worden, was den Nachteil hatte, dass die Gläubigen den Vorbeter schlecht sahen. Eines aber gelang den Sultanen nie: Jeder Versuch, die wahnwitzige Kuppelhöhe der Hagia Sophia mit einer Moschee zu übertreffen, scheiterte um eine Handvoll Meter. Und so wirkt es fast wie Trotz, dass die Osmanen die Kirche in eine Moschee umwidmeten, die Kuppel

In den Straßen der Altstadt birgt bald jeder Stand eine neue Entdeckung: Hier finde ich frischen türkischen Lorbeer.

mit Suren und die Stirnseite mit dem Namen Allahs und des Propheten in gigantischen Schriftzügen schmückten. Erst 1935 wurde die Hagia Sophia auf Geheiß von Mustafa Kemal Atatürk, dem Gründer der modernen Türkei, in ein Museum umgewandelt, in ein gemeinsames Erbstück der beiden Weltreligionen.

Draußen blendet mich nicht mehr das Gold der Deckenmosaiken, sondern die Sonne Istanbuls – und der Glanz einer Geschichte, die hier so verdichtet ist wie kaum irgendwo sonst. Im Viertel rund um die Hagia Sophia geht man nicht nur durch, sondern buchstäblich auch über die Vergangenheit. In diesem Augenblick befindet sich genau unter mir die berühmte römische Zisterne, die achtzig Millionen Liter Wasser fasste, der Stadt bei Belagerungen das Leben rettete und im James-Bond-Film »Liebesgrüße aus Moskau« einen großen Auftritt hatte: Sean Connery steigt zusammen mit seinem türkischen Freund in die Zisterne hinab, um die sowjetische Botschaft mit einem Periskop auszuspionieren.

So viele Gegensätze drängen sich hier so friedlich auf so engem Raum. Ich komme an Sultansmoscheen vorbei und an verwitterten Holzhäuschen, an Stadtpalästen und Karawansereien, aus deren winzigen Fenstern das Hämmern einer Silberschmiede dringt. Dann schreite ich durch ein 500 Jahre altes Tor und bin im Großen Basar, einem ganz eigenen, labyrinthischen, komplett überdachten, wie ein Bienenkorb summenden Universum, in dem 30 000 Menschen arbeiten, Armeen von Teeverkäufern mit ihren Tabletts hin- und hereilen und fünfmal am Tag der Muezzin in einer Art Vogelhäuschen hoch über den Gängen zum Gebet ruft. Überall glänzt das Gold, bis heute das wichtigste Handelsgut des Großen Basars, das meist in Form von Armreifen verkauft wird. Mein Führer erklärt mir, warum: Früher konnte ein Ehemann in der Türkei seine Frau nach islamischem Recht mit einem dreifachen Fluch einfach so aus dem Haus werfen. Die Ehefrau durfte nur mitnehmen, was sie am Leib trug – und deswegen hatte sie ihr Geld in Form von goldenen Armreifen stets bei sich. Dieses Gesetz gibt es längst nicht mehr, doch bis heute ist es Tradition in der Türkei, vor der Hochzeit im Großen Basar Gold zu kaufen.

Gewürzhändler Cengiz Kanat lässt mich an seinem Safran riechen.

In Istanbul haben die Herrscher aller Epochen ihre Spuren hinterlassen. So viel lebendige Geschichte gibt es hier.

Wo aber sind die Gewürze, das wahre Gold des Lebens? Ich frage die Goldhändler, und sie deuten nach unten, in Richtung Galata-Brücke: »Geh zum Wasser, und du wirst sie finden, in einem eigenen Basar.«

Nach ein paar Minuten stehe ich vor einem rechteckigen Gebäude mit Dutzenden von Kuppeln, und wieder bekomme ich eine Gänsehaut: »1597 – 1664« steht auf einer Tafel am Eingangstor. Das sind die Geburtsdaten des Istanbuler Gewürzbasars, der auch nach 400 Jahren quicklebendig ist – das hier ist nun wirklich Geschichte zum Anfassen, zum Riechen, zum Kosten. Ich tauche ein in diese uralte, niemals geplünderte, noch immer prall gefüllte Ali-Baba-Höhle der Wohlgerüche und fühle mich wie ein Zeitreisender, wie ein venezianischer Kaufmann, der dem Abendland die Kostbarkeiten des Morgenlands bringt. An den Marktständen stapeln sich Barren und Blöcke von

Manchmal sind die besten Dinge die einfachsten: eine Art türkisches Soufflé.

Der Duft Istanbuls

türkischem Honig zu tollkühnen Türmen. Nüsse und kandierte Früchte liegen kunterbunt in ihren Holztrögen wie in einem essbaren Farbmalkasten. Von der Decke hängen Schlangen mit getrockneten Auberginen und Paprikaschoten und lange Lutscher, die »Süße Wurst« heißen: Es sind Spieße mit Walnüssen, die immer wieder in Aprikosen- und Maulbeersirup getunkt wurden. Und in einer Gewürzapotheke entdecke ich einen anderen Sirup, der nichts für Kinder ist: »Das Aphrodisiakum des Sultans« steht auf der Dose, und die Inhaltsangabe liest sich wie ein Gesamtwarenverzeichnis des Gewürzmarkts: »Zimt, Pfeffer, Nelken, Kreuzkümmel, Senfsamen, Anis, Koriander, Ingwer, Zimtblüten Kokosnuss, Fenchel, Vanille, Kardamom, Safran, Myrrhe, Zitrone, Thymian, Henna« – na, da kann ja nichts mehr schief gehen.

Ich gehe trotzdem lieber weiter und denke leise lächelnd über die Leichtgläubigkeit des Menschen nach. Plötzlich werde ich von einem Gewürzhändler aus meinen Gedanken gerissen und in sein Geschäft hereingerufen. Der Mann spricht fließend Bayerisch und heißt Cengiz. »Wie spricht man das aus?« – »Nenn mich einfach Dschingis, so wie Dschingis Khan«, sagt Cengiz und zeigt mir all seine Schätze: Schafskäse, der für ein Jahr zum Nachreifen in ein Ziegelfell eingenäht wird, gepressten Fischrogen und irrwitzig teuren Beluga-Kaviar, den er ganz schlicht in einer Plastikdose aufbewahrt wie eine Wurstsemmel. Schließlich holt Cengiz verschwörerisch den Safran hervor. »Vergiss den iranischen Safran, den alle kaufen. Der hier ist der Beste, den es auf der Welt gibt, der kommt von der türkischen Schwarzmeerküste. Hier, probier!« Und ich muss ihm recht

Wertvolle Tipps direkt aus der Küche: Ich begutachte typische türkische Gerichte.

Frische Salate mit Kräutern gehören schon wegen der Hitze immer auf den Tisch.

Das Zauberbrot: Gibt man es in den Ofen, bläht es sich auf wie ein Ballon.

Istanbul kocht gerne modern. Doch es vergisst nicht die kulinarischen Schätze seiner Vergangenheit.

Der wunderbare Koch Musa Dagdeviren gilt als Bewahrer der traditionellen Küche.

geben, dieser Safran ist wirklich fabelhaft. Ich kaufe gleich zwanzig Gramm, um damit zu Hause in meiner Küche zu experimentieren. Cengiz starrt mich mit offenem Mund an, doch ich beruhige ihn: »Keine Angst, ich kenne mich mit Safran aus und weiß, dass er nicht nur schmerzstillend und bewusstseinserweiternd wirkt – deswegen nahmen die Nonnen im Mittelalter bei ihren stundenlangen Gebeten in eisig kalten Kirchen so gern Safran –, sondern auch sehr gefährlich sein kann. Weißt du, Dschingis, dass ein ausgewachsener Mann sterben kann, wenn er zwölf Gramm Safran auf einmal zu sich nimmt?« Das wusste selbst der Dschingis Khan des Istanbuler Gewürzmarkts nicht.

Ich muss weiter, das Essen wartet – und zwar überall. Ganz Istanbul ist ein einziger Speisesaal. An jeder Straßenecke stehen fliegende Händler, die Maiskolben kochen, Maronen rösten, Lutscher schöpfen, Sesamringe verkaufen oder Eis mit geriebenen Orchideenwurzeln verdicken, damit es in der Hitze nicht so schnell schmilzt. Und das Schönste ist: Die Lust der Istanbuler an der guten Küche setzt sich von der Straße bis in die Spitzenrestaurants fort. Ich habe in fabelhaften Häusern gegessen, im durchgestylten »Mikla« oben auf der Terrasse auf dem höchsten Hügel mit einem Sensationspanorama auf die Stadt. Und im hocheleganten »Müzedechanga«, in einem ehemaligen Sommerpalais einer reichen Industriellenfamilie, inmitten eines Parks mit Königslogenblick auf den Bosporus. Beide Male war es eine kompromisslos modernisierte, mit der europäischen Haute Cuisine verschmolzene türkische Küche, die ihre Wurzeln nie verleugnet, sich aber auch nicht von ihnen strangulieren lässt.

Eintöpfe mit Dutzenden Zutaten sind ein fester Bestandteil der türkischen Küche.

Auch an Schärfe, hier in Form von Chilis, wird beim Kochen oft nicht gegeizt.

Endlich das Original: Ich probiere einen Döner, wie er besser nicht sein kann.

Aus diversen Siruparten entstehen an Straßenständen handgemachte Lutscher.

Eine Fähre bringt mich auf die asiatische Seite der Stadt. Wir fahren an der sterbensschönen Silhouette Istanbuls vorbei, an Palästen und Minaretten, von einem Kontinent zum anderen.

Doch ich suche nicht die moderne Küche. Ich will zu Musa, dem Schatzsucher der Gewürze, dem Kopfjäger kostbarer Kräuter. Musa Dagdeviren kocht auf der asiatischen Seite im Viertel Kadiköy, das berühmt ist für seine Marktstände und Straßenrestaurants. Die Fähre bringt mich hin, wieder vorbei an dieser sterbensschönen Silhouette Istanbuls, vorbei an all den Minaretten und Palästen zur Verherrlichung von Gottes Ruhm und Sultans Pracht. Nach einer kurzen, berauschenden Fahrt sind wir von Europa nach Asien gelangt, und ich könnte alle paar Meter stehen bleiben, um mich satt und glücklich zu essen: an dem Fischstand, den ein riesiger Thunfischkopf wie die Trophäe eines Meeresungeheuers schmückt; an den Grillimbissen, die Lamminnereien in Därmen als würzige Würste und reisgefüllte Miesmuscheln mit Zimt und Zitrone braten. Oder an der Confiserie, in deren Auslage sich Marzipan in Form von Auberginen, Karotten, Zitronen oder Erbsenschoten wie bei einem trügerischen, zuckersüßen Miniaturgemüsestand stapeln. Aber das wäre gar nicht klug, denn Musa wartet.

Musa sitzt in seinem schlichten Restaurant, das viel Wert auf erschwingliche Preise und überhaupt keinen Wert auf Pomp legt – so wie Musa selbst. Er ist ein zierlicher Mann mit einem monumentalen Schnauzbart, stolz und selbstbewusst und dabei fast scheu, niemand, der große Worte macht und stattdessen lieber seine Gerichte sprechen lässt. Musa ist halber Türke und halber Kurde, stammt aus dem Osten der Türkei und hat schon als Bub seiner Mutter in der Bäckerei geholfen. Und er ist ein Extremist mit radikalen Überzeugungen: Er weigert sich standhaft, die türkische Küche zu modernisieren, sondern will sie im Gegenteil zu ihren osmanischen Wurzeln zurückführen. Denn er ist davon überzeugt, dass zuzeiten der Sultane noch besser und raffinierter gekocht wurde als heute. Musa schaut also konsequent zurück, doch er ist kein

Beim Rollen der Lutscher dürfen sich die Farben der Sirupsorten nicht mischen. Das ist die hohe Kunst.

Schwere Last und gute Laune: Mobile Teeverkäufer bevölkern vor allem in der Altstadt die Straßen von Istanbul.

Auf der Suche nach dem Ursprung

Revanchist, sondern ein Revolutionär auf seine Art. Denn er will alles anders machen als die anderen. Er will etwas wiederherstellen, einen Schatz finden, der verloren gegangen ist. Und nichts anderes will ich im Grunde auch. Unermüdlich ist er in der ganzen Türkei unterwegs, geht in die Dörfer, fragt die Menschen nach ihren Rezepten, nach den wilden Kräutern und Gewürzen, die sie sammeln – »darunter aber keinen Menschen unter siebzig«, wie er lachend sagt. Gleichzeitig forscht er in alten Koch- und Tagebüchern und findet so pausenlos kulinarische Juwelen.

Gewürze prägten die Geschichte Istanbuls. Und sie sind bis heute allgegenwärtig.

Jetzt lässt er eine nach der anderen bringen, bis sich der Tisch unter ihnen biegt. Als Erstes werden zwei Tabletts mit seinen wichtigsten Gewürzen herbeigeschafft: Sumach, Kreuzkümmel, Kurkuma, dazu allerhand Kräuter, für die ich keinen Namen habe, auch roter Basilikum und wilder Thymian, den er nach alter Tradition mit Bohnenkraut oder geriebenen Melonenkernen und gerösteten Kichererbsen mischt. Dann kommen eine Suppe aus getrocknetem Joghurt mit Wildkräutern und Koriandergrün, ein Linsensalat mit Bulgur, Paprika und Zitrone, Minipizzen mit Lamm- und Schaffleisch, garniert mit Petersilie und Knoblauch, Kebabs mit Sauerkirschen, Walnüssen, Granatäpfeln und Chili. Und schließlich der »Vornehme Ali«, eine Kreation aus gegrillten Auberginen mit Joghurt und Nüssen. Es sind lauter Gerichte aus einfachen Zutaten, die nur dank ihrer Harmonie und ihrer klugen Würzung grandios sind – hier kann ich wirklich eine Menge lernen. Und genau das ist die Philosophie von Musa: Die Küche der Reichen, sagt er, interessiert mich nicht, denn sie können sich alles leisten. Die wahre Kunst ist die Küche der Armen. Denn die Armen haben nichts anderes als ihre Fantasie, um gut zu kochen. Genau so ist es, Musa, genau so.

Ein Universum für sich: der Große Basar, in dem 30 000 Menschen arbeiten.

»Zum Schluss will ich dir noch etwas zeigen«, sagt Musa und legt seinen Arm um meine Schulter. Schräg gegenüber hat er einen Dönerladen, nichts Besonderes, einen Imbiss eben, wie wir ihn tausendfach auch aus Deutschland kennen – von wegen nichts Besonderes: Musa säbelt mir höchstpersönlich das Fleisch ab. Es schmeckt so zart, so saftig und würzig, wie ich es noch niemals bei einem Döner gegessen habe. Nur eines will er mir nicht geben: Sauce. »Denn das«, sagt er laut lachend, »ist eure Erfindung: deutscher Döner. In der Türkei essen wir ihn nie mit Sauce.« Und schon wieder bin ich schlauer geworden. Gibt es etwas Schöneres als Reisen?

NASCHEN VOM PARADIES

Gewürze und Kräuter im europäischen Mittelalter

Der Untergang des Römischen Reichs im 5. Jahrhundert war für Europa eine Katastrophe. Er warf das Abendland zivilisatorisch und vor allem kulinarisch um Jahrhunderte zurück. In der Küche hielt wieder die Barbarei Einzug, während draußen Hunnen, Goten und Vandalen wüteten, die Völkerwanderung alle Ordnung durcheinanderbrachte und in weiten Landstrichen nur noch das Gesetz des Stärkeren galt. Erst im 7. und 8. Jahrhundert bildeten sich langsam wieder staatliche Strukturen heraus, die der Anarchie Einhalt geboten. Das ist vor allem dem Karolinger Karl dem Großen zu verdanken, der sich am Weihnachtstag des Jahres 800 in Rom zum römischen Kaiser krönen ließ und die historische Kontinuität von der Antike zum Mittelalter herstellte. Damit war der entgleiste Zug der Geschichte sozusagen wieder auf die richtige Spur gesetzt und kannte nun den Weg in die Zukunft.

Die katholische Kirche konsolidierte sich als tragende Kraft im mittelalterlichen Machtgefüge und baute ein engmaschiges Herrschaftssystem aus Bistümern, Abteien und Kirchenstaaten auf. Und bei den weltlichen Regenten setzte sich allmählich der Gedanke des Landfriedens durch: Sie verzichteten vor allem bei Fehden freiwillig darauf, mit Gewalt ihre Rechtsansprüche durchzusetzen, obwohl sie eigentlich dazu legitimiert waren. Der Landfriede war Grundlage und Voraussetzung für politische Ordnung, wirtschaftlichen Aufschwung und kulturelle Blüte. Doch es sollte bis 1495 dauern, bis im Heiligen Römischen Reich der Ewige Landfriede verkündet werden konnte. Insgesamt war das Mittelalter gewiss nicht so finster, wie gern behauptet wird. Doch es dauerte bis ins 11. und 12. Jahrhundert, bis annähernd das römische Niveau an Kultiviertheit wieder erreicht wurde. Und im Vergleich zur islamischen Welt des Mittelalters waren die Europäer ohnehin nichts anderes als Rohlinge und Rabauken.

Ohne die Allgegenwart des Todes können wir den mittelalterlichen Heißhunger auf Gewürze und die Maßlosigkeit bei ihrer Verwendung nicht verstehen. Wer Tag für Tag mit der Drohung seines eigenen Endes lebt, neigt zwangsläufig dazu, einen möglichst unmittelbaren und intensiven Genuss zu suchen.

Leben unter der Herrschaft des Todes

Über die Küche zwischen 400 und 1000 sollte man so gütig wie schamvoll den Mantel des Schweigens breiten. Eines aber ist vollkommen verblüffend: Selbst in dieser Zeit des Schreckens und der Schmalkost gab es in Europa Gewürze. Der Handel erreichte zwar bei Weitem nicht mehr das Volumen früherer Zeiten, aber er kam nicht vollständig zum Erliegen – ohne Gewürze mochten die Menschen also selbst in ihren finstersten Epochen nicht leben. Das hatte nicht nur geschmackliche, sondern auch medizinische Gründe: Gewürze waren gleichermaßen Luxusgüter und Heilmittel, die viele Speisen bekömmlicher machten und

»Kümmert Euch um die Kranken und studiert die Wirkung der Gewürze«: Das war eine Ordensregel des um 480 geborenen heiligen Benedikt von Nursia, der als Vater des abendländischen Mönchtums gilt.

Klöster waren jahrhundertelang die einzigen Orte, in denen sich die Menschen medizinisch versorgen lassen konnten. Und eine eigene Apotheke gehörte immer dazu.

vor Krankheiten schützten. Der Pfeffer zum Beispiel, der 90 Prozent des Handels mit Würzmitteln ausmachte, war allein schon wegen seiner gegen Bakterien und Viren wirkenden ätherischen Öle unverzichtbar. Diese segensreiche Wirkung war einer der wichtigsten Gründe dafür, dass das Mittelalter so verrückt nach Gewürzen war.

Zügelloses Würzen bringt ewige Verdammnis

Denn das Mittelalter war wahrlich kein Spaß. Der Mediävist Otto Borst hat für diese Epoche, in der die durchschnittliche Lebenserwartung bei gerade einmal dreißig Jahren lag, den plastischen Begriff vom »Leben unter der Herrschaft des Todes« geprägt. Ohne die Allgegenwart des Todes kann man den mittelalterlichen Heißhunger auf Gewürze und die Maßlosigkeit bei ihrer Verwendung nicht verstehen. Wer Tag für Tag mit der Drohung seines eigenen Endes lebt, neigt zwangsläufig dazu, einen möglichst unmittelbaren und intensiven Genuss zu suchen. Prassen war Pflicht, weil man nicht wusste, ob man morgen überhaupt noch Gelegenheit dazu haben würde. Maßlosigkeit war vernünftig, weil vielleicht schon der Sensenmann vor der Tür stand und es doch ein Jammer wäre, mit einer vollen Gewürzvorratskammer zu sterben. Andererseits konnten gerade die Gewürze der Garant dafür sein, dass der Sensenmann gar nicht erst anklopfte.

Die Kirche aber war die strenge Mahnerin, die zum Maßhalten aufrief, die den Menschen Einhalt gebot, indem sie ihnen für ein gott- und zügelloses Leben die ewige Verdammnis androhte. Eine zentrale Rolle spielte dabei das Essen. Die Kirche sah einen unmittelbaren Zusammenhang zwischen Ernährung und Tugendhaftigkeit. Für sie war es ganz einfach: Schlemmerei führt zu Wollust und anderen Todsünden, wobei die Gewürze, vor allem solche mit luststeigernder Wirkung, besonders heftig verteufelt wurden.

Allerdings predigte der Klerus gerne Wasser und trank selbst viel lieber Wein – Papst Johannes XXII. zum Beispiel war so freundlich, zu Weihnachten jeden seiner Kapläne mit je acht Pfund Ingwer und Pfeffer und vier Pfund Gewürznelken zu beschenken. Kirchen und Klöster wurden zu den glühendsten Verfechtern der Feinschmeckerei und garantierten mit ihrer Gier nach Gewürzen den Fortbestand des Gewürzhandels. Der heilige Bonifatius ließ sich große Mengen an Pfeffer aus Rom schicken. Der karolingische Bischof Theodulf gab offen zu, dass ihm gewürzte Speisen besser schmeckten als Brei und Sauermilch. Und es ist eine hübsche Ironie der Geschichte, dass die älteste erhaltene Abschrift des berühmtesten römischen Kochbuchs im 9. Jahrhundert im Kloster von Fulda verfasst wurde – Marcus Gaius Apicius' »De re coquinaria« gefiel den Mönchen offensichtlich bedeutend besser als Askese. Gar nicht lustig fand das der Minnesänger Walther von der Vogelweide, der voller Verachtung dichtete: »Drum esst nur, Pfaffen, Hühner, trinket Wein / und lasst die dummen deutschen Laien fasten.«

Irgendwo im Morgenland lag in der imaginären Geografie des Mittelalters der Garten Eden. Die Gewürze kamen also direkt aus dem irdischen Paradies – und sie zu kosten war wie das Naschen vom ewigen Leben.

Chinas Heißhunger auf Gewürze

Der Handel mit Gewürzen wurde im Lauf des Mittelalters immer intensiver und erlebte seine erste Blüte mit dem Beginn der Kreuzzüge Ende des 11. Jahrhunderts. Die Haupthandelswege blieben dabei im Wesentlichen dieselben wie seit Jahrtausenden. Nelken und Muskat aus Indonesien kamen auf chinesischen oder malaiischen Schiffen nach Ceylon. Dort übernahmen persische und arabische Kaufleute die kostbare Ware, luden an der Malabarküste im Südwesten Indiens Pfeffer und Ingwer hinzu und segelten durch das Rote Meer in Richtung Alexandria und Palästina, wo schon venezianische Händler warteten. Manchmal waren es auch genuesische Kaufleute, die aber im Vergleich zu den Venezianern einen weit geringeren Anteil am Gewürzhandel hatten.

Von Venedig aus ging es auf dem Landweg weiter: entweder über den Brenner, Innsbruck, Augsburg und Nürnberg nach Nord-, Mittel- und Osteuropa oder über den Gotthard und Basel ins Rheinland, nach Flandern, Frankreich und auf die Britischen Inseln. Manche Kaufleute segelten auch über Gibraltar nach England, Skandinavien und ins Baltikum. Der zweite bedeutende Handelsweg führte von China über die Seidenstraße nach Basra, Täbris und Rostow am Don oder über den Indus, den Khaiberpass, Kandahar nach Asow und dann wiederum nach Rostow. Dort übernahmen Hanse-Kaufleute den Weitertransport der Gewürze nach Nordeuropa. Auf diesen Routen spielte sich allerdings nur ein Teil des Welthandels mit Gewürzen ab, denn Europa war nicht der einzige und schon gar nicht der größte Absatzmarkt. Der Heißhunger der Chinesen auf Gewürze, vor allem auf Pfeffer, war noch viel größer. Glaubt man dem italienischen China-Reisenden Marco Polo, wurde um 1300 im chinesischen Hafen Zaitoun, dem heutigen Quanzhou, hundert Mal mehr Pfeffer umgeschlagen als in Alexandria.

Aufstieg und Fall der stolzen Republik Venedig

Der Beruf des Kaufmanns war im Mittelalter brandgefährlich. Seeräuber und Wegelagerer, Krankheiten und Naturgewalten machten sein Leben zum Vabanquespiel. Ein Gewürzhändler stand immer mit einem Bein im Grab, und manchmal blieb ihm nichts anderes übrig, als sich auf die andere Seite zu schlagen. Der große italienische Dichter Giovanni Boccaccio berichtet in seinem »Dekameron« von einem Kaufmann, der ausgeraubt wird, in seiner Not den Beruf des Piraten ergreift und Jahre später schwerreich nach Hause zurückkehrt. In Genua, der stärksten Handelsmacht im westlichen Mittelmeer, wurde 1344 ein Gesetz erlassen, das es den Genueser Kaufleuten verbot, unbewaffnet nach Mallorca oder Sizilien zu reisen. Und Venedig glaubte seinen geschäftlichen Erfolg auch göttlichem Beistand und der glücklichen Schicksalsfügung zu verdanken, dass es die Reliquien des heiligen Nikolaus von Myra verwahrte – er ist der Schutzheilige der Kaufleute. Doch das Risiko lohnte sich. Gewürzhändler konnten ungeheure Vermögen anhäufen. Man vermutet, dass sich zum Beispiel der Preis des Pfeffers aus dem Weg von seinen Anbaugebieten in Indien bis zum Käufer in Europa verdreißigfachte. Jakob Welser stieg dank seines florierenden Pfefferhandels 1475 zum reichsten Bürger Augsburgs auf. Der Nürnberger Kaufmann Hans Paumgartner wiederum handelte allein im Jahr 1501 mit 4582 Pfund Safran zum Preis von 9824 Rheinischen Gulden – das Jahresgehalt eines hohen Beamten betrug damals 200 Gulden, der Preis für ein Stadthaus 300 Gulden.

Pfeffer, Ingwer, Kümmel, Salbei und tausend ähnliche Arten von Fischsaucen schmecken natürlich dem Gaumen, entzünden aber die Begierde.

Bernard von Clairvaux, einer der bedeutendsten Mönche des Mittelalters

Die alles beherrschende Macht im Gewürzhandel war Venedig. Aufstieg und Niedergang der stolzen Republik verliefen im Gleichschritt mit dem Pfefferkonsum in Europa: Als er im 12. Jahrhundert gewaltig zunahm, begann Venedigs kometengleiche Karriere – auf dem Gipfel ihrer Macht soll die Serenissima 1000 Tonnen Gewürze pro Jahr umgeschlagen haben. Venedig monopolisierte dank seiner militärischen Macht und seines diplomatischen Geschicks große Teile des Gewürzhandels und wurde darüber zu einer der reichsten und schönsten Städte der Welt. Doch als der Hunger nach Pfeffer im 16. Jahrhundert über den neuen Seeweg nach Indien gestillt wurde, war es mit Venedigs Herrlichkeit fast schlagartig vorbei.

Der Garten Eden ist ein Gewürzgarten

Die Menschen im europäischen Mittelalter waren so verrückt nach Gewürzen, dass sie einer Stadt wie Venedig zu märchenhaftem Reichtum verhalfen, Kriege um Handelsrouten führten, in die Ungewissheit des Meers hinaussegelten und damit buchstäblich eine Neue Welt schufen. Diese Gier lässt sich nicht allein mit dem Gaumen und der Gesundheit erklären. Auch der Geist spielte eine fundamentale Rolle. Die 1096 beginnenden Kreuzzüge brachten das Abendland in direkten Kontakt mit dem Heiligen Land, dem Morgenland – mit Asien also, und genau dort lag in der imaginären Geografie des Mittelalters das Paradies. In den Beschreibungen des himmlischen Jerusalem duftet es gleichfalls überall nach exotischen Wohlgerüchen. Die Gewürze kamen direkt aus dem irdischen Paradies – und sie zu kosten war wie das Naschen vom ewigen Leben.

Heidnische Höllenhunde mit tadellosen Manieren

Das wollte auch ein unbekannter Dichter, der im 11. Jahrhundert das »Buch Genesis«, das erste Buch der Bibel, ins Deutsche übertrug. Zunächst hielt er sich getreu an die biblische Vorlage, doch dann wich er plötzlich von ihr ab und schrieb: »Zimt und Zitwerwurzel, Galgant und Pfeffer, Balsam und Weihrauch, auch Thymian wächst dort und so viel Myrrhe, wie man nur zu pflücken vermag. Safran und Ringelblume, Dill sowie Quendel, mit dem Fenchel der liebliche Lavendel, die stattliche Pfingstrose, Salbei und Weinraute, Narde und Balsamminze, deren Duft breitete sich weit aus, Minze und Sellerie, Kresse und Lattich, Kaiserwurz und Zimtkassie haben ebenfalls einen süßen Duft« – nichts anderes als ein Gewürzgarten ist also der Garten Eden.

Venedig war die wichtigste Handelsmacht des europäischen Mittelalters, die dank der Gewürze und vor allem des Pfeffers unendlich reich und wunderschön wurde – der Canal Grande, um 1726 gemalt von Canaletto.

Die Kreuzzüge müssen für Kleriker und Ritter eine doppelte Verheißung gewesen sein: Sie konnten das Grab Christi des Erlösers aus der Hand der Gottlosen befreien – und sie konnten sich den Zugang zur paradiesischen Quelle der Gewürze sichern. Die Kreuzzüge hatten aber noch einen ganz anderen, unbeabsichtigten und höchst erfreulichen Effekt: Sie sorgten für einen Kultivierungsschub dank des Kontakts mit der arabischen Welt, wie ihn die Europäer seit Jahrhunderten nicht mehr erlebt hatten. Das Abendland wurde quasi in die Zange genommen: Im Westen ließ es sich vom islamisch beherrschten Spanien inspirieren, im Osten von den Kalifen von Bagdad und den Sultanen Ägyptens.

Der Orient war damals den grobschlächtigen Gesellschaften des europäischen Feudalismus geradezu skandalös überlegen. Und man muss den Kreuzrittern zugutehalten, dass sie ihre Unterlegenheit akzeptierten und die islamische Welt in Fragen des Stils und der Kulinarik bereitwillig zur Leitkultur erhoben. Sie verdammten zwar, ganz wie es der Papst von ihnen verlangte, die Heiden als Höllenhunde – in Pilgerberichten ist zum Beispiel immer wieder vom »verfluchten Volk der Sarazenen« die Rede. Aber sie rühmten auch die Gottlosen als »treffliche hübsche Gesellen in ihrem feinen Benehmen«.

Der Christenkaiser lässt arabisch kochen

Der orientalische Stil revolutionierte das höfische Leben in Europa. Sofas, Teppiche und Baldachine wurden populär, in rauen Mengen importierte man morgenländische Luxusgüter wie Seide, Damast, Taft und Samt. Und die Küche der islamischen Welt mit ihrem ungeheuren Raffinement und ihren vielen Gewürzen wurde zur wichtigsten Inspirationsquelle für das Abendland. Mit gutem Beispiel voran ging der Stauferkaiser Friedrich II. (1212–1250), der in seinen Residenzen in Sizilien und Apulien ungeniert nach orientalischem Vorbild kochen ließ – in der Küche gibt es keine Ketzerei.

Die kulinarische Kultur des europäischen Mittelalters war erstaunlich homogen, ähnlich wie die Architektur, in der erst die Romanik und später die Gotik das ästhetische Maß aller Dinge waren. Viele Gerichte würden uns heute allerdings eher an Arabien oder Indien erinnern als an italienische oder deutsche Küche. »Daz buoch von guoter spîse«, das um 1350 in Würzburg verfasst wurde, geht – wie die meisten anderen Kochbücher auch – derart großzügig mit Safran, Petersilie, Veilchen, Kubebenpfeffer und Zimt um, dass wir heute wahrscheinlich die Nase rümpfen und uns ein bisschen mehr Zurückhaltung erbitten würden. Ein Prinzip lag dabei allen Rezepten zugrunde: Es wurde stark, oft auch exzessiv, aber selten scharf gewürzt.

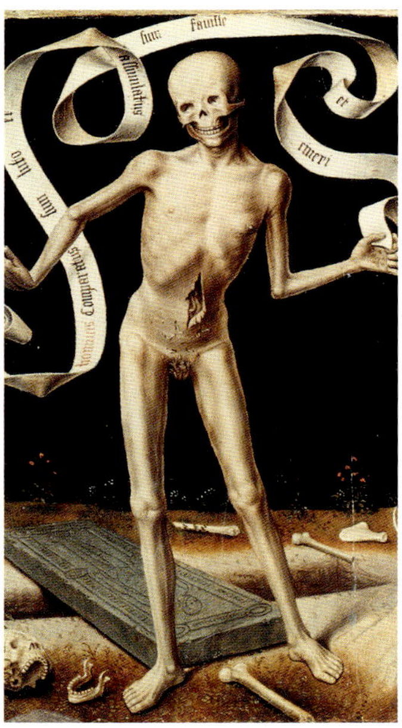

Das Leben hing im Mittelalter am seidenen Faden: der Tod, wie ihn Hans Memling um 1485 sah.

Zimt ist der Duft der Jungfrau Maria

Pfeffer blieb, wie schon in der Antike, das Lieblingsgewürz der Europäer. Eine spektakuläre Renaissance dank des Kontakts mit der arabischen Welt erlebte hingegen der Safran. Die Küche Spaniens färbte er gelb, und diese Farbe hat sie bis heute beibehalten. In der Medizin galt er als eine Art Universalheilmittel. Man kannte die luststeigernde Wirkung der Krokusfäden und den Trick, vor Trinkgelagen Safran zu nehmen, um einen Kater zu vermeiden.

Eine Trennlinie zwischen der kulinarischen, medizinischen und mythologischen Bedeutung von Gewürzen und Kräutern kann man im Mittelalter unmöglich ziehen. Alles floss ineinander, Aroma und Aberglaube, Heilwirkung und Hexerei. So verfeinerte Salbei nicht nur Gerichte, sondern sollte auch ewiges Leben verleihen, weil Maria das Jesuskind auf der Flucht vor Herodes unter Salbeiblättern versteckte. Der süße Duft des Zimts wiederum wurde mit Tugendhaftigkeit und der Jungfrau Maria selbst assoziiert.

Kümmel »stärckt das blöde Hirn«

Magische Kräfte wurden seit jeher dem Knoblauch zugeschrieben: Er half gegen Gespenster und Vampire, und angeblich wuchs dem Satan, als er noch im Paradies wohnen durfte, Knoblauch aus dem linken Fuß und eine Zwiebel aus dem rechten – bei seiner Vertreibung musste er dann beides zurücklassen. Eine ganz besondere Wirkung wird den Zehen bis heute in vielen Kulturen nachgesagt. In Spanien zum Beispiel stecken sich Toreros immer Knoblauchzehen in ihr Gewand, um den Stier in seiner Angriffslust zu besänftigen. Und *ajo*, spanisch für Knoblauch, ist nach allgemeiner Überzeugung das erste Wort, das jedes spanische Baby sagt.

Als Wunderpflanze galt der Kümmel, das Leib- und Magengewürz des einfachen Volks. Er half nicht nur bei Blähungen und anderen Magenleiden, sondern vertrieb ebenso zuverlässig böse Geister. Eine Redewendung aus Thüringen legte den grimmigen, hexengleichen »Holzweibern« diesen Spruch in den Mund: »Kümmelbrot, unser Tod.« In Sachsen stellte man Kindern, die angeblich von Dämonen besessen waren, einen Topf mit gekochten Kümmelkörnern unters Bett. Und im »Neuw Kreuterbuch« des rheinländischen Botanikers und Mediziners Tabernaemontanus heißt es: »Es ist der Mattkümmel in allen Nationen Europae, sonderlich aber in unserm Teutschland mehr gebräuchlicher, ja fast auch nützlicher in seiner Acht, als einige Specerey oder Gewürtz, so man aus Arabien oder Indien zu uns bringt.« Kein Wunder, denn Kümmel »benimmt den Schwindel und stärckt das blöde Hirn und macht es wiederum gesund«.

Es ist der Mattkümmel in allen Nationen Europae, sonderlich aber in unserm Teutschland mehr gebräuchlicher, ja fast auch nützlicher in seiner Acht, als einige Specerey oder Gewürtz, so man aus Arabien oder Indien zu uns bringt. Der Kümmel benimmt den Schwindel und stärckt das blöde Hirn und macht es wiederum gesund.

Tabernaemontanus, »Neuw Kreuterbuch«

Lüsterne Jungfrauen im Liebstöckelbad

Kaum weniger vielseitig waren die Eigenschaften, die man der Petersilie zuschrieb. In der Küche war sie genauso beliebt wie in der Apotheke, die Blätter fanden ebenso Verwendung wie die Wurzeln. Meist wurde die Petersilie wegen ihrer Sanftheit und Milde mit salzigen Gerichten kombiniert. In der Medizin schätzte man sie als probates Mittel gegen Blähungen und für die Regulierung der Monatsblutung. In extrem hoher Dosierung soll sie sogar Aborte bewirkt haben. Auch auf Männer hatte sie ihre Wirkung: Man hielt sie für potenzsteigernd –

die Rotlichtviertel im Mittelalter wurden aus gutem Grund »Petersiliengasse« genannt. Über kaum ein anderes Würzmittel gab es mehr Sprichwörter als über dieses Kraut: »Petersilie hilft den Männern aufs Pferd und den Frauen unter die Erd«, lautet einer der Sinnsprüche.

Petersilie war nicht das einzige Aphrodisiakum aus dem mittelalterlichen Gewürzgarten. Den meisten Spaß versprachen sich die Menschen seit der Antike und erst recht im Mittelalter vom Pfeffer, wobei der Kubebenpfeffer das begehrteste Potenzmittel war. Nach einer Redensart musste man nur mit Kubebenpfeffer gewürzten Wein trinken, und prompt konnte man das »eheliche Werck erreitzen«. Junge Frauen badeten auch gerne in Liebstöckel, um die Gunst der Burschen zu gewinnen. Tragischer war die Wirkung des Rosmarins, den man in manchen Regionen Deutschlands als »Gedenkemein« kannte. Denn er war als immergrüne Pflanze das Symbol ewiger Liebe – aber genauso des Todes. In Shakespeares »Romeo und Julia« spielt Rosmarin eine zentrale Rolle als Liebes- und Todessymbol. So wird die scheintote Julia auf Geheiß ihres Vaters mit Rosmarin bedeckt.

Der schreckliche Tod des Safranfälschers Jobst Findeker

386 Pfund Pfeffer, 286 Pfund Ingwer, 205 Pfund Zimt und 85 Pfund Muskatnuss – diese unfassbare Menge an Gewürzen wurde beim Hochzeitsmahl von Herzog Georg dem Reichen verprasst.

Gewürze kosteten im Mittelalter ein Vermögen. Für ein Pfund Muskatnuss musste man im 14. Jahrhundert so viel zahlen wie für sieben fette Ochsen. Ein Pfund Safran kostete damals nicht weniger als ein Pferd; heute ist es übrigens noch immer so. Deswegen blieben Gewürze ein Privileg der Oberschicht – und waren immer wieder eine Verlockung für Betrüger. Pfeffer wurde mit Buchweizen, Nussschalen oder Olivenkernen gestreckt. Am lukrativsten war der Betrug mit Safran, dem teuersten Gewürz der Welt. Deswegen waren die Strafen für diese Schandtaten am drakonischsten. In Nürnberg wurde 1444 der »Safranschmierer« Jobst Findeker auf dem Scheiterhaufen verbrannt. Und 1499 ließ der Nürnberger Rat dem Safranfälscher Hannes Bock beide Augen ausstechen.

In den besseren Kreisen des Mittelalters war es ein Ausweis von Reichtum und Macht, wenn man verschwenderisch mit Gewürzen umgehen konnte. Vor allem dem Hochadel war dabei jede Bescheidenheit fremd. Als Georg der Reiche, Herzog von Bayern, 1457 heiratete, wurden für das Hochzeitsmahl unfassbare 386 Pfund Pfeffer, 286 Pfund Ingwer, 205 Pfund Zimt und 85 Pfund Muskatnuss verbraucht. Und als Richard Löwenherz von England Ende des 12. Jahrhunderts seinen Königskollegen in Schottland besuchte, bekam er als Gastgeschenk jeden Tag zwei Pfund Pfeffer und vier Pfund Zimt. Zum guten Ton gehörte es auch, bei Festmahlen goldene Tabletts mit Vertiefungen herumzureichen, in denen sich verschiedene Gewürze zum Nachwürzen befanden.

Wollte man sich vor seinen Gästen nicht blamieren, musste nicht nur der Hochadel tief in die Gewürzkiste greifen. Ein spätmittelalterliches Haushaltsbuch nennt als unverzichtbare Ingredienzen für ein bürgerliches Festmahl mit vierzig Personen: »Ein Pfund Colombine-Pfeffer, ein halbes Pfund gemahlenen Zimt, zwei Pfund Zucker, eine Unze Safran, ein Viertelpfund Gewürznelken und Malagettapfeffer, ein Achtel Pfund Pfeffer, ein Achtel Pfund Galantwurzel, ein Achtel Pfund Muskat, ein Achtel Pfund Lorbeer.« Beinahe das Niveau spätrömischer Dekadenz erreichen die Rezepte im Kochbuch »Maister Hanns des vom Wirtenberg Koch«, das Mitte des 15. Jahrhunderts vermutlich vom Leibkoch des Grafen Ulrich von Württemberg geschrieben wurde. Dort finden sich so ausgefallene Kreationen wie Mandellebkuchenhirnwurst, gebackener Rehkopf, Otterschwanz mit Pfeffer und Ingwer, Hühner mit Quitten und Salbei oder »Grünes Fleisch«, das mit Petersilie, Bilsenkraut und Salbei gefärbt war.

Der Leibarzt isst immer mit

Gewürze waren nicht nur wegen ihrer konservierenden und geschmacksfördernden Wirkung, sondern auch als Färbemittel während des gesamten Mittelalters beliebt – ganz in der Tradition der arabischen Haute Cuisine. Besonders begehrt waren Gold- und Rottöne auf der Basis von Safran. Von den Kalifen übernahm der europäische Hochadel mit besonderer Leidenschaft die Sitte, in Anwesenheit seiner Leibärzte zu speisen. Olivier de la Marche, ein Kammerherr Herzog Karls des Kühnen von Burgund, beschreibt 1473 den Ablauf eines Festessens und erwähnt dabei den herzoglichen Leibarzt: Er begutachtet die Speisen und empfiehlt seinem Herrn jene, die seiner Gesundheit nach den Regeln der Viersäftelehre von Hippokrates und Galen am zuträglichsten sind. Und die vornehmste Aufgabe des höfischen Gewürzmeisters war es, dem Kammerherrn des Herzogs nach dem Mahl ein kleines Tablett mit den *épices de chambre*, den »Zimmergewürzen«, zu überreichen, einer Mischung aus Gewürzen, Konfekt

Der Garten Eden war für die Menschen im Mittelalter ein üppiger Gewürzgarten – das Paradies, gemalt von einem oberrheinischen Meister im 15. Jahrhundert.

und Dragees zur Förderung der Verdauung, die in den Privatgemächern eingenommen wurden. Die Gewürzmeister waren hoch angesehene Persönlichkeiten am Hof. Doch die größte Wertschätzung genossen die Köche. Sie bekamen das höchste Gehalt aller Bediensteten und wurden oft im Testament ihrer Herren bedacht. Die besten ihres Fachs trugen den Ehrentitel »Meister«, und einige wurden zu Stars: Guillaume Tirel zum Beispiel, genannt »Taillevent«, der »Schneidewind«, schrieb mit »Le Viandier« das berühmteste Kochbuch des 14. Jahrhunderts, machte Karriere als Oberküchenmeister verschiedener französischer Könige und starb 1395 hochgeehrt mit vierundachtzig Jahren.

Christoph Kolumbus, Vasco da Gama und all die anderen wagemutigen Seefahrer stellten mit ihrer Suche nach neuen Gewürzrouten die Welt auf den Kopf und machten erst wirklich eine runde Sache aus ihr.

»Tischzuchten« mangelhaft bis ungenügend

Auf einem anderen Feld haperte es bei den feinen Leuten im Mittelalter allerdings gewaltig: Die Tischsitten waren stark verbesserungswürdig. Immer wieder wurden die miserablen »Tischzuchten« von Adel und Klerus angeprangert, und besonders plastisch in Sebastian Brants moralischer Satire »Das Narrenschiff«: »Eh er die Speis herunterschluckt / wird in den Becher schnell gelugt / versuppt wird's Essen mit dem Wein / damit schwenkt er die Backen sein / dass furchtbar sein Gesicht aufschwillt / das Zeug ihm fast zur Nas' rausquillt / der Nachbar sorgt, dass jener nicht / prust's ihn in Becher und Gesicht.«

Für das einfache Volk waren die Gewürzorgien von Adel und Klerus unendlich weit entfernt. Es musste sich meist mit Zwiebeln, Kümmel und Senf als Würzmittel zufriedengeben und konnte von Safran, Muskatnuss oder Nelken nur träumen. In einem Lied des Minnesängers Steinmar aus dem 13. Jahrhundert fleht ein Gast seinen Wirt an, das Unmögliche wahr werden zu lassen: »Was du uns gibst, das würze uns gut, mehr als das Maß es will, dass es uns heiß werde, dass es dem Trank entgegendampft wie Rauch von einem Brand und dass dem Mann der Schweiß in Strömen fließt, als wäre er im Badhaus. Mach, dass uns der Mund wie eine Apotheke voller Spezereien schmecke.«

Das plötzliche Ende des Mittelalters

Dass der Wunschtraum des gewürzgierigen Gasts eines Tages Wirklichkeit werden würde, konnte damals niemand auch nur ahnen. Die Welt war zementiert und endete am Horizont. Die Gewürze waren Luxuswaren, die auf geheimnisvollen Wegen aus dem Morgenland kamen. Und die Europäer waren nichts weiter als dankbare Empfänger der Kostbarkeiten aus Indien, China oder Indonesien. Doch dann endete das Mittelalter mit einem Paukenschlag, und Europa katapultierte sich selbst in die Neuzeit: 1453 eroberten die Osmanen Konstantinopel, schoben sich wie eine gewaltige Barriere vor Indien und den Fernen Osten und schnitten so die Europäer von den Quellen der Gewürze ab. Das Abendland musste sich neue Wege suchen – und fand sie. Christoph Kolumbus, Vasco da Gama und all die anderen wagemutigen Seefahrer stellten die Welt auf den Kopf und machten erst wirklich eine runde Sache aus ihr. Von ihren unglaublichen

Die Geschichte der Gewürze nahm mit den überseeischen Entdeckungen eine radikale Wendung – und der Wiederaufstieg Europas zur dominierenden Macht begann. Erdglobus des deutschen Kosmografen Martin Behaim, hergestellt 1490–1492 in Nürnberg.

Abenteuern und den Reichtümern an Pfeffer und Muskatnuss, Chili und Vanille, die sie mit nach Hause brachten und die die Grundlage für die Demokratisierung der Gewürze zum Gut für alle Menschen waren, wird der zweite Band von Alfons Schuhbecks Reise in die Welt der Gewürze erzählen – davon, wie die Europäer wieder den Gewürzhandel an sich rissen und dadurch für die nächsten 400 Jahre zur bestimmenden Weltmacht werden sollten.

Die Erde war danach eine andere. Das Mittelmeer, das 3000 Jahre lang das Gravitationszentrum des Abendlands gewesen war, verlor sein Monopol und musste es mit dem Atlantischen und dem Indischen Ozean teilen. Die Blicke der Europäer, die sich so lange auf Rom, Alexandria und Konstantinopel konzentriert hatten, richteten sich jetzt auf die neuen Welten jenseits des Meers. Und Jerusalem, die Stadt der Städte für jeden Christen, war in diesem neuen Koordinatensystem nur noch eine Randerscheinung, die keine Begehrlichkeiten mehr weckte. Eines aber ist Jerusalem bis heute geblieben: die Stadt, die wie keine zweite auf der Welt dazu geschaffen ist, die Religionen miteinander zu versöhnen.

Mittelalter

Muskatnuss vertreibt die Verrücktheit

Die Große Pest von 1348 wütete wie ein apokalyptischer Sturm. Ihre Schreckensherrschaft übertraf alles, was die Menschheit bis dahin gesehen und erlitten hatte. Fast jeder zweite Bewohner in Europa fiel dem Schwarzen Tod zum Opfer, ganze Landstriche wurden entvölkert, nichts schien diese Geißel aufhalten zu können. In ihrer Not wandten sich die Menschen an die Universität von Paris, damals die beste des Abendlands. Die Professoren verfassten daraufhin ihr berühmtes »Pestgutachten« – und hatten für die verzweifelten Menschen nur eine Antwort: Das Einzige, das euch retten kann, sind Gewürze. Basierend auf der Viersäftelehre der Antike, empfahlen die Professoren »für den Sommer kalte Aromen wie Rosen, Sandelholz, Seerosen, Essig, Rosenwasser, außerdem Kampferkissen, mit denen das Herz gestärkt wird«. Im Winter sollte man warme Aromen, etwa Amber und Muskatnuss, zu sich nehmen. Und Knoblauch, hieß es, helfe besonders gut gegen den Schwarzen Tod.

Lebensretter: Mit solchen Pestnasen voller Kräuter und Gewürze schützten sich die Menschen vor dem Schwarzen Tod.

Der italienische Dichter Giovanni Boccaccio beschreibt in seinem Meisterwerk »Das Dekameron«, wie sich seine Mitmenschen damals mit Kräutern und Gewürzen gegen die Pest wappneten: »Sie trugen dabei Blumen in den Händen oder duftende Kräuter und Gewürze, die sie oft an die Nase führten, da es ihnen ratsam erschien, das Gehirn mit diesen Düften zu erfrischen, denn die Luft war angefüllt mit dem giftigen Atem der Verwesung, mit Krankenausdünstungen und Arzneigerüchen.« Andere behalfen sich mit sogenannten Pestnasen, Masken mit überlangen Nasen, die mit Gewürzen gefüllt wurden und die bis heute im venezianischen Karneval getragen werden. Auf die Heilwirkung der Natur vertrauten die Pestgeplagten bis weit ins 18. Jahrhundert. Als Marseille 1720 von der Seuche heimgesucht wurde, stahlen vier Diebe große Mengen von Knoblauch, mischten sich daraus – ganz so, wie es vier Jahrhunderte zuvor die Pariser Professoren empfohlen hatten – ein Getränk und überlebten dank dieser Mixtur. Sie wurden geschnappt, zum Tode verurteilt und dann doch begnadigt, weil sie das Geheimnis ihres Getränks preisgaben. Noch immer kann man in Frankreich ein Knoblauchpräparat mit dem Namen »Essig der vier Diebe« kaufen.

Nur mit Gewürzen konnte man im Mittelalter dem Tod die Stirn bieten. Wie das gelang, wussten zunächst aber einzig und allein die Klöster. Sie retteten nicht nur Seelen, sondern auch Leben, weil sie jahrhundertelang die einzigen Orte waren, an denen das Wissen über die Heilkraft der Gewürze gehütet wurde und sich kranke Menschen behandeln lassen konnten. Dass aus Mönchen Mediziner wurden, lag an den Wirren der Geschichte: Als Europa nach dem Untergang des römischen Imperiums und den Verheerungen der Völkerwanderung im 5. und 6. Jahrhundert vor einem kulturellen Scherbenhaufen stand, waren die Klöster – zusammen mit den Bischofssitzen – die wenigen verbliebenen Inseln der Zivilisiertheit. Die Kleriker konnten fast als einzige Menschen noch lesen und etwas mit dem Erbe der antiken Heilkunst anfangen. Das erkannte Benedikt von Nursia (um 480–547), der Gründer des Klosters von Monte Cassino in Süditalien, das zum Vorbild aller Klöster der römisch-katholischen Kirche werden sollte. Er verlangte in seinen benediktinischen Grundregeln, dass sich die Mönche auch um Kranke kümmern und die Wirkungsweise der Heilpflanzen studieren müssten. So wurden die Benediktiner zu den Pionieren der Klostermedizin und sollten lange Zeit ihre größten Meister bleiben.

Die älteste erhaltene Schrift der mittelalterlichen Medizin ist natürlich ein Werk von Benediktinern. Das »Lorscher Arzneibuch« entstand um 790 im Kloster Lorsch bei Worms und basiert auf den Werken des römischen Naturforschers Plinius. Aus seiner »Naturgeschichte« stammt dieses Rezept, das wahrhaft universelle Heilkräfte zu haben scheint: »Es hilft denen, welche die Speise nicht bei sich halten können, gegen Schmerzen in der Seite, gegen Seitenstechen, Erbrechen von Blut, gegen jede Art von Husten, Atemnot, Dysenterie, Schlaflosigkeit, gegen Darmschmerzen, Koliken ... Es enthält: 1 Unze Myrrhe, 2 Unzen Safran, 1 Unze Bibergeil, 4 Unzen Langer Pfeffer, 1 Unze Pfeffer, 4 Unzen Kostwurz, 4 Unzen Styrax, 1 Unze Zimtkassie, 1 Unze Mutterharz.«

Guter Atem, friedlicher Schlaf, keine Plagegeister: Nelken halten Insekten fern, schützen vor Mundgeruch und lindern Zahnschmerzen.

Die Heilmittel des »Lorscher Arzneibuchs« klingen zwar manchmal wie Alchemisten-Hokuspokus, doch sie sind es nicht. Das zeigt diese hochkomplexe Rezeptur gegen Verdauungsbeschwerden und Erkrankungen der Atemwege: Man soll Kümmelfrüchte mit Essig beträufeln, zehn Minuten lang quellen lassen, dann den Kümmel in eine Pfanne geben und leicht rösten. Fünfzehn Datteln werden in Rotwein eingelegt, klein geschnitten und in einem Mörser zu einer feinen Paste verrieben. Getrocknete Ingwerwurzelstücke muss man ebenfalls klein schneiden und fein pulverisieren. Dann kommen Pfeffer, Natron und Honig hinzu. Das Ergebnis ist ein verblüffendes Geschmackserlebnis, eine Komposition aus scharf, süß und sauer, die in Aussehen und Aroma an süßen bayerischen Senf erinnert und ein hervorragendes Gewürz für Grillfleisch wäre.

Die Rezeptur ist nicht nur kulinarisch gelungen, sondern auch medizinisch von bestechender Logik: Ingwer und Kümmel sind die besten Gewürze für den Magen und wirken außerdem positiv auf die Atemwege. Die Wirkstoffe des Pfeffers schützen gleichfalls die Atemwege und fördern die Verdauung. Die Datteln haben einen hohen Anteil an Vitamin C und D sowie Vitaminen aus der B-Gruppe, die die Nerven beruhigen und den Blutdruck senken. Sie sind außerdem reich an Kalium, Kalzium, Zink, Kupfer, Eisen, Magnesium und Phosphor und begünstigen aufgrund ihres sehr hohen Ballaststoffanteils eine gute Verdauung. Der Honig macht die Mischung genießbar und für einige Wochen haltbar. Natron und Essig schließlich sorgen für die sämige Konsistenz – für das finstere Frühmittelalter offenbart dieses Rezept ein unglaubliches Raffinement.

Die Königin der Klostermedizin sollte aber erst 300 Jahre später ihren Thron besteigen: die Äbtissin und Visionärin Hildegard von Bingen (1098–1179), eine der einflussreichsten Frauen des Mittelalters und Verfasserin der epochalen »Physica«, in der sie die medizinischen Eigenschaften von 250 heimischen und exotischen Gewürzen, Gräsern und Kräutern beschreibt. Hildegard kannte die Prinzipien der antiken Viersäftelehre, hatte die Schriften der führenden arabischen Ärzte gelesen, ergänzte dieses Wissen um die Erkenntnisse der Volksmedizin und schuf daraus ein völlig eigenständiges medizinisches System. Dass eine gute und kluge Ernährung zwangsläufig zu einer guten Gesundheit führt, war eine der Maximen ihres Denkens. Die andere, daraus resultierende, war die Eigenverantwortung des Menschen für sein Wohl, die Hildegard weit höher bewertete als die vielen Vorschriften der Kirche. Wegen dieser Lebenshaltung ist Hildegard von Bingen auch nach fast tausend Jahren noch hochaktuell.

Eine der bedeutendsten Frauen des Mittelalters: die Äbtissin Hildegard von Bingen, deren Heillehre bis heute aktuell ist.

Ihre Rezepte sind von beeindruckender Klarheit, mystischer Budenzauber hat dort nichts verloren: »Gegen Lungenübel: Man nimmt Galgant und Fenchel zu gleichen Teilen und zweimal so viel Muskatnuss.« Oder: »Gegen Verrücktheit: Man nehme Muskatnuss und zweimal so viel Galgant, pulverisiere dies, nehme zu gleichen Teilen Gladiolen- und Wegerichwurzel ... Aus all diesem und Weizenmehl und Wasser bereite man eine dünne Suppe und gebe sie dem Kranken zu trinken.« Galgant war zusammen mit Pfeffer und Bockshornklee außerdem gut gegen Herzleiden. Und eine hervorragende Köchin war die Äbtissin obendrein. So empfahl sie, Petersilie auf keinen Fall mitzukochen, sondern erst ganz zum Schluss dazugeben – so macht das heute jeder anständige Koch. Generell legte sie ihren Mitmenschen magenfreundliche und verdauungsfördernde Kräuter aus dem heimischen Garten wie Salbei, Kümmel oder Dill ans Herz. Doch sie kannte sich genauso gut mit exotischen Gewürzen wie Zimt, Muskatnuss oder Süßholz aus.

Ganz gleich ob »Lungenübel« oder »Verrücktheit«: Die Gewürze spielen in der Heilkunde Hildegard von Bingens bei physischen wie bei psychischen Problemen eine zentrale Rolle – und sie lag damit nach modernen wissenschaftlichen Standards vollkommen richtig. So empfahl sie bei Niedergeschlagenheit eine Mischung aus Muskatnuss, Ceylonzimt und Gewürznelken. Über die Muskatnuss schreibt die Äbtissin, dass sie das Herz öffnet, den Sinn reinigt und einen guten Verstand bereitet. Tatsächlich hat die Muskatnuss eine psychoaktive Wirkung, hilft aber genauso bei Verdauungsschwäche sowie Leber- und Gallenbeschwerden. Das ätherische Öl des Zimts sorgt für eine verbesserte Durchblutung der Magenschleimhaut, wirkt krampflösend und aktiviert die Verdauungsdrüsen, was ebenfalls zu einem größeren Wohlbefinden beiträgt. Zudem wird die Vermehrung von Pilzen, Viren und Bakterien gehemmt. Gewürznelkenöl hat neben den positiven Effekten auf den Verdauungstrakt eine schmerzlindernde Wirkung, etwa bei Migräne.

Das Wirken von Hildegard von Bingen markierte den Höhepunkt der Klostermedizin – aber auch ihren Endpunkt. Denn im 11. Jahrhundert bahnte sich in Süditalien eine Wende in der europäischen Medizin an. In Salerno hatte sich um das Jahr 1000 eine Art Medizinschule gebildet, in der die wichtigsten Werke der arabischen Heilkunst ins Lateinische übertragen wurden. Auf ihrer Basis entwickelte sich rasch eine medizinische Hochschule, die streng nach der antiken Lehre der vier Körpersäfte und der vier Primärqualitäten arbeitete. Salerno wurde so zur ersten akademischen Ausbildungsstätte Europas auf dem Gebiet der Medizin, an der auch Frauen unterrichteten. Eine ähnlich große Bedeutung sollte die Übersetzerschule in der spanischen Stadt Toledo erlangen, in der unter anderem der berühmte »Canon medicinae« des arabischen Arztes Avicenna ins Lateinische übertragen wurde.

Die Klöster verloren spätestens Ende des 12. Jahrhunderts ihren Rang als alleinige medizinische Autoritäten, nachdem die Konzile von Clermont (1130) und Tours (1163) dem Klerus die Ausübung des Arztberufs verboten hatten. Nach dem Kirchenrecht darf nämlich kein Mensch durch einen Kleriker sterben, doch genau das geschah bei Operationen wegen des hohen Blutverlusts und der mangelnden Hygiene vergleichsweise oft. Jetzt übernahmen die Universitäten die Medizinerausbildung, neben Salerno vor allem Paris, Montpellier, Bologna und Padua. Parallel dazu entstanden die ersten Apotheken, die selbst Kräuter kultivierten und Gewürze mischten. Im Laufe der Jahrhunderte erweiterten sie konsequent ihr Sortiment. Als der Rat der Stadt Lüneburg die Apotheke des Mathias van der Most 1475 erwarb, um sie fortan als Ratsapotheke zu führen, standen auf der Inventarliste unter anderem drei Pfeffersorten, Ceylonzimt, Zimtkassie, Nelken, Muskatnuss, Kardamom, Kreuzkümmel, Sandelholz und Tamarinde.

Vieles veränderte sich mit der Zeit, eines aber nicht: Gewürze und Heilkräuter blieben die Grundlage aller mittelalterlicher Medizin. Deswegen konnte das »Kräuterbuch« des Johannes Hartlieb zu einem Klassiker der Medizinliteratur werden. Hartlieb hatte 1439 an der hoch angesehenen Universität von Padua die Doktorwürde erworben und war danach Leibarzt der Wittelsbacher. Sein Werk ist das einzige durchgehend illustrierte deutsche Kräuterbuch vor der Erfindung des Buchdrucks. Es zeigt und beschreibt 170 Kräuter und Gewürze, darunter Basilikum, Ingwer, Kardamom, Muskat, Zimt und natürlich den unverzichtbaren Safran. Über ihn heißt es, er sei hilfreich bei Geburten, weil er die Gebärmutter öffne, gut für die Milz und für entzündete Augen, bekämpfe die Schwäche des Magens, und außerdem: »Wenn man den Safran in Wein trinkt, so macht er betrunken und bringt die Leute zum Lachen, ohne dass sie wissen, warum. Dies kommt daher, dass der Safran das Herz stärkt, sie fröhlich macht und sie in Freuden schweben lässt.«

Johannes Hartlieb beschreibt also genau dieselbe Wirkung des Safrans wie das jahrtausendealte persische Sprichwort, das zu Beginn dieses Buchs zitiert wurde und besagt: »Trinke einen Safrantee, und du fühlst dich fröhlich.« So schließt sich der Kreis der Gewürze.

Gut bei schlechten Nerven und schwachem Kreislauf: Diese Wirkungen des Rosmarins sind verbürgt. Dass er ein Jungbrunnen sein soll, ist freilich eher Aberglaube.

Jerusalem

Die heilige Stadt der Juden, Christen und Moslems ist nie zur Ruhe gekommen – höchste Zeit für die Versöhnung auf dem Teller: meine Reise nach Jerusalem.

Völkerverständigung mitten im arabischen Viertel auf dem Markt am Damaskustor: plaudern mit einer Kräuterfrau.

Es gibt Orte, die man gesehen haben muss – nicht unbedingt, weil sie so schön sind, sondern weil sie in unserem Leben eine Schlüsselrolle spielen, ob wir es wollen oder nicht. Ich bin christlich erzogen worden, ich war Ministrant und wuchs mit der Bibel auf. Der Glaube ist für mich immer wichtig gewesen, doch Pilgerfahrten haben mich nie gereizt. Dann kam dieses Buch, das mich plötzlich zu einer Art Pilger gemacht hat, wenn auch in ganz anderer Sache – in dem Versuch, die Weltreligionen auf dem Teller zu versöhnen. Und während meiner Reisen habe ich viele kluge Menschen getroffen, die die Welt viel besser kennen als ich und mir gesagt haben: Wir alle wissen, dass Glaube eine Idee ist, keine Tatsache. Doch einen einzigen Ort auf dieser Welt gibt es, an dem die Idee zur Tatsache, die Vorstellung zur Wirklichkeit wird, einen Ort, den man genau deswegen gesehen haben muss. Dieser Ort ist Jerusalem.

Jerusalem hat keinen Flughafen. Man landet in Tel Aviv und fährt in einer dreiviertel Stunde hinauf in die Stadt von König Salomon und Jesus Christus, diesen großen Menschenversöhnern. Heute aber ist es eine Fahrt durch den Unfrieden. Links und rechts der Autobahn schneiden sich Schutzwälle und Stacheldrahtzäune wie Messerklingen ins Land. Sie trennen die israelischen von den arabischen Gebieten und geben mir das Gefühl, auf einer Zeitreise zu sein, so als führe ich auf einer der alten Transitstrecken durch das Feindesland der DDR nach Westberlin. Doch dann erscheint am Horizont Jerusalem. Wie auf einem Altar liegt die Stadt auf einem Hochplateau, so hell und strahlend, als sei sie ein Himmelsgeschenk. Ganz aus gleißendem Kalkstein ist sie errichtet und umweht von Tausenden israelischer Fahnen, damit niemand auch nur den leisesten Zweifel daran hegt, wem Jerusalem gehört.

Ich rufe mir in Erinnerung, was ich im Flugzeug über diese eigenartige Stadt gelesen habe: Ein Jahrtausend lang war sie auf den Weltkarten der Mittelpunkt der Erde, die Schnittstelle zwischen Irdischem und Himmlischem in der Glaubensgeografie der Menschen. Was für ein Ort ist das, der jahrhundertelang von der halben Menschheit für sich beansprucht wurde! Seit 5000 Jahren besiedelt, vor 3000 Jahren von König David zur Hauptstadt seines Reichs erklärt, 1000 Jahre später zur Wiege der Christenheit geworden und noch einmal 600 Jahre später zu jenem Ort, an dem der Prophet Mohammed seine Reise ins Paradies antrat. Dann 1099 von den Kreuzrittern mit flammendem Schwert erobert, 88 Jahre später von Saladin grausam zurückgewonnen, und das war lange nicht das Ende.

So viele Schändungen hat Jerusalem ertragen, so viele Vergewaltigungen erdulden, so viel Blut sehen müssen! So oft haben die siegreichen Eroberer ihrem Furor mörderischen Lauf gelassen. Und gleichzeitig war Jerusalem über viele Zeiten hinweg ein Sehnsuchtsort in der Welt der Gewürze. Die Menschen im europäischen Mittelalter stellten sich die Stadt als einen einzigen blühenden Gewürzgarten vor, als die irdische, nach Zimt und Nelken duftende Dependance des Paradieses. Und für die Kreuzritter war es mindestens genauso wichtig, mit der Siegesnachricht von der Befreiung des Grabs Jesu Christi nach Hause zurückzukehren wie mit Taschen voller Pfeffer und Muskat. Jetzt muss ich daran denken, was mir einmal ein alter Pfarrer in meiner Heimat Bayern vom Schicksal Jerusalems erzählt hat. »Der Talmud«, sagte er, »diese uralte Schrift, die den Juden den Weg zum rechten Glauben weisen soll, hat es prophezeit. Gott der Allmächtige teilte nach der Erschaffung der Erde und des Himmels alle Schönheit seiner Schöpfung in zehn gleiche Teile. Neun Teile gab er der Stadt Jerusalem und nur einen Teil der restlichen Welt. Auch alles Leid spaltete Gott in zehn

Das Herz Jerusalems: Blick über die Altstadt mit der Kuppel des Felsendoms.

Es gibt keine christlichen, jüdischen oder islamischen Gewürze. Sie gehören uns allen. Sie sind ein Schatz der gesamten Menschheit. Das habe ich in jener Stadt gelernt, die den drei großen monotheistischen Religionen heilig ist.

Auch das gehört dazu: religiöser Kitsch in allen Farben an der Via Dolorosa.

Schmerz und Schönheit Jerusalems

Teile. Und neun Teile Trauer gab er Jerusalem, nur einen einzigen aber der übrigen Welt.« So ist es gekommen.

Gottes Lieblingsstadt wurde zu einem der schönsten und begehrtesten Orte der Erde. Juden, Christen und Muslimen ist er so heilig, dass sie Jerusalem zur Stadt der drei Zeitrechnungen gemacht haben. Jede Religion zählt hier die Jahre auf ihre Weise – die Christen seit Jesu Geburt, die Juden seit der Erschaffung der Welt 3761 Jahre davor und die Muslime seit dem Auszug des Propheten aus Mekka 622 Jahre danach. Das gibt es nur einmal auf der Erde.

Endlich ist es so weit: Ich stehe mit einem Schaudern vor dem Damaskustor, hinter dem die Altstadt beginnt, das historische Herz Jerusalems, ein vollständig mit einer mächtigen Steinmauer umgebenes Viertel extrem verdichteter Geschichte – auf einem einzigen Quadratkilometer ist hier so viel Menschheitsschicksal versammelt wie nirgendwo sonst auf dem Globus. Die Altstadt und ihre unmittelbare Umgebung sind vollgepfropft mit Namen und Plätzen, die in unserem kollektiven Gedächtnis eingebrannt sind und die auch ich seit meiner Ministrantenzeit in Oberbayern hersagen kann wie das Vaterunser: Golgota und der Garten Gethsemane, Ölberg und Berg Zion, Via Dolorosa und Klagemauer. Daran, dass meine Ministrantenkarriere nach einem üblen Lausbubenstreich und einem im Kirchturm eingesperrten Gottesmann abrupt endete, will ich jetzt lieber nicht denken.

So duftete für die Menschen früher das Paradies: in einem arabischen Gewürzladen.

In der Altstadt wird man fast erschlagen von so vielen Gegensätzen auf so engem Raum, von dieser unfassbaren Intensität. Vier Viertel gibt es hier, ein jüdisches, ein christliches, ein muslimisches, ein armenisches, streng getrennt und doch ineinanderfließend. Und so mischt sich alles: Kirchen und Moscheen, Halbmonde und Davidsterne, Kippas und Tschadors, Kaftane und Mönchskutten, Pilger und Marktfrauen, Ikonen und Arabesken, Suren und Psalmen, Friedensbotschaften und Militärpatrouillen, siebenarmige Leuchter und tausendzüngige Öllampen, die Vollbärte von Imanen und die Vollbärte von Rabbinern, das Kreuz der Tempelritter und das Kreuz der Patriarchen, Lämmer aus Stein gemeißelt als Symbole für Jesus Christus und Lämmer aus Fleisch und Blut, die neben halben Hammelherden in den Schaufenstern arabischer Metzger hängen.

Auf der Hauptgasse des arabischen Basars, hinter dem Damaskustor, ist kaum ein Durchkommen. Der Weg wird von Dutzenden Marktfrauen und Kräutermännlein versperrt, die mit Kopftuch oder Palästinensertuch vor Bergen von Salbei, Minze und Koriander hocken wie Glucken vor duftendem Grünzeug. Und natürlich kann ich unmöglich an ihnen vorbeigehen, ohne mich neben sie zu setzen, mit den zahnlosen Marktfrauen zu scherzen, an ihrer fantastischen Minze zu riechen, ihren Koriander zu probieren und mich von ihnen mit Salbei beschenken zu lassen wie ein Prinz aus dem Abendland. Was macht es schon, dass wir keine gemeinsame Sprache haben. Wir haben doch die Gewürze.

Nach ein paar Metern, nach Dutzenden von Geschäften mit Fleisch und Fisch, Schmuck und FC-Barcelona-Trikots, die dem weltlichen Messias Lionel Messi huldigen, stoße ich auf meinen ganz persönlichen Garten Eden: einen prachtvollen Gewürzladen, an dessen Eingang wie ein pharaonisches Monument eine riesige Gewürzpyramide thront, geformt aus Sesamsamen, Thymian und Sumach, gekrönt von einem Modell des Felsendoms mit seiner goldenen Kuppel. Jakob, der muslimische Gewürzhändler mit dem Namen, den alle drei monotheistischen Religionen in Ehren halten, ist ein freundlicher, zurückhaltender Mann, der mich mit verschämtem Stolz seine hundert Gewürze kosten lässt – Pfeffer und Piment, Ingwer und Zimt, Nelken und Muskat, Curry und Kardamom, Weihrauch und Safran, die Dreißig-Gramm-Dose für sieben Euro.

Sieben Euro? Ich runzle drohend die Stirn, schaue Jakob streng in die Augen – und der Gewürzhändler begreift sofort, dass er es mit jemandem zu tun hat, der sich nicht übers Ohr hauen lässt. »Das ist natürlich der Touristensafran«, sagt er entschuldigend und greift mit hochrotem Kopf ganz hinten ins Regal zum echten Safran, das Gramm für sieben Euro. Ich lache und herze meinen Jakob, und dann fachsimpeln wir auf Englisch über alle Gewürze dieser Erde, kosten dieses, kosten jenes. Ich erkläre ihm, dass die alten Griechen ihren Schulkindern Rosmarin ins Haar flochten, weil er das Gedächtnis stärkt. Und der Händler sagt mir, dass er nicht nur Gewürze für den Gaumen, sondern auch für die Gesundheit habe, so wie es seit Jahrhunderten Tradition im Orient sei. »Schau hier«, meint er, und zeigt seine Päckchen mit Mischungen gegen Leber-, Nieren- und Darmprobleme, gegen Impotenz, Übergewicht, Schlaflosigkeit, Bettnässen. Er hat tatsächlich für alle Malaisen das richtige Mittel parat, und alle Religionen, alle Konfessionen Jerusalems kaufen bei ihm ein. Wenn das nicht der beste Beweis dafür ist, dass Gewürze keine Grenzen kennen. Es gibt keine christlichen,

Geistige Nahrung ist nicht genug.

Der Händler hat nicht nur Gewürze für den Gaumen, sondern auch für die Gesundheit – so wie es seit Jahrtausenden Tradition ist. Selbst gegen Übergewicht kennt er ein Mittel.

Mit dem muslimischen Straßenhändler Jakob schließe ich auf Anhieb Freundschaft.

Genau an dieser Stelle stützte sich einst Jesus auf seinem Kreuzweg ab.

Mein Handabdruck

islamischen oder jüdischen Gewürze. Sie gehören uns allen.
Dann fragt mich Jakob, was ich eigentlich in Jerusalem mache. Ich sage ihm, dass ich auf einer Reise in die Welt der Gewürze sei, meiner Lebensreise. Er blickt mich mit großen Augen an. Die Reise der Gewürze? Und ich erzähle ihm von mir: dass es in meiner Kindheit kaum Gewürze gab, höchstens ein bisschen Majoran, Dill, Pfeffer, Zwiebeln, Knoblauch und viel zu viele Nelken im Blaukraut; dass ich dann Koch in Bayern geworden bin und zehntausendmal bayerischen Schweinsbraten immer auf dieselbe traditionelle Art zubereitet habe; dass ich mir eines Tages sagte, das könne ja wohl nicht der Sinn meines restlichen Lebens sein, und die Gotteslästerung beging, Schweinsbraten mit Ingwer zu machen; und dass ich so in die wunderbare Welt der Gewürze geraten bin.
»Weißt du, Jakob, wir in Deutschland haben verlernt, uns richtig zu ernähren und die Gewürze richtig einzusetzen. Die Menschen wussten das jahrtausendelang. Es gibt 5000 Jahre alte babylonische Keilschrifttafeln, die zu fettem Fleisch eine Mischung aus Kreuzkümmel, Koriander, Dill und Wacholder empfehlen, weil diese Pflanzen verdauungsfördernd sind. Wir aber haben Angst vor vielen Gewürzen. Kreuzkümmel zum Beispiel

Die Via Dolorosa ist ein Ort, der mich berührt, aber auch schaudern lässt. Denn sie ist ein Rummelplatz für Religionskitsch.

kommt in unserer Küche so gut wie gar nicht mehr vor. Und in meinem Restaurant in München habe ich mich am Anfang gar nicht getraut, Gewürze auf die Karte zu schreiben und meine Kreationen verschämt ›Orientalischer Spinat‹ genannt. Doch es hat sich zum Glück etwas getan. Heute kann ich klipp und klar ›Spinat, gewürzt mit Koriander, Kreuzkümmel, Sumach‹ ankündigen, und die Leute bestellen es mit Begeisterung.« – »Meinen Glückwunsch«, sagt Jakob, »denn Gewürze sind das Glück.«

Jeder Stein in Jerusalem ist Geschichte, alles hier ist Schicksal.

Nach einer schönen, langen Zeit verlasse ich den Laden des guten Jakob, reich beschenkt mit den Spezereien des Orients und tief beschämt von der Großzügigkeit des Gewürzhändlers. Ich lasse mich durch die Gassen treiben wie ein Blatt im Wind, als plötzlich eine Prozession stummer Pilger mit inbrünstigen Mienen den Weg versperrt – und begreife erst jetzt, dass ich mitten auf der Via Dolorosa stehe. Jetzt schreite ich, der gescheiterte Ministrant, selbst den Leidensweg des Gottessohns ab, vorbei an jener Station, an der Veronika mit ihrem Schleier das Gesicht des Todgeweihten trocknete; vorbei an der Station, an der Simon das Kreuz nahm und sich Jesus an einer Hauswand abstützte. Millionen Menschen haben seither diese Stelle an der Wand berührt, die davon drei Finger tief geworden ist. Auch ich mache es jetzt. Der Stein scheint zu atmen. Ich zittere. Wer in diesem Augenblick nicht ergriffen ist, hat ein steinernes Herz.
Es ist einer der wenigen Momente der Besinnung, denn die Via Dolorosa hat noch ein ganz anderes Gesicht. Sie ist ein Spießrutenlauf an Imbissbuden und Souvenirgeschäften entlang, die »Antiquitäten aus biblischer Zeit« und anderen solchen Unfug verscherbeln, an Devotionalienläden, die Jesuslatschen in allen Variationen und religiösen Schnickschnack weit jenseits der Kitschgrenze ihrer frommen Kundschaft andrehen. Den Vogel schießt ein Hologramm von Christus am Kreuze ab: Neigt man es leicht, öffnen und schließen sich die Augen des Gottessohns. Ich weiß nicht, ob ich lachen oder schreien soll. Ich denke, dass Jesus heute die Händler von hier vertreiben würde, wie er es damals mit den Geldwechslern im Tempel gemacht hat. Und dann flüchte ich mich in die Grabeskirche, den Schlusspunkt der Via Dolorosa, den Nabel der Christenheit.
Ich muss gestehen, dass ich noch nie einen Ort gesehen habe, der so beeindruckend und gleichzeitig so irritierend ist. So geht es wahrscheinlich vielen in dieser Kirche, unter deren Dach alle Schlüsselstellen von Christi Tod und Auferstehung liegen – oder zumindest so arrangiert wurden: Golgota mit dem Sterbenskreuz, der

Ein Quadratkilometer für drei Weltreligionen: ein Streifzug durch das arabische Viertel.

Im Garten Gethsemane

Salbungsstein, die Grabgrotte. Und trotzdem ist die weihrauchschwere Grabeskirche kein Ort der Heiligkeit, sondern der Geschäftigkeit. Alle christlichen Konfessionen müssen sie sich teilen und kämpfen deswegen mit spitzen Ellenbogen um jeden Quadratzentimeter. Die Kirche ist ein römisch-katholisch-lutheranisch-armenisch-maronitisch-äthiopisch-orthodoxer Rummelplatz voller russischer Mütterchen, schwarzgewandeter Popen, ostafrikanischer Christen in blütenweißen Gewändern, abendländischer Gläubiger in kurzen Hosen mit Pilgerkreuz in der rechten und Fotohandy in der linken Hand. Sie alle halten hier ihre Messen ab, stellen sich vor der Grablege Christi in langen Schlangen an, schubsen sich gegenseitig vor dem Golgota-Altar beiseite und werfen sich mit ihrem Kopf ohne Rücksicht auf Verluste auf den Salbungsstein im Zentrum der Grabeskirche, auf dem Jesus nach seinem Tod gesalbt wurde.

Vielleicht, denke ich, würden es die Menschen gar nicht ertragen, wenn die Grabeskirche ein so mystischer Ort wäre, wie sie es eigentlich sein müsste. Vielleicht würden sie unter so viel Gottesnähe zusammenbrechen. Vielleicht wäre die Sehnsucht nach dem Himmel dann einfach zu groß.

Verstört verlasse ich diese seltsame Kirche, streife durch die Stadt, rieche zum Trost an Jakobs Gewürzgeschenken und stehe mit einem Mal vor der Klagemauer auf dem Tempelberg – dem heiligsten und zugleich traurigsten Ort des Judentums, einer unspektakulären Mauer aus Kalksteinquadern voller Gestrüpp, mit Plastikstühlen und Gebetspulten für die Gläubigen davor, die Wunschzettel an Gott in die Ritzen stecken. Und direkt dahinter ragen der Felsendom und die Al-Aqsa-Moschee in die Höhe, zwei der heiligsten Stätten des Islam. Schulter an Schulter treffen sich hier die Weltreligionen. Doch sie geben sich nicht die Hand, sondern haben jede ein Messer in der Faust.

Endlich bin ich am Ziel meiner Reise in der Welt der Gewürze – an dem Ort, an dem ich immer schon einmal sein wollte.

Lange stehe ich vor der Mauer und versuche zu verstehen, was es heißt, dass die Juden keinen Messias, keine Kathedralen zur Gottesverherrlichung haben, sondern nur ein paar Kalksteine, das Einzige, was vom Tempel König Davids geblieben ist. Zweimal, so habe ich gelesen, ist er zerstört worden, zweimal am 9. August, als sei das der Tag von Gottes Zorn: 586 vor Christus vom babylonischen Herrscher Nebukadnezar, 70 nach Christus vom römischen Kaiser Titus. Es ist ein Ort, der die ganze Tragik der jüdischen Geschichte symbolisiert, schwer bewacht von schwer bewaffneten Soldaten, ein Ort des Friedensversprechens in einer friedlosen Welt. Ich gehe weiter, sehe noch mehr Soldaten mit Sturmgewehren, sehe lauter Stacheldraht und Überwachungskameras, lauter religiöse Überzeugungsegoisten und Propheten der Intoleranz, und sage: Von mir aus soll hier jeder mit seinem Glauben selig werden, wie er will. Aber eines sage ich euch allen: Auf dem Teller gibt es keinen Grund zur Feindschaft. In der Küche sind wir alle Brüder. Und die Gewürze sind unser gemeinsames Fundament. Das werde ich euch beweisen.

Und dann gelange ich plötzlich an einen Ort von so stiller Würde, dass aller Aufruhr in meinem Kopf schlagartig erstirbt: den Garten Gethsemane, den Schauplatz des letzten Gebets und des Judasverrats, ein kleines, unscheinbares, ummauertes Gärtchen vor den Toren der Stadt mit Rosenrabatten und knorrigen Olivenbäumen hinter einem Zaun. Man sagt, dass die Bäume älter seien als das Neue Testament. Und ich, im Grunde meines Herzens noch immer ein rebellischer Ministrant, begehe den Frevel, über den Zaun zu steigen, um einen Baum zu berühren, unter dem vielleicht Jesus Christus seinen Vater angefleht hat, dass dieser Kelch an ihm vorübergehen möge. Dann bücke ich mich, hebe einen Olivenzweig auf, dieses jahrtausendealte Symbol des Friedens und der Versöhnung, stecke ihn heimlich ein und lächle still.

Der Garten Gethsemane berührt mich tief: Unter diesen jahrtausendealten Olivenbäumen wurde Jesus von den Römern festgenommen.

Traditionelle & neue Gewürzmischungen

Ras-el-Hanout

Bei der legendärsten Gewürzmischung von ganz Nordafrika braucht man nur den Deckel zu öffnen, und es entströmt ein Duft wie in einem Märchen aus »Tausendundeiner Nacht«. Übersetzt bedeutet Ras-el-Hanout »Kopf des Ladens« – die beste Mischung also, die ein Gewürzgeschäft zu bieten hat und für die jeder Gewürzhändler sein eigenes Rezept hütet. Bis zu 35 Zutaten können hineingemischt werden, weniger als 15 sind es selten. Immer dabei: die drei gesündesten Gewürze überhaupt – Kurkuma, Ingwer und Schwarzkümmel.

Die Heimat von Ras-el-Hanout, Marokko, und dort vor allem die Wüstenstadt Marrakesch, ist seit alters her eine Drehscheibe des Gewürzhandels. Hier endeten die Karawanen aus dem Osten, mit denen sogar aus Asien Gewürze in die Stadt kamen. Und von hier führten die Handelsstraßen über den Atlas und durch die Sahara in den Süden bis ins tropische Westafrika. Dort war die Quelle der Paradieskörner, die im Europa des Mittelalters als Pfefferersatz sehr gefragt waren. Sie sind in vielen Ras-el-Hanout-Rezepturen enthalten. Einen regen Austausch, auch in kulinarischer Hinsicht, gab es über die Straße von Gibraltar mit Spanien. Und als dort nach 1492 viele Juden vor der Inquisition nach Marokko flohen, brachten sie ihre typischen Gerichte und wichtigsten Gewürze mit ins Land. Letzter »Neuzugang« in der Palette der Gewürze, die für Ras-el-Hanout-Mischungen verwendet werden, war der Sternanis aus Südchina und Vietnam, den die Engländer Ende des 16. Jahrhunderts in den Westen brachten.

Die Vielfalt an Gewürzen und damit an Geschmacksrichtungen im Ras-el-Hanout ist so groß, dass die Gewürzmischung an die komplexen Medizinrezepturen zweier der wichtigsten Ärzte der Weltgeschichte erinnert, den Griechen Galen und den Perser Avicenna. Und sie hat – durch Kurkuma, Ingwer und Schwarzkümmel – tatsächlich eine beeindruckende Heilkraft. Kurkuma fördert nicht nur allgemein die Verdauung, sondern hilft auch bei Schwäche der Bauchspeicheldrüse und regt die entgiftenden Enzyme der Leber an. Außerdem wirkt er der Bildung von Tumoren wie der Schädigung von Zellen durch freie Radikale entgegen, ist entzündungshemmend und behindert die Verklumpung von Blutplättchen und damit die Entwicklung von Arteriosklerose.

Kaum weniger spektakulär sind die Kräfte des Ingwers, der den Fluss von Speichel, Magen- und Gallensaft anregt – ein besseres Mittel gegen Übelkeit gibt es nicht. Er schützt vor Magengeschwüren, hemmt Erkältungsviren, verbessert die Blutfettwerte; zudem wirkt auch er antitumoral und bekämpft freie Radikale. Ein weiterer Alleskönner ist der Schwarzkümmel: In Studien zeigte sich, dass er zur Senkung des Blutdrucks beitragen kann. Außerdem schützt er Magenschleimhaut und Leber, reduziert das Auftreten von Hauttumoren und regt das Immunsystem an. Weitere häufige Zutaten von Ras-el-Hanout – Kreuzkümmel, Koriander, Kardamom, Zimt, Paprika und Muskatnuss – haben ebenfalls eine spürbare Heilwirkung, vor allem auf den Verdauungsapparat. So präsentiert sich die Mischung nicht nur als »Krone« der Kunst jedes Gewürzhändlers, sondern auch als wahre Quelle der Gesundheit.

Alfons Schuhbeck

Die Heilwirkung zählt

Mein erstes Ras-el-Hanout mischte ich schon vor Jahren – hätte ich damals gewusst, was ich inzwischen über Gewürze gelernt habe, wäre ich anders vorgegangen. Meine Begegnungen mit Medizinern, aber auch mit Apothekern, die ich auf meiner Marrakeschreise traf, haben mir klargemacht, dass der perfekte Geschmack für eine Gewürzmischung die unumgängliche Pflicht ist – die Kür liegt in der gesundheitlichen Wirkung der Komponenten, die man durch ein entsprechendes Mischungsverhältnis noch besser zur Geltung kommen lassen kann.

1 Koriander
2 Knoblauch
3 Kreuzkümmel
4 Kardamom
5 Ingwer
6 Zimt
7 Anis
8 schwarzer Pfeffer
9 Chili
10 Kurkuma
11 Paprika (edelsüß)
12 Sternanis
13 Gewürznelken
14 Rosenblüten
15 Muskatnuss
16 Schwarzkümmel
17 Lavendel
18 Paradieskörner

HARISSA

Aus den Töpfen Tunesiens ist ein Gewürz nicht wegzudenken: Paprika. Er hat für die Landesküche eine so herausragende Bedeutung, dass sie »rote Küche« genannt wird. Als Solist kommt Paprika dennoch kaum zum Einsatz – wie im gesamten arabischen Raum werden Gewürze auch in Tunesien primär in Mischungen benutzt. Das scharfe Harissa wurde dabei zum Aushängeschild des Landes, es verbreitete sich über das ganze südliche Mittelmeer bis nach Europa. Und nicht nur der Geschmack, ebenso die gesundheitliche Wirkung ist fulminant.

Das, was in Harissa Schärfe bringt – und für europäische Gaumen eine ziemliche Herausforderung darstellt –, ist zugleich für den Körper segensreich: Die Säureamide, die in beiden Grundbausteinen dieser Mischung enthalten sind – Gewürzpaprika und Chili –, steigern den Speichelfluss und die Produktion von Magensäften, sie regen Magen- und Darmbewegungen an und erhöhen die Aktivität der Bauchspeicheldrüse. Kurz: Sie stärken den gesamten Verdauungstrakt. Jüngste Studien haben sogar ergeben, dass Magengeschwüre seltener auftreten, wenn häufig mit Paprika und Chili gekocht wird. Die anderen Gewürze, die die Tunesier seit Generationen unter ihr Paprika-Chili-Gemisch mengen und die unverzichtbare Bestandteile von Harissa sind, unterstützen diese positiven Wirkungen: Kreuzkümmel verbessert die Blutfettwerte und beugt Magen- und Darmentzündungen vor; Kurkuma regt die Bauchspeicheldrüse und die Lebertätigkeit an; Ingwer vermag, wie Paprika, vor Magengeschwüren zu schützen. Und drei der klassischen Harissa-Zutaten – Ingwer, Kurkuma und Knoblauch – sind in ihrer Reaktion auf den Körper so effektiv, dass sie sogar der Bildung von Tumoren entgegenwirken können.

Die Entstehung von Harissa – und der scharfen tunesischen Küche generell – geht allerdings weniger auf den Einfluss der medizinisch versierten Araber zurück, die das Land im 7. Jahrhundert eroberten. Es wird vermutet, dass Juden, die Ende des 15. Jahrhunderts aus Spanien flohen und in Tunesien eine neue Bleibe fanden, Harissa mitbrachten. Denn nachdem man die Mauren von ihren letzten Vorposten auf der Iberischen Halbinsel vertrieben hatte, wurden in Spanien auch alle anderen Nichtchristen mit drakonischen Maßnahmen verfolgt. Kurz vor ihrer Vertreibung hatten die Juden allerdings noch zwei Gewürze kennengelernt, die Christoph Kolumbus und seine Gefolgsleute aus der Neuen Welt mitgeführt hatten: Paprika und Chili. In ihr Exil, meist in Marokko, aber ebenso in Tunesien, nahmen die Juden diese neuen Pflanzen mit. Der Grund, warum die scharfen Gewürze gerade in Tunesien besonders gut ankamen, mag allerdings auch darin liegen, dass das Land zwischen 1535 und 1574 unter spanischer Herrschaft war und anschließend von den kulinarisch neugierigen Türken in Besitz genommen wurde – und dass die Gegend um das Cap Bon im Norden von Tunis für den Anbau von Paprika und Chili wegen ihrer klimatischen Bedingungen geradezu prädestiniert ist. Insofern verhält es sich mit Harissa nicht anders als wie mit vielen anderen Gewürzmischungen: Sie stehen nicht nur für eine lange kulinarische Tradition, sondern auch für ein spannendes Stück Kulturgeschichte.

ALFONS SCHUHBECK

EINE SANFTE VARIANTE

Schon als ich das erste Mal echte tunesische Harissa probierte, war mir klar: Mit dieser extremen Schärfe können Mitteleuropäer wenig anfangen. Deshalb ist meine Mischung viel milder, kommt aber der Schwingung des Originals sehr nahe. Harissa aus Tunesien hat eine leichte Rauchnote, weil die Paprikaschoten dort an der Sonne trocknen. Ich verwende Paprika La Vera picante, eine spanische Spezialität, für die die Schoten über Eichenfeuer geräuchert werden. In Kombination mit Chili und edelsüßem Paprika liefert sie genau dieses Raucharoma.

1 Knoblauch	2 Koriander	3 Chili
4 Paprika (edelsüß)	5 Kümmel	6 Ingwer
7 Kreuzkümmel	8 Räucherpaprika	9 Kurkuma

TABIL

Neben dem berühmten Harissa ist in Tunesien noch eine zweite Gewürzmischung allgegenwärtig – lediglich außerhalb des Landes wurde sie nie so bekannt wie die scharfe Chili-Paprika-Mixtur. In anderer Hinsicht ist Tabil dafür umso typischer für einen Umgang mit Gewürzen, wie er besonders in Nordafrika praktiziert wird: Die Mischung wird für die verschiedensten Gerichte eingesetzt. Und eine Standardrezeptur gibt es auch nicht. Jede Familie bewahrt ihr eigenes Tabil-Rezept wie ein wohlgehütetes Geheimnis.

Durch mündliche Überlieferung über Generationen hinweg wurde Tabil zu einer der beständigsten Gewürzmischungen, die im arabischen Raum zu finden sind. Tunesien war in seiner Geschichte vielen europäischen Einflüssen ausgesetzt – durch die Sizilianer, die Besetzung der Spanier oder das 75 Jahre währende französische Protektorat, das 1956 mit der Unabhängigkeitserklärung endete. Alle diese Machtverhältnisse schlugen sich in für die heutige Landesküche typischen Zutaten nieder. Die Zusammensetzung des »Allzweckgewürzes« Tabil mit der scharfen, süßlichwürzigen Note aber blieb davon unberührt: Das Grundgerüst dafür bilden Koriander, Knoblauch, Kerouia-Kümmel (eine nur in Tunesien verwendete Kümmelart) und Chili. Hinzu kommen, je nach Familientradition, Ingwer, Fenchel und Zimt, manchmal auch Piment.

Nicht wenige dieser Komponenten fanden sich bereits in den Töpfen unserer Urahnen, allen voran der Koriander, der von der Menge her die Mischung dominiert und ihr auch den Namen gab: Tabil ist das arabische Wort für »Koriander«. Archäologen entdeckten seine Spuren in Steinzeitsiedlungen, er wird im Alten Testament erwähnt und spielte in der Antike eine wichtige Rolle sowohl in der Küche wie auch in der Medizin. Seine Heilkraft prägt auch die Gesamtwirkung von Tabil: Neben ätherischen Ölen, die den Fluss von Speichel, Magen- und Gallensäften fördern, enthalten die Samenkörner Flavonoide, pflanzliche Stoffe, die die für die Zellstrukturen des Körpers so schädlichen freien Radikale bekämpfen. Knoblauch wirkt sich ebenfalls günstig auf die Verdauungstätigkeit aus. Und der Kümmel, der hier an die Stelle des sonst in der arabischen Küche omnipräsenten Kreuzkümmels tritt, ist nicht nur generell wohltuend für den Magen-Darm-Trakt, sondern kann auch krebsauslösende Stoffe behindern. Dieser beeindruckende gesundheitliche Effekt lässt sich sogar erheblich steigern, wenn die Mischung durch Ingwer erweitert wird, weil die medizinisch höchst wertvolle Knolle nicht nur den positiven Einfluss der anderen Zutaten auf die Verdauung unterstreicht, sondern zudem die Blutfettwerte verbessert und Erkältungsviren hemmt.

Neben der Heilwirkung gibt es noch eine andere Eigenschaft, die Tabil wertvoll macht: seine Vielseitigkeit. Traditionell wird die Mischung nicht nur zum Aromatisieren von Schmorgerichten benutzt, sondern auch für Hackfleisch und verschiedenste Gemüsesorten. Und damit die gesundheitlich relevanten Inhaltsstoffe der Gewürze ihre Wirkung wirklich entfalten können, ist nichts so wichtig wie deren regelmäßiger Genuss.

ALFONS SCHUHBECK

DAS FAMILIENREZEPT

Es war gar nicht so einfach, ein Tabil zu finden, das so gut war, dass ich mich daran orientieren wollte. Das merkte ich spätestens, als ich mich durch die Gewürzstände in den Suqs von Tunis probierte. Schließlich verfrachtete mich mein Begleiter – ein enger Mitarbeiter, der gebürtiger Tunesier ist – in ein Auto, und wir fuhren zu seiner weit abgelegen auf dem Land lebenden Großmutter. Die verriet mir ihre sagenhafte Mischung und stand mir später per Telefon mit Rat und Tat zur Seite, als ich, zurück in München, an meinem eigenen Tabil arbeitete.

1 Koriander
2 Knoblauch
3 Kümmel
4 Ingwer
5 Chili (mild)
6 Fenchel
7 Zimt

Berbere

Der Name Berbere ist auf den ersten Blick irreführend: Die Gewürzmischung hat nichts mit der Ethnie der Berber zu tun, sondern stammt aus den heutigen Staaten Äthiopien und Eritrea. Dort hatte sich Anfang des 4. Jahrhunderts das Christentum ausgebreitet, dessen Küche sich stark von der der umliegenden Regionen unterschied. Eine der wichtigsten Zutaten wurde das scharf-würzige Berbere, mit dem vor allem Linsengerichte gewürzt wurden. Jetzt wird es gern für die in Äthiopien sehr beliebten Gemüseeintöpfe verwendet. Darüber hinaus passt es perfekt zu Fleisch.

Die Schärfe, das herausragende Merkmal von Berbere, ist nicht nur typisch für die Küche jener im Nordosten Afrikas lebenden orthodoxen Christen – auf dem ganzen Kontinent wird seit Jahrhunderten sehr scharf gewürzt. Hier gibt es eine Vielzahl unterschiedlicher Chilisorten, die in vielen Regionen Afrikas hervorragend gedeihen. Vor dem 16. Jahrhundert allerdings waren sie dort ebenso wenig zu finden wie in Europa oder Asien. Die Heimat von Chili war Mittel- und Südamerika. In Afrika waren es vor allem die Portugiesen, die das Gewürz nach seiner Entdeckung einführten. Sie standen schon früh in Kontakt mit dem äthiopischen Reich, dem damaligen Kaiserreich Abessinien: Bereits 1493, ein Jahr nach der Entdeckung der Neuen Welt, schickten sie ihren ersten Gesandten an den Hof des äthiopischen Herrschers; ein halbes Jahrhundert später unterstützten portugiesische Hilfstruppen das Land im Kampf gegen eine islamische Invasion. Durch politisch geschickte Strategien und Interventionen dieser Art öffneten die Portugiesen dem Handel die Tore und veränderten die Küchen vieler afrikanischer Länder nachhaltig. Berbere ist ein sehr typisches Beispiel für diesen Wandel, denn der Name bedeutet nichts anderes als »Chilipulver«. Ohne Chili, und damit ohne die Portugiesen, wäre diese traditionsreiche Gewürzmischung also gar nicht denkbar. Wie bei allen Mischungen, die eine lange Geschichte haben, gibt es allerdings auch für Berbere kein festes Rezept. Viele Varianten enthalten den süßlichscharfen »Nelkenpfeffer« Piment. In Äthiopien wird zudem gerne der hierzulande eher selten benutzte Lange Pfeffer eingesetzt. Der hat einen höheren Gehalt an Scharfstoffen als schwarzer Pfeffer und ist, zusammen mit Chili, vor allem in den besonders durchdringenden Berbere-Versionen zu finden. Zu den weiteren festen Bestandteilen gehören Gewürznelken, Ingwer, Kardamom, Knoblauch, Koriander, Paprika, Pfeffer, Zimt – und Bockshornklee.

Letzterer war bereits in der Antike als Zutat bei der Zubereitung von Speisen wie als Medizin beliebt und steht gerade erneut im Fokus gesundheitlicher Forschung: Bockshornkleesamen senken die Blutfettwerte und erhöhen die Zahl der Antioxidantien, die den die Zellen zerstörenden freien Radikalen entgegenwirken. Inzwischen wird sogar untersucht, ob Bockshornklee bei Diabetes mellitus einen positiven Effekt hat. Auch Paprika, Chili und Pfeffer unterstützen die Tätigkeit der Bauchspeicheldrüse. Und nahezu alle Berbere-Zutaten wirken appetitanregend und verdauungsfördernd – ein Grund mehr, die Mischung nicht nur für geschmortes Fleisch zu empfehlen, sondern auch zum Verfeinern von Reis- und Nudelbeilagen.

Alfons Schuhbeck

Chili statt Pfeffer

Obwohl Pfeffer in ganz vielen Berbere-Mischungen ein dominantes Element ist, rangiert er auf meiner Zutatenliste weit hinten. Denn es macht einen großen Unterschied, mit welchen Gewürzen man Schärfe erzeugt: Pfeffer verändert ein Gericht unwiederbringlich, Chili dagegen zerstört mit seiner Schärfe nicht die anderen Geschmackseindrücke. Meine sehr gemäßigte Berbere-Variante passt gut zu Ragouts, kann aber auch, verrührt mit zerlassener Butter, zum Beträufeln von gebratenem Fleisch oder Fisch verwendet werden.

1 Koriander

2 Knoblauch

3 Ingwer

4 Paprika (edelsüß)

5 Kardamom

6 Zimt

7 Kreuzkümmel

8 Kurkuma

9 schwarzer Pfeffer

10 Bockshornklee

11 Chiliflocken (mild)

12 Gewürznelken

BAHARAT

Der Name spricht Bände: Denn Baharat bedeutet, ins Deutsche übersetzt, schlicht »Gewürze«. Für die Länder des östlichen Mittelmeerraums, aber auch für die Staaten auf der Arabischen Halbinsel ist die uralte Mixtur so etwas wie die »Mutter aller Gewürzmischungen«, die in den unterschiedlichsten Varianten vorkommt und vor allem für Fleischgerichte angewendet wird. Das hat nicht nur kulinarische Gründe: Die Gewürze sorgen dafür, dass damit mariniertes frisches Fleisch nicht so schnell verdirbt.

Dieses Bedürfnis nach einer Methode zur geschmackvollen Haltbarmachung von Speisen haben die Menschen gerade in heißen Ländern, seit sie Tiere schlachten und Fleisch zubereiten. Auch deshalb sind die Hauptzutaten von Baharat fast ausnahmslos Gewürze, die sich auf dem Gebiet der heutigen arabischen Welt seit über 2000 Jahren größter Beliebtheit erfreuen: Kreuzkümmel und Knoblauch, Koriander und Kardamom, Pfeffer, Zimt, Muskat und Gewürznelken. Paprika kam erst im 16. Jahrhundert hinzu, als er – kurz nach Auffindung dieser Pflanze auf dem gerade entdeckten Kontinent Amerika – dank der Spanier und portugiesischer Missionare einen Siegeszug durch die Küchen Nordafrikas und Asiens antrat. In Syrien wiederum ist eine Baharat-Version geläufig, deren wichtigster Bestandteil Piment ist – ein weiteres aus Mittelamerika stammendes Gewürz, auch als Nelkenpfeffer bekannt. Piment, aber ebenso andere Gewürze mit einer eher lieblichen Note, wie Zimt, Nelken und Muskat, und die in Verbindung mit Pfeffer in meiner, aber auch in vielen Originalmischungen von Baharat den Piment ersetzen, sorgen für eine süß-aromatische Komponente. Diese steht in einem charakteristischen Kontrast zu den scharfen Gewürzen Paprika, Pfeffer, Knoblauch, Kreuzkümmel und Koriander. Diese Ausgewogenheit zwischen gegensätzlichen Aromen innerhalb einer Gewürzmischung regt alle Geschmacksnerven gleichzeitig an und ist typisch für die Art des Würzens in vielen arabischen Ländern.

Die gleichmäßige Stimulierung der Geschmacksnerven ist, neben den diversen Wirkungen der in den einzelnen Gewürzen enthaltenen ätherischen Öle, Teil des gezielt appetitanregenden Effekts von Baharat. Auch die Verdauung profitiert von den einzelnen Bestandteilen der Mischung enorm: Paprika beschleunigt den Stoffwechsel und erhöht die Aktivität der Bauchspeicheldrüse. Letzteres gehört ebenfalls zu den wichtigsten gesundheitsfördernden Eigenschaften von Kreuzkümmel – die Wirkung des Gewürzes ist dabei so effektiv, dass es inzwischen als Präventivmedikament für Diabetes mellitus diskutiert wird. Zimt ist mittlerweile ein ähnlich bekanntes Mittel gegen die Zuckerkrankheit, außerdem wirkt er, wie die Gewürznelke, schmerzlindernd. Weitere typische Bestandteile von Baharat, wie Pfeffer, Knoblauch und Koriander, kurbeln gezielt die Verdauung an und senken den Blutfettspiegel. Überlegt man angesichts der breit gefächerten Bedeutung der Einzelkomponenten von Baharat, wie lange diese schon im arabischen Raum bekannt sind, wird einmal mehr deutlich, wie viel wir dort über die gesunde Erhaltung unseres Körpers mit Gewürzen lernen können.

ALFONS SCHUHBECK

ZWISCHEN DEN KULTUREN

Bei Baharat gibt es bestimmt 50 verschiedene Varianten – keine kommt den Geschmacksbedürfnissen eines Mitteleuropäers wirklich entgegen. Ich habe nach einer Mischung gesucht, der dies gelingt. Unterstützt wurde ich dabei von Sewar a. Bittar, einem Koch, den ich in Damaskus kennengelernt habe und der mich dann in München zwei Wochen lang in die Küchengeheimnisse seiner Heimat einweihte. Ich weiß nicht mehr, wie viele Baharat-Versionen er probiert hat, bis wir eine fanden, die europäischen wie arabischen Ansprüchen genügte.

1 Paprika (edelsüß) 2 Kreuzkümmel 3 schwarzer Pfeffer

4 Knoblauch 5 Koriander 6 Kardamom

7 Zimt 8 Muskatnuss 9 Gewürznelken

ZATAR

In den Gassen von Damaskus und Aleppo, von Beirut oder Jerusalem ist diese Gewürzmischung allgegenwärtig. Überall gibt es kleine Buden, in denen Fladenbrot frisch gebacken und mit dem Mix aus Kräutern, Sesam und Sumach, der zuvor mit Olivenöl verrührt wird, bestrichen wird. Einen beliebteren und erfrischenderen Snack gibt es dort kaum – sogar zum Frühstück werden diese Brote verzehrt. Festzulegen, was genau in ein echtes Zatar hineingehört, ist jedoch gar nicht so einfach – dem steht eine botanische Sprachverwirrung fast babylonischen Ausmaßes entgegen.

Die wichtigste Grundzutat ist eine Pflanze, die der Mischung auch den Namen gab: Zatar ist gleichbedeutend mit dem Würzkraut Ysop, archaischer auch »biblischer Ysop« genannt. Mit unserem Gartenysop hat das Gewächs allerdings nichts zu tun, vielmehr handelt es sich um eine Origanumvariante, die auf der Sinai-Halbinsel und in anderen Wüstengegenden des Vorderen Orients wild wächst. Der biblische Ysop ist viel intensiver als der europäische Majoran, der zur gleichen Pflanzenfamilie gehört. Arabische Köche können anhand des Aromas Sorte und Herkunft erkennen: je trockener der Wuchsort, desto würziger das Kraut.

Die Verwendung in der Küche hat eine Tradition, die bis in die Zeit der alten Ägypter zurückreicht. In jüngerer Zeit kommt noch eine politische Dimension hinzu: Palästinenser, die aus ihrem Land vertrieben wurden oder ausgewandert sind, ehren den biblischen Ysop als Symbol ihrer Heimat. Doch auch die israelischen Juden haben ihn längst in ihre Küche integriert. Überhaupt: Der Gebrauch von Zatar eint viele Länder dieser krisengebeutelten Region. Da der biblische Ysop allerdings selbst im Nahen Osten nicht einfach zu erhalten ist, wird er oft durch Thymian oder Bohnenkraut ersetzt, manchmal durch eine Mischung aus beiden Kräutern.

Die anderen Zatar-Zutaten haben ebenfalls eine fast biblisch zu nennende Dimension. Sesam ist eine der ältesten Gewürz- und Ölpflanzen unserer Geschichte. Und Sumach, der aus den getrockneten Steinfrüchten des Färberbaums gewonnen wird, war schon in der Antike beliebt.

Zatar ist aber nicht nur wegen seiner Ingredienzen, sondern auch als Gewürzmischung ungewöhnlich: Nicht getrocknete Wurzeln oder Früchte überwiegen hier, vielmehr Würzkräuter. Demzufolge ist die gesundheitliche Wirkung von Zatar nicht mit anderen Mischungen zu vergleichen, die reich an medizinisch hoch effizienten Gewürzen sind. Dafür wirkt beim Zatar das Öl der Sesamsamen, das die Blutfettwerte senkt und zellzerstörende Substanzen bekämpft. Alle Origanumarten, also auch der biblische Ysop, regen Appetit und Verdauung an; und Thymian, eines der »Ersatzgewürze« für den biblischen Ysop, reagiert so stark wie kaum ein anderes Heilmittel aus der Pflanzenwelt gegen Viren. Studien haben überdies gezeigt, dass Thymianöl Alterungsprozesse in Leber, Herz und Gehirn bremsen kann. Durch die Verbindung der zellschützenden Wirkung von Sesam und Thymian mit den positiven Effekten von Koriander und Knoblauch kann Zatar bei häufiger Verwendung helfen, der Entstehung von Arterienverkalkung und Tumoren vorzubeugen.

ALFONS SCHUHBECK

EINER FÜR ALLE, ALLE FÜR EINEN

Die Zatar-Variante, die ich am liebsten mag, wird mit Sandthymian zubereitet, einer Thymianart, die gleichzeitig nach Thymian und Bohnenkraut schmeckt. Leider erwies es sich als unmöglich, Sandthymian in Deutschland zu bekommen, schon gar nicht in den Mengen, die ich für eine Gewürzmischung gebraucht hätte. Deshalb habe ich dieses eine Gewürz durch vier andere ersetzt: Thymian, Bohnenkraut, Oregano und Majoran. Und mein syrischer Gastkoch Sewar al Bittar hat mir bestätigt: Der Unterschied zum Original ist – fast – unmerklich.

1 Sesam
2 Thymian
3 Oregano
4 Knoblauch
5 Majoran
6 Koriander
7 Bohnenkraut

Schuhbecks Orientalisches Gewürz für klare Suppen

Der Genuss beginnt schon vor dem ersten Löffel. Jedem, dem beim Geruch von Knoblauch und Ingwer, von Kardamom, Zimt, Fenchel und Koriander der Duft des ganzen Orients in die Nase steigt, dem läuft, im wahrsten Sinn des Wortes, das Wasser im Munde zusammen. Der Körper kurbelt, als Reflex auf den intensiven Geruch, den die in den Gewürzen enthaltenen ätherischen Öle ausströmen, die Speichelproduktion an, und bereitet den Magen schon einmal auf die baldige Mahlzeit vor. Kann es einen besseren Auftakt für ein Menü geben?

Eine Consommé mit Gewürzen, wie ich sie im Restaurant serviere und die ich Ihnen auch für die eigene Küche ans Herz legen möchte, steht in keinem arabischen Land auf dem Speiseplan. Trotzdem war mir eine entsprechende Zubereitung wichtig. Denn die wohltuende und appetitanregende Wirkung, die mit Gewürzen aromatisierte Flüssigkeiten als Einleitung eines Menüs haben, kenne ich von ayurvedischen Gewürztees, die vor dem Essen getrunken werden. Dieses Prinzip habe ich hier quasi auf orientalische Geschmacksrichtungen übertragen.

Zu den wichtigsten Bestandteilen der Gewürzmischung für klare Suppen gehören zwei Gewürze, die zu den interessantesten Heilpflanzen überhaupt gehören: Ingwer und Kurkuma. Beide stammen aus der Familie der Ingwergewächse, beide wirken vor allem durch ihre ätherischen Öle und Scharfstoffe wie Gingerole und Shogaole. Und die haben es in sich: Sie regen nicht nur die Säfte in Mund, Magen und Galle an, sondern auch verschiedene Enzyme, die den Verdauungsprozess unterstützen. Darüber hinaus stärkt Ingwer das Abwehrsystem gegen freie Radikale, die die Zellen zerstören, und hemmt die Bildung von Ödemen und Tumoren. In einigen Studien trat nach der Gabe von Ingwer sogar eine Besserung bei Rheuma ein. Kurkuma hat vor allem eine beeindruckende antitumorale Wirkung: Es konnte nachgewiesen werden, dass er Magen-, Darm-, Haut- und Gebärmutterkrebs vorbeugen kann, außerdem schützt er Bauchspeicheldrüse, Leber und Gehirn. Die Kombination mit den medizinisch ebenfalls äußerst wirksamen Gewürzen Knoblauch und Zimt macht die gesamte Gewürzmischung gesundheitlich sehr wertvoll.

Weil diese Effekte, ebenso wie der Geschmack, bei längerem Kochen verpuffen, gebe ich die Mischung erst kurz vor dem Servieren in eine bereits fertige Geflügel- oder Fleischbrühe. Wer das Geschmackserlebnis optisch unterstreichen möchte, legt in jede Tasse ein paar Scheiben ungeschälten Ingwer, eine angedrückte grüne Kardamomkapsel, einen Zimtsplitter und einige Korianderkörner. Allerdings muss man dann seine Gäste sicherheitshalber darauf hinweisen, dass die Gewürze nicht zum Mitessen gedacht sind.

Alfons Schuhbeck

Öl für ein »Sesam, öffne dich«

Fettarme klare Suppen wie Consommé oder entfettete Bouillons eignen sich hervorragend, um ihnen mit Öl eine ganz besondere Note zu verleihen. Entweder mit sehr gutem, frisch gepresstem Olivenöl oder aber, wenn der Geschmack besonders authentisch sein soll, mit Arganöl, einer wirklich köstlichen Ölspezialität, die einzig in einem nahe der Atlantikküste gelegenen Landstrich Marokkos gewonnen wird. Es genügt völlig, nur ein paar Tropfen über die Suppe zu träufeln, um am Gaumen ein wahres »Sesam, öffne dich« zu erleben …

1 Knoblauch
2 Koriander
3 Fenchel
4 Ingwer
5 Kardamom
6 Kurkuma
7 Safran
8 Zimt

Schuhbecks
Syrisches Spinatgewürz

Kaum ein Gemüsegericht hat mich während meiner Reisen so fasziniert wie der Spinat, den ich in einem kleinen Restaurant in Damaskus probierte. Es war nur ein kleiner Teller auf einer jener großen, für die syrische und libanesische Küche typischen Vorspeisentafeln, und doch hat er sich mir wegen seiner Aromatisierung mit Knoblauch, Koriander, Kreuzkümmel und Sumach so stark eingeprägt, dass ich den Rest des Menüs glatt vergaß. Wieder einmal habe ich staunend erlebt, wie Gewürze ein Gericht, das man in- und auswendig zu kennen meint, völlig verändern können.

Vielleicht ist diese intensiv aromatisierte Variante aber auch die wesentlich ursprünglichere Zubereitungsart von Spinat als der uns vertraute, von den Gewürzen her recht puristische Klassiker mit Rahm und Muskat. Denn die ältesten Hinweise auf Spinat finden sich nicht in Europa, sondern in arabischen Schriften aus dem 8. bis 10. Jahrhundert. Das Blattgemüse nahm den Umweg über das von den Arabern besetzte Spanien, bevor es auch in Mitteleuropa heimisch wurde. Erst im 16. Jahrhundert gibt es eine ganze Reihe von Anhaltspunkten, dass der Spinat die deutschen Gärten – und damit vermutlich ebenso die Speisezettel – erobert hatte.

Obwohl vom Aroma her zwischen den beiden Blattgemüseversionen Welten klaffen, sind sich die arabische und die europäische Art des Würzens vom Effekt her nicht unähnlich: Muskat wirkt schon in geringen Mengen im Magen-Darm-Bereich entzündungshemmend und entkrampfend, kurbelt die Absonderung von Gallensaft und die Tätigkeit der Leber an und erleichtert so die Verdauung fetter Speisen, rahmiger Saucen und ballaststoffreicher Gemüse. Und auch Koriander, Kreuzkümmel, Knoblauch und Ingwer beugen konkreten Verdauungsbeschwerden wie Krämpfen, Blähungen und Magenreizungen vor und sorgen für eine verbesserte Fettverdauung. Darüber hinaus haben diese Gewürze allerdings, häufig angewandt, noch positive Effekte für die Blutgefäße und die Bauchspeicheldrüse. Schon deshalb kann man mit dem Syrischen Spinatgewürz ruhig ein bisschen experimentieren: Ich verwende es für die verschiedensten Gerichte, in denen Spinat involviert ist – für Spinatgnocchi, Spinatknödel, auch für alle möglichen mit Spinat zubereiteten Füllungen, in Vinaigrettes für einen Spinatsalat und selbst bei Beilagen aus gemischtem Gemüse, die als eine Komponente Spinat enthalten.

Alfons Schuhbeck

Die Schwingung muss stimmen

Auch beim Syrischen Spinatgewürz dauerte es eine Weile, eine Mischung zu finden, die die Schwingung des arabischen Originals aufnimmt und trotzdem mitteleuropäischen Geschmacksgewohnheiten entgegenkommt. Lange hatte ich einen syrischen Spinat auf der Speisekarte meines Restaurants, der auch begeistert angenommen wurde. Trotzdem war es mir wichtig, noch die Meinung von Sewar al Bittar einzuholen – eines syrischen Kochs, der zwei Wochen bei uns in der Küche zu Gast war. Erst als er die Gewürzmischung seiner Heimat in diesem Zusammenspiel der Aromen wiedererkannte, wusste ich, dass ich auf dem richtigen Weg bin.

1 Koriander

2 Kreuzkümmel

3 Knoblauch

4 Ingwer

5 Chiliflocken (mild)

Schuhbecks Orientalisches Gemüse- und Suppengewürz

Überall im Orient stehen Suppen weit oben auf dem Speiseplan: Sowohl als dicke Eintöpfe mit Fleisch, Gemüse und Hülsenfrüchten, die während des Ramadan nach einem langen Fastentag den Hunger stillen, wie auch als leichte, beispielsweise mit Milch und Mandeln zubereitete Geflügelsuppe. Und Gemüse ist, vor allem auf den reich gedeckten Vorspeisentafeln, ein unverzichtbarer Bestandteil jeder ausgedehnten Mahlzeit. Ich habe eine Gewürzmischung entwickelt, die mit beiden Varianten gut harmoniert und in jedem Fall eine orientalische Note ins Essen zaubert.

Wichtigste Zutat in dieser Gewürzmischung ist der Knoblauch, der als gesundheitsfördernde Pflanze eine erstaunliche Tradition aufzuweisen hat. Im Mittelalter galt er sogar als »Theriak des einfachen Mannes«. Dieses Theriak war eine aus verschiedensten Stoffen – von Opium über Zimt, Baldrian und grünem Kardamom bis zum Eisenvitriol – zusammengemischte Substanz, die als Allheilmittel galt. Für die meisten Menschen war sie jedoch unerschwinglich. Also griffen sie zum Knoblauch und taten damit ihrer Gesundheit garantiert Besseres. Denn während Theriak nach heutigen Erkenntnissen wohl keinerlei medizinische Wirkung hatte, ist die Heilkraft des Knoblauchs belegt: Er kann das Cholesterin um 14 Prozent und mehr senken. In einer groß angelegten Studie wurde zudem nachgewiesen, dass der regelmäßige Verzehr sowohl den Blutdruck als auch das Infarktrisiko deutlich senken kann. Außerdem gibt es viele Hinweise darauf, dass er der Entstehung von Tumoren vorbeugt. Und seine immunstimulierende Wirkung ist seit alters her bekannt.

Schon aus geschmacklichen Gründen bilden Knoblauch und Ingwer ein Dream-Team: Mit Letzterem bändige ich den allein recht penetranten Knoblauch – gebe ich zu 10 g Knoblauch 5 g Ingwer, riecht man ihn nicht mehr; je stärker ich das geschmackliche Hervortreten des Knoblauchs aufheben will, umso höher setze ich den Ingweranteil in einer Mischung an. Und medizinisch ergänzen sich Ingwer und Knoblauch ebenfalls hervorragend: Ingwer vermindert nicht anders als der Knoblauch die Blutfettwerte, behindert die Verklumpung von Blutkörperchen sowie die Bildung von Ödemen und Tumoren. Andere in diese Mischung involvierte Gewürze, wie Kurkuma, Koriander, Kardamom, aber auch Vanille, sind für den gesamten Verdauungsapparat überaus förderlich. Somit vereinigt das Gemüse- und Suppengewürz Zutaten mit medizinischer Wirkkraft, die auf nahezu den gesamten Organismus einen Einfluss haben, vor allem aber auf die Verdauungsorgane einschließlich der Bauchspeicheldrüse und auf die Beschaffenheit des Bluts. Darin stellt es sogar eine gewisse Vorbeugung gegen die modernen Volkskrankheiten Diabetes mellitus und Arteriosklerose dar.

ALFONS SCHUHBECK

GEWÜRZE SIND WIE TEE

Gerade beim Würzen von Suppen ist eine Grundregel wichtig, mit der ich so gut wie alle Teilnehmer meiner Kochkurse einfange: Gewürze behandle ich wie Tee – den koche ich normalerweise auch nicht stundenlang, sondern lasse ihn nur für kurze Zeit ziehen. Das heißt: Das Gemüse- und Suppengewürz kommt erst kurz vor Ende der Garzeit in die Brühe. In der Flüssigkeit entwickelt es sich nämlich sehr schnell, und alle geschmacklichen und gesundheitlichen Komponenten, die unter einer lang anhaltenden Hitze leiden würden, bleiben trotzdem erhalten.

1 Knoblauch
2 Ingwer
3 Koriander
4 Kardamom
5 schwarzer Pfeffer
6 Kurkuma
7 Kreuzkümmel
8 Fenchel
9 Zimt
10 Vanille

Schuhbecks Couscousgewürz

In Marokko wird Couscous recht aufwendig bei seiner Zubereitung aromatisiert: Ein Sieb mit den Grießkügelchen hängt über einer köchelnden Brühe aus Fleisch und Gemüse, zieht in deren Dampf gar und nimmt dabei die Aromen der Zutaten auf. In unserer wesentlich schnelleren Küche bietet sich Couscous auch als rasch zubereitete Beilage an: Die Grießkörnchen werden einfach mit heißer Brühe übergossen. Allerdings brauchen sie dann noch etwas geschmackliche Nachhilfe in Form von Gewürzen, wie sie für das Land zwischen Atlantik und Atlas typisch sind.

Die Couscousmischung mit ihren vielen Einzelkomponenten ist tatsächlich vom reichhaltigen Angebot der Gewürzstände in den Suqs von Marrakesch inspiriert: Kurkuma, Kardamom, Koriander und Kreuzkümmel, Ingwer, Zimt, Nelken und Safran ... Hier sind mehr als der halbe Maghreb und ein Gutteil des Orients versammelt. Aus gesundheitlicher Perspektive spielen dabei die Ingwergewächse – Ingwer selbst sowie die verwandte Gelbwurzel, der Kurkuma –, aber auch der Knoblauch eine zentrale Rolle. Alle drei Pflanzen besitzen Wirkungen, die die Konsistenz des Bluts verbessern, also Blutfette und Blutzucker senken und das Blut flüssiger halten.

Ein ebenfalls sehr potentes Gewürz der Couscousmischung ist der im Orient so beliebte Kreuzkümmel. Die in ihm enthaltenen ätherischen Öle fördern die Tätigkeit der Bauchspeicheldrüse und erhöhen die Toleranz gegenüber Blutzucker – sein Einsatz wird mittlerweile sogar bei der Kontrolle und zur Vorbeugung von Diabetes mellitus erwogen. Allerdings muss er mit Fingerspitzengefühl dosiert werden: Schon ein Hauch zu viel kann ein Gericht nahezu ungenießbar machen. Und viele der anderen Gewürze, die in der Mixtur vorkommen, sind außerdem äußerst förderlich für die Verdauung und können Zellen vor der Zerstörung durch freie Radikale schützen. Mit anderen Worten: Die Couscousmischung hat eine gesundheitsfördernde Wirkung auf nahezu den gesamten Organismus. Diese entfaltet sich am besten, wenn das Gewürz mit der Brühe verrührt wird, bevor der Couscous dazukommt. Dadurch, dass die kleinen Kügelchen anschließend nur noch quellen, aber nicht mehr erhitzt werden, verliert das Gewürz dabei weder an Geschmack noch an Heilwirkung. Auch andere Beilagen, allen voran Bulgur und Reis, lassen sich auf diese Weise schnell und einfach aromatisieren.

Alfons Schuhbeck

Der Safran der armen Leute

Das Couscousgewürz, das durch meine Marokkoreise inspiriert wurde, ist gelb – es ist die für die Küche des Landes typische Farbe. Sie rührt vor allem von der Kurkuma her, die man auch den »marokkanischen Safran« nennt. Denn wer sich früher den teuren, das Essen ebenfalls gelb färbenden Safran nicht leisten konnte, benutzte Kurkuma, um den Schein zu wahren. Daraus ist eine eigene, sehr gesunde Würztradition entstanden. Kurkuma gehört zu den Gewürzen mit der größten gesundheitsfördernden Wirkung, und kann, da sie wesentlich günstiger ist als Safran, in weitaus größeren Mengen eingesetzt werden.

1 Ingwer
2 Knoblauch
3 Kurkuma
4 Kardamom
5 Koriander
6 Kreuzkümmel
7 Paprika (edelsüß)
8 Zimt
9 Fenchel
10 Vanille
11 Anis
12 Gewürznelken
13 Safran

Schuhbecks
Orientalisches Reisgewürz

Wer Reis nur als relativ geschmacksneutrale Beilage für saucenreiche Fleischgerichte abgespeichert hat, der kam noch nie in den Genuss, eine Reiszubereitung aus dem Orient zu kosten. Selbst einfachster Reis wird vor dem Quellen in heißem Öl geschwenkt, in Brühe gegart, häufig mit Kräutern, Mandeln, Nüssen und Rosinen, auf alle Fälle aber mit einem ganzen Bouquet an Gewürzen auf den Tisch gebracht. Diese vollkommen andere Art, mit Reis umzugehen, stand Pate für mein Orientalisches Reisgewürz.

Eine der wichtigsten Noten in meinem Reisgewürz ist Zimt, der in allen Küchen des Orients nicht nur für Süßspeisen und Tees, sondern auch für zahlreiche Fleisch- und Gemüsegerichte verwendet wird. Der gesundheitliche Effekt dabei ist nicht zu unterschätzen: Zimt wirkt nicht nur effizient gegen Grippe- und Erkältungsviren; jüngste Studien haben darüber hinaus gezeigt, dass das Gewürz in der Lage ist, den Blutzuckerspiegel zu senken – in einem Ausmaß, dass in manchen Fällen von leichtem Diabetes auf Insulin verzichtet und bei insulinpflichtigem Diabetes die Arzneidosis deutlich gesenkt werden konnte. Die weiteren Komponenten des Orientalischen Reisgewürzes haben eine stark verdauungsfördernde Kraft und schützen vor Bakterien- und Pilzinfektionen.

Eine Gewürzmischung mit so positiven Effekten ist deshalb auch aus gesundheitlichen Überlegungen heraus bei einer Beilage, ohne die kaum ein Hauptgericht im Osten des Mittelmeers und den östlich davon gelegenen Ländern auskommt, mehr als sinnvoll. In all diesen Regionen wird Reis praktisch täglich gegessen, seit er – unter anderem – von den nomadischen Turkvölkern immer weiter nach Westen verbreitet wurde. Die Türken waren es dann, die dieses Getreide im eigenen Land und in allen Gebieten unter ihrem Einfluss – zu seinen Glanzzeiten erstreckte sich das Osmanische Reich von der algerischen Küste bis ans Kaspische Meer – immer weiter kultivierten und verfeinerten. Eines der berühmtesten Reisrezepte stammt aus dem Istanbuler Topkapi-Palast: Für dieses Pilaw wurden neben Zwiebeln und Brühe noch Mandeln, Pinienkerne, Korinthen, Nelken, Zimt und eine großzügige Prise Safran verwendet. Ein Hauch von diesem Luxus steckt auch im Orientalischen Reisgewürz, das Sie am besten erst am Ende der Garzeit in Ihren Reis rühren.

ALFONS SCHUHBECK

FINGERSPITZENGEFÜHL FÜR ZIMT

Dass wir das Reisgewürz etwas zimtlastig gemacht haben, ist auch meinem palästinensischen Freund Semih geschuldet. Er ist zwar kein Profi, steht aber in seiner Freizeit mit leidenschaftlicher Begeisterung am Herd und hat für Gewürze ein Fingerspitzengefühl, von dem sich mancher Berufskoch eine Scheibe abschneiden könnte. Bei ihm probierte ich einen Reis mit einer fast durchdringenden Zimtnote – und wusste plötzlich, was mir an meiner eigenen, mir bis zu diesem Zeitpunkt etwas fad erscheinenden Gewürzmischung fehlte.

1 Paprika (edelsüß)
2 Koriander
3 Kurkuma
4 Kardamom
5 Knoblauch
6 Fenchel
7 Rosenblüten
8 Gewürznelken
9 Ingwer
10 Vanille
11 Zimt

Schuhbecks Orientalisches Fischgewürz

In allen arabischen Ländern, die ich bereist habe, wurde, sobald man sich der Küste näherte, oft und begeistert Fisch gegessen – in Marokko als Tajine, in Tunesien mit Couscous, in Beirut auf scharfem Tomaten-Paprika-Gemüse, in der Türkei in Zitronensaft und Olivenöl mariniert und dann am Spieß gebraten. Die Gewürzmischung, die ich – mit diesen Eindrücken im Hinterkopf – entwickelt habe, ist absichtlich äußerst mild gehalten. Schließlich sollen die Gewürze den zarten Fisch nicht überdecken, sondern ihm seine Persönlichkeit belassen.

Da Fisch, besonders Meeresfisch, zu den gesündesten Lebensmitteln gehört, passen Knoblauch, Ingwer und Kurkuma nicht nur aus geschmacklichen Gründen perfekt – sie gehören auch zu den wirkungsvollsten Gewürzen, die wir kennen. Ihr regelmäßiger Gebrauch vermag schwere Erkrankungen zu verhindern und verlängert damit tatsächlich das Leben. Beispielsweise beugen sie in ihrem Zusammenspiel der Entstehung von Blutgefäßverkalkung vor und senken den Blutdruck, was die Gefahr, einen Herzinfarkt zu erleiden, erheblich reduziert. Sie hemmen Bakterien und Pilze in ihrem Wachstum und wirken der Entstehung von Tumoren entgegen. Dazu kommt noch die verdauungsfördernde Wirkung, die alle Zutaten des Orientalischen Fischgewürzes mit sich bringen.

Neben den geschmacklichen Besonderheiten von Fisch gab es noch einen weiteren Grund, warum ich diese Gewürzmischung so zurückhaltend gestaltet habe: Man soll sie oft und vielseitig einsetzen können, etwa für Marinaden (im Verhältnis 1 TL Gewürzmischung auf 4 EL Olivenöl), in die Fischfilets eingelegt werden, bevor sie ohne weitere Fettzugabe bei milder Hitze in die Pfanne kommen. Oder zur Zubereitung einfacher Saucen, für die lediglich Öl oder braune Butter erwärmt und anschließend mit der Mischung aromatisiert wird. Diese Sauce wird dann über den fertig gebratenen oder gegrillten Fisch geträufelt.

Das ist nicht nur eine Wohltat für den Gaumen, sondern ebenso für den Magen-Darm-Trakt, der von allen Zutaten meines Orientalischen Fischgewürzes unterstützt wird. Denn eine gute Verdauung ist die beste Voraussetzung für gute Gesundheit. Diese Weisheit lehrten schon die Ärzte der Antike, der arabischen Hochkultur und des Mittelalters. Ein Wissen, das heute viel zu sehr in Vergessenheit geraten ist.

ALFONS SCHUHBECK

Genuss fürs Auge

Es sind nicht allein Duft und Geschmack, die die Küche des Orients so einzigartig machen. Die unverwechselbare Farbigkeit der Gerichte, die – woher auch sonst – vom gezielten Einsatz bestimmter Gewürze herrührt, überrascht und besticht ebenfalls immer aufs Neue. Die schöne gelbrote Farbe, die Fischgerichte durch das Orientalische Fischgewürz annehmen, geht vor allem auf zwei Komponenten zurück: auf Kurkuma, die nicht umsonst übersetzt Gelbwurzel heißt, und auf Paprika. Marinierte Garnelen werden dadurch nicht nur geschmacklich, sondern auch optisch attraktiv.

1 Knoblauch
2 Ingwer
3 Koriander
4 Kurkuma
5 Paprika (edelsüß)
6 Fenchel
7 italienische Kräuter
8 Kardamom
9 Zimt
10 Zitronen- und Mandarinen-Orangen-Öl (aus Zitrusschalen gewonnen)

Schuhbecks ORIENTALISCHES TATARGEWÜRZ

Zu den berühmtesten Gerichten der Küche im Libanon gehört ein Hackfleischgericht, bei dem Lamm- oder Rinderhack mit Bulgur vermischt und dann roh gegessen wird. Bei den Temperaturen, die in diesem Mittelmeerland während des Hochsommers herrschen, wird schnell klar, welche Aufgabe eine Gewürzmischung – neben der des Aromatisierens – zwingend erfüllen muss: Sie hat dafür zu sorgen, dass dieses Tatar nicht ganz so schnell verdirbt, wie es rohes Hackfleisch außerhalb des Kühlschranks üblicherweise tut. Auch mein Orientalisches Tatargewürz hat diese Wirkung.

Doch auch sonst ist der gesundheitliche Effekt dieser Mischung durchaus erstaunlich: Nahezu alle Einzelgewürze haben eine verdauungsfördernde Kraft. Besonders interessant ist dabei, dass nicht nur Zimt, sondern ebenso Kreuzkümmel, Chili und Pfeffer die Aktivität der Bauchspeicheldrüse anregen können und damit eine vorbeugende Wirkung gegen Diabetes mellitus besitzen. Überhaupt Pfeffer: Er unterstützt die entgiftende Funktion der Leber, fördert den Gallenfluss und aktiviert damit die Fettverdauung. Außerdem verbessert der wichtigste Inhaltsstoff des Pfeffers, Piperin, die Fähigkeit des Körpers, wertvolle Ingredienzen anderer Gewürze aufzunehmen und damit deren Wirkung zu intensivieren.

Was heißt: Die positiven gesundheitlichen Ergebnisse sind bei dieser Gewürzmischung äußerst vielseitig: Knoblauch, Ingwer, Kreuzkümmel und Koriander helfen, den Blutfettspiegel niedrig zu halten und so einer altersbedingten Arterienverkalkung (Arteriosklerose) vorzubeugen, die zu Thrombosen und zu Herzinfarkt führen kann. Alle Gewürze, die ätherische Öle aufweisen – und das ist bei sämtlichen Zutaten des Tatargewürzes der Fall –, bremsen zudem Wachstum und Vermehrung von Bakterien; Ingwer, Pfeffer, Kardamom, Fenchel, Zimt, Kreuzkümmel und Chili haben auch eine entzündungshemmende Wirkung. Und schärfere Gewürze wie Ingwer, Pfeffer und Chili steigern darüber hinaus noch die Durchblutung der Körperorgane – aller Körperorgane, auch und gerade im Unterleib, sodass man fast von einer aphrodisierenden Reaktion sprechen könnte. Nicht nur deshalb, sondern wegen ihrer generell vielfältigen geschmacklichen und gesundheitlichen Komponenten ist die Gewürzmischung auch bestens geeignet, um neben Tatar Hackfleischgerichte, kurz gebratenes Fleisch oder auch Gemüse zu verfeinern.

ALFONS SCHUHBECK

TRADITION MIT FRISCHEM WIND

Als ich nach Beirut reiste, bescherte mir eine glückliche Fügung die Bekanntschaft mit Joe Barza, einem Fernsehkoch und Seelenverwandten: Er versucht, frischen Wind in die in ihrer Tradition etwas erstarrte libanesische Küche zu bringen, ganz ähnlich der Art und Weise, wie ich hier mit der bayerischen Küche umgehe. Kurze Zeit später besuchte Barza mich in München, und wir experimentierten, was man mit den Klassikern der libanesischen Küche anfangen könnte. Natürlich haben wir auch Kibbeh Nayeh gemacht, jenes arabische Tatar – und dabei entstand das Rezept für diese Gewürzmischung.

1 Ingwer
2 schwarzer Pfeffer
3 Knoblauch
4 Koriander
5 Kardamom
6 Fenchel
7 Kreuzkümmel
8 Zimt
9 Chili (mild)
10 Vanille

Schuhbecks ORIENTALISCHES HACKFLEISCH-GEWÜRZ

Ohne Hackfleisch wären viele Klassiker der orientalischen Küche, gerade in den Ländern des östlichen Mittelmeers, gar nicht denkbar: Köfte – die Hackbällchen in der Türkei, die oft am Spieß gebraten werden. Oder Kibbe – die Hack-Bulgur-Frikadellen aus dem Libanon. Nicht zu vergessen die ganze Palette an mit Hack gefüllten Gemüsen von der Aubergine bis zum Kohlblatt, die für diese Region so typisch sind. Und natürlich erhalten diese Speisen ihr besonderes Aroma durch die Gewürze, die von Anfang an unter die Hackfleischmasse gemengt werden.

Angelehnt ist meine Mischung an jene traditionellen Gewürzzusammenstellungen, die in den Ländern zwischen dem Libanon und der Türkei für alle Hackfleischgerichte verwendet werden – und die dort gleich mehrere Aufgaben erfüllen: Neben dem Aromatisieren geht es zunächst einmal darum, das schnell verderbliche Hackfleisch, das in diesen heißen Gebieten ja auch schon vor der Erfindung des Kühlschranks gern verwendet wurde, etwas länger haltbar zu machen. Diesen Anforderungen werden alle Gewürze gerecht, die den Körper gegen die Zellen angreifende freie Radikale wappnen: Das sind zum Beispiel Knoblauch und Ingwer, Koriander und Kurkuma, aber ebenso Zimt und Vanille; selbst Rosenblätter haben einen schwachen antioxidativen Effekt, der nach dem Essen auch den Zellen des Genießers zugutekommt. Außerdem haben alle in der Hackfleischmischung involvierten Gewürze – wie in den meisten anderen Gewürzmixturen des Orients – eine ausgeprägt förderliche Wirkung auf den gesamten Verdauungsapparat. Aufgrund der großen Aromenvielfalt im Hackfleischgewürz – es sind insgesamt vierzehn verschiedene Gewürze im Spiel – können zwar medizinisch äußerst effiziente Gewürze wie Ingwer, Kurkuma und Knoblauch ihre Heilkraft nicht in der Weise entfalten wie bei anderen Rezepturen, weil ihr mengenmäßiger Anteil durch die große Anzahl an Zutaten im Vergleich geringer ausfällt. Doch auch ohne deren einschlägige Kraft sind sowohl die positiven Reaktionen eines guten, ausgewogenen Geschmacks auf die Psyche, den gesamten Organismus sowie auf das die Verdauung unterstützende Zusammenspiel der hier benutzten Ingredienzen nicht zu unterschätzen. Um Frikadellen, Hackbraten und Hackfleischfüllungen mit dieser typisch orientalischen Note zu versehen, reichen zwei Teelöffel der Gewürzmischung auf 500 g Hackfleisch.

ALFONS SCHUHBECK

ZWISCHEN ORIENT UND OKZIDENT

Auch bei dieser Kreation war die Suche nach der richtigen, für Orient wie Okzident stimmigen Mischung ein längerer Prozess des Experimentierens, Abstimmens und Fragens. In Beirut und Jerusalem, in Damaskus und in Istanbul habe ich mir bei verschiedensten Gewürzhändlern zeigen lassen, was sie für Hack empfehlen. Ich habe Mitarbeiter befragt, die aus diesen Ländern stammen oder Verwandte dort haben. Und ich habe meine eigene Mischung mit den beiden Köchen abgeschmeckt, die ich auf meinen Reisen kennengelernt habe und die anschließend bei mir zu Gast waren – Sewar al Bittar aus Syrien und der libanesische TV-Koch Joe Barza.

1 Kreuzkümmel

2 Chiliflocken (mild)

3 schwarzer Pfeffer

4 Kurkuma

5 Fenchel

6 Zimt

7 Gewürznelken

8 Koriander

9 Paprika (edelsüß)

10 Anis

11 Ingwer

12 Vanille

13 Knoblauch

14 Kardamom

Rezeptklassiker des Orients

Hummus

Kichererbsen sind im östlichen Mittelmeer enorm beliebt. Doch in kaum einem Gericht können sie ihre Qualitäten besser entfalten als im Hummus. Das Kichererbsen-Sesam-Püree ist weder von den Vorspeisentafeln Syriens wegzudenken noch aus Fladenbroten mit gebratenem Fleisch. Damit das Püree zart wird, rubbeln die Hausfrauen nach dem Kochen die Schalen ab – dazu hätte hier kaum jemand die Muße. Deshalb gebe ich Natron ins Einweichwasser: Dann werden die Häutchen so weich, dass man sich das Schälen sparen kann.

1 Am Vortag 350 g getrocknete Kichererbsen in eine Schüssel geben, mit gut 1 l Wasser bedecken und ½ TL Natron unterrühren. Die Kichererbsen über Nacht im Kühlschrank einweichen.

2 Am nächsten Tag die Kichererbsen in ein Sieb abgießen, gut abwaschen und in einem Topf mit Wasser bedecken. ½ TL Natron dazugeben und knapp unter dem Siedepunkt 1½ Stunden weich garen.

3 Die Kichererbsen in ein Sieb abgießen und auf Zimmertemperatur abkühlen lassen. Die lauwarmen Kichererbsen im Blitzhacker grob zerkleinern.

4 75 g Tahin (Sesampaste; aus dem Reformhaus), 2 fein geriebene Knoblauchzehen, 1 TL geriebenen Ingwer und den Saft von ½ Zitrone unter das Kichererbsenmus mixen.

5 250 g leicht angetaute Eiswürfel mit dem Schmelzwasser untermixen. Dadurch wird das Püree noch etwas luftiger. Zum Schluss 5 EL mildes Salatöl hineinmixen. Die cremige Paste mit Salz abschmecken.

6 Den Hummus auf eine Platte streichen, dabei in der Mitte mit dem Löffelrücken Vertiefungen ziehen, und mit einigen EL mildem Olivenöl großzügig beträufeln. Den Hummus mit Fladenbrot servieren.

Baba Ganoush

»Wenn deine Braut Auberginen nicht auf fünfzig verschiedene Arten zubereiten kann – heirate sie nicht«, empfiehlt ein arabisches Sprichwort. Tatsächlich kennt die Küche des Orients für keine Zutat mehr Varianten. Zu den berühmtesten gehört das fein gehackte Mus mit gegrillter Aubergine, Paprika und Tomate, das bei den Vorspeisen eines syrischen oder libanesischen Menüs nie fehlen darf – außer es gibt »Mutabal«, ein ebenso beliebtes Auberginenpüree, das ohne Gemüse, dafür aber mit Joghurt, Knoblauch, Zitronensaft und Tahin serviert wird.

1 Den Backofen auf 180 °C vorheizen. 2 große Auberginen mit einem Messer rundum mehrmals einstechen. Die Auberginen auf ein Backblech legen und im Ofen auf der mittleren Schiene etwa 30 Minuten backen.

2 Die Grillfunktion dazuschalten und die Auberginen weitere 15 bis 20 Minuten schwarz rösten, dabei gelegentlich wenden.

3 Die Auberginen 20 bis 30 Minuten abkühlen lassen, dann die Haut mit einem Messer abziehen. Gegebenenfalls das weiche Fruchtfleisch auf einem Sieb abtropfen lassen.

4 Das Fruchtfleisch in etwa 1 cm große Würfel schneiden. Mit Salz, je 1/2 TL gemahlenem Kreuzkümmel, gemahlenem Koriander und 1 TL Sumach (dunkelrotes, säuerliches Gewürz, aus den Steinfrüchten des gleichnamigen Baums) würzen.

5 Je 1/2 grüne, rote und gelbe Paprikaschote entkernen, waschen und in kleine Würfel schneiden. 1 Tomate waschen, halbieren und den Stielansatz entfernen. Die Tomate in kleine Würfel schneiden.

6 Die Auberginenwürfel auf einem großen tiefen Teller verteilen, die Paprika- und Tomatenwürfel daraufstreuen und alles mit 4 EL mildem Olivenöl beträufeln. Mit Fladenbrot servieren.

TABOULEH

Kaum ein Salat ist erfrischender als dieser Mix aus gehackter Petersilie, Minze, Frühlingszwiebeln, Tomaten und Bulgur, der – meist als Vorspeise – überall in den Ländern des östlichen Mittelmeers serviert wird. Doch auch als Beilage zu Fisch, Fleisch und Geflügel macht sich das neutrale Tabouleh perfekt. Eine interessante Variante hat mir ein syrischer Koch gezeigt: Er übergoss den Bulgur nicht mit Salzwasser, sondern verknetete ihn mit fein gehackten Zwiebeln und Zitronensaft und ließ ihn so ziehen, bevor er ihn unter die restlichen Zutaten mischte.

1 100 g feinen Bulgur in einer Schüssel mit leicht gesalzenem Wasser gut bedecken und 30 Minuten quellen lassen.

2 Von 2 großen Tomaten den Stielansatz entfernen. Die Haut am unteren Ende kreuzweise einritzen und die Tomaten 20 Sekunden in kochendes Wasser tauchen.

3 Die Tomaten herausnehmen, kalt abschrecken, häuten, vierteln und entkernen. Tomatenviertel in kleine Würfel schneiden.

4 4 kleine Frühlingszwiebeln putzen, waschen und in feine Ringe schneiden. Etwa 3 Bund Petersilie waschen, trocken schütteln und die Blätter abzupfen (es sollen etwa 130 g sein). Die Petersilienblätter fein schneiden.

5 ½ Bund Minze waschen, trocken schütteln und die Blätter abzupfen (es sollen etwa 10 g sein). Minzeblätter fein schneiden, mit 6 bis 8 EL Zitronensaft und 100 ml mildem Olivenöl verrühren. Mit Salz und Pfeffer würzen.

6 Den Bulgur auf einem Sieb abtropfen lassen und mit den Tomatenwürfeln, den Frühlingszwiebeln und der Petersilie vermischen. Das Dressing unterrühren. Das Tabouleh etwas ziehen lassen und gegebenenfalls nachwürzen.

Falafel mit Zitronen-Dip

Sie sind der berühmteste Exportartikel der ägyptischen Küche, allerdings verstecken sich die aus Kichererbsen oder Bohnen zubereiteten Bällchen dort unter dem wenig geläufigen Namen Ta'amiya. Weltbekannt dagegen machten den Snack die Libanesen – deren Falafel sind längst in New York ein ebenso beliebter Imbiss wie in Paris oder Berlin. Ich serviere die in Öl ausgebackenen Nocken gerne mit einem Zitronen-Dip: Er gibt dem klassischen Gericht eine überraschende Frische.

1 350 g gegarte Kichererbsen (aus der Dose) in ein Sieb abgießen, kalt abbrausen und abtropfen lassen. Im Blitzhacker pürieren und in eine Schüssel geben.

2 Eine Knoblauchzehe dazureiben, etwa 1 TL geriebenen Ingwer, 1 EL frisch geschnittene Petersilie, 40 g Frischkäse, 1 bis 2 EL Toastbrotbrösel und 1 Ei dazugeben. Mit Salz und 2 TL Orientalischem Hackfleischgewürz (siehe S. 154) abschmecken.

3 Mit zwei angefeuchteten Esslöffeln aus der Masse kleine Nocken formen. Falls nötig, die Nocken mit angefeuchteten Händen nachformen.

4 Reichlich Frittierfett mindestens 4 cm hoch in der Fritteuse oder in einem Topf auf 170 °C erhitzen. Die Bällchen darin portionsweise etwa 4 Minuten goldbraun ausbacken. Auf Küchenpapier abtropfen lassen.

5 Für den Zitronen-Dip 1 bis 2 EL helle Sesamsamen in einer Pfanne ohne Fett bei milder Hitze anrösten, aus der Pfanne nehmen und abkühlen lassen.

6 300 g Crème fraîche, 4 EL Sahne, 2 EL mildes Olivenöl, 1 TL abgeriebene unbehandelte Zitronenschale, 1 TL scharfen Senf, etwa 1 EL Zitronensaft und Sesam verrühren. Den Dip mit Salz, Cayennepfeffer und Zucker abschmecken.

Salzzitronen

Während sie in allen anderen Ländern so gut wie unbekannt sind, gehören eingelegte Zitronen in der Küche Marokkos zu den absoluten Hauptdarstellern. Und sie sind besonders vielseitig: Die Schalen, denen das Salz die Bitterstoffe entzogen hat, werden mit Lamm, Huhn oder Fisch zu köstlichen Ragouts geschmort oder würzen fein geschnitten Salate und Gemüse. Am besten fürs Einlegen geeignet sind dünnschalige, kleine Zitronen: Sie ziehen besonders gut durch und lassen sich platzsparend in die Einmachgläser schichten.

1 10 unbehandelte Zitronen unter fließendem heißem Wasser waschen und eventuell mit der Gemüsebürste abbürsten. 250 g grobkörniges Meersalz abmessen.

2 Die Zitronen längs auf vier Seiten tief in das Fruchtfleisch einschneiden. Dabei sollte der Schnitt etwa 1 cm von den Enden entfernt verlaufen, sodass die Zitronen anschließend zwar geviertelt sind, aber oben und unten noch zusammenhalten.

3 Die Zitronen von den Enden her leicht zusammendrücken und in die entstehenden Spalten etwas grobkörniges Meersalz hineindrücken (je 2 bis 3 TL pro Zitrone).

4 Die Zitronen in Einmachgläser legen und das restliche Salz darüber verteilen. Die Zitronen zugedeckt bei kühler Zimmertemperatur 2 Tage Saft ziehen lassen.

5 Reichlich Wasser aufkochen und die Zitronen damit vollständig übergießen. Die Gläser gut verschließen und die Zitronen bei Zimmertemperatur etwa 30 Tage durchziehen lassen.

6 Bei Bedarf die Salzzitronen vierteln, das bittere Fruchtfleisch entfernen, die Schale in Streifen schneiden und z. B. zu Kartoffelsalat geben. Salzzitronen eignen sich auch gut für Zitronenhähnchen. Angebrochene Gläser im Kühlschrank aufbewahren.

Briks mit Eierfüllung

In Tunis gibt es die herausgebackenen Warka-Teigtaschen an jeder Straßenecke, und mit den verschiedensten Füllungen – mit Kartoffeln und Petersilie, mit Thunfisch und Kapern. Meine Variante mit Hackfleisch und Ei erfordert bei der Zubereitung ein bisschen Fingerspitzengefühl: Wichtig ist, dass das Ei gut im Hackfleisch eingebettet liegt, damit es nicht ausläuft. Denn die Ränder der Teigplatten werden nicht zusammengeklebt, sondern erst durch das stockende Ei fixiert. Im Idealfall ist das Eigelb beim Servieren noch heiß, aber nicht flüssig.

1 2 große Zwiebeln (etwa 300 g) schälen und in feine Würfel schneiden. In 1 EL Öl in einer großen Pfanne bei mittlerer Hitze andünsten. 250 g Rinder- oder Lammhackfleisch dazugeben und kurz mitbraten, bis es seine rosa Farbe verloren hat.

2 Mit 1 gehäuften TL Orientalischem Hackfleischgewürz (siehe S. 154) und 3 EL frisch geschnittener Petersilie vermischen und alles mit Salz und mildem Chilipulver kräftig würzen.

3 Ein Brikteigblatt mit 1 EL Öl bestreichen und ein zweites Blatt sofort darauflegen. Restliche Blätter noch in der Packung lassen, sie trocknen schnell aus.

4 Ein Viertel der Hackfleischmasse etwas unterhalb der Mitte auf das Teigblatt geben. In die Mitte der Masse eine runde Mulde drücken, sodass ein aufgeschlagenes Ei darin Platz hat. 1 Ei (Größe S) wie ein Spiegelei hineinsetzen.

5 Den Teig über dem Ei und dem Hackfleisch so zusammenfalten, dass ein großer Halbmond entsteht. Auf diese Weise 3 weitere Briks zubereiten.

6 In einer großen Pfanne 1 EL Öl erhitzen. Das gefüllte Teigblatt darin bei mittlerer Hitze auf beiden Seiten je etwa 2 Minuten goldbraun braten. Auf Küchenpapier kurz abtropfen lassen und mit Salz würzen. Auf diese Weise 3 weitere Briks zubereiten.

Harira

Der Duft dieser Suppe weht jedes Jahr während des Ramadan durch die Straßen der marokkanischen Dörfer und Städte. Denn die stärkende Harira ist im Fastenmonat die erste Mahlzeit des Tages, die auf den Tisch kommt, sobald die Sonne untergegangen ist und der Muezzin zum Abendgebet gerufen hat. Der Eintopf mit Lamm, Kichererbsen, Tomaten, Zwiebeln, Reis und Gewürzen ist ausgewogen, wärmend – und so beliebt, dass er mittlerweile auch außerhalb der Fastenzeit als erster Gang eines Abendessens oder als eigenständige Mahl-

1 100 g Berglinsen und 100 g getrocknete Kichererbsen separat in reichlich Wasser über Nacht einweichen. ½ TL Natron zu den Kichererbsen geben. Am nächsten Tag 500 g Lammfleisch (aus der Keule; küchenfertig) in etwa 2 cm große Würfel schneiden.

2 Kichererbsen und Linsen getrennt voneinander abgießen. 1 große Zwiebel schälen und fein würfeln. In einem Topf 1 EL braune Butter (siehe Tipp S. 202) erhitzen, das Fleisch darin bei mittlerer Hitze rundum anbraten. Wieder herausnehmen.

3 Die Zwiebelwürfel in den Topf geben, gegebenenfalls etwas Öl hinzufügen und die Zwiebelwürfel andünsten.

4 1 EL Tomatenmark einrühren und kurz anrösten. Das Fleisch mit den Kichererbsen dazugeben und mit 1½ l Hühnerbrühe auffüllen. Knapp unter dem Siedepunkt etwa 1¼ Stunden ziehen lassen. Die Linsen dazugeben und 20 Minuten weich garen.

5 Inzwischen 100 g Langkornreis auf einem Sieb unter fließendem kaltem Wasser waschen, bis es klar bleibt. Den Reis mit so viel Wasser in einen Topf geben, dass es etwa fingerbreit über dem Reis steht.

6 Den Reis salzen und zugedeckt knapp unter dem Siedepunkt etwa 18 Minuten quellen lassen, bis er die gesamte Flüssigkeit aufgenommen hat.

zeit gereicht wird. Gewürze spielen in der Harira eine große Rolle – ohne Kurkuma, Zimt, Ingwer, Safran, Pfeffer und Paprika wäre die »Nationalsuppe Marokkos« kaum denkbar. Dabei hat jede Hausfrau ihr ganz eigenes Rezept: Es gibt Varianten mit Kreuz- und sogar mit Wiesenkümmel, andere Versionen setzen auf den scharfen Akzent von Chilischoten. Serviert wird die Harira mit einer Auswahl herzhafter, aber auch süßer Leckerbissen – Pasteten mit Lamm oder Huhn, hart gekochten Eiern, frischen Datteln, getrockneten Feigen und kleinen Kuchen.

7 Zum Schluss den Reis im Topf mit einer Gabel auflockern.

8 Kurz vor Ende der Garzeit des Eintopfs den Reis mit 2 TL Orientalischem Gemüse- und Suppengewürz unterrühren. Mit Salz und nach Belieben noch etwas Gewürz abschmecken. 4 Tomaten kreuzweise einritzen und kurz überbrühen.

9 Die Tomaten häuten, vierteln, entkernen und in Würfel schneiden. In einer Pfanne in 1 EL brauner Butter bei milder Hitze kurz andünsten, je 1 EL Petersilie und Koriander (frisch geschnitten) hinzufügen und mit Salz und Pfeffer würzen.

Die Harira auf vorgewärmte tiefe Teller verteilen und je 1 EL Tomatenwürfel daraufsetzen. Die Suppe ergibt 6 bis 8 Portionen.

Kibbeh Nayeh (Tatar mit Bulgur)

Die Fleisch-Bulgur-Mischung gehört zu den beliebtesten Vorspeisen des Libanon. Traditionalisten verwenden dafür Hammelfleisch, seltener Rind oder Lamm. Im Norden des Landes wird es mühsam mit Steinmörsern zerstampft, im Süden, nicht weniger aufwendig, mit einem Wiegemesser gehackt. Libanesische Gourmets behaupten, den Unterschied auf Anhieb zu erkennen – und verachten effizientere Methoden wie Fleischwolf oder Blitzhacker. Dennoch wird auch ein damit zubereitetes Kibbeh Nayeh zu einem echten Leckerbissen.

1 60 g feinen Bulgur auf einem Sieb waschen und abtropfen lassen. In Salzwasser 4 Minuten garen, in ein Sieb abgießen, kalt abbrausen und abtropfen lassen. ½ Zwiebel schälen und in feine Würfel schneiden.

2 Den Bulgur mit den Zwiebelwürfeln, ½ TL gemahlenem Kreuzkümmel und ½ TL mildem Chilipulver verrühren.

3 150 g Rinderfilet in kleine Würfel schneiden und mit 6 Eiswürfeln im Blitzhacker pürieren. In eine Schüssel geben, 2 bis 3 EL mildes Olivenöl und 2 EL frisch geschnittene Petersilie unterrühren.

4 Die Bulgurmischung unterrühren. Das Tatar mit Salz und Pfeffer abschmecken.

5 Mit zwei angefeuchteten Löffeln längliche, schmale Nocken abstechen und diese in der Mitte rundum eindellen. Die Masse ergibt 25 bis 30 Nocken.

6 Die Nocken auf einem Teller anrichten. Dazu passen Fladenbrot und ein Gewürz-Joghurt-Dip (siehe S. 180) oder ein Zitronen-Dip (siehe S. 161).

Köfte

Die schlichten Hackfleischbällchen sind ein Beweis für die ungeheure Vielfalt und Kreativität der türkischen Küche. Obwohl die Zubereitung im Prinzip sehr einfach ist, gibt es unzählige Varianten – mit Reis, Brot, Bulgur oder Käse, am Spieß gebraten, in einer sauren Zitronen-Joghurt-Sauce oder, wie hier, mit Tomatensauce serviert. Eines allerdings eint alle Spielarten von Köfte: Sie sollen immer einen intensiven Geschmack haben, für den eine Vielfalt an unter den Teig gekneteten Gewürzen sorgt.

1 1 große weiße Zwiebel schälen und in feine Würfel schneiden. In einer Pfanne in 100 ml Gemüsebrühe weich köcheln, bis die gesamte Flüssigkeit verkocht ist.

2 2 Scheiben Toastbrot (etwa 40 g) in kleine Würfel schneiden und in einer Schüssel mit 5 EL Milch mischen.

3 500 g Lammhackfleisch mit der Zwiebel, Brot, 2 Eiern und 3 EL frisch geschnittener Petersilie in eine Schüssel geben. 1 große Knoblauchzehe schälen und hineinreiben. ½ TL geriebenen Ingwer und 2 TL Orientalisches Hackfleischgewürz hinzufügen.

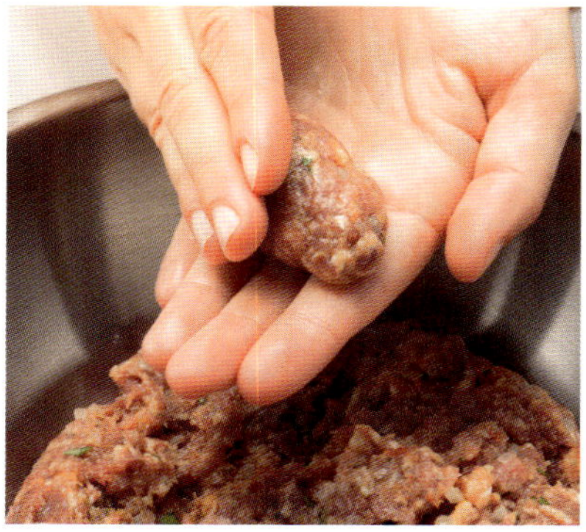

4 Die Zutaten zu einer gleichmäßigen Masse verkneten und mit Salz abschmecken. Aus der Masse golfballgroße Stücke abnehmen und mit angefeuchteten Händen oval formen. Es ergeben sich etwa 20 Stück.

5 In einer großen Pfanne 3 EL Öl erhitzen und die Köfte bei mittlerer Hitze rundum etwa 5 Minuten goldbraun braten. Die fertig gebratenen Köfte auf Küchenpapier abtropfen lassen.

6 Die Köfte mit einer Tomatensauce (siehe z. B. S. 254, Rezept »Tomaten-Safran-Sauce«) und Reis auf Tellern anrichten.

Gemüse-Couscous

In Marokko ist die Zubereitung von Couscous ein richtiges Ritual: Die Weizengrießkörnchen werden erst mit befeuchteten Händen und Öl durchgearbeitet, um dann über dem Dampf eines Gemüse- oder Fleischeintopfs eine gute Stunde lang gar zu ziehen, bevor sie zusammen mit dem Eintopf serviert werden. Während der Garzeit wird der Couscous immer wieder vom Dampf genommen und sorgfältig zwischen den Händen verrieben. Nur so bekommt er seine unvergleichliche Körnigkeit und sein rundes Aroma. Eine so aufwendige Zubereitung würden

1 Für das Gemüse 1 Stange Staudensellerie, 1 Bund kleine Frühlingszwiebeln, 50 g Zuckerschoten und 200 g grünen Spargel putzen und waschen. Den Sellerie schräg in 1 cm breite und etwa 6 cm lange Stücke schneiden.

2 Die Frühlingszwiebeln quer halbieren oder dritteln. Die Zuckerschoten schräg halbieren. Den Spargel im unteren Drittel schälen und schräg dritteln. 2 kleine Karotten schälen, längs vierteln und schräg in etwa 6 cm lange Stifte schneiden.

3 1 rote Paprikaschote schälen, halbieren, entkernen und in 1 cm breite Streifen schneiden. Spargel und Zuckerschoten getrennt in reichlich Salzwasser etwa 4 bzw. 2 Minuten bissfest garen. Herausheben, kalt abschrecken und abtropfen lassen.

4 1/8 l Gemüse- oder Hühnerbrühe in einem Topf erwärmen. Die Karottenstifte mit 3 Scheiben Ingwer darin zugedeckt bei milder Hitze etwa 2 Minuten garen. Den Sellerie und die Paprika dazugeben und etwa 4 Minuten mitgaren.

5 Die Frühlingszwiebeln dazugeben und weitere 3 Minuten mitdünsten, bis das Gemüse noch leicht bissfest ist. Am Ende der Garzeit sollte die Flüssigkeit weitgehend verkocht sein.

6 Spargel und Zuckerschoten dazugeben, 1 bis 2 EL mildes Olivenöl, 1 Knoblauchzehe (in Scheiben), 1 Streifen unbehandelte Zitronenschale und 1/2 Zimtrinde dazugeben. Das Gemüse mit mildem Chilisalz würzen. Einige Minuten ziehen lassen, dann die ganzen Gewürze wieder entfernen.

hierzulande nicht allzu viele auf sich nehmen. Doch ein – fast – vergleichbares Resultat lässt sich erzielen, wenn man Couscous in einer Schüssel mit gut gewürzter Brühe übergießt und anschließend lockert. Das Gemüse wird in einem separaten Topf gedünstet. Die Methode kommt unseren Essgewohnheiten noch aus einem anderen Grund entgegen: Während das Gemüse bei der klassischen Version sehr, sehr weich gekocht wird, bleibt es hier bissfest und behält seine Farbe.

7 Für den Couscous 200 ml Gemüse- oder Hühnerbrühe in einem Topf aufkochen und 2 TL Couscousgewürz (siehe S. 146) unterrühren.

8 120 g Couscous in eine vorgewärmte Schüssel geben, die Gewürzbrühe dazugießen und kurz verrühren. Die Schüssel mit Frischhaltefolie bedecken und den Couscous mindestens 7 Minuten ziehen lassen.

9 Den gequollenen Gewürz-Couscous mit Gabeln auflockern.

Den Gewürz-Couscous mit dem bunten Gemüse in tiefen Tellern oder in einer Servierschüssel anrichten. Der Couscous ergibt etwa 4 Portionen.

Shish Kebab

Mariniertes, am Spieß gebratenes Fleisch ist aus den Küchen zwischen Kairo und Istanbul schlichtweg nicht wegzudenken. Es gehört zu den wichtigsten Hauptspeisen des Orients. Üblicherweise werden die Spieße aufgetragen, während noch die kalten und warmen Vorspeisen auf dem Tisch stehen, darunter Salate und Gemüse, die dann für den Hauptgang als Beilagen fungieren. Werden die Kebabs »pur« mit Fladenbrot serviert, empfiehlt sich die Variante mit Paprika und Zwiebeln – so werden die Fleischspieße abwechslungsreicher.

1 In einer großen Schüssel 90 ml Olivenöl mit 3 EL Zitronensaft, ½ TL gemahlenem Kreuzkümmel, 2 Knoblauchzehen (in Scheiben), 1 grob zerbrochenem Lorbeerblatt und ½ Zimtrinde mischen. Das Gewürzöl mit Salz und Pfeffer würzen.

2 800 g mageres Lammfleisch (aus der Oberschale; ersatzweise Rindfleisch aus der Hüfte) in etwa 2 ½ cm große Würfel schneiden, mit der Marinade mischen und mindestens 3 Stunden marinieren.

3 2 Zwiebeln schälen. Je 1 rote und 1 gelbe Paprikaschote längs halbieren, entkernen, waschen und ebenso wie die Zwiebeln in 2 ½ bis 3 cm große Stücke schneiden.

4 Das Fleisch aus der Marinade nehmen und auf einem Sieb abtropfen lassen. Abwechselnd mit den Zwiebel- und Paprikastücken auf 8 Schaschlikspieße stecken.

5 Eine Grillpfanne bei mittlerer Temperatur erhitzen, 1 bis 2 TL Olivenöl mit einem Pinsel darin verteilen und die Spieße rundum etwa 10 Minuten saftig durchbraten.

6 Die Kebab-Spieße mit Fladenbrot und nach Belieben mit Salat anrichten. Dazu schmeckt der Zitronen-Dip von S. 161.

Lamm-Tajine

Keine Zubereitungsart der marokkanischen Küche ist so berühmt und charakteristisch wie das stundenlange Garen von Fleisch, Fisch oder Gemüse in den Tajines, jenen Tontöpfen mit kegelförmigen Deckeln, die dem Gericht auch den Namen gaben. Die Palette der Zutaten ist breit: Gerade Fleisch wird gerne mit intensiven Gewürzen und frischem oder getrocknetem Obst kombiniert. Und durch die lange Kochzeit gehen die Aromen eine einzigartige Melange ein – übrigens auch dann, wenn die Tajine in einem klassischen Schmortopf schmurgelt.

1 1 kg Lammschulter (ohne Knochen) in 3 cm große Würfel schneiden. 3 Zwiebeln schälen und würfeln. 1 EL Öl in einem Topf erhitzen, das Lammfleisch bei mittlerer Hitze rundum anbraten und herausnehmen. Die Zwiebeln im Öl goldbraun braten.

2 1 EL Tomatenmark zu den Zwiebeln geben und kurz mitrösten. Das angebratene Fleisch mit 600 ml Lammfond hinzufügen. Alles knapp unter dem Siedepunkt 1 ½ bis 2 Stunden weich schmoren. Die Fleischstücke mit einer Gabel herausnehmen.

3 2 Knoblauchzehen (in Scheiben), 2 Scheiben Ingwer, ½ Zimtrinde und ¼ TL gemahlene Kurkuma zum Fond geben. Mit Salz, Pfeffer und 1 Prise mildem Chilipulver würzen. 5 bis 10 Minuten ziehen lassen. Dann die Sauce durch ein Sieb gießen.

4 1 bis 2 TL Speisestärke mit etwas kaltem Wasser glatt rühren, nach und nach in die köchelnde Sauce rühren, bis diese sämig bindet. Die Fleischstücke wieder in die Sauce geben und erhitzen. Gegebenenfalls etwas nachwürzen.

5 Für die Garnitur 2 Pflaumen waschen, halbieren, entsteinen und in Spalten schneiden. In einer Pfanne 2 TL Puderzucker bei mittlerer Hitze hell karamellisieren, die Pflaumenspalten darin andünsten und 1 EL kalte Butter dazugeben.

6 Die Tajine nach Belieben in einer Tajine-Form anrichten und mit den Pflaumenspalten garnieren. Dazu schmeckt Couscous oder Fladenbrot.

Joghurtbällchen (Labne)

Gerade in den Ländern des östlichen Mittelmeers spielen Milchprodukte eine so große Rolle, dass man deren Küche auch als »weiße Küche« bezeichnet, im Unterschied zur auf der Verwendung verschiedener Gewürze beruhenden »gelben« marokkanischen und »roten« tunesischen Küche. Im Libanon, in Syrien und in der Türkei werden Schafskäse und Joghurt unter Salate gemischt, als Füllung für Gemüse und Teigtaschen verwendet oder auch pur genossen – wie bei dieser beliebten, durch Gewürze fein aromatisierten Vorspeise.

1 250 g griechischen Joghurt mit 1 gestrichenen TL Salz verrühren.

2 Den Joghurt in ein Küchentuch geben, dieses zu einem Beutel zusammenfassen und in der Mitte zusammenbinden.

3 Das Küchentuch mit dem Joghurt auf ein Sieb legen, damit die Flüssigkeit abtropfen kann.

4 Einen schweren Gegenstand auf das gefüllte Tuch setzen, z. B. eine Schüssel mit Wasser oder getrockneten Kichererbsen. Den Joghurt im Kühlschrank etwa 24 Stunden abtropfen lassen.

5 Ein Schälchen mit etwas mildem Olivenöl bereitstellen. Mit eingeölten Händen etwa 16 kleine Bällchen aus dem abgetropften Joghurt formen.

6 Die fertigen Joghurtbällchen in Olivenöl einlegen. Nach Belieben Kräuter und Gewürze hinzugeben, sehr gut eignen sich z. B. Knoblauch, Zitronenschale, Thymian, Chilischote und Zimtrinde. Die Joghurtbällchen als Vorspeise mit Fladenbrot servieren.

Milchpudding mit Rosenwasser

In der besten Eisdiele von Damaskus probierte ich einen unglaublich zarten Milchpudding, der mich noch lange beschäftigt hat. Der Besitzer des Cafés verriet mir, dass er dieses Dessert schlicht mit Stärke bindet und mit Rosenwasser aromatisiert – was etwas Fingerspitzengefühl erfordert, damit der Pudding nicht parfümiert schmeckt. Während diese Süßspeise traditionell mit Pistazien, Granatapfelkernen und gehäuteten Mandeln serviert wird, hat meine Variante eine Garnitur, die ihre charakteristische Zartheit noch stärker unterstreicht.

1 Das Mark von ½ Vanilleschote herauskratzen. 1 l Milch mit 80 g Zucker, Vanilleschote, -mark und 1 Prise Salz aufkochen. 50 g Speisestärke mit 50 ml kaltem Wasser glatt rühren, in die kochende Vanillemilch rühren und 1 bis 2 Minuten köcheln lassen.

2 Die Vanilleschote wieder entfernen und 4 TL Rosenwasser (aus der Apotheke) unterrühren. Den Pudding in 12 kleine Schälchen füllen, abkühlen lassen und in den Kühlschrank stellen.

3 Den Backofen auf 180 °C vorheizen. Ein Backblech mit Backpapier belegen und einen Ring oder Ausstecher (8 cm ø) daraufsetzen. Von 50 g Kataifiteig einige Teigfäden abziehen und im Ring verteilen, sodass ein filigraner Teigboden entsteht.

4 Den Ring abnehmen und den restlichen Teig auf die gleiche Weise zu insgesamt 12 Böden verarbeiten. Die Teigböden vorsichtig, aber großzügig mit 6 EL flüssiger brauner Butter (siehe Tipp S. 202) bepinseln und mit 1 EL Puderzucker bestäuben.

5 Die Engelshaar-Blätter (Kataifiteig-Blätter) im Ofen auf der mittleren Schiene 8 bis 10 Minuten goldbraun backen. Herausnehmen, kurz auf Küchenpapier abtropfen und abkühlen lassen.

6 Milchpudding mit insgesamt 1 EL getrockneten Rosenblättern und knusprigen Engelshaar-Blättern garnieren.

Kleine Aromaküche des Orients

Gewürzreis garen

Reis kann ausgezeichnet vorgegart und gekühlt aufbewahrt werden (Step 1 bis 3). Zum Servieren wird er dann mit Gewürzen, wie Orientalischem Reisgewürz oder Ras-el-Hanout, fertiggestellt (Step 4 bis 6). Ist der Reis als Beilage für ein bereits würziges Gericht vorgesehen, wird pro Portion eine Menge von etwa ½ TL Gewürz gerechnet. Ist er in einem Gericht die Hauptzutat, kann er mit bis zu 1 TL Gewürz pro Portion kräftiger abgeschmeckt werden. Serviere ich den Reis sofort nach dem Garen, mische ich das Gewürz am Ende der Garzeit unter.

1 200 g Reis auf einem Sieb unter fließendem kaltem Wasser waschen, bis dieses klar bleibt.

2 Den Reis in einen Topf geben und mit etwa 400 ml Gemüse- oder Hühnerbrühe aufgießen, bis sie fingerbreit über dem Reis steht.

3 Kurz aufkochen und den Reis zugedeckt bei milder Hitze bissfest quellen lassen (Basmatireis braucht 15 Langkornreis etwa 18 Minuten). Reis mit Gabeln auflockern, sofort weiterverwenden oder abgekühlt im Kühlschrank aufbewahren.

4 In einer Pfanne 80 ml Gemüse- oder Hühnerbrühe (pro Portion 2 EL) erwärmen und 2 bis 4 TL Orientalisches Reisgewürz (pro Portion ½ bis 1 TL; siehe S. 148) dazugeben.

5 Den gegarten Reis zur Gewürzbrühe geben und untermischen. Kurz darin erhitzen.

6 Den Gewürzreis nach Belieben mit zerlassener brauner Butter (siehe Tipp S. 202), Olivenöl oder einem anderen hochwertigen Öl (z. B. Arganöl) verfeinern.

Couscous garen

Couscous bereite ich gerne wie unten beschrieben zu, denn so bleibt er außergewöhnlich körnig. Ist der Couscous als warme Beilage vorgesehen, ist es wichtig, dass die zum Quellen benutzte Schüssel gut vorgewärmt ist, damit der Couscous warm bleibt. Am besten stellt man die Schüssel gleich in den auf 70 bis 100 °C vorgeheizten Backofen. Dort kann er außerdem auch nach dem Quellen noch eine Weile warm gehalten werden. Ist der Gewürz-Couscous ohnehin für kalte Zubereitungen wie Salate gedacht, darf die Schüssel ruhig kalt sein.

1 In einem Topf 200 ml Gemüse- oder Hühnerbrühe aufkochen und 2 TL Couscousgewürz (siehe S. 146) unterrühren. 120 g Couscous in eine vorgewärmte Schüssel geben, die Gewürzbrühe dazugießen.

2 Kurz verrühren. Die Schüssel mit Frischhaltefolie bedecken und den Gewürz-Couscous mindestens 7 Minuten quellen lassen, dabei am besten im Backofen (siehe oben) warm stellen.

3 Den gequollenen Gewürz-Couscous mit einer Gabel auflockern.

4 Serviervorschlag 1: Den gegarten Gewürz-Couscous unter Salat mischen (vgl. z. B. Rezept »Tunesische Tajine«, S. 282)

5 Serviervorschlag 2: Den gegarten Gewürz-Couscous mit gebratenem Gemüse in einer Pfanne mischen. So erhält man ein schnelles vegetarisches Hauptgericht.

6 Serviervorschlag 3: Den gegarten Gewürz-Couscous als Beilage zu gebratenem Hähnchenbrustfilet reichen. Eine Sauce nach Wahl dazu servieren.

Libanesischen Couscous garen

Libanesischer Couscous ist eine spezielle Couscousart mit sehr großen, runden Körnern. Er ist in arabischen Feinkostläden erhältlich. Libanesischer Couscous gart länger als der feinkörnige Couscous – je nach Sorte zwischen 15 Minuten und 1 ½ Stunden. Ich serviere ihn hauptsächlich als Beilage, man kann ihn jedoch auch gut als Suppen- oder Eintopfeinlage verwenden sowie unter Gemüsezubereitungen mischen. Für Salate kann er direkt nach dem Garen in Salzwasser oder erst nach dem Aromatisieren in Gewürzbrühe verwendet werden.

1 In einem Topf reichlich Salzwasser mit 1 Lorbeerblatt zum Kochen bringen. 100 g libanesischen Couscous hineingeben.

2 Den libanesischen Couscous nach Packungsanweisung etwa 45 Minuten garen. In ein Sieb abgießen.

3 Den Couscous unter fließendem kaltem Wasser abbrausen, bis das Wasser klar bleibt – so wird die restliche Stärke entfernt.

4 In einer Pfanne 80 ml Gemüse- oder Hühnerbrühe (pro Portion 2 EL) erwärmen und 2 bis 4 TL Baharat (pro Portion ½ bis 1 TL; wahlweise Ras-el-Hanout, Couscous- oder Orientalisches Reisgewürz, siehe S. 146 oder 148) dazugeben.

5 Den gegarten libanesischen Couscous dazugeben und kurz erhitzen.

6 Zuletzt den Couscous mit 1 EL Butter oder Olivenöl verfeinern. Nach Rezept weiterverwenden oder als Beilage zu Fisch, Geflügel oder Fleisch servieren.

Bulgur garen

Bulgur ist vorgegarter, grob oder fein geschroteter Weizen. Er spielt eine große Rolle in den Küchen des Vorderen Orients wie beispielsweise in der türkischen Küche. Bulgur ist äußerst vielseitig einsetzbar: So kann er direkt nach dem Quellen z. B. für Salate oder Vorspeisen weiterverwendet werden. Mit verschiedenen Gewürzmischungen verfeinert, ist er eine schmackhafte Beilage zu gebratenem Fisch und Fleisch. Ich verarbeite ihn auch gerne in Füllungen oder als Hülle (vgl. dazu »Gefüllte Bulgur-Fleischpflanzerl«, S. 204).

1 150 g feinen Bulgur auf einem Sieb unter fließendem kaltem Wasser waschen, bis dieses klar bleibt.

2 In einen Topf 375 ml Gemüsebrühe gießen und den Bulgur dazugeben. Aufkochen lassen und den Bulgur je nach Sorte am Siedepunkt 10 bis 20 Minuten quellen lassen.

3 Falls nötig, den Bulgur kurz durchrühren. Nach Belieben sofort mit Gewürzen oder anderen Zutaten verfeinern oder bis zur Weiterverwendung (Step 4 bis 6) zugedeckt im Kühlschrank aufbewahren.

4 In einer Pfanne 80 ml Gemüse- oder Hühnerbrühe (pro Portion 2 EL) erwärmen und 2 bis 4 TL Ras-el-Hanout (pro Portion 1/2 bis 1 TL; wahlweise Baharat, Couscous- oder Orientalisches Reisgewürz, siehe S. 146 oder 148) dazugeben.

5 Den gegarten Bulgur dazugeben und mit einem Kochlöffel untermischen. Den Gewürz-Bulgur mit 1 EL Butter oder Olivenöl verfeinern.

6 Den Bulgur als Beilage zu Fisch oder Fleisch servieren oder als Suppeneinlage verwenden.

Gewürz-Joghurt-Dip zubereiten

Für meine Joghurt-Dips verwende ich am liebsten griechischen Joghurt. Der cremig-feste Joghurt mit 10% Fettgehalt gibt ihnen einen vollmundigen Geschmack und eine schöne Konsistenz. Alternativ kann man auch Rahmjoghurt, Sauerrahm, Schmand oder Crème fraîche verwenden; Joghurt und Sauerrahm haben aber den Vorteil, dass die Dips auf vorgewärmten Tellern nicht zerlaufen. Meine Gewürz-Joghurt-Dips verfeinere ich gerne mit Harissa, Baharat, Zatar, Berbere und Ras-el-Hanout, besonders edel werden sie mit etwas Arganöl.

1 In einem Schälchen 2 TL Harissapulver (oder eine andere Gewürzmischung) mit 2 EL heißer Gemüsebrühe (oder heißem Wasser) verrühren.

2 Die Gewürzmischung mit 200 g griechischem Joghurt und 1 EL mildem Olivenöl in einen hohen Rührbecher geben.

3 Den Harissa-Joghurt-Dip mit dem Stabmixer gut durchrühren.

4 Mit Salz und Zucker abschmecken und den Joghurt-Dip in Schälchen umfüllen.

5 Serviervorschlag 1: Den Harissa-Joghurt als Dip zu Gemüsesticks servieren.

6 Serviervorschlag 2: Den Harissa-Dip z. B. mit gehacktem Ei, Kapern, Petersilie und abgeriebener unbehandelter Zitronenschale verfeinern (vgl. Rezept »Roastbeef mit Harissa-Remoulade«, S. 278).

Gewürz-Frischkäse zubereiten

Klassische Frischkäseaufstriche bekommen durch die Zugabe von nordafrikanischen oder orientalischen Gewürzmischungen eine besondere Note. Mit diversen weiteren Zutaten wie gekochten oder gebratenen Gemüsewürfeln, Kräutern, geröstetem Sesam, gehackten Nüssen, Pistazien oder gewürfeltem Schinken können sie zudem äußerst abwechslungsreich variiert werden. Ich verwende sie in erster Linie als Brot- und Sandwichaufstriche, aber auch zum raffinierten Abschmecken von Nudelgerichten, Suppen und Eintöpfen.

1 In einem Schälchen 2 TL Zatar (oder eine andere Gewürzmischung, wie Ras-el-Hanout, Harissa, Baharat oder Berbere) mit 2 EL heißer Gemüsebrühe verrühren.

2 In einer Schüssel 200 g Frischkäse mit der Gewürzmischung und 1 EL mildem Olivenöl mit einem Teigschaber glatt rühren.

3 Den Gewürz-Frischkäseaufstrich mit Salz und Zucker würzen.

4 Rezeptvariante 1: Den Gewürz-Frischkäse mit gebratenen Gemüsewürfeln (Aubergine, Paprika und Zucchini) verrühren. Wichtig: Das Gemüse muss ausgekühlt sein, sonst zerläuft der Frischkäse.

5 Rezeptvariante 2: Den Gewürz-Frischkäse mit Räucherlachswürfeln, Petersilie und Dill (beides frisch geschnitten) verrühren.

6 Rezeptvariante 3: 1 EL Gewürz-Frischkäse zum Abschmecken unter ein Nudelgericht rühren (z. B. »Garnelen in orientalischer Gewürzbutter mit Zimt-Linguine«, S. 266).

Vorspeisen & kleine Gerichte

Rote-Bete-Carpaccio
mit Orangenblütencreme

Für 4 Personen

Für die Roten Beten:
500 g Rote Beten
1 EL Salz
1 TL ganzer Kümmel
1 TL Korianderkörner
1 TL Fenchelsamen
2 Knoblauchzehen (in dicken Scheiben)
5 Scheiben Ingwer
½ Zwiebel

Für die Marinade:
200 ml Gemüsebrühe
1–2 TL Speisestärke
2 Knoblauchzehen (halbiert)
4 Scheiben Ingwer
gemahlener Kümmel
gemahlener Koriander
1 EL saurer Granatapfelsirup
1 TL süßer Granatapfelsirup (beide aus dem türkischen Feinkostladen)
3 EL Rotweinessig
2 EL mildes Salatöl
Salz · Zucker
Pfeffer aus der Mühle

Für die Orangenblütencreme:
150 g Crème fraîche
1 TL Orangenblütenwasser (aus der Apotheke)
1 Msp. abgeriebene unbehandelte Orangenschale
1–2 TL mildes Olivenöl
1 Spritzer Zitronensaft
Salz · Zucker
Cayennepfeffer

Außerdem:
1 EL grob gehackte Pistazien

1 Die Roten Beten schälen, in einen Topf legen und mit Wasser gut bedecken. Das Salz, die ganzen Gewürze sowie Knoblauch und Ingwer hinzufügen und die Roten Beten etwa 1 Stunde weich köcheln. Abkühlen lassen, die Roten Beten herausnehmen, den Sud durch ein Sieb gießen und 100 ml für die Marinade abmessen.

2 Für die Marinade die Brühe mit dem abgemessenen Kochsud aufkochen. Die Speisestärke mit etwas kaltem Wasser glatt rühren, in die kochende Brühe rühren und 2 Minuten leicht köcheln lassen. Vom Herd nehmen, den Knoblauch und den Ingwer hinzufügen und mit je 1 Prise Kümmel und Koriander würzen. 5 bis 10 Minuten ziehen lassen.

3 Beide Sorten Granatapfelsirup, den Essig und das Öl in den Sud rühren und mit Salz, Zucker und Pfeffer kräftig würzen.

4 Die Roten Beten in 2 bis 3 mm dünne Scheiben schneiden. Die Zwiebel schälen und in breite Spalten schneiden. Rote-Bete-Scheiben und Zwiebelspalten in eine Auflaufform geben, vorsichtig mit der Marinade mischen und mindestens 1 Stunde, besser über Nacht, marinieren.

5 Für die Orangenblütencreme die Crème fraîche mit dem Orangenblütenwasser, der Orangenschale und dem Olivenöl glatt rühren. Mit dem Zitronensaft, Salz und je 1 Prise Zucker und Cayennepfeffer abschmecken.

6 Die Rote-Bete-Scheiben leicht überlappend auf großen flachen Tellern anrichten. Die Orangenblütencreme in einen Einwegspritzbeutel oder einen Gefrierbeutel füllen, am unteren Ende eine kleine Ecke abschneiden und mit der Creme ein Gitter auf die Rote-Bete-Scheiben zeichnen. Die Pistazien daraufstreuen. Nach Belieben mit Fladenbrot servieren.

Mein Tipp

Zu dem Rote-Bete-Carpaccio passt ausgezeichnet Kabeljau im Brikteig: 300 g Kabeljaufilet waschen, trocken tupfen, in 8 cm lange Stücke schneiden und längs dritteln. Mit Orientalischem Fischgewürz (siehe S. 150) und Salz würzen. 2 Blätter Brikteig (27 cm Durchmesser) in 8 etwa 12 x 15 cm große Blätter schneiden und jeweils 1 Fischstückchen darin einwickeln. In einer großen Pfanne bei mittlerer Hitze in Öl zuerst auf der Nahtseite, dann rundum 3 bis 4 Minuten anbraten. Auf Küchenpapier abtropfen lassen.

Gebratene Taubenpastete
mit Feigen-Birnen-Salat

Für 4 Personen

Für die Tauben:
1 große Zwiebel
60 g Knollensellerie
¼ Karotte (30–40 g)
ca. 5 EL Öl
2 TL Tomatenmark
100 ml kräftiger Rotwein
350 ml Hühnerbrühe
2 große Tauben (à ca. 300 g; küchenfertig; beim Metzger vorbestellen)
Salz
1 kleines Lorbeerblatt
5 Pimentkörner
1–2 angedrückte Wacholderbeeren
¼ TL Korianderkörner
½ TL schwarze Pfefferkörner
1 TL Speisestärke

Für die Pastetenfüllung:
20 g getrocknete Mango
2 TL Pinienkerne
2 TL gehackte Mandeln
2 TL Pistazien
40 g gekühltes Hähnchenbrustfilet
Salz
mildes Chilipulver
50 g eiskalte Sahne
1 Ei
1 gehäufter TL Berbere
1 TL abgeriebene unbehandelte Orangenschale

1 Für die Taube den Backofen auf 130 °C vorheizen. Die Zwiebel, den Sellerie und die Karotte schälen und in ½ bis 1 cm große Würfel schneiden. In einer Pfanne 1 bis 2 TL Öl erhitzen und das Gemüse bei mittlerer Hitze andünsten, sodass die Zwiebel nur leicht Farbe annimmt.

2 Das Tomatenmark unterrühren und kurz mitrösten, bis es am Pfannenboden leicht bräunt. Mit dem Wein ablöschen und sirupartig einköcheln lassen. Mit der Brühe aufgießen.

3 Die Tauben innen und außen waschen, trocken tupfen und innen mit Salz würzen. In einer Schmorpfanne im restlichen Öl rundum anbraten, auf den Saucenansatz in der Schmorpfanne setzen und im Ofen 45 bis 50 Minuten rosa durchgaren. Nach 30 Minuten das Lorbeerblatt, die Pimentkörner, die Wacholderbeeren, die Koriander- und Pfefferkörner in die Sauce geben.

4 Die fertig gegarten Tauben aus der Sauce nehmen, etwas abkühlen lassen. Brust und Keulen auslösen, die Haut entfernen, aus den Keulen die Knochen entfernen und das Fleisch in maximal ½ cm große Würfel schneiden, auskühlen lassen. Sollten die Keulen noch blutig sein, diese in der heißen Sauce unter dem Siedepunkt noch kurz ziehen lassen.

5 Die Sauce durch ein Sieb gießen, das Gemüse dabei etwas ausdrücken und die Sauce auf zwei Drittel einköcheln lassen. Die Speisestärke mit wenig kaltem Wasser glatt rühren und die Sauce damit sämig binden. Die Sauce, falls nötig, mit Salz abschmecken.

6 Für die Pastetenfüllung 2 EL Taubensauce abnehmen und auskühlen lassen. Die Mango in 3 bis 4 mm große Würfel schneiden. Die Pinienkerne und die Mandeln in einer Pfanne ohne Fett hell rösten und abkühlen lassen. Die Pistazien grob hacken.

7 Das Hähnchenbrustfilet in Würfel schneiden, mit Salz würzen und auf einem Teller 10 Minuten in das Tiefkühlfach stellen. Das Fleisch in den Blitzhacker geben, mit 1 Prise Chilipulver würzen und einmal kurz anmixen, sodass das Fleisch zu binden beginnt. Dann die Sahne auf drei Portionen untermixen, bis eine glatte, glänzende Masse entsteht.

8 Das Taubenfleisch zuerst mit der ausgekühlten Sauce, dann mit der Geflügelfarce, Mango, Pinienkernen, Mandeln, Pistazien und Ei mischen. Mit Berbere, Orangenschale und Salz würzen.

9 Aus den Strudelteigblättern mit einem runden Ausstecher 4 Teigblätter mit 12 cm Durchmesser und 8 Blätter mit 8 cm Durchmesser ausstechen.

Für den Feigen-Birnen-Salat:
70 ml roter Portwein
1 EL kalte Butter
2 Feigen
½ reife rotschalige Birne
1–2 TL Puderzucker

Außerdem:
6 Blätter Strudelteig (à 20 x 20 cm)
1–2 EL zerlassene Butter
1 EL Öl
1–2 TL Puderzucker
1–2 EL kalte Butter

Ist kein Ausstecher in dieser Größe zur Hand, einen passenden Teller in der Größe auflegen und den Teig ausschneiden.

10 Einen runden Ausstecher (8 cm Durchmesser) mit der stumpfen Seite nach unten mittig auf ein großes Strudelblatt setzen, ein Viertel der Taubenmasse einfüllen und glatt streichen. Den Teigrand um den Ring herum gut 1 cm tief einschneiden – maximal bis zum Ring. Den Ring abziehen, sodass auf dem Teigblatt ein kleines Fleischtörtchen entsteht. Die eingeschnittenen Strudelteig-Enden nach oben schlagen. Mit etwas zerlassener Butter bestreichen, mit einem kleinen Strudelblatt belegen, leicht andrücken. Ein weiteres kleines Strudelblatt mit Butter bestreichen und auf die Unterseite der Pastete kleben, sodass ein stabiler Taler entsteht.

11 Die restlichen Strudelteigblätter mit der übrigen Füllung auf die gleiche Weise verarbeiten.

12 Die Pasteten in einer Pfanne im Öl bei mittlerer Hitze auf beiden Seiten insgesamt etwa 4 Minuten goldbraun braten. Den Puderzucker auf die Pasteten stäuben, die Butter in der Pfanne zerlassen, die Pfanne vom Herd nehmen und die Pasteten vorsichtig wenden. Auf Küchenpapier kurz abtropfen lassen.

13 Für den Feigen-Birnen-Salat den Portwein auf etwa 2 EL Flüssigkeit einköcheln lassen und die Butter hineinrühren. Die Feigen waschen, das harte Stielende entfernen und die Früchte in je 6 Spalten schneiden.

14 Die Birne waschen, vierteln, entkernen und in schmale Spalten schneiden. In einer Pfanne bei mittlerer Hitze den Puderzucker hell karamellisieren, die Birne darin auf beiden Seiten je 1 Minute anbraten und herausnehmen.

15 Auf vorgewärmte Teller etwas Sauce träufeln und je 1 Taubenpastete daraufsetzen. Birnen- und Feigenspalten daneben anrichten und mit der Portweinbutter beträufeln.

Mein Tipp

Zu diesem Rezept hat mich eine marokkanische Pastete, die »B'stilla«, inspiriert, die im Original mit Puderzucker bestäubt wird – ich karamellisiere sie in etwas Puderzucker und Butter. Sie kann auch gut als Hauptgericht serviert werden – als Beilagen passt Gemüse-Couscous oder Kartoffel-Quitten-Püree.

Orientalisches Rindfleischtatar
mit Bulgursalat und Joghurt-Dill-Sauce

Für 4 Personen

Für das Tatar:
500 g Rinderfilet oder Rinderfiletkopf · 3 EL Olivenöl 1 EL Tomatenketchup · 1 schwach geh. EL (10 g) Orientalisches Tatargewürz (siehe S. 152) je 1–2 EL Dill und Minze (frisch geschnitten) · Salz

Für den Bulgursalat:
50 g feiner Bulgur
150 ml Hühnerbrühe
2 TL Zitronensaft
1 EL Olivenöl · 1 TL Arganöl je 1 Msp. abgeriebene unbehandelte Zitronen- und Orangenschale · Salz · Pfeffer aus der Mühle · mildes Chilipulver

Für die Joghurt-Dill-Sauce:
150 g griechischer Joghurt 2–3 EL Sahne · 1 TL mildes Olivenöl · 1–2 TL Dill (frisch geschnitten) · Zitronensaft · Salz Zucker · mildes Chilipulver

Für den karamellisierten Kardamom:
2 TL Kardamomsamen
2 TL Puderzucker

Für die Kataifiteig-Bündel:
4 Bündel Kataifiteig (aus dem türkischen Feinkostladen; à ca. 15 Fäden; ca. 8 cm lang)
½–1 EL zerlassene braune Butter

Außerdem:
Öl für die Form
Dill zum Garnieren

1 Für das Tatar das Rindfleisch, falls nötig, von Fett und Sehnen befreien und mit einem scharfen Messer in winzig kleine Würfel schneiden oder das Fleisch durch den Fleischwolf drehen. Das Rindfleisch mit dem Olivenöl, dem Tomatenketchup, dem Orientalischen Tatargewürz, Dill und Minze mischen und mit Salz abschmecken, 10 Minuten ziehen lassen.

2 Für den Bulgursalat den Bulgur in einem kleinen Topf mit ⅛ l Brühe einmal aufkochen lassen und zugedeckt knapp unter dem Siedepunkt 10 Minuten ziehen, anschließend etwas abkühlen lassen.

3 Für die Marinade die übrige Brühe mit Zitronensaft, Oliven- und Arganöl verrühren. Die Zitronen- und Orangenschale hinzufügen, mit Salz, Pfeffer und 1 Prise Chilipulver würzen und den Bulgur damit marinieren. Nach Belieben nachwürzen.

4 Für die Joghurt-Dill-Sauce den Joghurt mit der Sahne und dem Olivenöl verrühren. Den Dill unterrühren und alles mit 1 Spritzer Zitronensaft, Salz und je 1 Prise Zucker und Chilipulver würzen.

5 Für den karamellisierten Kardamom die Kardamomsamen in einer Pfanne bei milder Hitze erwärmen, mit etwas Puderzucker bestäuben und diesen unter Rühren schmelzen lassen. Weitere zwei- bis dreimal Puderzucker daraufstäuben und jedes Mal schmelzen lassen. Den Kardamom aus der Pfanne nehmen, auskühlen lassen und im Mörser fein zerreiben. Sofort in ein gut verschließbares Gefäß geben, damit er trocken bleibt.

6 Für die Kataifiteig-Bündel den Backofen auf 180 °C vorheizen. Die Teigbündel auf ein mit Backpapier belegtes Backblech legen, dabei in der Mitte eng zusammenfassen und zu den Enden hin fransig ausbreiten. Mit der braunen Butter großzügig betupfen. In die Mitte jedes Bündels 1 Prise karamellisierten Kardamom streuen. Die Teigbündel im Ofen auf der mittleren Schiene 6 bis 8 Minuten goldbraun backen und abkühlen lassen.

7 Einen Metallring (etwa 8 cm Durchmesser) auf einen Vorspeisenteller setzen, ein Viertel des Bulgursalats hineinfüllen, flach drücken und den Ring abziehen. Den restlichen Bulgursalat auf den übrigen Tellern ebenso anrichten. Eine Pyramidenform (etwa 120 ml Inhalt) mit Öl einstreichen und mit Frischhaltefolie auslegen. Jeweils ein Viertel des Tatars in die Form füllen, flach drücken und mithilfe der Folie auf den Bulgursalat stürzen. Die Joghurt-Dill-Sauce darum herumträufeln und mit Kataifiteig-Bündeln und Dill garnieren.

Schafskäse in Weinblättern
auf Bohnen-Tomaten-Salat mit Zatar

Für 4 Personen

Für den Bohnen-Tomaten-Salat:

2 Tomaten
¼ TL getrocknetes Bohnenkraut
je ¼ TL getrockneter Oregano und Thymian
2 EL heiße Gemüsebrühe
2 EL Rotweinessig
½ geriebene Knoblauchzehe
1 Msp. geriebener Ingwer
2 EL Olivenöl
Salz · mildes Chilipulver
200 g kleine weiße Bohnen (aus der Dose)

Für die gefüllten Weinblätter:

16 eingelegte große Weinblätter
400 g Feta (Schafskäse)
1 EL Öl
Zatar

Außerdem:

2–3 EL mildes Olivenöl
1 EL Zatar
mildes Chilisalz

1 Für den Bohnen-Tomaten-Salat die Tomaten kreuzweise einritzen, überbrühen, kalt abschrecken, häuten, vierteln und entkernen. Das Tomatenfruchtfleisch in Würfel schneiden. Die Kerne mit dem Stabmixer pürieren und durch ein Sieb streichen, die übrigen Kerne entfernen.

2 Das Bohnenkraut, den Oregano und den Thymian mit der heißen Brühe verrühren und 2 Minuten ziehen lassen. Mit Tomatenkernsaft, Essig, Knoblauch, Ingwer und Olivenöl verrühren und mit Salz und 1 Prise Chilipulver kräftig würzen.

3 Die Bohnen auf einem Sieb kalt abbrausen und abtropfen lassen. Mit den Tomatenwürfeln und der Marinade mischen und bei kühler Zimmertemperatur 2 Stunden ziehen lassen, anschließend nachwürzen.

4 Für die gefüllten Weinblätter die Weinblätter aus der Lake nehmen, vorsichtig auseinanderrollen und kurz kalt abwaschen. 5 bis 10 Minuten in kaltes Wasser legen und die einzelnen Blätter vorsichtig voneinander lösen. Die Blätter ½ bis 1 Minute in kochendem Wasser blanchieren, kalt abschrecken und abtropfen lassen. Jedes einzelne Blatt auf ein Küchentuch legen, dabei darauf achten, dass alle eingeknickten Stellen ausgebreitet sind. Die Blätter trocken tupfen und den harten Stiel abschneiden.

5 Den Feta in 16 rechteckige Stücke von 1 bis 1 ½ cm Breite schneiden. Je 1 Käsestück in 1 Weinblatt rollen. Das Weinblatt soll dabei fest um den Käse liegen und ihn vollkommen einhüllen. Das Öl in einer Pfanne erhitzen und die Schafskäsepäckchen auf der Nahtseite hineinlegen. Bei starker Hitze rundum anbraten, auf Küchenpapier abtropfen lassen und jedes Päckchen mit 1 Prise Zatar bestreuen.

6 In einem Topf 1 EL mildes Olivenöl erwärmen. Vom Herd nehmen, Zatar und restliches Olivenöl unterrühren und mit 1 Prise Chilisalz würzen.

7 Den Bohnen-Tomaten-Salat auf Teller verteilen, die Weinblattpäckchen darauf anrichten und mit dem Zatar-Öl beträufeln.

Mein Tipp

Die eingelegten Weinblätter verlieren ihre Säure und werden etwas weicher, wenn sie etwa 1 Minute blanchiert werden.

Shakshuka
mit Wachtelspiegeleiern

Für 4 Personen

Für den Couscous:
50 g libanesischer Couscous (aus dem arabischen Feinkostladen)
Salz
1 Lorbeerblatt
50 ml Gemüsebrühe
1 TL Couscousgewürz (siehe S. 146)
1 EL mildes Olivenöl

Für das Shakshuka:
2 Zwiebeln
je 1 rote und gelbe Paprikaschote
je ½ gelber und grüner Zucchino
6 vollreife Tomaten
150 ml Gemüsebrühe
150 g stückige Tomaten (aus der Dose)
2 Knoblauchzehen (in dünnen Scheiben)
2 Scheiben Ingwer
mildes Chilisalz
1 EL Baharat
2 Frühlingszwiebeln
1 TL Petersilie (frisch geschnitten)
½ TL Dill (frisch geschnitten)
1–2 EL mildes Olivenöl
je ½ TL abgeriebene unbehandelte Zitronen- und Orangenschale

Für die Wachtelspiegeleier:
12 Wachteleier
1–2 TL Butter
Salz

Außerdem:
150 g Feta (Schafskäse)

1 Für den libanesischen Couscous den Couscous in kochendem Salzwasser mit dem Lorbeerblatt je nach Sorte etwa 45 Minuten weich garen, in ein Sieb abgießen, kalt abschrecken und abtropfen lassen.

2 Die Brühe mit dem Couscousgewürz erwärmen, den gegarten Couscous dazugeben und erhitzen. Das Olivenöl hinzufügen.

3 Für das Shakshuka die Zwiebeln schälen und in 1 ½ cm große Rauten schneiden. Die Paprikaschoten längs halbieren, entkernen, waschen, mit dem Sparschäler schälen und in 1 ½ cm große Rauten schneiden. Die Zucchini putzen, waschen, trocken tupfen, längs vierteln und die Kerne entfernen. Die Zucchiniviertel schräg in Rauten schneiden.

4 Die Tomaten kreuzweise einritzen, überbrühen, kalt abschrecken, häuten, vierteln und entkernen. Die Tomatenfilets klein schneiden. Die Kerne mit dem Stabmixer pürieren und durch ein Sieb streichen, die übrigen Kerne entfernen.

5 Die Zwiebeln und die Paprika in 50 ml Brühe bei milder Hitze 5 Minuten andünsten, bis das Gemüse fast weich ist. Dabei gegebenenfalls noch etwas Brühe nachgießen. Die Zucchinirauten dazugeben. Die Dosentomaten mit dem Tomatenfond aus den Kernen hinzufügen, Knoblauch und Ingwer dazugeben und die übrige Brühe angießen. Einmal aufkochen und knapp unter dem Siedepunkt 8 bis 10 Minuten ziehen lassen.

6 Zum Schluss die Tomaten und den Couscous dazugeben, mit Chilisalz und Baharat würzen und noch einige Minuten ziehen lassen.

7 Die Frühlingszwiebeln putzen, waschen und in dünne Ringe schneiden. Kurz vor dem Servieren Frühlingszwiebeln, Petersilie, Dill, Olivenöl, Zitronen- und Orangenschale unter das Gemüse rühren und, falls nötig, nochmals nachwürzen.

8 Für die Wachtelspiegeleier die Schale der Wachteleier vor dem Aufschlagen mit einem Sägemesser vorsichtig in der Mitte ansägen und alle Eier in eine Schüssel geben.

9 Die Butter in einer großen Pfanne zerlassen und mit Salz würzen. Die Eier vorsichtig hineingießen und dabei darauf achten, dass sie sich gut verteilen. Die Eier bei sanfter Hitze einige Minuten zu Spiegeleiern stocken lassen. Den Feta in Würfel schneiden und auf vorgewärmte tiefe Teller verteilen. Das Shakshuka ebenfalls darauf verteilen und je 3 Wachtelspiegeleier daraufsetzen.

Gebackene Auberginenscheiben
mit libanesischem Couscous-Salat und Harissa-Dip

Für 4 Personen

Für den Couscous-Salat:
100 g libanesischer Couscous (aus dem arabischen Feinkostladen; ersatzweise sardische Fregola-Nudeln)
Salz
1 Lorbeerblatt
100 ml lauwarme Gemüsebrühe
2 EL Zitronensaft
3 EL mildes Olivenöl
je ½ EL Dill und Koriander (frisch geschnitten)
Pfeffer aus der Mühle
Zucker
mildes Chilipulver

Für die Aubergine:
1 Aubergine
½ TL getrocknetes Bohnenkraut
80 g doppelgriffiges Mehl
1–2 EL Olivenöl

Für den Harissa-Dip:
2 TL Harissapulver
2 EL heiße Gemüsebrühe
1 EL mildes Olivenöl
200 g griechischer Joghurt
Salz · Zucker

1 Für den Couscous-Salat den libanesischen Couscous in kochendem Salzwasser mit dem Lorbeerblatt etwa 45 Minuten weich garen. Den Couscous in ein Sieb abgießen, unter fließendem kaltem Wasser abbrausen, bis das Wasser klar abläuft – so wird die restliche Stärke entfernt – und abtropfen lassen.

2 Die Brühe mit dem Zitronensaft verrühren. Das Olivenöl mit dem Stabmixer untermixen, Dill und Koriander unterrühren und das Dressing mit Salz, Pfeffer und je 1 Prise Zucker und Chilipulver würzen. Mit dem Couscous mischen und, falls nötig, nachwürzen.

3 Die Aubergine putzen, waschen und der Länge nach in ½ bis 1 cm dicke Scheiben schneiden. Mit dem Bohnenkraut würzen. Zuerst im Mehl wenden, dann mit kaltem Wasser besprenkeln und dieses leicht verreiben, sodass das Mehl ein wenig verkleistert. Das Olivenöl in einer Pfanne erhitzen und die Auberginenscheiben darin auf beiden Seiten anbraten.

4 Für den Harissa-Dip das Harissa mit der Brühe verrühren, mit dem Olivenöl unter den Joghurt mixen und mit Salz und 1 Prise Zucker würzen.

5 Die Auberginenscheiben auf vorgewärmte Teller legen, den Couscous-Salat darauf anrichten und den Harissa-Dip darum herumträufeln.

Mein Tipp

Libanesischer Couscous, auch Mugrabia genannt, ist im Prinzip nichts anderes als klassischer Couscous auch, nämlich eine Spezialität aus zerriebenem Hartweizengrieß. Allerdings sind die Kügelchen nicht winzig, sondern haben in etwa die Größe einer Perle. Die Garzeit variiert je nach Hersteller – deshalb ist es am besten, nach 30 Minuten Kochzeit hin und wieder an ein paar Körnchen zu testen, ob der Couscous schon weich genug ist. Die meisten Sorten sind nach 35 bis 45 Minuten gar.

Zweierlei Kichererbsen-Dips
mit Fladenbrot

Für je ca. 250 Gramm

Für den Paprika-Kürbis-Hummus:

100 g gegarte Kichererbsen (aus der Dose)
1 Knoblauchzehe
2 EL weißes Mandelmus (aus dem Reformhaus)
1 Msp. geriebener Ingwer
1 TL Zitronensaft
1–2 Eiswürfel (leicht angetaut)
2 EL mildes Olivenöl
½ kleine rote Paprikaschote (ca. 120 g)
75 g Muskatkürbis
75 ml Gemüsebrühe
1–2 Scheiben geschälter Ingwer
Zimtpulver
½–1 TL Paprikapulver (edelsüß)
1 Msp. scharfes geräuchertes Paprikapulver (Piment La Vera picante)
Salz
1 EL gehackte Walnüsse

Für den Safran-Knoblauch-Hummus:

170 g gegarte Kichererbsen (aus der Dose)
8 Safranfäden
2–3 EL weißes Mandelmus
1–2 geriebene Knoblauchzehen
½ TL geriebener Ingwer
¼–½ TL gemahlene Kurkuma
1 EL Zitronensaft
2–3 Eiswürfel (leicht angetaut)
2–3 EL mildes Olivenöl · Salz

1 Für den Paprika-Kürbis-Hummus die Kichererbsen in ein Sieb abgießen, kalt abbrausen und abtropfen lassen. Den Knoblauch schälen und halbieren. Eine Hälfte fein reiben, die andere beiseitelegen. Die Kichererbsen im Blitzhacker grobkörnig mixen. Mandelmus, geriebenen Knoblauch, Ingwer und Zitronensaft unterrühren, dann die Eiswürfel samt Schmelzwasser und zum Schluss das Olivenöl hineinmixen, bis eine cremige Masse entsteht.

2 Die Paprikaschote entkernen, waschen und mit dem Sparschäler schälen. Das Fruchtfleisch in Würfel schneiden. Den Kürbis schälen, entkernen und in ½ bis 1 cm große Würfel schneiden. Die Paprika- und Kürbiswürfel in der Brühe mit dem restlichen Knoblauch und dem Ingwer bei mittlerer Hitze 10 bis 15 Minuten weich dünsten. Die Flüssigkeit dabei gänzlich verkochen lassen.

3 Das Gemüse mit 1 Prise Zimt und den beiden Paprikapulversorten würzen. Alles in einem hohen Rührbecher mit dem Stabmixer fein pürieren. Abkühlen lassen. Mit der Kichererbsenmasse verrühren und mit Salz abschmecken. Den Paprika-Kürbis-Hummus in ein Schälchen füllen und mit den Walnüssen bestreuen.

4 Für den Safran-Knoblauch-Hummus die Kichererbsen in ein Sieb abgießen, kalt abbrausen und abtropfen lassen. Den Safran mit 1 EL heißem Wasser verrühren und einige Minuten ziehen lassen.

5 Die Kichererbsen im Blitzhacker grobkörnig mixen. Mandelmus, eingeweichten Safran, geriebenen Knoblauch, Ingwer, Kurkuma und Zitronensaft unterrühren. Dann die Eiswürfel samt Schmelzwasser und zum Schluss das Olivenöl hineinmixen, bis eine cremige Paste entsteht. Mit Salz würzen. Den Safran-Knoblauch-Hummus in ein Schälchen füllen.

6 Die beiden Dips mit Fladenbrot (Rezept siehe S. 224) servieren.

Mein Tipp

Die Kichererbsen werden zunächst ohne weitere Zutaten grobkörnig gemixt. Dieser Vorgang ist wichtig, damit eine gleichmäßig cremige Masse entsteht.

Räucherlachs

auf Bulgur-Petersilien-Salat mit Kapern-Sardellen-Joghurt

Für 4 Personen

Für den Bulgur-Petersilien-Salat:

100 g feiner Bulgur
250 ml Gemüsebrühe
2 getrocknete Aprikosen
2 getrocknete Datteln (ohne Stein)
2–3 Bund Petersilie (100 g Blätter)
1–2 Handvoll Minzeblätter
4 EL Zitronensaft
5 EL mildes Olivenöl
Salz · Pfeffer aus der Mühle

Für den Joghurt:

2 eingelegte, abgetropfte Sardellenfilets
1–2 TL Kapern
2 TL Petersilie (frisch geschnitten)
je 1 Msp. abgeriebene Zitronen- und Orangenschale
1 TL Dijonsenf
2 TL mildes Olivenöl
150 g griechischer Joghurt
1 Spritzer Zitronensaft
Salz · Pfeffer aus der Mühle
mildes Chilipulver
Zucker

Außerdem:

300 g Räucherlachs (in Scheiben)

1 Für den Bulgur-Petersilien-Salat den Bulgur auf einem Sieb unter fließendem kaltem Wasser waschen, bis dieses klar bleibt. Den Bulgur in der Brühe aufkochen und zugedeckt knapp unter dem Siedepunkt 10 bis 15 Minuten garen.

2 Die Aprikosen und die Datteln in ½ cm große Würfel schneiden. Die Petersilie waschen und trocken schütteln, die Blätter abzupfen und fein schneiden. Die Minzeblätter waschen, trocken tupfen und fein schneiden. Den Zitronensaft und das Olivenöl verrühren und mit Salz und Pfeffer würzen.

3 Den Bulgur mit Aprikosen, Datteln, Petersilie, Minze und Dressing mischen. Etwas ziehen lassen und, falls nötig, nachwürzen.

4 Für den Joghurt die Sardellen und die Kapern klein hacken und mit Petersilie, Zitronen- und Orangenschale, Senf und Olivenöl unter den Joghurt rühren. Mit Zitronensaft, Salz, Pfeffer, je 1 Prise Chilipulver und Zucker abschmecken.

5 Den Bulgur-Petersilien-Salat auf Vorspeisentellern anrichten, die Räucherlachsscheiben dazulegen und den Kapern-Sardellen-Joghurt darum herum verteilen.

Mein Tipp

Salat mit Bulgur und Petersilie gehört, als Tabouleh, zu den großen Klassikern der orientalischen Küche. Ich ersetze hier Tomaten und Frühlingszwiebeln durch getrocknete Aprikosen und Datteln. Diese werden in möglichst kleine Würfel geschnitten, damit sie sich gleichmäßig verteilen. Der Salat kann auch hervorragend zu Hähnchenbrust serviert werden.

GARNELENTATAR
in knuspriger Teighülle mit Petersilien-Minze-Sauce

FÜR 25–30 STÜCK

Für die Garnelen-Briks:

300 g Riesengarnelen (küchenfertig)
½–1 geriebene Knoblauchzehe
½–1 TL geriebener Ingwer
je ½ EL Koriander und Dill (frisch geschnitten)
Salz · Pfeffer aus der Mühle
30 Blätter Brikteig (à 10 x 22 cm; aus dem arabischen Feinkostladen)
1 Eiweiß
2–3 EL Öl

Für die Petersilien-Minze-Sauce:

60 g Petersilienblätter
Salz
5 EL warme Gemüsebrühe
1–2 EL mildes Olivenöl
½ geriebene Knoblauchzehe
1 Msp. geriebener Ingwer
4 Minzeblätter
mildes Chilipulver

1 Für die Garnelen-Briks die Garnelen waschen, trocken tupfen und in kleine Würfel schneiden. Mit Knoblauch, Ingwer, Koriander und Dill mischen und mit Salz und Pfeffer würzen.

2 Die Brikteigstreifen an den Rändern dünn mit dem verquirlten Eiweiß bestreichen. Von der Garnelenmasse je 1 gehäuften TL auf eine Ecke der Brikteigstreifen setzen, die Teigecke darüberschlagen und den übrigen Teig noch zweimal einschlagen, sodass ein Dreieck entsteht. Das kurze Teigende umschlagen und etwas andrücken.

3 Das Öl in einer Pfanne erhitzen und die Briks darin bei mittlerer Hitze portionsweise auf beiden Seiten goldbraun braten. Herausnehmen und auf Küchenpapier abtropfen lassen.

4 Für die Petersilien-Minze-Sauce die Petersilienblätter in Salzwasser 3 bis 4 Minuten blanchieren. Kalt abschrecken, in ein Sieb abgießen und abtropfen lassen. Die Petersilienblätter klein schneiden und mit der Brühe, dem Olivenöl, dem Knoblauch und dem Ingwer pürieren. Die Minzeblätter waschen, trocken tupfen, in feine Streifen schneiden und unterrühren. Mit Salz und 1 Prise Chilipulver würzen.

5 Die Garnelen-Briks auf einer Servierplatte anrichten und die Sauce getrennt dazu servieren.

Mein Tipp

Brikteigblätter gibt es vakuumverpackt in arabischen Lebensmittelgeschäften, sie können aber auch über den entsprechenden Spezialitätenversand im Internet bestellt werden. Echter Brikteig wird beim Braten besonders knusprig, trocknet aber sehr schnell aus und sollte deshalb nur nach und nach aus der Verpackung genommen sowie rasch verarbeitet werden.

Marinierter Lachs
mit Zimt und Kardamom auf Gurken-Ingwer-Salat

Für 4 Personen

Für den Lachs:

65 g Salz
25 g Zucker
½ EL grob geschroteter schwarzer Pfeffer
2 gestr. EL Arabisches Kaffeegewürz (aus dem Gewürzladen; ersatzweise eine Mischung aus Kardamom, Muskatnuss, Gewürznelken, Piment, Vanille und Zimt)
1 kg Lachsfilet (ohne Haut und Gräten)

Für den Gurken-Ingwer-Salat:

2 Salatgurken
4 EL eingelegter Ingwer mit Einlegesud (aus dem Asienladen)
200 g saure Sahne
1–2 EL Zitronensaft
1 EL mildes Olivenöl
Chilisalz aus der Mühle
Zucker
1 EL klein gezupfter Dill

1 Am Vortag für den Lachs das Salz mit dem Zucker, dem Pfeffer und dem Arabischen Kaffeegewürz mischen. Das Lachsfilet waschen und trocken tupfen. Mit dem Gewürzsalz auf beiden Seiten gleichmäßig bestreuen, dabei das Salz leicht einmassieren.

2 Das Lachsfilet in Frischhaltefolie wickeln, in eine große Form legen und bei Zimmertemperatur 2 bis 3 Stunden stehen lassen, bis sich Flüssigkeit gebildet hat. Dann im Kühlschrank 10 bis 12 Stunden unter häufigem Wenden marinieren.

3 Am nächsten Tag das marinierte Lachsfilet unter fließendem kaltem Wasser waschen und trocken tupfen. Das Lachsfilet in ½ cm breite Streifen oder in schmale Stücke schneiden.

4 Für den Gurken-Ingwer-Salat die Gurken waschen und auf dem Gemüsehobel in dünne Scheiben hobeln. Den eingelegten Ingwer in feine Streifen schneiden. Mit 1 EL Einlegesud, der sauren Sahne, dem Zitronensaft und dem Olivenöl abschmecken. Mit Chilisalz und 1 Prise Zucker würzen. Den Dill untermischen.

5 Den Gurken-Ingwer-Salat auf Teller verteilen und den marinierten Lachs darauf anrichten.

Mein Tipp

Da der Lachs ohne Haut gebeizt wird, kann die Marinade von allen Seiten direkt auf das zarte Fischfleisch einwirken, was die Dauer des Marinierens erheblich verkürzt. Weil die durch die Einwirkung von Salz und Zucker entstehende Würzflüssigkeit jedoch nach unten absinkt, ist es wichtig, das Fischfilet häufig zu wenden. Zum Servieren wird der Lachs am besten senkrecht mit einem sehr scharfen Messer in schmale Scheiben geschnitten.

Kross gebratener Zander
auf Karotten-Zimt-Salat mit Pistazien und Dill-Joghurt

Für 4 Personen

Für den Karotten-Zimt-Salat:

1 weiße Zwiebel (ca. 150 g)
6 mittelgroße Karotten (ca. 500 g)
2 TL Puderzucker
200 ml Gemüsebrühe
1 Knoblauchzehe (in Scheiben)
3 Scheiben Ingwer
1 kleine Zimtrinde
10 grüne Kardamomkapseln
1 Gewürznelke
½ ausgekratzte Vanilleschote
½ TL Speisestärke
je 1 Streifen unbehandelte Zitronen- und Orangenschale
Saft von ½ kleinen Zitrone
2–3 EL mildes Olivenöl
frisch geriebene Muskatnuss
mildes Chilisalz
1 EL Petersilie (frisch geschnitten)
1 EL grob gehackte Pistazien

Für den Dill-Joghurt:

150 g griechischer Joghurt
1–2 EL Milch
1 EL Dill (frisch geschnitten)
1 Spritzer Zitronensaft
je 1 Msp. abgeriebene unbehandelte Zitronen- und Orangenschale
Salz
mildes Chilipulver
Zucker

Für den Zander:

500 g Zanderfilet (mit Haut, ohne Gräten)
1–2 EL Olivenöl
mildes Chilisalz

1 Für den Karotten-Zimt-Salat die Zwiebel schälen und in feine Würfel schneiden. Die Karotten putzen, schälen und schräg in ½ cm breite Scheiben schneiden. Den Puderzucker in einem Topf bei mittlerer Hitze hell karamellisieren. Die Zwiebel darin andünsten, die Karotten dazugeben und kurz mitdünsten. Mit der Brühe ablöschen. Knoblauch, Ingwer, Zimt, Kardamom, Gewürznelke und Vanilleschote dazugeben. Die Karotten zugedeckt etwa 10 Minuten weich dünsten.

2 Alles in ein Sieb abgießen, dabei den Sud auffangen und die Gewürze entfernen. Die Speisestärke mit wenig kaltem Wasser glatt rühren. Den Sud in einem kleinen Topf aufkochen lassen, die Speisestärke unterrühren, Zitronen- und Orangenschale einlegen und 1 Minute leicht köcheln lassen. Den Topf vom Herd nehmen, Zitronen- und Orangenschale entfernen. Den Zitronensaft dazugeben, das Olivenöl untermixen und mit etwas Muskatnuss und Chilisalz würzen. Die Karottenmarinade mit den gedünsteten Karotten und der Petersilie in einer Schüssel mischen und, falls nötig, noch etwas nachwürzen.

3 Für den Dill-Joghurt den Joghurt mit der Milch und dem Dill verrühren und mit Zitronensaft, Zitronen- und Orangenschale, Salz sowie je 1 Prise Chilipulver und Zucker würzen.

4 Für den Zander das Fischfilet waschen, trocken tupfen und in 8 gleich große Stücke schneiden. In einer Pfanne 1 bis 2 TL Olivenöl erhitzen und das Zanderfilet darin mit der Hautseite nach unten bei mittlerer Hitze 3 bis 4 Minuten kross anbraten. Den Fisch wenden, die Pfanne vom Herd nehmen und den Fisch in der Resthitze glasig durchziehen lassen. Auf Küchenpapier abtropfen, mit Chilisalz würzen und mit dem restlichen Olivenöl beträufeln.

5 Den Karotten-Zimt-Salat auf Vorspeisentellern anrichten, die Zanderfiletstücke daraufsetzen und die Pistazien darum herumstreuen. Den Dill-Joghurt danebensetzen.

Mein Tipp

Wird Zimt am Stück mitgedünstet oder -geschmort, gibt er nach und nach eine feine Zimtnote ab, die das Gericht gut aufnehmen kann. Vor dem Servieren lässt er sich dann ganz leicht entfernen. Nach Belieben kann man die Zimtrinde aber auch zum Schluss ganz fein in ein Gericht reiben.

Gelbschwanzmakrele
mit Estragon-Fenchel-Butter

Für 4 Personen

Für die Makrele:
500 g sehr frisches Filet von der Gelbschwanzmakrele (küchenfertig, mit Haut; ersatzweise Thunfisch oder Lachs)
Olivenöl für die Folie

Für die Estragon-Fenchel-Butter:
2 kleine Tomaten
½ TL Anissamen
1 TL Fenchelsamen
1 EL schwarze Pfefferkörner
75 ml Gemüsebrühe
3 TL Zitronensaft
3 EL braune Butter (siehe Tipp; ersatzweise Olivenöl)
½ TL Estragon (frisch geschnitten)
1 TL Dill (frisch geschnitten)
mildes Chilisalz

Außerdem:
1 EL grob gehackte Walnüsse
kleine Salat- und Kräuterblättchen zum Garnieren

1 Für die Makrele das Fischfilet waschen, trocken tupfen und schräg in dünne Scheiben schneiden, dabei die Haut mit der Transchicht entfernen. Eine Lage feste Frischhaltefolie (25 x 25 cm) mit etwas Olivenöl einstreichen. Ein Viertel der Fischfiletscheiben leicht überlappend zu einem Kreis auf die geölte Folie legen, mit einem zweiten Stück geölter Folie in gleicher Größe belegen und mit dem Plattiereisen oder der flachen Seite eines Schnitzelklopfers vorsichtig noch ein wenig flach klopfen, sodass eine große, gleichmäßig dicke Fischscheibe entsteht. Den restlichen Fisch auf die gleiche Weise verarbeiten.

2 Für die Estragon-Fenchel-Butter die Tomaten kreuzweise einritzen, überbrühen, kalt abschrecken, häuten, vierteln und entkernen. Die Tomatenviertel in kleine Würfel schneiden.

3 Anis, Fenchel und Pfeffer in eine Gewürzmühle füllen. Die Brühe erwärmen, den Zitronensaft und die braune Butter unterrühren. Den Estragon und den Dill dazugeben und die Marinade mit der Gewürzmischung aus der Mühle und Chilisalz würzen. Vier vorgewärmte Teller mit der Hälfte der Estragon-Fenchel-Butter bepinseln.

4 Jeweils die obere Folie von einer Portion Fisch abziehen und die Makrelenscheiben auf die bestrichenen Teller stürzen. Die Folie abziehen, den Fisch mit der restlichen Estragon-Fenchel-Butter bestreichen und mit den Tomatenwürfeln und den Walnüssen bestreuen. Nach Belieben mit Chilisalz nachwürzen und mit den Salat- und Kräuterblättern garnieren.

Mein Tipp

Braune Butter verwende ich gerne zum Abschmecken und Verfeinern. Für etwa 200 g braune Butter 250 g Butter in einem Topf bei milder Hitze zerlassen. Dann etwa 10 Minuten köcheln lassen bis sie goldbraun ist. Die Butter durch ein mit einem Küchenpapier ausgelegtes Sieb gießen und in einer Schüssel auffangen. Die braune Butter abkühlen lassen und in ein gut verschließbares Glas füllen. So hält sie im Kühlschrank mindestens 8 Wochen.

Gewürzbackhendl
mit Harissa auf Kopfsalat mit Minze und Radieschen

Für 4 Personen

Für das Gewürzbackhendl:

3 TL Harissapulver
2 EL heiße Gemüsebrühe
250 g Naturjoghurt
4 Hähnchenbrustfilets (à 150 g; mit Haut)
Salz
50 g Cornflakes
80 g Weißbrotbrösel
Öl

Für den Kopfsalat:

100 ml lauwarme Gemüsebrühe
2 EL Zitronensaft
½ TL scharfer Senf
4 EL mildes Olivenöl
1 EL Minze (frisch geschnitten)
Salz · Pfeffer aus der Mühle
Zucker
1 Kopfsalat
½ Bund Radieschen

1 Für das Gewürzbackhendl das Harissa mit der Brühe verrühren und mit dem Joghurt glatt rühren. Die Hähnchenbrustfilets waschen und trocken tupfen. Mit dem Harissa-Joghurt einstreichen und zugedeckt im Kühlschrank marinieren lassen – am besten über Nacht, mindestens aber einen halben Tag.

2 Den Backofen auf 100 °C vorheizen, ein Ofengitter auf die mittlere Schiene und darunter ein Abtropfblech schieben.

3 Von den Hähnchenbrustfilets den Joghurt leicht abstreifen und die Filets mit Salz würzen. Die Cornflakes in einem Gefrierbeutel mit dem Nudelholz zu Bröseln zerreiben. Die Weißbrotbrösel mit den Cornflakes mischen und auf einen flachen Teller geben. Die Hähnchenbrustfilets in der Mischung wenden. Etwas Öl in einer Pfanne erhitzen und das Fleisch auf beiden Seiten knusprig anbraten.

4 Das Fleisch auf das Ofengitter legen und je nach Größe 20 bis 30 Minuten saftig durchziehen lassen.

5 Für den Kopfsalat die Brühe mit dem Zitronensaft und dem Senf verrühren. Das Olivenöl erst tropfenweise, dann in einem dünnen Strahl unter kräftigem Rühren hinzufügen. Die Minze unterrühren und das Dressing mit Salz, Pfeffer und 1 Prise Zucker würzen.

6 Den Kopfsalat putzen, gründlich waschen, trocken schleudern und in mundgerechte Stücke zupfen. Die Radieschen putzen, waschen und in dünne Scheiben hobeln.

7 Die Salatblätter und die Radieschen mit dem Dressing marinieren und auf Teller verteilen. Das warme Gewürzbackhendl schräg in Scheiben schneiden und darauf anrichten.

Mein Tipp

Durch das Marinieren im Gewürzjoghurt nimmt das Hähnchenfleisch nicht nur Aroma an, es wird durch das Einwirken des Joghurts auch noch zarter.

Gefüllte Bulgur-Fleischpflanzerl
auf Radi-Walnuss-Salat mit Schnittlauch

Für 4 Personen

Für die Bulgur-Fleischpflanzerl:

1 kleine Zwiebel
100 ml Gemüsebrühe
60 g Toastbrot
80 ml Milch
1 Ei
1 TL Dijonsenf
je 1 Msp. abgeriebene unbehandelte Zitronen- und Orangenschale
1 geriebene Knoblauchzehe
½ TL geriebener Ingwer
1–2 TL Orientalisches Hackfleischgewürz (siehe S. 154)
Salz
je 200 g Lamm- und Kalbshackfleisch
3 EL Petersilie (frisch geschnitten)
60 g feiner Bulgur

Für die Füllung:

4 getrocknete Aprikosen
je 2 EL Pinienkerne und Pistazien

Für den Radisalat:

1 kleiner weißer Rettich (ca. 400 g)
200 g Naturjoghurt
2 EL Gemüsebrühe
1–2 EL milder Weißweinessig
½ TL Dijonsenf
Salz · Zucker
2 EL grob gehackte Walnüsse
1–2 EL Schnittlauchröllchen
milde Chiliflocken

Außerdem:

Fett zum Frittieren

1 Für die Bulgur-Fleischpflanzerl die Zwiebel schälen und in feine Würfel schneiden. In einer Pfanne in der Brühe weich köcheln, bis die gesamte Flüssigkeit verkocht ist. Das Toastbrot in kleine Würfel schneiden und mit der Milch mischen.

2 Das Ei mit Senf, Zitronen- und Orangenschale, Knoblauch, Ingwer und Hackfleischgewürz mit dem Stabmixer mixen und mit Salz würzen.

3 Die beiden Hackfleischsorten mit der Zwiebel, dem eingeweichten Brot, dem gewürzten Ei und der Petersilie in einer Schüssel zu einer gleichmäßigen Masse verarbeiten.

4 Den Bulgur auf einem Sieb unter fließendem kaltem Wasser waschen, bis dieses klar bleibt. In Salzwasser aufkochen und 4 Minuten garen, kalt abschrecken und gut abtropfen lassen. Mit etwa drei Vierteln der Hackmasse mischen und 30 Minuten im Kühlschrank ziehen lassen, damit sie fester wird und besser zu verarbeiten ist.

5 Für die Füllung die Aprikosen in Würfel schneiden. Die Pinienkerne in einer Pfanne ohne Fett hell rösten. Aprikosen, Pinienkerne und Pistazien unter die übrige Hackmasse mischen.

6 Für die Hülle 16 gleich große Stücke von der gekühlten Bulgur-Hackfleisch-Mischung abnehmen und mit feuchten Händen zu Kugeln formen. Länglich eine Öffnung hineindrücken. Aus der Füllmasse etwas kleinere Kugeln formen, als Füllung in die Öffnung legen, mit der Hüllmasse umschließen und birnenartig formen, sodass an einer Seite eine Rundung und an der anderen Seite eine Spitze entsteht.

7 Das Frittierfett in der Fritteuse oder in einem hohen Topf auf 170 °C erhitzen. Die gefüllten Hackfleischpflanzerl darin portionsweise 3 bis 5 Minuten frittieren und auf Küchenpapier abtropfen lassen.

8 Für den Radisalat den Rettich putzen, schälen und mit dem Spaghettischneider in etwa 3 mm dicke lange Streifen schneiden. Ersatzweise auf dem Juliennehobel in lange Streifen hobeln oder mit dem Rettichschneider in Spiralen schneiden. Den Joghurt mit der Brühe, dem Essig und dem Senf glatt rühren und mit Salz und 1 Prise Zucker würzen.

9 Kurz vor dem Anrichten die Rettichstreifen mit Salz würzen und 1 bis 2 Minuten ziehen lassen. Mit dem Joghurtdressing, den gehackten Walnüssen, den Schnittlauchröllchen und 1 Prise Chiliflocken mischen. Den Radisalat auf Vorspeisentellern anrichten und die Pflanzerl daraufsetzen.

Schweinefilet auf Linsen-Reis-Salat
mit Baharat-Dip

Für 4 Personen

Für den Linsen-Reis-Salat:

50 g Berglinsen (kleine grüne Linsen)
½ Lorbeerblatt
3 Pimentkörner
50 g Basmatireis · Salz
100 ml Hühnerbrühe
80 g Endiviensalat
4 Radieschen

Für die Marinade:

100 ml Gemüsebrühe
1–2 EL milder Rotweinessig
1 TL Dijonsenf
2 EL Öl
2 EL Olivenöl
Salz · Pfeffer aus der Mühle
mildes Chilipulver
Zucker

Für das Schweinefilet:

1 großes Schweinefilet (ca. 550 g)
1 EL Öl
80 ml Gemüsebrühe
2 TL Baharat
2 EL kalte Butter
mildes Chilisalz

Für den Baharat-Dip:

2 TL Baharat
2 EL heiße Gemüsebrühe
1 EL mildes Olivenöl
200 g griechischer Joghurt
Salz · Zucker

1 Für den Linsen-Reis-Salat die Linsen, das Lorbeerblatt und die Pimentkörner in einem Topf mit Wasser 20 bis 25 Minuten kochen, bis die Linsen weich sind. Die Linsen in ein Sieb abgießen, die Gewürze entfernen.

2 Den Reis auf einem Sieb unter fließendem kaltem Wasser waschen, bis dieses klar bleibt. Den Reis in einen kleinen Topf geben, fingerbreit mit Brühe bedecken, mit Salz würzen und zugedeckt bei milder Hitze 10 Minuten köcheln lassen. Vom Herd nehmen und weitere 10 Minuten ausquellen lassen. Den Deckel abnehmen und den Reis abkühlen lassen.

3 Für die Marinade die Brühe mit dem Essig und dem Senf in einen hohen Rührbecher geben. Beide Ölsorten hinzufügen und alles mit dem Stabmixer mixen. Die Marinade mit Salz, Pfeffer sowie je 1 Prise Chilipulver und Zucker würzen. Die Linsen und den Reis mit der Marinade mischen und 20 Minuten ziehen lassen.

4 Inzwischen den Endiviensalat putzen, waschen, trocken schleudern und in ½ cm große Blättchen schneiden. Die Radieschen putzen, waschen, halbieren und in etwa ½ cm große Würfel schneiden.

5 Für das Schweinefilet das Fleisch in etwa 1 cm dicke Scheiben schneiden und mit dem Handballen etwas flach drücken.

6 In einer großen Pfanne das Öl erhitzen. Die Schweinefiletscheiben darin bei mittlerer Hitze auf beiden Seiten etwa 2 Minuten braten, aus der Pfanne nehmen und warm stellen.

7 Den Bratsatz mit der Brühe ablöschen und weitgehend einköcheln lassen. Das Baharat mit der kalten Butter hineinrühren. Die gebratenen Schweinefiletscheiben in der Sauce wenden und mit Chilisalz würzen.

8 Für den Baharat-Dip das Gewürz mit der Brühe verrühren und mit dem Olivenöl unter den Joghurt mixen. Den Dip mit Salz und 1 Prise Zucker abschmecken.

9 Den Endiviensalat und die Radieschen unter den Linsen-Reis-Salat mischen und den Salat nochmals abschmecken. Den Salat auf vorgewärmten Tellern anrichten und die Schweinefiletscheiben darauflegen. Mit dem Sud aus der Pfanne beträufeln und mit dem Dip servieren.

Gefülltes türkisches Fladenbrot
auf Endivien-Kürbis-Salat

Für 4 Personen

Für das gefüllte Fladenbrot:

1 große weiße Zwiebel
100 ml Gemüsebrühe
80 g Toastbrot
100 ml Milch
2 Eier
1–2 TL Dijonsenf
1 Msp. abgeriebene unbehandelte Orangenschale
1 TL abgeriebene unbehandelte Zitronenschale
1 große geriebene Knoblauchzehe
½ TL geriebener Ingwer
2 TL Orientalisches Hackfleischgewürz (siehe S. 154) · Salz
je 250 g Lamm- und Kalbshackfleisch
3 EL Petersilie (frisch geschnitten)
4 EL Öl
½ kleines türkisches Fladenbrot (150–200 g, über Nacht in Frischhaltefolie gewickelt)

Für den Salat:

200 g Endiviensalat
200 g eingelegter Kürbis (mit Sud; siehe S. 244)
60 ml Gemüsebrühe
2–3 TL Weißweinessig
1 gestr. TL Dijonsenf
2 EL mildes Olivenöl
1 EL mildes Salatöl
Salz · Pfeffer aus der Mühle
mildes Chilipulver

1 Für das gefüllte Fladenbrot die Zwiebel schälen und in feine Würfel schneiden. In einer Pfanne in der Brühe weich köcheln, bis die gesamte Flüssigkeit verkocht ist. Das Toastbrot in kleine Würfel schneiden und mit der Milch mischen. Die Eier mit dem Senf, der Orangen- und Zitronenschale, dem Knoblauch, Ingwer und Orientalischem Hackfleischgewürz mit dem Stabmixer pürieren und mit Salz würzen.

2 Beide Hackfleischsorten mit der Zwiebel, dem eingeweichten Brot, den Eiern und der Petersilie in eine Schüssel geben und zu einer gleichmäßigen Masse verarbeiten. Ein kleines Probepflanzerl in 3 EL Öl braten und, falls nötig, nachwürzen.

3 Das halbe Fladenbrot längs in etwa 3 mm dicke Scheiben schneiden. Je 1 Brotscheibenhälfte 1 bis 1 ½ cm dick mit der Hackmasse bestreichen, die zweite Hälfte darüberklappen. Die gefüllten Brotscheiben im restlichen Öl bei sehr milder Hitze auf beiden Seiten goldbraun braten, herausnehmen und auf Küchenpapier abtropfen lassen.

4 Für den Salat den Endiviensalat putzen, waschen, trocken schleudern und in etwa ½ cm breite Streifen schneiden. Den eingelegten Kürbis auf einem Sieb abtropfen lassen. 6 EL von dem Einlegesud abnehmen, den übrigen Einlegesud für Salatmarinaden gekühlt aufbewahren.

5 Für die Marinade die Brühe mit dem Kürbisfond, Essig, Senf, Olivenöl und Salatöl verrühren. Mit Salz, Pfeffer und 1 Prise Chilipulver würzen. Den Endiviensalat mit den Kürbisstücken und der Marinade mischen und nach Belieben nachwürzen.

6 Die gefüllten Fladenbrote auf vorgewärmte Teller legen, den Endivien-Kürbis-Salat daneben anrichten und nach Belieben Ras-el-Hanout-Joghurt oder Baharat-Joghurt (siehe S. 180) darum herumträufeln.

Mein Tipp

Damit das Fladenbrot optimal dünn geschnitten werden kann, sollte es einen Tag in Frischhaltefolie gewickelt liegen. Dadurch wird die knusprige Rinde weich und die Krume stabil.

In Arganöl mariniertes Kaninchen
auf Safran-Couscous-Gelee mit Pfifferlingen

Für 4 Personen

Für die Sülze:

2 Kaninchenkeulen (à 250 g)
1 EL Öl · 1 große Zwiebel
1 Stange Staudensellerie
½ Karotte · 800 ml Hühnerbrühe
1 kleines Lorbeerblatt
1 EL getrocknete Champignons
1 grüne Kardamomkapsel
1 Gewürznelke · ¼ Zimtrinde
1 kleine mittelscharfe getrocknete rote Chilischote
2 Scheiben Ingwer · 1 Knoblauchzehe (halbiert) · 10 Safranfäden
5 Blatt Gelatine · 1 Streifen unbehandelte Zitronenschale
1 gestr. TL Paprikapulver (edelsüß)
½ TL geräuchertes Paprikapulver
½ TL gemahlene Kurkuma
2 EL Zitronensaft
Salz · 1 gestr. TL Zucker
2 EL gegarter, ausgekühlter Couscous (siehe S. 177)

Für die Marinade:

1–2 TL Zitronensaft
½ TL abgeriebene unbehandelte Zitronenschale · 1 EL mildes Olivenöl · 1 TL Arganöl
Salz · mildes Chilipulver

Außerdem:

100 g kleine Pfifferlinge
1 TL braune Butter (siehe S. 202)
Salz · Pfeffer aus der Mühle
gemahlener Kümmel
1 Msp. abgeriebene unbehandelte Zitronenschale
einige Petersilien- und Feldsalatblätter zum Garnieren

1 Für die Sülze die Kaninchenkeulen waschen und trocken tupfen. Das Öl in einer Pfanne erhitzen und die Keulen darin bei mittlerer Hitze rundum anbraten. Herausnehmen und auf Küchenpapier abtropfen lassen. Die Zwiebel schälen, quer halbieren und in einer Pfanne ohne Fett auf den Schnittflächen goldbraun rösten. Den Sellerie putzen, waschen und halbieren, die Karotte schälen und längs halbieren.

2 Die Brühe aufkochen lassen, die Kaninchenkeulen mit den Zwiebelhälften hineinlegen und knapp unter dem Siedepunkt 1 Stunde ziehen lassen. Nach 30 bis 40 Minuten Sellerie, Karotte, Lorbeerblatt, getrocknete Champignons, Kardamom, Gewürznelke, Zimt, Chilischote, Ingwer und Knoblauch dazugeben. 1 EL Brühe abnehmen und die Safranfäden darin einweichen.

3 Die Kaninchenkeulen und das Gemüse herausnehmen und beiseitestellen. Die Brühe vorsichtig durch ein Sieb gießen.

4 Die Gelatine in kaltem Wasser einweichen. ½ l der Kaninchenbrühe abnehmen. Die Gelatine ausdrücken und in der warmen Brühe auflösen. Die Zitronenschale hinzufügen und die Brühe mit beiden Paprikapulversorten, Kurkuma, Zitronensaft, Salz und Zucker kräftig würzen. 3 bis 5 Minuten ziehen lassen.

5 Durch ein mit Küchenpapier ausgelegtes Sieb in eine Schüssel gießen. Den eingeweichten Safran hineinrühren und im kalten Wasserbad mit einem Teigschaber kalt rühren, bis die Flüssigkeit anfängt zu gelieren. Dabei dürfen keine Blasen entstehen, deshalb nur vorsichtig rühren. Den Couscous hineinrühren, die Masse auf 4 große tiefe Teller verteilen und im Kühlschrank fest werden lassen.

6 Für die Marinade 50 ml Kaninchenbrühe, Zitronensaft und -schale, Oliven- und Arganöl verrühren, mit Salz und 1 Prise Chilipulver würzen. Das Kaninchenfleisch vom Knochen lösen und in mundgerechte Portionen teilen. In die Marinade legen und bis zum Servieren zugedeckt bei kühler Zimmertemperatur oder im Kühlschrank aufbewahren.

7 Die Pfifferlinge putzen und trocken abreiben, falls nötig, kurz waschen und sofort auf Küchenpapier abtropfen lassen. Die braune Butter in einer Pfanne erhitzen und die Pilze darin etwa 2 Minuten anbraten. Mit Salz, Pfeffer, 1 Prise Kümmel und Zitronenschale würzen.

8 Das marinierte Kaninchenfleisch mit den Pfifferlingen mischen, nochmals abschmecken und mittig auf dem Sülzenspiegel anrichten. Mit Petersilien- und Feldsalatblättern garnieren.

Rosa gebratenes Rehfilet

mit Schwarzwurzeln und Walnuss-Granatapfel-Dip

Für 4 Personen

Für den Walnuss-Granatapfel-Dip:

40 g Mischbrot (25 g entrindet)
1 gestr. EL Harissapulver
2 EL mildes Olivenöl
50 g Walnusskerne
1 TL saurer Granatapfelsirup (aus dem türkischen Feinkostladen)
1 gestr. EL griechischer Joghurt
Salz

Für den grünen Spargel:

200 g grüner Spargel
50 ml Hühnerbrühe
1 EL Butter
mildes Chilisalz
1 Msp. abgeriebene unbehandelte Zitronenschale

Für die Schwarzwurzeln:

2 Schwarzwurzeln
1–2 EL Zitronensaft
Salz · 1 Ei
mildes Chilisalz
5 EL doppelgriffiges Mehl
80 g Kataifiteig (aus dem türkischen Feinkostladen)
Öl zum Frittieren

Für das Rehfilet:

je 1 TL schwarze Pfeffer-, Piment- und Korianderkörner
3–4 EL braune Butter (siehe Tipp S. 202)
8 Rehfilets
5 angedrückte Wacholderbeeren
2 Scheiben Ingwer
1 Streifen unbehandelte Orangenschale
mildes Chilisalz

1 Für den Walnuss-Granatapfel-Dip von dem Brot die Rinde entfernen, die Brotkrume klein schneiden und mit 50 ml Wasser mischen. Das Harissa mit dem Olivenöl mischen. Die Walnüsse im Blitzhacker grob mahlen. Das eingeweichte Brot mit dem Granatapfelsirup und dem Gewürz-Olivenöl dazugeben und zu einer feinen Paste pürieren. In eine Schüssel füllen, den Joghurt unterrühren und mit Salz würzen.

2 Für den grünen Spargel den Spargel waschen und im unteren Drittel schälen, die holzigen Enden abschneiden und die Spargelstangen dritteln. Die Brühe in einem kleinen Topf erhitzen und den Spargel darin zugedeckt bei milder Hitze weich garen. Die Butter hinzufügen und mit Chilisalz und Zitronenschale würzen.

3 Die Schwarzwurzeln unter fließendem kaltem Wasser gründlich bürsten, schälen, in je 6 Stücke schneiden und sofort in Zitronenwasser legen. Dabei am besten mit Einweghandschuhen arbeiten.

4 Anschließend die Schwarzwurzeln abgießen und in kochendem Salzwasser je nach Dicke 4 bis 5 Minuten leicht bissfest garen. Dünnere Stücke von der Wurzelspitze 2 Minuten später dazugeben. Die Schwarzwurzeln abgießen, kalt abschrecken und abtropfen lassen. Das Ei mit Chilisalz würzen und verquirlen.

5 Die Schwarzwurzelstücke im Mehl wenden, durch das verquirlte Ei ziehen, abtropfen lassen und jeweils in einige Teigfäden wickeln.

6 Das Öl in der Fritteuse oder in einem hohen Topf auf 170 °C erhitzen. Die Schwarzwurzelstücke darin rundum 3 bis 5 Minuten goldbraun ausbacken. Herausnehmen, auf Küchenpapier abtropfen lassen, leicht mit Salz würzen und gegebenenfalls im Backofen bei 100 °C warm stellen.

7 Für das Rehfilet den Backofen auf 100 °C vorheizen. Ein Ofengitter auf die mittlere Schiene und darunter ein Abtropfblech schieben. Die Pfeffer-, Piment- und Korianderkörner in eine Gewürzmühle füllen.

8 In einer Pfanne 1 TL braune Butter erhitzen und die Rehfilets darin bei mittlerer Hitze rundum anbraten. Auf das Gitter in den Ofen legen und 10 Minuten rosa garen. In einer Pfanne bei milder Hitze die übrige braune Butter mit Wacholderbeeren, Ingwer und Orangenschale erwärmen. Mit den Gewürzen aus der Gewürzmühle und mit Chilisalz würzen.

9 Die Schwarzwurzelstücke und den Spargel auf vorgewärmte Teller verteilen. Die Rehfilets schräg halbieren, dazulegen und mit der Gewürzbutter beträufeln. Den Walnuss-Granatapfel-Dip dazu servieren.

Orientalisch gebeizter Rehrücken
mit Selleriesalat und Brezenchips

Für 4 Personen

Für den Rehrücken:
¼ l Gemüsebrühe · 45 g Pökelsalz · 35 g brauner Zucker · 1 EL Korianderkörner · 5 Wacholderbeeren · 1 TL Fenchelsamen · 3 Scheiben Ingwer · 2 Knoblauchzehen (in Scheiben) · ¼ l frisch gepresster Orangensaft · 3 Stiele Koriander · je 1 Streifen unbehandelte Orangen- und Zitronenschale · 500 g Rehrücken (1 Stück)

Für das Gewürzöl:
3 Wacholderbeeren · 1 Gewürznelke · 1 TL schwarze Pfefferkörner · 20 Korianderkörner · 100 ml mildes Olivenöl · milde Chiliflocken · 1 Msp. abgeriebene unbehandelte Orangenschale · Salz

Für den Selleriesalat:
400 g Knollensellerie · 50 ml Gemüsebrühe · 2–3 EL Balsamico bianco · 3 EL mildes Salatöl · Salz · Pfeffer aus der Mühle · mildes Chilipulver · Zucker · je 1 EL Pistazien und Pinienkerne · 2 Handvoll kleine Salatblättchen

Für die karamellisierten Walnüsse:
2–3 EL Walnusskerne · 1 EL Puderzucker

Für die Brezenchips:
1 Laugenstange (vom Vortag) · 2 EL braune Butter (siehe Tipp S. 202)

1 Für den Rehrücken 5 Tage im Voraus die Brühe mit dem Pökelsalz, dem braunen Zucker, den Korianderkörnern, Wacholderbeeren, Fenchelsamen, Ingwer- und Knoblauchscheiben aufkochen und abkühlen lassen. Den Orangensaft unterrühren und die Korianderstiele sowie die Orangen- und Zitronenschale dazugeben. Den Rehrücken in die Beize legen, sodass er bedeckt ist und 5 Tage im Kühlschrank marinieren.

2 Am Tag der Zubereitung für das Gewürzöl die Wacholderbeeren, die Gewürznelke, den Pfeffer und die Korianderkörner in einer Pfanne bei milder Hitze leicht anrösten, bis sie anfangen zu duften. Kurz abkühlen lassen und im Mörser grob zerstoßen. Die Gewürze mit dem Olivenöl, 1 Prise Chiliflocken und der Orangenschale verrühren. Das Gewürzöl mit 1 Prise Salz würzen, in ein Glas füllen, verschließen und mehrere Stunden ziehen lassen.

3 Den Rehrücken aus der Beize nehmen und trocken tupfen, in 4 bis 5 mm dicke Scheiben schneiden und auf beiden Seiten mit Gewürzöl bestreichen (übriges Gewürzöl im Kühlschrank aufheben). Zwischen 2 Lagen doppelt gelegter Frischhaltefolie mit dem Plattiereisen oder der flachen Seite eines Schnitzelklopfers zu dünnen Scheiben klopfen.

4 Für den Selleriesalat den Sellerie putzen, schälen und in feine Streifen schneiden oder hobeln. Die Brühe mit Essig und Öl mixen, mit Salz, Pfeffer und je 1 Prise Chilipulver und Zucker abschmecken. Die Pistazien grob hacken. Die Pinienkerne in einer Pfanne ohne Fett goldbraun rösten, etwas abkühlen lassen und grob hacken. Die Selleriestreifen mit der Marinade, den Pistazien und den Pinienkernen mischen und 10 Minuten ziehen lassen. Falls nötig, nochmals abschmecken.

5 Die Walnüsse in einer Pfanne ohne Fett bei mittlerer Hitze erhitzen, den Puderzucker nach und nach darüberstäuben und karamellisieren.

6 Für die Brezenchips die Laugenstange längs in 6 dünne Scheiben schneiden. Die braune Butter in einer Pfanne erhitzen. Die mittleren 4 Laugenscheiben bei mittlerer Hitze auf beiden Seiten goldbraun braten, herausnehmen und auf Küchenpapier abtropfen lassen.

7 Je 1 Brezenchip auf einen Vorspeisenteller legen. Den Selleriesalat darauf anrichten, die Salatblättchen in etwas Selleriemarinade wenden und zum Selleriesalat legen. Den gebeizten Rehrücken dekorativ darauf anrichten und mit den karamellisierten Walnüssen garnieren.

Suppen & Eintöpfe

Geeiste Gurken-Minze-Suppe
mit Riesengarnelen

Für 4 Personen

Für die Suppe:
ca. ½ Bund Petersilie
Salz
2 große gekühlte Salatgurken (ca. 900–1000 g)
1 gehackte Knoblauchzehe
60 g Sahne
60 g Rahmjoghurt
je 1 EL Minze und Dill (frisch geschnitten)
3 TL milder Weißweinessig
Pfeffer aus der Mühle
mildes Chilipulver

Für die Garnelen:
4 Riesengarnelen
Salz
2 TL mildes Olivenöl

1 Für die Suppe die Petersilie waschen und trocken schütteln, die Blätter abzupfen – es sollte etwa 20 g ergeben. Die Petersilienblätter in kochendem Salzwasser 3 Minuten fast weich garen, kalt abschrecken und abtropfen lassen. Das Wasser ausdrücken, die Blätter klein schneiden.

2 Die Gurken schälen, längs halbieren und die Kerne entfernen. Die Gurken klein schneiden. Mit 350 ml kaltem Wasser, der Petersilie und dem Knoblauch mit dem Stabmixer zu einer sämigen Suppe pürieren.

3 Die Sahne mit dem Joghurt verrühren und mit dem Schneebesen unter die Gurkensuppe rühren. Minze und Dill hinzufügen und mit Essig, Salz, Pfeffer und 1 Prise Chilipulver abschmecken.

4 Die Garnelen bis auf das Schwanzstück schälen, am Rücken entlang einschneiden und den dunklen Darm entfernen. Die Garnelen waschen, trocken tupfen und vom dicken Ende her quer etwa ein Drittel einschneiden.

5 In einem kleinen Topf Wasser aufkochen, vom Herd nehmen, mit Salz würzen und die Garnelen hineinlegen. Die Garnelen etwa 3 Minuten ziehen lassen und in ein Sieb abgießen. In dem Olivenöl wenden.

6 Die Gurken-Minze-Suppe nochmals umrühren, etwas nachwürzen, auf gekühlte Suppentassen verteilen und die Garnelen hineinsetzen.

Mein Tipp

Anstatt der Garnelen können Sie als Einlage sehr gut Krevetten (in Lake eingelegt) verwenden. Diese werden in ein Sieb abgegossen, unter fließendem kaltem Wasser gewaschen und mit den Händen vorsichtig etwas ausgedrückt, bevor sie in die Suppe kommen. Nach Belieben können Sie die Suppe noch mit kleinen, kross gebratenen Brotwürfeln (von Weißbrot oder türkischem Fladenbrot) garnieren.

Geeiste Paprikasuppe
mit Aprikosen und Walnüssen

Für 4 Personen

Für die Suppe:
2 Tomaten
4 rote Paprikaschoten
1 Knoblauchzehe
1 Msp. geriebener Ingwer
2 EL Rotweinessig
4 EL mildes Olivenöl
Salz
Pfeffer aus der Mühle
Zucker
¼ TL mildes Chilipulver
10 getrocknete Aprikosen

Außerdem:
50 g griechischer Joghurt
16 Walnusskerne

1 Für die Suppe die Tomaten waschen und vierteln, dabei die Stielansätze entfernen. Die Tomatenviertel entkernen und in Würfel schneiden. Die Kerne mit dem Stabmixer pürieren und durch ein Sieb streichen, die übrigen Kerne aus dem Sieb entfernen.

2 Die Paprikaschoten längs halbieren, entkernen, mit dem Sparschäler schälen und klein schneiden. Den Knoblauch schälen. Beides mit 200 ml kaltem Wasser, Ingwer, dem Tomatenkernsaft und dem Essig im Mixer fein pürieren. Unter ständigem Mixen das Olivenöl hinzufügen und je nach Konsistenz noch etwas Wasser untermixen. Mit Salz, Pfeffer, 1 Prise Zucker und dem Chilipulver würzen.

3 Die Aprikosen in kleine Würfel schneiden und mit den Tomatenwürfeln unter die Suppe rühren.

4 Die Suppe im Kühlschrank mindestens 2 Stunden ziehen lassen. Nochmals abschmecken und auf Suppentassen verteilen. Je 3 Tupfen griechischen Joghurt hineinsetzen und mit den Walnüssen garnieren.

Mein Tipp

Die Trockenaprikosen geben der Suppe eine leicht süße Note. Damit diese optimal zur Geltung kommen kann, werden sie in möglichst kleine Würfel geschnitten und ziehen von Anfang an in der Suppe mit.

Kalte Mandel-Joghurt-Suppe
mit Radieschen und Zatar-Fladenbrot

Für 4 Personen

Für das Fladenbrot:
150 ml Milch
2 g frische Hefe
250 g Mehl
1 gestr. TL Zucker
1 gestr. TL Salz
7–8 EL mildes Olivenöl
Mehl zum Verarbeiten
25 g Zatar
Salz

Für die Mandel-Joghurt-Suppe:
1 EL Mandelblättchen
400 g Naturjoghurt
400 ml kalte Gemüsebrühe (entfettet)
200 g Sahne
1 Spritzer Zitronensaft
½ TL abgeriebene unbehandelte Zitronenschale
Salz
mildes Chilipulver
1 kleine geriebene Knoblauchzehe
½ TL geriebener Ingwer
6–8 Radieschen
1 EL Dill (frisch geschnitten)

1 Für das Fladenbrot die Milch leicht erwärmen und die Hefe darin auflösen. Das Mehl in eine Schüssel sieben, die Hefemilch, den Zucker, das Salz und 1 EL Olivenöl dazugeben und alle Zutaten mit den Knethaken des Handrührgeräts zu einem glatten Teig verkneten. Die Schüssel mit Frischhaltefolie bedecken und den Teig bei Zimmertemperatur 1 Stunde gehen lassen.

2 Den Teig durchkneten, in 12 gleich große Stücke teilen und mit wenig Mehl zu Kugeln formen. Zugedeckt nochmals 20 Minuten gehen lassen.

3 Den Backofen auf 200 °C vorheizen. Die Teigkugeln mit wenig Mehl zu Teigfladen ausrollen, nebeneinander auf zwei mit Backpapier belegte Backbleche legen und mit einer Gabel mehrmals einstechen. Das Zatar mit 3 EL Olivenöl verrühren, mit Salz würzen und gleichmäßig auf die Fladen verteilen, dabei einen etwa 1 cm breiten Rand frei lassen. Die Fladen im Ofen etwa 10 Minuten hell backen. Mit dem restlichen Olivenöl beträufeln und lauwarm abkühlen lassen.

4 Für die Mandel-Joghurt-Suppe die Mandelblättchen in einer Pfanne ohne Fett anrösten und abkühlen lassen. Den Joghurt mit der Brühe und der Sahne verrühren. Mit Zitronensaft, Zitronenschale, Salz, 1 Prise Chilipulver, dem Knoblauch und dem Ingwer würzen.

5 Die Radieschen putzen, waschen, in feine Streifen schneiden oder hobeln und mit dem Dill unter die Joghurtsuppe rühren.

6 Die Joghurtsuppe auf Tassen verteilen, mit den Mandelblättchen bestreuen und dazu das Fladenbrot servieren.

Mein Tipp

Milde Mandelsuppen, die mit Würzkräutern aromatisiert werden, sind unter anderem in der Küche Marokkos beliebt. Mein Rezept nimmt allerdings keinen Bezug auf ein landestypisches Gericht.

ROTE LINSENSUPPE
mit Wachtelbrust

FÜR 4 PERSONEN

Für die Suppe:

1 Zwiebel
1 EL braune Butter
(siehe Tipp S. 202)
1 EL Tomatenmark
150 g rote Linsen
1 l Gemüsebrühe
200 g Sahne
2 TL Berbere
2 EL kalte Butter
Salz

Für die Wachtel:

4 Wachtelbrüstchen (mit Haut)
½–1 TL Öl
1–2 TL braune Butter
mildes Chilisalz

1 Für die Suppe die Zwiebel schälen und in feine Würfel schneiden. Die braune Butter in einem Topf erhitzen und die Zwiebel darin bei milder Hitze andünsten. Das Tomatenmark unterrühren und kurz anrösten. Die Linsen dazugeben und mit der Brühe auffüllen. Alles knapp unter dem Siedepunkt 20 Minuten ziehen lassen, bis die Linsen weich sind. Nach 10 Minuten 5 EL Linsen für die Einlage herausnehmen und beiseitestellen.

2 Die Sahne hinzufügen und die Suppe mit dem Stabmixer pürieren. Das Berbere unterrühren und einige Minuten ziehen lassen. Die kalte Butter untermixen und die Suppe mit Salz abschmecken.

3 Für die Wachtel die Wachtelbrüstchen waschen und trocken tupfen. Das Öl in einer Pfanne erhitzen und das Fleisch darin auf der Hautseite 2 bis 3 Minuten goldbraun braten. Die Brüstchen wenden, die Pfanne vom Herd nehmen und die Brüstchen in der Resthitze rosa durchziehen lassen. Die braune Butter dazugeben und mit Chilisalz würzen.

4 Die Suppe nochmals aufmixen und auf vorgewärmte Suppenteller verteilen. Je 1 Löffel Linsen in die Mitte setzen und je 1 Wachtelbrüstchen darauflegen.

Mein Tipp

Die Suppe kann man statt mit der Wachtelbrust auch mit Wachtelei servieren: Die Wachteleier dafür knapp 3 Minuten wachsweich kochen, kalt abschrecken, pellen und in der Suppe anrichten.

Zitronen-Couscous-Suppe
mit Endivie und Minze

Für 4 Personen

Für die Suppe:
1,8 l Hühnerbrühe
1 Lorbeerblatt
3 Knoblauchzehen (in Scheiben)
5 dünne Scheiben geschälter Ingwer
100 g feiner Couscous
1–2 TL Couscousgewürz *(siehe S. 146)*
150 g Sahne
1 EL Zitronensaft
abgeriebene Schale von ½ unbehandelten Zitrone
Salz
mildes Chilipulver

Für die Einlage:
1 Blatt Endiviensalat
2 TL Minze (frisch geschnitten)

1 Für die Suppe die Brühe in einem Topf erhitzen, das Lorbeerblatt mit dem Knoblauch, dem Ingwer und dem Couscous dazugeben und knapp unter dem Siedepunkt 7 Minuten ziehen lassen. Zum Schluss das Couscousgewürz unterrühren.

2 Die Suppe in ein Sieb abgießen, die Brühe dabei auffangen. Das Lorbeerblatt entfernen.

3 Zwei Drittel des gegarten Couscous mit der Hälfte der Brühe, der Sahne und den gegarten Knoblauch- und Ingwerscheiben pürieren.

4 Mit der übrigen Brühe und dem restlichen Couscous wieder in den Topf geben und nochmals kurz erhitzen. Mit Zitronensaft und -schale, Salz und 1 Prise Chilipulver abschmecken.

5 Für die Einlage das Endivienblatt gründlich waschen und trocken tupfen. Die dicke Blattrippe entfernen, das Blatt längs in 1 cm breite Streifen und diese quer in sehr feine Streifen schneiden. Mit der geschnittenen Minze mischen.

6 Die Suppe auf vorgewärmte tiefe Teller verteilen und die Endivien-Minze-Mischung in die Mitte setzen.

Mein Tipp

Diese schnelle, geschmackvolle Suppe sollte rasch verzehrt werden, denn die kleinen Couscouskügelchen ziehen mit der Zeit ähnlich wie Suppennudeln stark Flüssigkeit nach. Dabei quellen sie auf und werden weich – die Suppe wird dick. Die als Einlage verwendete Endivie war bereits zur Zeit der alten Ägypter ein beliebtes Gemüse; als Salat wird sie erst seit dem 13. Jahrhundert zubereitet. In feine, kurze Streifen geschnitten, kann das Endivienblatt am besten gelöffelt werden.

Arabische Gewürzconsommé
mit Hähnchen

Für 4 Personen

2 Hähnchenkeulen
1 braunschalige Zwiebel
1,2 l Geflügelfond (ersatzweise Hühnerbrühe)
80 g Knollensellerie
½ Karotte
¼ dünne Stange Lauch
1 EL getrocknete Champignons (ersatzweise 50 g frische Champignons)
1 kleines Lorbeerblatt
½ – 1 gestr. TL Orientalisches Gewürz für klare Suppen (siehe S. 140)
Salz

1 Die Hähnchenkeulen waschen und trocken tupfen. Die Zwiebel bis auf die innere braune Schale schälen, den Wurzelansatz und die Spitze abschneiden. Die Zwiebel quer halbieren und auf den Schnittflächen in einer unbeschichteten Pfanne goldbraun anrösten.

2 Den Fond in einem großen Topf zum Kochen bringen. Die Hähnchenkeulen hineinlegen und knapp unter dem Siedepunkt gut 1 Stunde darin gar ziehen lassen. Den dabei aufsteigenden Schaum mit dem Schaumlöffel abnehmen.

3 Den Sellerie und die Karotte putzen und schälen, die Karotte längs halbieren. Den Lauch putzen und gründlich waschen. Nach etwa 30 Minuten alles Gemüse, die getrockneten Champignons und das Lorbeerblatt in die Brühe geben.

4 Die Hähnchenkeulen am Ende der Garzeit herausnehmen, etwas abkühlen lassen. Die Haut abziehen, das Fleisch von den Knochen lösen und in mundgerechte Stücke zerteilen. Sellerie und Karotte aus der Suppe nehmen und in ½ cm große Würfel schneiden.

5 Die Suppe vorsichtig durch ein feines Sieb gießen. Zwiebel, Lauch, Lorbeerblatt und Champignons entfernen und die Suppe mit Küchenpapier entfetten. Mit dem Orientalischen Gewürz für klare Suppen verfeinern, einige Minuten ziehen lassen und mit Salz würzen.

6 Hähnchenfleisch, Sellerie und Karotte in einem Topf in einem Schöpflöffel voll Gewürzconsommé erhitzen und auf tiefe vorgewärmte Teller verteilen. Mit der restlichen Gewürzconsommé auffüllen.

Mein Tipp

Die Gewürzconsommé ist äußerst wandelbar. Als Einlage eignen sich auch kleine Brätnockerl sehr gut. Einen völlig anderen Charakter erhält sie, wenn die Brühe abgegossen und mit 60 g kalter Butter schaumig aufgemixt wird. Und 1 Prise gemahlener Kaffee, der kurz vor dem Servieren aufgestreut wird, gibt dem Gericht eine unerwartete, raffinierte Note.

Selleriesuppe
mit Zimt-Apfel und Walnüssen

Für 4 Personen

Für die Suppe:
1 kleine Sellerieknolle (ca. 800 g)
1 l Gemüse- oder Hühnerbrühe
200 g Sahne
50 g kalte Butter
Salz · Pfeffer aus der Mühle
mildes Chilipulver

Für den Zimt-Apfel:
1 rotschaliger Apfel
1–2 TL Puderzucker
1 EL Butter
1 Stück Zimtrinde

Außerdem:
2 EL grob gehackte Walnüsse

1 Für die Suppe den Sellerie putzen, schälen und in etwa 1 cm große Würfel schneiden. In einem Topf in der Brühe knapp unter dem Siedepunkt etwa 20 Minuten weich garen. Die Sahne und die kalte Butter hinzufügen und alles mit dem Stabmixer pürieren. Mit Salz, Pfeffer und 1 Prise Chilipulver würzen.

2 Für den Zimt-Apfel den Apfel waschen, vierteln, entkernen und in Spalten schneiden. Den Puderzucker in einer Pfanne bei mittlerer Hitze hell karamellisieren. Die Apfelspalten auf beiden Seiten darin andünsten, die Butter dazugeben, zerlassen und etwas Zimt frisch darüberreiben.

3 Die Suppe mit dem Stabmixer nochmals aufschäumen und auf vorgewärmte tiefe Teller verteilen. Die Apfelspalten hineinlegen und die Suppe mit den Walnüssen bestreuen.

Mein Tipp

Knollensellerie, den wir automatisch der mitteleuropäischen Küche zuordnen, ist auch in der Türkei beliebt. Hier wie dort wird er vor allem in der kalten Jahreszeit zubereitet – für die sich auch diese Suppe besonders gut eignet, da die Reifezeit aller Hauptzutaten im Spätsommer und Herbst liegt.

KNOBLAUCH-MANDEL-SUPPE
mit Orangenblütenwasser und Fladenbrot

FÜR 4 PERSONEN

Für das Fladenbrot:

15 g frische Hefe
320 g Mehl (Type 550)
2–3 geh. TL Orientalisches Brotgewürz (aus dem Gewürzladen)
1 TL feines Meersalz
1 EL Olivenöl
Olivenöl für das Blech
Mehl für die Arbeitsfläche
1 EL ganzer Schwarzkümmel

Für die Suppe:

800 ml Hühnerbrühe
200 g Sahne
2 Knoblauchzehen (in Scheiben)
1–2 TL geriebener Ingwer
1 Msp. Vanillemark
gemahlene Kurkuma
Salz · Pfeffer aus der Mühle
mildes Chilipulver
1 EL Speisestärke
2 EL helles Mandelmus (aus dem Reformhaus)
2 EL kalte Butter
8 Tropfen Orangenblütenwasser (aus der Apotheke)
1–2 EL Mandelblättchen

Für die Croûtons:

50 g Weißbrot
2 EL braune Butter (siehe Tipp S. 202)
½ TL milde Chiliflocken
Salz

1 Für das Fladenbrot die Hefe in 200 ml lauwarmes Wasser bröckeln und glatt rühren. Das Mehl mit dem Hefewasser, Brotgewürz, Salz und Olivenöl mit den Knethaken des Handrührgeräts zu einem glatten Teig verkneten. In eine Schüssel geben, mit Frischhaltefolie bedecken und an einem warmen Ort 30 Minuten gehen lassen.

2 Zwei Backbleche mit etwas Olivenöl einfetten. Den Teig nochmals kurz durchkneten, in 8 gleich große Stücke teilen und zu Kugeln formen. Auf der bemehlten Arbeitsfläche zugedeckt 10 Minuten ruhen lassen.

3 Dann den Teig zu dünnen Fladen (etwa 12 cm Durchmesser) ausrollen, dabei jeweils mit etwas Schwarzkümmel bestreuen und diesen in die Fladen einarbeiten. Jeweils 4 Teigfladen auf die Bleche legen, dabei mit den Händen noch etwas ausziehen. Zugedeckt nochmals 20 Minuten gehen lassen. Den Backofen auf 200 °C vorheizen. Die Fladen im Ofen 15 bis 20 Minuten backen.

4 Für die Suppe die Brühe erhitzen und einige Minuten ziehen lassen. Sahne, Knoblauch, Ingwer und Vanillemark dazugeben und mit 1 Prise Kurkuma, Salz, Pfeffer und 1 Prise Chilipulver würzen. Einmal aufkochen lassen und mit dem Stabmixer pürieren.

5 Die Speisestärke mit wenig kaltem Wasser glatt rühren und die leicht köchelnde Suppe damit sämig binden. 1 bis 2 Minuten weiterköcheln lassen. Das Mandelmus und die kalte Butter unterrühren, die Suppe mit Salz würzen und mit dem Orangenblütenwasser verfeinern. Die Mandelblättchen in einer Pfanne ohne Fett goldbraun rösten.

6 Für die Croûtons das Weißbrot in Würfel schneiden und in der braunen Butter goldbraun anbraten. Mit den Chiliflocken und 1 Prise Salz würzen.

7 Die Suppe nochmals aufmixen, in tiefe Teller verteilen und mit Mandelblättchen und Croûtons bestreuen. Dazu das Fladenbrot reichen.

Mein Tipp

Helles Mandelmus wird aus geschälten, dunkles Mandelmus aus ungeschälten Mandeln hergestellt. Beide werden zum Verfeinern von Rahmsuppen, Dressings, Dips und Brotaufstrichen verwendet.

FENCHELSUPPE
mit Safran

FÜR 4 PERSONEN

8 Safranfäden
800 ml Hühnerbrühe
2 mittelgroße Fenchelknollen (mit Grün; ca. 600 g)
1 Knoblauchzehe (in Scheiben)
2 dünne Scheiben Ingwer (geschält)
2 TL Orientalisches Gemüse- und Suppengewürz (siehe S. 144)
200 g Sahne
Salz
mildes Chilipulver
1 Msp. abgeriebene unbehandelte Zitronenschale

1 Die Safranfäden mit 5 EL heißer Brühe verrühren und ziehen lassen. Den Fenchel putzen, waschen und halbieren, den harten Strunk entfernen. Quer zur Faser in Streifen schneiden, das Fenchelgrün beiseitelegen.

2 Die Fenchelstücke in der Brühe mit dem Knoblauch und dem Ingwer knapp unter dem Siedepunkt 10 bis 15 Minuten weich garen. Mit dem Schaumlöffel etwa ein Viertel des Fenchels als Einlage herausnehmen und warm stellen.

3 Das Gemüse- und Suppengewürz mit der Safranbrühe in die Fenchelsuppe rühren und ein paar Minuten ziehen lassen. Die Sahne dazugeben, kurz erhitzen und alles mit dem Stabmixer pürieren.

4 Die Suppe mit Salz, 1 Prise Chilipulver und der Zitronenschale würzen. Das Fenchelgrün klein schneiden.

5 Fenchelstücke auf vorgewärmte tiefe Teller verteilen. Die Suppe schaumig aufmixen, darüber verteilen und mit dem Fenchelgrün bestreuen.

Mein Tipp

Safran ist wasserlöslich. Deshalb verrühre ich ihn gleich von Anfang an mit ein paar Löffeln warmer Brühe und koche inzwischen die Suppe. In dieser Zeit können sich Farbe und Geschmack besonders kräftig entfalten, ohne dass das Gewürz durch zu viel Hitzeeinwirkung bitter wird.

TOMATEN-KAROTTEN-SUPPE
mit Chili und Joghurtnockerl

FÜR 4 PERSONEN

Für die Joghurtnockerl:
1 TL Orientalisches Gemüse- und Suppengewürz *(siehe S. 144)*
250 g griechischer Joghurt
1 gestr. TL Salz
4 EL fein gehackte Pistazien

Für die Suppe:
150 g kleine Zwiebeln
1 Karotte (75 g)
1 EL mildes Olivenöl
½ l Gemüsebrühe
500 g stückige Tomaten (aus der Dose)
1 Knoblauchzehe (in Scheiben)
1 Msp. geriebener Ingwer
Salz
Vanillezucker
milde Chiliflocken

Außerdem:
mildes Olivenöl zum Formen

1 Am Vortag für die Joghurtnockerl das Orientalische Gemüse- und Suppengewürz mit 1 EL heißem Wasser verrühren. Den Joghurt mit dem Salz und der Gewürzmischung verrühren. In ein Küchentuch geben, die Enden zusammenbinden, in ein Sieb legen und dieses auf eine Schüssel setzen, damit die Flüssigkeit aufgefangen wird. Einen schweren Gegenstand auf das gefüllte Tuch setzen, z.B. eine mit getrockneten Hülsenfrüchten gefüllte Schüssel. Den Joghurt etwa 24 Stunden abtropfen lassen.

2 Am nächsten Tag für die Suppe die Zwiebeln schälen und in feine Würfel schneiden. Die Karotte putzen, schälen und in Scheiben schneiden. Das Olivenöl in einem Topf erhitzen, die Zwiebeln und die Karotte darin bei milder Hitze andünsten. Die Brühe und die Tomaten hinzufügen und alles knapp unter dem Siedepunkt 30 Minuten ziehen lassen, bis die Zwiebeln und die Karotte weich sind.

3 Den Knoblauch und den Ingwer hinzufügen und die Suppe mit dem Stabmixer pürieren. Mit Salz und je 1 Prise Vanillezucker und Chiliflocken abschmecken.

4 Die Hände mit Olivenöl einölen. Aus dem abgetropften Joghurt etwa 16 kleine Nockerl formen und in den Pistazien wälzen. Die Suppe auf vorgewärmte tiefe Teller verteilen und die Bällchen hineinsetzen.

Mein Tipp

Die Süße der Karotten ergänzt die Säure der Tomaten perfekt. Deshalb füge ich beinahe allen Rezepten mit Tomaten gerne etwas Karotte bei. Wichtig ist allerdings, die Karotten wirklich klein zu schneiden, da die Tomatensäure die Garzeit von anderen Gemüsesorten verlängert. Zur Abrundung reibe ich zum Schluss etwas Zimtrinde dazu, die hervorragend mit Karotten harmoniert.

KÜRBISSUPPE
mit Paprika

FÜR 4 PERSONEN

2 rote Paprikaschoten
600 g Butternut- oder Muskatkürbis
1 Knoblauchzehe
800 ml Gemüsebrühe
2 dünne Scheiben Ingwer (geschält)
200 g Sahne
2 TL Orientalisches Gemüse- und Suppengewürz (siehe S. 144)
4 EL kalte Butter
Salz
mildes Chilipulver
1 EL Petersilie (frisch geschnitten)

1 Die Paprikaschoten längs halbieren, entkernen und mit dem Sparschäler schälen. Die Hälften nochmals halbieren. Den Kürbis putzen, schälen und die Kerne mit einem Löffel entfernen. Das Fruchtfleisch in 1 cm große Würfel schneiden. Den Knoblauch schälen und in Scheiben schneiden.

2 Die Kürbiswürfel und die Paprikaviertel in der Brühe mit dem Knoblauch und dem Ingwer knapp unter dem Siedepunkt etwa 20 Minuten weich garen. Die Sahne und das Orientalische Gemüse- und Suppengewürz hinzufügen und erhitzen. Die Suppe mit dem Stabmixer pürieren, dabei die kalte Butter dazugeben.

3 Die Kürbissuppe mit Salz und 1 Prise Chilipulver abschmecken, nochmals kurz aufmixen. Auf vorgewärmte tiefe Teller verteilen und mit Petersilie bestreuen.

Mein Tipp

Mein Gemüse- und Suppengewürz verleiht der Suppe zum Schluss noch ein orientalisches Aroma. Nach Belieben können Sie die Suppe auch mit einer Gemüseeinlage servieren. Dafür etwas geschältes Kürbisfruchtfleisch und geschälte Paprika in kleine Würfel schneiden und in wenig Gemüsebrühe weich dünsten. Mit 1 EL Butter und 1 Prise Harissapulver verfeinern und in tiefe Teller geben. Die Kürbissuppe darüber verteilen.

Artischockensuppe
mit Lachsforelle und Zatar

Für 4 Personen

Für die Suppe:

1 Zwiebel
1 sehr große Artischocke (800 g; ersatzweise 2 mittelgroße Artischocken)
1 ½ l Gemüsebrühe
2 Knoblauchzehen (in Scheiben)
4 Scheiben geschälter Ingwer
150 g Sahne
2 TL Zatar
1 EL Zitronensaft
½ TL abgeriebene unbehandelte Zitronenschale
Salz
mildes Chilipulver

Für die Lachsforelle:

4 Lachsforellenfilets (à 50 g; ohne Haut und Gräten)
1 – 2 EL mildes Olivenöl
mildes Chilisalz

1 Für die Suppe die Zwiebel schälen und in 2 cm große Stücke schneiden. Von der Artischocke den Stiel abschneiden und die holzigen Fasern abschälen.

2 Die Artischocke samt Stiel in einen Topf setzen, die Zwiebelstücke dazugeben und mit der Brühe auffüllen. Einmal aufkochen lassen und zugedeckt knapp unter dem Siedepunkt – je nach Größe der Artischocke – etwa 45 Minuten mehr ziehen als kochen lassen, bis sie weich ist.

3 Zwischendurch den Garzustand des Stiels prüfen und gegebenenfalls früher herausnehmen. Den Stiel etwas abkühlen lassen und, falls nötig, noch vorhandene holzige Fasern abziehen, sodass nur noch das innere, weiche Mark übrig bleibt.

4 Am Ende der Kochzeit die Artischocke herausnehmen und etwas abkühlen lassen. Die Brühe durch ein Sieb gießen und die Zwiebel entfernen. Die Brühe wieder in den Topf geben und mit Knoblauch und Ingwer knapp unter dem Siedepunkt 5 bis 10 Minuten ziehen lassen.

5 Von der Artischocke die Blätter abzupfen und das Fleisch aus dem Blattansatz mit einem Teelöffel herausschaben, die Blätter entfernen. Aus dem übrigen Artischockenboden das Heu mit einem Löffel entfernen und den Boden klein schneiden.

6 Das Artischockenfleisch aus den Blättern, dem Stiel und dem Boden in den Kochsud geben. Die Sahne hinzufügen, kurz erhitzen und mit dem Stabmixer pürieren. Das Zatar unterrühren und die Suppe mit Zitronensaft und -schale, Salz und 1 Prise Chilipulver abschmecken.

7 Für die Lachsforelle den Backofen auf 80 °C vorheizen. Die Lachsforellenfilets waschen und trocken tupfen, auf einen geölten Teller setzen und mit Frischhaltefolie komplett bedecken. Im Ofen etwa 15 Minuten saftig durchgaren. Mit Chilisalz würzen und mit dem übrigen Olivenöl beträufeln.

8 Die Suppe auf vorgewärmte tiefe Teller verteilen und je 1 Stück Lachsforelle in die Mitte setzen.

ORIENTALISCHE BOUILLABAISSE
mit Kaisergranat

FÜR 4 PERSONEN

½ Bund Frühlingszwiebeln
1 Stange Staudensellerie
½ kleine Fenchelknolle
1 kleine Zwiebel
2 Tomaten
50 g Champignons
2 TL Puderzucker
1 – 2 EL Tomatenmark
1 – 2 EL Cognac
3 – 4 EL Noilly Prat
100 ml Weißwein
1 l Fischfond (oder Gemüsebrühe)
1 Knoblauchzehe (in Scheiben)
1 Streifen unbehandelte Zitronenschale
10 Safranfäden
1 geh. TL Orientalisches Gewürz für klare Suppen (siehe S. 140)
Salz
4 Kaisergranate (Scampi)
400 g gemischte Fischfilets (z. B. Rotbarbe, Dorade, Lotte)
1 EL Olivenöl

1 Die Frühlingszwiebeln putzen, waschen und schräg in ½ bis 1 cm breite Ringe schneiden. Den Sellerie und den Fenchel putzen und waschen, den Sellerie schräg in Scheiben, den Fenchel in 1 cm große Würfel schneiden. Die Zwiebel schälen und in 1 cm große Würfel schneiden.

2 Die Tomaten kreuzweise einritzen, überbrühen, kalt abschrecken, häuten, vierteln und entkernen. Die Tomatenviertel in kleine Würfel schneiden. Die ausgelösten Kerne mit dem Stabmixer mixen und durch ein Sieb streichen, die übrigen Kerne aus dem Sieb entfernen. Den Saft beiseitestellen. Die Champignons putzen, trocken abreiben und in Scheiben schneiden.

3 Den Puderzucker in einem Topf karamellisieren und das Tomatenmark darin anrösten. Mit Cognac, Noilly Prat und Weißwein ablöschen und auf ein Drittel einköcheln lassen. Sellerie, Fenchel und Zwiebel dazugeben. Den Fischfond und den passierten Tomatenkernsaft zum Gemüse geben und alles knapp unter dem Siedepunkt 20 bis 25 Minuten ziehen lassen. Frühlingszwiebeln, Tomatenwürfel und Champignons hinzufügen. Knoblauch, Zitronenschale, Safran und Orientalisches Gewürz für klare Suppen dazugeben und einige Minuten ziehen lassen. Die Suppe mit Salz würzen und die Zitronenschale wieder entfernen.

4 Bei den Kaisergranaten durch vorsichtiges Drehen den Körper vom Schwanz trennen. Die Panzer aufschneiden und das Schwanzfleisch herauslösen. Am Rücken entlang aufschneiden und den Darm entfernen. Das Fleisch waschen und trocken tupfen. Die Fischfilets waschen, trocken tupfen und in 2 cm große Würfel schneiden.

5 In einem Topf Salzwasser aufkochen, Topf vom Herd nehmen und die Fischstücke hineinlegen. 1 bis 2 Minuten ziehen lassen. Mit dem Schaumlöffel herausnehmen, in die Suppe geben und darin 2 bis 3 Minuten ziehen lassen. Das Olivenöl in einer Pfanne erhitzen und die Kaisergranatschwänze darin bei mittlerer Hitze auf beiden Seiten kurz braten. Auf Küchenpapier abtropfen lassen und ebenfalls in die Suppe geben. Die Bouillabaisse in vorgewärmten tiefen Tellern servieren.

Blumenkohlsuppe
mit gebackenem Taubenleberknödel

Für 4 Personen

Für die Suppe:

1 kleiner Blumenkohl (600–700 g)
800 ml Gemüse- oder Hühnerbrühe
Salz
200 g Sahne
1 EL kalte Butter
mildes Chilipulver
Ras-el-Hanout

Für die Taubenleberknödel:

120 g Taubenlebern (ersatzweise Geflügellebern)
1 große Schalotte
1 TL braune Butter (siehe Tipp S. 202)
170 g Toastbrot (entrindet)
1 Ei
1 TL scharfer Senf
80 ml Milch
½ geriebene Knoblauchzehe
1 Msp. abgeriebene unbehandelte Zitronenschale
2 TL Orientalisches Hackfleischgewürz (siehe S. 154)
1 EL Petersilie (frisch geschnitten)
Salz · Pfeffer aus der Mühle

Außerdem:

Öl zum Frittieren
2 EL Gemüsebrühe
frisch geriebene Muskatnuss

1 Für die Suppe den Blumenkohl putzen, waschen, in Röschen zerteilen und in der Brühe knapp unter dem Siedepunkt etwa 20 Minuten weich garen. Den Blumenkohlstrunk und die Stiele von holzigen Teilen befreien, in 3 bis 4 mm dicke Scheiben schneiden und in Salzwasser etwa 5 Minuten fast weich kochen. Abgießen, kalt abschrecken, abtropfen lassen und beiseitelegen.

2 Zuerst die Sahne, dann die kalte Butter mit dem Stabmixer unter die Suppe mixen. Die Suppe mit Salz und je 1 Prise Chilipulver und Ras-el-Hanout würzen und unter dem Siedepunkt einige Minuten ziehen lassen.

3 Für die Taubenleberknödel die Lebern putzen, waschen und trocken tupfen. Im Küchenmixer klein mixen oder durch den Fleischwolf drehen. Die Schalotte schälen und in feine Würfel schneiden. Die braune Butter in einer Pfanne erhitzen und die Schalotte darin bei milder Hitze andünsten.

4 Das Toastbrot in ½ bis 1 cm große Würfel schneiden. Das Ei mit dem Senf verrühren. Die Milch erhitzen, mit der Eiermischung verrühren und über das Brot gießen. Die Lebern mit der angedünsteten Schalotte, Knoblauch, Zitronenschale, Hackfleischgewürz und der Petersilie dazugeben, mit Salz und Pfeffer würzen und locker durchmischen.

5 Das Öl in der Fritteuse oder in einem hohen Topf auf 165 bis 170 °C erhitzen. Aus der Knödelmasse mit angefeuchteten Händen 16 Knödel formen und in dem Öl goldbraun backen. Auf Küchenpapier abtropfen lassen.

6 Die Blumenkohlstiele in der Brühe erhitzen, mit Salz und 1 Prise Ras-el-Hanout würzen. Die Suppe mit dem Stabmixer nochmals aufmixen und auf vorgewärmte Teller verteilen. 1 Prise Muskatnuss darüberreiben, die Blumenkohlstiele als Einlage darin verteilen und die Knödel daraufsetzen.

Mein Tipp

Die nicht so einfach erhältliche Taubenleber lässt sich gut durch Geflügelleber ersetzen; statt der Leberknödel können auch Schinken und gebratene Blumenkohlscheiben verwendet werden. Blumenkohl ist übrigens keineswegs nur für die europäische Küche typisch – auch im Orient wird die Kohlart mit den eng zusammenstehenden Blütensprossen gerne und variantenreich serviert.

KICHERERBSENSUPPE
mit arabischen Fleischpflanzerln

FÜR 4 PERSONEN

Für die Suppe:
500 g Kichererbsen (aus der Dose)
½ Zwiebel
1 kleine Stange Staudensellerie
1 kleine Karotte
1 kleines Lorbeerblatt
1 l Hühnerbrühe · 200 g Sahne
1 geriebene Knoblauchzehe
½ TL geriebener Ingwer
1 TL Baharat
Salz · mildes Chilipulver
1 TL abgeriebene unbehandelte Zitronenschale

Für die Pflanzerl:
½ Zwiebel
80 ml Gemüsebrühe
40 g Toastbrot
5 EL Milch · 1 Ei
1 TL Dijonsenf
1 Msp. abgeriebene unbehandelte Orangenschale
1 TL abgeriebene unbehandelte Zitronenschale
1 kleine geriebene Knoblauchzehe
¼–½ TL geriebener Ingwer
1 TL Orientalisches Hackfleischgewürz (siehe S. 154) · Salz
125 g Lammhackfleisch
125 g Hackfleisch vom Hähnchen
1 EL Petersilie (frisch geschnitten)
1–2 EL Öl

Außerdem:
2 EL kalte Butter
½–1 EL Dill (frisch geschnitten)

1 Für die Suppe die Kichererbsen in ein Sieb abgießen, kalt abbrausen und abtropfen lassen.

2 Die Zwiebel schälen und in feine Würfel schneiden. Den Sellerie putzen und waschen, die Karotte putzen und schälen. Beides in dünne Scheiben schneiden. Mit den Kichererbsen, dem Lorbeerblatt und der Brühe in einen Topf geben und 10 bis 15 Minuten garen. Das Lorbeerblatt anschließend entfernen. Mit dem Schaumlöffel knapp ein Drittel der Kichererbsen-Gemüse-Mischung als Einlage herausnehmen und warm stellen.

3 Die Sahne mit Knoblauch, Ingwer und Baharat zur Suppe in den Topf geben und alles mit dem Stabmixer fein pürieren. Mit Salz, 1 Prise Chilipulver und der Zitronenschale würzen.

4 Für die Pflanzerl die Zwiebel schälen und in feine Würfel schneiden. In einer Pfanne in der Brühe weich köcheln, bis die Flüssigkeit verkocht ist. Das Toastbrot in kleine Würfel schneiden und mit der Milch mischen. Das Ei mit Senf, Orangen- und Zitronenschale, Knoblauch, Ingwer und dem Hackfleischgewürz mit dem Stabmixer mixen und mit Salz würzen.

5 Beide Hackfleischsorten, Zwiebel, eingeweichtes Brot, Ei und Petersilie in eine Schüssel geben und zu einer gleichmäßigen Masse verarbeiten. Ein kleines Probepflanzerl in wenig Öl braten und die Hackmasse, falls nötig, noch etwas nachwürzen.

6 Aus der restlichen Masse mit angefeuchteten Händen 12 kleine Pflanzerl formen und in einer Pfanne im übrigen Öl bei mittlerer Hitze auf beiden Seiten goldbraun braten. Auf Küchenpapier abtropfen lassen.

7 Die warm gestellte Kichererbsen-Gemüse-Mischung auf vorgewärmte tiefe Teller verteilen. Die Butter in die Suppe geben, mit dem Stabmixer unter die Suppe mixen und die Kichererbsensuppe über der Einlage verteilen. Die Fleischpflanzerl in die Suppe setzen und mit Dill bestreuen.

Mein Tipp

Als Einlage und als Grundlage von Suppen sind Kichererbsen vor allem in Nordafrika beliebt. Besonders berühmt ist die tunesische »La'ablabi«, für die die Hülsenfrüchte in Wasser oder Brühe gekocht werden, bis sie fast zerfallen. Dann werden sie mit dem Sud als Suppe gereicht. Dazu serviert man eine Sauce aus Zitronensaft, Olivenöl, Kreuzkümmel, Harissa, Salz und Pfeffer.

Lammeintopf
mit »Taubenzungen« und Baharat

Für 4 Personen

2 braunschalige Zwiebeln
2 l Hühnerbrühe
800 g Lammfleisch (aus der Schulter; küchenfertig)
1 Karotte
150 g Knollensellerie
1 Lorbeerblatt
5 Pimentkörner
½ EL schwarze Pfefferkörner
¼ TL Korianderkörner
1 Knoblauchzehe (in Scheiben)
2 Scheiben Ingwer
1 Streifen unbehandelte Zitronenschale
150 g breite Bohnen
Salz
50 g »Taubenzungen« (tunesische Bezeichnung für die reisförmigen Risoni- bzw. Kritharaki-Nudeln)
1 EL Baharat

1 Von 1 Zwiebel die äußerste Schale entfernen, die Zwiebel quer halbieren und in einer unbeschichteten Pfanne ohne Fett auf den Schnittflächen goldbraun anrösten. Die Brühe aufkochen, das Fleisch mit der gerösteten Zwiebel hineinlegen und knapp unter dem Siedepunkt etwa 2 Stunden ziehen lassen, dabei den aufsteigenden Schaum mit dem Schaumlöffel abschöpfen. Das Fleisch muss beim Garen immer mit Brühe bedeckt sein.

2 Die übrige Zwiebel schälen und vierteln. Die Karotte und den Sellerie putzen und schälen, die Karotte längs halbieren. Nach 1 ½ Stunden Zwiebel, Karotte, Sellerie, Lorbeerblatt, Piment-, Pfeffer- und Korianderkörner zur Brühe geben. Gegen Ende der Garzeit Knoblauch, Ingwer und Zitronenschale hinzufügen.

3 Das Fleisch, die Karotte und den Sellerie aus der Brühe nehmen, die Brühe durch ein mit Küchenpapier ausgelegtes feines Sieb gießen. Das Fleisch in etwa 1 ½ cm und das Gemüse in etwa 1 cm große Würfel schneiden.

4 Die breiten Bohnen putzen, waschen und schräg in 1 ½ cm breite Stücke schneiden. In kochendem Salzwasser etwa 5 Minuten weich garen, kalt abschrecken und abtropfen lassen.

5 Die Brühe in den Topf zurückgeben, die Nudeln hinzufügen und knapp unter dem Siedepunkt 5 Minuten ziehen lassen. Das Lammfleisch, die Karotte, den Sellerie und die Bohnen in die Suppe geben und mit Salz und Baharat abschmecken. Den Lammeintopf ziehen lassen, bis die »Taubenzungen« gar sind und anschließend auf vorgewärmte tiefe Teller verteilen.

Mein Tipp

Die in Tunesien beliebten, reisförmigen »Taubenzungen« sind ein Erbe des italienischen Einflusses auf das Land. Statt dieser Nudelspezialität können auch Couscous, vorgegarter libanesischer Couscous, Bulgur oder Graupen verwendet werden.

Erbsen-Minze-Suppe
mit Nürnberger Rostbratwürsteln

Für 4 Personen

800 ml Gemüsebrühe
300 g Erbsen (tiefgekühlt)
200 g Sahne
Salz
Zucker
frisch geriebene Muskatnuss
mildes Chilipulver
2 Blätter Romanasalat (oder Kopfsalat)
4 Minzeblätter
1 EL Öl
8 Nürnberger Rostbratwürstel

1 Die Brühe erhitzen, die Erbsen hinzufügen, aufkochen und knapp unter dem Siedepunkt 3 bis 5 Minuten ziehen lassen. Mit der Sahne mit dem Stabmixer fein pürieren.

2 Die Suppe mit Salz sowie je 1 Prise Zucker, Muskatnuss und Chilipulver abschmecken.

3 Die Romanasalat- und Minzeblätter waschen, trocken tupfen und in feine Streifen schneiden.

4 In einer Pfanne das Öl erhitzen und die Rostbratwürstel darin bei mittlerer Hitze auf beiden Seiten hell anbraten. Herausnehmen, auf Küchenpapier abtropfen lassen und schräg in dicke Scheiben schneiden.

5 Romanasalat und Minze mischen und in vorgewärmte tiefe Teller geben. Die Erbsensuppe mit dem Stabmixer nochmals aufmixen, auf die Teller verteilen und die Rostbratwürstel hineinsetzen.

Mein Tipp

Werden statt der Rostbratwürstel Räucherlachsstreifen oder kleine Stücke von geräucherter Makrele oder Forelle in die Suppe eingelegt, erhält sie eine leichte Rauchnote. Makrelen- und Forellenfilets werden dazu sorgfältig entgrätet und im auf 80 °C vorgeheizten Backofen etwa 10 Minuten angewärmt. Damit formschöne Stücke entstehen, werden die Filets bereits vorher in kleine Stücke geschnitten.

KANINCHEN-BOHNEN-EINTOPF
mit Zatar

FÜR 4 PERSONEN

1 braunschalige Zwiebel
1 Karotte
½ dünne Lauchstange
1 Stange Staudensellerie
4 Kaninchenkeulen
1–2 TL Öl
2 l Gemüsebrühe
Salz
100 g feiner Bulgur
300 g grüne Saubohnenkerne (frisch oder tiefgekühlt)
1 Lorbeerblatt
2 Scheiben Ingwer
1 TL Zatar
mildes Chilipulver
je 1 EL Dill und Petersilie (frisch geschnitten)

1 Die äußere Schale der Zwiebel entfernen, den Wurzelansatz und die Spitze abschneiden. Die Zwiebel quer halbieren und in einer unbeschichteten Pfanne ohne Fett auf den Schnittflächen goldbraun anrösten. Die Karotte putzen, schälen, längs halbieren und schräg in ½ cm dicke Scheiben schneiden. Den Lauch gründlich waschen und in 1 bis 2 cm dicke Ringe schneiden. Den Sellerie putzen, waschen und schräg in ½ cm breite Scheiben schneiden.

2 Die Kaninchenkeulen waschen und trocken tupfen. Das Öl in einer Pfanne erhitzen und die Keulen darin rundum kurz anbraten.

3 In einem großen Topf die Brühe zum Kochen bringen, die Kaninchenkeulen mit den Zwiebelhälften hineinlegen und knapp unter dem Siedepunkt 1 ¼ Stunden gar ziehen lassen.

4 Inzwischen in einem Topf mit Salzwasser den Bulgur 4 bis 5 Minuten kochen und in ein Sieb abgießen. Die Bohnenkerne in kochendem Salzwasser 1 bis 2 Minuten blanchieren, kalt abschrecken, abtropfen lassen und aus den Häuten drücken.

5 Nach 1 Stunde die Karotte und das Lorbeerblatt zu den Kaninchenkeulen geben, nach weiteren 5 bis 10 Minuten den Sellerie, den Lauch und den Ingwer hinzufügen.

6 Am Ende der Garzeit die Zwiebelhälften entfernen. Die Kaninchenkeulen aus der Brühe nehmen, etwas abkühlen lassen, das Fleisch vom Knochen lösen und in 2 bis 3 cm große Stücke schneiden. Das Kaninchenfleisch wieder in den Eintopf legen, Bulgur und Bohnenkerne dazugeben. Mit Salz, Zatar und 1 Prise Chilipulver abschmecken. Ingwer und Lorbeerblatt entfernen. Kurz vor dem Servieren den Dill und die Petersilie unterrühren. Den Kaninchen-Bohnen-Eintopf in vorgewärmten tiefen Tellern anrichten.

Mein Tipp

Wildhasen und Kaninchen sind von Marokko bis Syrien eine beliebte Bereicherung des Speisezettels. Ihr Fleisch lässt sich für den Eintopf aber auch durch Hähnchenkeulen ersetzen. Der Bulgur kann alternativ mit ¼ l Hühnerbrühe bedeckt bei milder Hitze 10 bis 15 Minuten ausquellen; als Faustregel für das Verhältnis von Bulgur zu Flüssigkeit gilt: Auf einen Teil Bulgur kommt immer die zweieinhalbfache Menge Brühe oder Salzwasser.

Fisch & Meeresfrüchte

Süßsauer marinierter Saibling
auf Zwiebel-Dattel-Salat mit Harissa-Kartoffeln

Für 4 Personen

Für den Zwiebel-Dattel-Salat und den Saibling:

3 kleine weiße Zwiebeln
50 g getrocknete Datteln (ohne Stein)
1 TL Pimentkörner
je 1–2 TL Wacholderbeeren, Korianderkörner und schwarze Pfefferkörner
½ TL Senfkörner
1 EL Puderzucker
½ l Gemüsebrühe
1 Lorbeerblatt
2 Knoblauchzehen (in Scheiben)
1 Streifen unbehandelte Zitronenschale
4 Scheiben Ingwer
90 ml Weißweinessig
Salz · mildes Chilipulver
1–2 TL Zucker
4 halbierte Saiblingsfilets (à 80 g; ohne Haut und Gräten)
2 EL mildes Olivenöl
mildes Chilisalz · 1 TL Petersilie (frisch geschnitten)

Für die Harissa-Kartoffeln:

2 festkochende Kartoffeln
Salz · 2 EL Butter
½ TL Harissapulver
1–2 TL Dill (frisch geschnitten)

Außerdem:

1 EL griechischer Joghurt
1 EL mildes Olivenöl · Salz
1 EL geröstete Mandelblättchen

1 Für den Sud die Zwiebeln schälen, halbieren und längs in 3 bis 4 mm breite Streifen schneiden, den Strunk dabei entfernen. Die Datteln längs in dünne Streifen schneiden. Die Pimentkörner zerdrücken, die Wacholderbeeren andrücken. Beides mit Koriander-, Pfeffer- und Senfkörnern in ein Gewürzsäckchen füllen und verschließen.

2 Den Puderzucker in einem Topf bei milder Hitze goldbraun karamellisieren, die Zwiebelstreifen darin andünsten. Mit der Brühe auffüllen, das Lorbeerblatt mit dem Gewürzsäckchen hineinlegen. Knapp unter dem Siedepunkt 5 Minuten ziehen lassen, bis die Zwiebeln leicht bissfest sind.

3 Den Topf vom Herd nehmen. Den Knoblauch, die Zitronenschale und den Ingwer dazugeben. Mit 80 ml Essig, Salz, 1 Prise Chilipulver und dem Zucker abschmecken und auskühlen lassen.

4 Den Sud in ein Sieb abgießen, 5 EL für die Zwiebelmarinade abnehmen. Die Saiblingsfilets waschen, trocken tupfen, in den übrigen kalten Sud legen und mindestens 1 Stunde marinieren. Die Zwiebeln abtropfen lassen, in eine Schüssel füllen und die Gewürze entfernen.

5 Für den Zwiebel-Dattel-Salat 5 EL Gewürzsud mit restlichem Essig und Olivenöl verrühren und mit Chilisalz würzen. Die Zwiebeln mit Datteln, Petersilie und der Marinade mischen und nochmals abschmecken. Zugedeckt bei Zimmertemperatur bis zum Anrichten aufbewahren.

6 Für die Harissa-Kartoffeln die Kartoffeln schälen, waschen und in 1 bis 2 cm große Würfel schneiden. In Salzwasser weich garen, abgießen und abkühlen lassen.

7 In einer Pfanne 1 bis 2 TL Butter mit den Kartoffeln erhitzen, die restliche Butter dazugeben und mit Harissa würzen. Den Dill dazugeben und eventuell mit Salz nachwürzen.

8 Die Saiblingsfilets aus dem Sud nehmen. Den Sud auf 80 bis 90 °C erhitzen, die Filets wieder hineinlegen und etwa 3 Minuten garen.

9 Für die Sauce etwa 100 ml Sud abnehmen und in einem kleinen Topf aufkochen lassen. Den Joghurt und das Olivenöl unterrühren und die Sauce mit Salz abschmecken. Nicht mehr kochen lassen.

10 Den Zwiebel-Dattel-Salat in einem kleinen Topf leicht erwärmen und in vorgewärmten tiefen Tellern anrichten. Mit den Mandelblättchen bestreuen. Die Fischfilets daraufsetzen und nach Belieben mit etwas Olivenöl beträufeln. Die Sauce nochmals kurz mixen, darum herumträufeln. Die Harissa-Kartoffeln dazugeben.

KROSS GEBRATENE RENKE
auf Rote-Bete-Kürbis-Gemüse mit Safran-Joghurt

FÜR 4 PERSONEN

Für den eingelegten Kürbis:
250 g Butternutkürbis
140 ml Weißweinessig
100 g Zucker
10 grüne Kardamomkapseln
½ aufgeschlitzte Vanilleschote
½ Stück Zimtrinde
3 Scheiben Ingwer
1 Streifen unbehandelte Orangenschale

Für das Gemüse:
400 g Rote Beten (vakuumverpackt und vorgegart)
2 EL Butter
3 Scheiben Ingwer
1 Stück Zimtrinde
½ TL abgeriebene unbehandelte Orangenschale
gemahlener Kreuzkümmel
mildes Chilisalz

Für den Safran-Joghurt:
8 Safranfäden
2–3 EL warme Gemüsebrühe
150 g griechischer Joghurt
1–2 TL Zitronensaft
1 Msp. abgeriebene unbehandelte Zitronenschale
je ½ TL geriebener Knoblauch und Ingwer
Salz · mildes Chilipulver

Für die Renke:
4 Renkenfilets (à ca. 100 g; mit Haut, ohne Gräten)
1–2 TL mildes Olivenöl
mildes Chilisalz

1 Am Vortag für den eingelegten Kürbis den Butternutkürbis schälen und entkernen. Den Kürbis in ½ cm dicke Scheiben und diese wiederum in kleinere Stücke von 2 bis 3 cm schneiden.

2 In einem Topf ¼ l Wasser mit Essig, Zucker, Kardamom, Vanilleschote, Zimt und Ingwer aufkochen. Den Kürbis darin 5 bis 10 Minuten noch leicht bissfest köcheln. Die Orangenschale dazugeben und den Kürbis auskühlen lassen. Mindestens 1 Tag im Kühlschrank durchziehen lassen.

3 Am nächsten Tag für das Gemüse die Roten Beten in Spalten schneiden. In einer Pfanne 1 EL Butter erhitzen, die Roten Beten und den Ingwer darin bei mittlerer Hitze erwärmen. Etwas Zimt auf der Reibe fein darüberreiben, die Orangenschale hinzufügen und mit je 1 Prise Kreuzkümmel und Chilisalz würzen.

4 Den eingelegten Kürbis auf einem Sieb abtropfen lassen, dabei den Sud auffangen. Die Gewürze entfernen. Den Kürbis mit 1 bis 2 EL Einlegesud in einer Pfanne erhitzen und die restliche Butter dazugeben.

5 Für den Safran-Joghurt den Safran in die Brühe rühren und 5 Minuten ziehen lassen. Den Joghurt mit der Brühe verrühren. Mit Zitronensaft und -schale, Knoblauch, Ingwer, Salz und 1 Prise Chilipulver würzen. Im Kühlschrank 30 Minuten durchziehen lassen und eventuell nochmals nachwürzen.

6 Für die Renke die Fischfilets waschen und trocken tupfen. Das Olivenöl in einer Pfanne erhitzen und den Fisch auf der Hautseite etwa 3 Minuten anbraten. Mit Chilisalz würzen, wenden, die Pfanne vom Herd nehmen und den Fisch in der Resthitze noch 1 Minute saftig garen. Die Hautseite ebenfalls mit Chilisalz würzen.

7 Das Rote-Bete-Gemüse mittig auf vorgewärmten Tellern anrichten, die Kürbiswürfel daraufstreuen, den Safran-Joghurt darum herumziehen und die Renkenfilets daraufsetzen.

Mein Tipp

Das Rezept eignet sich auch hervorragend für andere Süßwasserfische, beispielsweise Forelle, Zander und Waller.

LACHS IN KARDAMOMBUTTER
auf gegrilltem Gemüsesalat

FÜR 4 PERSONEN

Für den Lachs:

4 Lachsfilets (à 120 g; ohne Haut und Gräten)
Öl für das Blech
mildes Chilisalz
5 EL braune Butter (siehe Tipp S. 202)
1 Knoblauchzehe (in Scheiben)
2 Scheiben Ingwer
2 Splitter Zimtrinde
10 angedrückte grüne Kardamomkapseln
½ ausgekratzte Vanilleschote

Für den Gemüsesalat:

2 Karotten
1 rote Spitzpaprika
200 g grüner Spargel
½ Fenchelknolle
1 kleiner Zucchino
Öl zum Braten
80 ml Gemüsebrühe
1 Knoblauchzehe (in Scheiben)
2 Scheiben Ingwer
2 EL Zitronensaft
2 EL mildes Olivenöl
Salz · Pfeffer aus der Mühle
milde Chiliflocken
Zucker
1 EL Petersilie (frisch geschnitten)

1 Für den Lachs den Backofen auf 100 °C vorheizen. Die Fischfilets waschen und trocken tupfen, auf ein geöltes Backblech setzen, mit Frischhaltefolie bedecken und im Ofen auf der mittleren Schiene15 bis 20 Minuten garen. Anschließend mit Chilisalz würzen.

2 Die braune Butter in einer Pfanne bei mittlerer Hitze erwärmen. Knoblauch, Ingwer, Zimt, Kardamom und Vanilleschote dazugeben, einige Minuten ziehen lassen. Die Gewürze entfernen und die Butter mit Chilisalz würzen.

3 Für den Gemüsesalat die Karotten putzen, schälen, längs halbieren und schräg in ½ cm dicke Scheiben schneiden. Die Paprikaschote längs halbieren, entkernen, waschen und in 2 cm große Stücke schneiden. Den grünen Spargel waschen, nur im unteren Drittel schälen und, falls nötig, die holzigen Enden entfernen. Den Spargel längs halbieren und schräg dritteln. Den Fenchel putzen, waschen und in 3 bis 5 mm dicke Scheiben schneiden. Den Zucchino putzen, waschen, längs halbieren und schräg in ½ cm dicke Scheiben schneiden.

4 Etwas Öl in einer Grillpfanne erhitzen und Karotten, Paprika, Spargel, Fenchel und Zucchino portionsweise darin andünsten. Karotten, Spargel und Paprika in die Pfanne zurückgeben und die Brühe hinzufügen. Knoblauch und Ingwer dazugeben und das Gemüse bei mittlerer Hitze 4 bis 5 Minuten bissfest garen.

5 Alle Gemüsesorten in einer Schüssel mit Zitronensaft und Olivenöl mischen. Mit Salz, Pfeffer, je 1 Prise Chiliflocken und Zucker würzen und die Petersilie unterrühren.

6 Den Gemüsesalat auf vorgewärmte Teller verteilen, den Lachs darauflegen und die Kardamombutter darüberträufeln.

Mein Tipp

Zwar bin ich auf meinen Reisen keiner Zubereitung mit brauner Butter begegnet. Trotzdem gab es zu diesem Rezept auch eine Inspiration aus Marokko: Dort wird zum Anbraten statt Öl häufig Smen verwendet, ein intensiv schmeckendes, gereiftes und mit Kräutern gewürztes Butterschmalz.

FORELLE
auf Chilitomaten mit Zatar-Joghurt

FÜR 4 PERSONEN

Für den Zatar-Joghurt:
2 TL Zatar
1 EL heiße Gemüsebrühe
1 EL mildes Olivenöl
200 g griechischer Joghurt
Salz

Für die Chilitomaten:
500 g Tomaten
4 EL mildes Olivenöl
2 Knoblauchzehen (in dünnen Scheiben)
½ ausgekratzte Vanilleschote
2 Scheiben Ingwer
5 angedrückte grüne Kardamomkapseln
mildes Chilisalz

Für die Forelle:
4 große Forellenfilets (à ca. 120 g; mit Haut, ohne Gräten)
4 EL mildes Olivenöl
1 geh. TL Orientalisches Fischgewürz (siehe S. 150)
Salz

1 Für den Joghurt das Zatar mit der Brühe verrühren. Mit dem Olivenöl unter den Joghurt rühren oder mixen. Mit Salz abschmecken.

2 Die Tomaten waschen und die Stielansätze entfernen. Die Tomaten in ½ cm dicke Scheiben schneiden. Das Olivenöl in einer Pfanne mit dem Knoblauch, der Vanilleschote, dem Ingwer und dem Kardamom erwärmen, mit Chilisalz würzen. Die Tomatenscheiben darin auf beiden Seiten leicht andünsten.

3 Für die Forelle die Fischfilets waschen und trocken tupfen. Das Olivenöl mit dem Fischgewürz auf einem Teller mischen. Die Forellenfilets halbieren, in dem Gewürzöl wenden und in einer Pfanne auf der Hautseite bei mittlerer Hitze ohne Fett etwa 3 Minuten anbraten. Die Fleischseite mit Salz würzen, die Fischfilets wenden, die Pfanne vom Herd nehmen, die Hautseite mit Salz würzen und den Fisch in der Resthitze weitere 1 bis 2 Minuten garen.

4 Die Chilitomaten auf vorgewärmten Tellern anrichten, die Vanilleschote, den Ingwer und den Kardamom dabei entfernen. Den Zatar-Joghurt darum herumziehen und die Forellenstücke auf die Tomaten legen.

Mein Tipp

Damit die Tomatenscheiben kompakt bleiben und sich die Kerne nicht lösen, schneide ich die Scheiben quer zum Stielansatz. Anschließend werden sie im Olivenöl nur erwärmt, nicht erhitzt – bei niedrigeren Temperaturen bleiben die wertvollen Inhaltsstoffe des hochwertigen Öls erhalten, und die Gewürze können sich optimal entfalten. Die Tomatenscheiben werden durch die Wärme etwas weicher und damit saftiger.

In Senf gebratener Zander
mit eingelegten Tomaten und gebratener Avocado

Für 4 Personen

Für die eingelegten Tomaten:
1 Zwiebel
1 Knoblauchzehe
1 schwach geh. EL Puderzucker
400 ml Gemüsebrühe
150 g stückige Tomaten (aus der Dose)
1 Lorbeerblatt
½ TL schwarze Pfefferkörner
2–3 EL Balsamico bianco
Salz · Pfeffer aus der Mühle
Zucker
200 g Datteltomaten

Für die gebratene Avocado:
1 Avocado
Salz
5 EL Weißbrotbrösel
2 EL braune Butter (siehe Tipp S. 202)
mildes Chilisalz

Für den Joghurt-Dip:
200 g griechischer Joghurt
1 TL Dill (frisch geschnitten)
Salz · mildes Chilipulver
Zucker

Für den Zander:
4 Zanderfilets (à ca. 120 g; mit Haut, ohne Gräten)
1 EL Dijonsenf
1 TL süßer Senf
3 Estragonblätter (frisch geschnitten)
1 EL Öl
mildes Chilisalz

1 Die Zwiebel und den Knoblauch schälen, die Zwiebel in feine Würfel und den Knoblauch in Scheiben schneiden. Den Puderzucker bei mittlerer Hitze in einem Topf goldbraun karamellisieren, Zwiebel und Knoblauch darin andünsten. Mit Brühe auffüllen, die Tomatenstücke dazugeben und knapp unter dem Siedepunkt 1 Stunde ziehen lassen. Nach gut 30 Minuten das Lorbeerblatt und die Pfefferkörner dazugeben.

2 Die Tomatensauce lauwarm abkühlen lassen und mit Essig, Salz, Pfeffer und ½ TL Zucker würzen. Die Datteltomaten waschen, halbieren und in die Marinade legen. 2 Stunden ziehen lassen und, falls nötig, noch etwas nachwürzen.

3 Für die Avocadospalten die Avocado halbieren und den Kern entfernen. Die Avocadohälften schälen und in Spalten schneiden, mit Salz würzen und in den Weißbrotbröseln wenden. Die braune Butter in einer Pfanne erhitzen und die Avocadospalten darin bei mittlerer Hitze auf beiden Seiten goldbraun braten. Herausnehmen und auf Küchenpapier abtropfen lassen. Mit Chilisalz würzen.

4 Für den Dip den Joghurt mit 2 EL Tomaten-Einlegesud und Dill glatt rühren. Mit Salz, je 1 Prise Chilipulver und Zucker abschmecken.

5 Für den Zander die Fischfilets waschen und trocken tupfen. Auf der Hautseite in Abständen von etwa 1 cm tief einschneiden, jedoch nicht durchschneiden, und jeweils ein wenig Rand lassen, damit die Filets nicht auseinanderfallen.

6 Die beiden Senfsorten und den Estragon verrühren. Je 1 Fischfilet mit der Hautseite nach oben in die Hand nehmen, dabei von unten nach oben ein wenig drücken, sodass sich die Einschnitte etwas öffnen. Die Senfmischung in die Einschnitte der Fischfilets streichen.

7 Das Öl in einer Pfanne erhitzen, die Filets vorsichtig mit der Hautseite nach unten hineinlegen und bei milder Hitze etwa 5 Minuten goldbraun anbraten. Mit Chilisalz würzen, wenden, die Pfanne vom Herd nehmen und den Fisch in der Resthitze fertig garen.

8 Die Tomaten etwas abtropfen lassen und auf Teller verteilen. Die Avocadospalten darauflegen, den Joghurt-Dip darum herumziehen und die Zanderfilets darauf anrichten.

Im Ganzen gebratene Seezunge

auf phönizischem Gewürz-Dip mit Artischocken

Für 4 Personen

Für die Seezunge:

4 Seezungen (à ca. 400 g)
6 EL mildes Olivenöl
2 TL Orientalisches Fischgewürz (siehe S. 150)
Salz

Für die Artischocken:

2 große Artischocken
Öl zum Frittieren
mildes Chilisalz

Für den Gewürz-Dip:

5 Safranfäden
2 EL heiße Gemüsebrühe
1 TL Orientalisches Fischgewürz
½ TL geräuchertes Paprikapulver (z.B. Piment La Vera picante)
1–2 Msp. geriebener Knoblauch
½ TL abgeriebene unbehandelte Zitronenschale
200 g griechischer Joghurt
mildes Chilisalz

1 Für die Seezunge die Fische mit der Schwanzflosse 5 bis 10 Sekunden in kochend heißes Wasser tauchen, bis sich die Haut von der Gräte zu lösen beginnt. Die Schwanzflosse mit einem Küchentuch gut festhalten und die dicke Haut auf beiden Seiten über den Kopf abziehen. Den äußeren Flossenkranz samt dem Kopf mit einer Küchenschere entlang der Filets abschneiden und entfernen. Die Seezungen unter fließendem kaltem Wasser gründlich waschen, von Rückständen in der Bauchhöhle befreien und auf Küchenpapier trocken tupfen.

2 Den Backofen auf 100 °C vorheizen und ein Backblech auf die mittlere Schiene schieben. Eine große Pfanne ohne Fett bei mittlerer Hitze erwärmen. Auf einem großen Teller das Olivenöl mit dem Fischgewürz mischen. Die Seezungen in dem Öl wenden und portionsweise in der Pfanne auf beiden Seiten jeweils 3 Minuten anbraten. Auf das Backblech legen, im Ofen auf der mittleren Schiene 10 Minuten garen und mit Salz würzen.

3 Die Artischocken putzen, den Stiel und alle holzigen Teile abschneiden und mit einem Kugelausstecher oder einem Teelöffel das Heu entfernen. Die Artischockenböden in dünne Scheiben hobeln.

4 In der Fritteuse oder einem hohen Topf 2 bis 3 cm hoch Öl auf 170 °C erhitzen. Die Artischockenscheiben darin etwa 2 Minuten goldbraun backen, herausnehmen, auf Küchenpapier abtropfen lassen und mit Chilisalz würzen.

5 Für den Gewürz-Dip die Safranfäden mit der heißen Brühe mischen und 5 Minuten ziehen lassen. Anschließend das Fischgewürz hineinrühren und mit Paprikapulver, Knoblauch und Zitronenschale unter den Joghurt rühren oder mixen. Den Dip mit Chilisalz würzen.

6 Die Seezungen auf vorgewärmten Tellern anrichten, mit der übrigen Marinade beträufeln, die Artischockenchips darauf verteilen und den Gewürz-Dip darum herumträufeln.

Mein Tipp

Durch das Braten an der Gräte werden die Seezungen besonders saftig. Das Fleisch dann bei Tisch herauszulösen ist lange nicht so knifflig wie beispielsweise bei Forellen. Denn Seezungen haben nur einen flachen Grätenstrang, von dem sich die Filets mühelos herunterheben lassen.

GEGRILLTER WALLERSPIESS
mit Paprika-Joghurt-Chermoula und grünem Spargel

FÜR 4 PERSONEN

Für die Chermoula:
1 rote Paprikaschote
1 EL Öl
1 kleine Tomate
½ TL Korianderkörner
1 Knoblauchzehe
¼ TL geriebener Ingwer
5 Safranfäden
¼–½ TL Paprikapulver (edelsüß)
je 1 Msp. abgeriebene unbehandelte Zitronen- und Orangenschale
1 EL Zitronensaft
1 EL mildes Olivenöl
je 1 TL Minze und Koriander (frisch geschnitten)
mildes Chilisalz
150 g griechischer Joghurt

Für die Wallerspieße:
350 g Wallerfilet (ohne Haut und Gräten)
3–4 EL mildes Olivenöl
1 TL Orientalisches Fischgewürz (siehe S. 150)
12 mittelgroße Cocktailtomaten
Salz

Für den Spargel:
500 g grüner Spargel
80 ml Gemüsebrühe
1 Knoblauchzehe (in Scheiben)
1 Scheibe Ingwer
1 Streifen unbehandelte Zitronenschale
1 EL Butter
1 Spritzer Zitronensaft
mildes Chilisalz

1 Für die Chermoula den Backofengrill einschalten. Die Paprikaschote längs halbieren, entkernen, waschen, nochmals halbieren und mit der Schale nach oben auf ein Backblech legen.

2 Die Paprikaschote mit dem Öl bestreichen und auf der mittleren Schiene unter dem Backofengrill 10 bis 15 Minuten garen, bis die Haut dunkel wird und Blasen wirft. Die Paprikaschote aus dem Ofen nehmen mit einem feuchten Küchentuch bedecken. 5 Minuten abkühlen lassen und häuten. Das Paprikafruchtfleisch in Würfel schneiden.

3 Die Tomate kreuzweise einritzen, überbrühen, kalt abschrecken, häuten, vierteln und entkernen. Die Tomate in kleine Würfel schneiden. Die Korianderkörner in eine Gewürzmühle füllen und fein mahlen. Den Knoblauch schälen und auf der Zestenreibe fein reiben.

4 Paprika- und Tomatenwürfel mit Knoblauch, Ingwer, Safran, gemahlenem Koriander, Paprikapulver, Zitronen- und Orangenschale, Zitronensaft, Olivenöl, Minze und Koriandergrün mischen und mit Chilisalz würzen. 10 Minuten ziehen lassen, eventuell kurz abtropfen lassen, mit dem Joghurt verrühren und mit Chilisalz nochmals abschmecken.

5 Für die Wallerspieße den Fisch waschen und trocken tupfen. In einem tiefen Teller das Olivenöl mit dem Orientalischem Fischgewürz verrühren. Den Fisch in 16 gleich große Stücke schneiden und in dem Gewürzöl wenden. Die Cocktailtomaten waschen.

6 Die Wallerstücke abwechselnd mit den Cocktailtomaten auf 4 Holzspieße stecken und in einer Grillpfanne ohne Fett bei mittlerer Hitze rundum 5 bis 6 Minuten anbraten. Die Pfanne vom Herd nehmen, den Fisch in der Resthitze gar ziehen lassen und mit Salz würzen.

7 Für den Spargel den Spargel waschen, nur im unteren Drittel schälen und, falls nötig, die holzigen Enden abschneiden. Die Stangen schräg dritteln und in einem kleinen Topf in der Brühe zugedeckt 6 bis 8 Minuten fast weich dünsten.

8 Knoblauch, Ingwer und Zitronenschale hinzufügen, einige Minuten ziehen lassen und entfernen. Die Butter hineinrühren und den Spargel mit Zitronensaft und Chilisalz würzen.

9 Das Spargelgemüse auf vorgewärmten Tellern anrichten, die Paprika-Joghurt-Chermoula darüberträufeln und die Wallerspieße darauflegen.

GEBRATENER WOLFSBARSCH
auf Schmorgurken mit Dill, Minze und Ingwer-Joghurt

FÜR 4 PERSONEN

Für den Ingwer-Joghurt:
1 EL eingelegter, abgetropfter Ingwer (aus dem Asienladen)
1 EL Ingwer-Einlegesud
1 EL Gemüsebrühe
200 g griechischer Joghurt
1 Spritzer Zitronensaft
1 Msp. abgeriebene unbehandelte Zitronenschale
Chilisalz · Zucker

Für die Schmorgurken:
2 kleinere Gurken (mit zarter Schale; ca. 400 g)
70 ml Gemüsebrühe
mildes Chilisalz
1 EL Olivenöl
3 EL Butter
1 EL Dill (frisch geschnitten)
3 Minzeblätter (frisch geschnitten)

Für den Wolfsbarsch:
4 Wolfsbarschfilets (à ca. 120 g; mit Haut, ohne Gräten)
1–2 TL mildes Olivenöl
mildes Chilisalz

1 Für den Ingwer-Joghurt den eingelegten Ingwer in kleine Würfel schneiden und mit dem Ingwer-Einlegesud und der Brühe unter den Joghurt rühren. Mit Zitronensaft und -schale sowie je 1 Prise Chilisalz und Zucker würzen.

2 Für die Schmorgurken den Backofen auf 180 °C vorheizen. Die Gurken waschen und in die Gurkenschale längs 5 Streifen ziselieren (mit einem Kanneliermesser). Die Enden der Gurken abschneiden und die Gurken in etwa ½ cm dicke Scheiben schneiden. Auf ein Backblech legen und die Brühe angießen. Die Gurken mit Chilisalz würzen, das Olivenöl darüberträufeln und die Gurken im Ofen auf der mittleren Schiene 10 Minuten garen. Wenden und weitere 5 Minuten fertig schmoren.

3 Die Gurken aus dem Ofen nehmen, den Schmorsaft in einen kleinen Topf füllen und die Butter mit dem Stabmixer hineinmixen. Die geschmorten Gurkenscheiben, den Dill und die Minze dazugeben und die Schmorgurken mit Chilisalz abschmecken.

4 Für den Wolfsbarsch die Fischfilets waschen und trocken tupfen. Das Olivenöl in einer Pfanne erhitzen und die Fischfilets darin auf der Hautseite bei mittlerer Hitze etwa 3 Minuten kross anbraten. Die Fleischseite mit Chilisalz würzen. Den Fisch wenden, mit Chilisalz würzen und die Pfanne vom Herd nehmen. Die Filets in der Resthitze weitere 2 Minuten gar ziehen lassen.

5 Die Schmorgurken auf vorgewärmten Tellern anrichten, den Joghurt darum herumträufeln und den Wolfsbarsch auf die Gurken setzen.

Mein Tipp

Da die Gurken in ganzen Scheiben geschmort werden, eignen sich kleinere Gurken mit zarter Schale am besten. Sie verleihen dem Gemüse eine hübsche Optik, sollten aber nur wenige oder höchstens kleine Kerne haben. Bei ledriger Schale und großen Kernen wird beides entfernt; dann verwendet man nur das feste Gurkenfleisch, das dazu in Scheiben geschnitten wird.

In Berbere gebratener Rotbarsch
auf libanesischem Couscous

Für 4 Personen

Für den Couscous:

100 g libanesischer Couscous (aus dem arabischen Feinkostladen)
Salz
¼ – ½ TL gemahlene Kurkuma
½ rote Paprikaschote
1 Schalotte
1 EL mildes Olivenöl
¼ l Gemüsebrühe
1 Knoblauchzehe (in dünnen Scheiben)
mildes Chilipulver
1 EL Petersilie (frisch geschnitten)
1 Msp. abgeriebene unbehandelte Orangenschale

Für den Rotbarsch:

4 Rotbarschfilets (à 120 g; ohne Haut und Gräten)
1 – 2 TL mildes Olivenöl
2 EL Butter
½ TL Berbere
mildes Chilisalz

1 Den Couscous in einem Topf mit kochendem Salzwasser und Kurkuma je nach Sorte etwa 30 Minuten halb weich garen. In ein Sieb abgießen, kalt abschrecken und abtropfen lassen.

2 Die Paprikaschote entkernen, mit dem Sparschäler schälen und in kleine Würfel schneiden. Die Schalotte schälen und in feine Würfel schneiden. Das Olivenöl in einem Topf erhitzen und die Schalotte mit der Paprika darin bei milder Hitze andünsten.

3 Erst den Couscous, dann die Hälfte der Brühe und den Knoblauch dazugeben und unter häufigem Rühren weitere 15 Minuten weich garen. Dabei nach und nach die übrige Brühe hinzufügen. Mit Salz und 1 Prise Chilipulver würzen, zum Schluss die Petersilie und die Orangenschale unterrühren.

4 Für den Rotbarsch die Fischfilets waschen und trocken tupfen. Das Olivenöl in einer Pfanne erhitzen und den Fisch darin bei mittlerer Hitze 3 bis 4 Minuten anbraten. Wenden und weitere 2 bis 3 Minuten braten. Die Pfanne vom Herd nehmen und den Fisch in der Resthitze etwa 2 Minuten gar ziehen lassen. Die Butter dazugeben, mit Berbere und Chilisalz würzen und den Fisch darin wenden.

5 Den Couscous auf vorgewärmten Tellern anrichten und die Rotbarschfilets darauflegen.

Mein Tipp

Auf diese Weise zubereitet, entsteht eine Art Risotto aus dem libanesischen Couscous. Er kann nach Belieben zusätzlich mit klein gewürfelten Zucchini oder anderen Gemüsesorten variiert werden.

In Kümmel gebratene Lotte
auf Tomaten-Safran-Sauce mit Auberginengemüse

Für 4 Personen

Für das Auberginengemüse und die Tomatensauce:

2 Tomaten
1 ½ Zwiebeln
2–3 EL mildes Olivenöl
1 Knoblauchzehe (in dünnen Scheiben)
5 EL Gemüsebrühe
200 g passierte Tomaten (aus der Dose)
¼ ausgekratzte Vanilleschote
8 Safranfäden
1 Msp. abgeriebene unbehandelte Orangenschale
Salz
mildes Chilipulver
Zucker
150 g Zucchini
½ Aubergine (ca. 150 g)
Pfeffer aus der Mühle
1 TL Zatar

Für die Lotte:

500 g Seeteufelfilet (Lotte; küchenfertig)
1 gestr. TL ganzer Kümmel
1 EL Öl
mildes Chilisalz
1–2 EL braune Butter (siehe Tipp S. 202)

1 Für das Auberginengemüse die Tomaten kreuzweise einritzen, überbrühen, kalt abschrecken, häuten, vierteln und entkernen. Die Kerne in einem hohen Rührbecher mit dem Stabmixer kurz pürieren und durch ein feines Sieb streichen. Die übrigen Kerne aus dem Sieb entfernen. Die Tomatenviertel in ½ bis 1 cm große Würfel schneiden.

2 Für die Tomatensauce die Zwiebeln schälen, ½ Zwiebel in feine Würfel schneiden. In einem Topf 1 bis 2 TL Olivenöl erhitzen und die Zwiebel und den Knoblauch darin bei mittlerer Hitze andünsten. Die Brühe, den Tomatensaft aus den Tomatenkernen und die passierten Tomaten aus der Dose dazugeben. Die Vanilleschote und den Safran hinzufügen und alles knapp unter dem Siedepunkt 10 Minuten ziehen lassen. Die Vanilleschote entfernen und die Tomatensauce mit dem Stabmixer pürieren. Die Orangenschale dazugeben und die Sauce mit Salz, je 1 Prise Chilipulver und Zucker würzen.

3 Die Zucchini und die Aubergine putzen und waschen. Die Zucchini in 1 cm, die Aubergine in 1 bis 1 ½ cm große Würfel schneiden. Die restliche Zwiebel in 1 cm große Blätter schneiden.

4 In einer großen Pfanne 1 bis 2 TL Olivenöl erhitzen und die Zucchiniwürfel darin bei mittlerer Hitze farblos andünsten. In einer weiteren Pfanne das restliche Olivenöl erhitzen und die Auberginenwürfel und die Zwiebel darin goldbraun anbraten. Die Zucchini- und die Tomatenwürfel dazugeben. Mit Salz, Pfeffer und Zatar würzen.

5 Für die Lotte das Fischfilet waschen, trocken tupfen und schräg in 1 cm dicke Scheiben schneiden. Die Filetscheiben mit dem Kümmel bestreuen. Das Öl in einer Pfanne erhitzen und den Fisch darin auf beiden Seiten jeweils 1 bis 2 Minuten anbraten. Die Pfanne vom Herd nehmen und den Fisch in der Resthitze noch 1 Minute gar ziehen lassen. Mit dem Chilisalz würzen und die braune Butter dazugeben.

6 Die Tomatensauce auf vorgewärmten Tellern verteilen, das Auberginengemüse und die gebratenen Seeteufelmedaillons dazu anrichten.

Mein Tipp

Lotte, auch Seeteufel, ist der einzige Fisch, zu dem Kümmel – eines der Lieblingsgewürze der tunesischen Küche – hervorragend passt. Die direkte Hitze beim Anbraten schadet ihm nicht, im Gegenteil: Der Kümmel wird dadurch im Geschmack sogar etwas nussiger.

ROTBARBE
auf weißem Bohnengemüse mit Zatar

FÜR 4 PERSONEN

Für das Bohnengemüse:
500 g weiße Bohnen (aus der Dose)
2 Tomaten
2 Frühlingszwiebeln
200 ml Hühnerbrühe
1 große Knoblauchzehe (in dünnen Scheiben)
2 Scheiben Ingwer
1–2 TL Zatar
mildes Chilisalz

Für die Rotbarbe:
8 Rotbarbenfilets (à 50–60 g; mit Haut, ohne Gräten)
1–2 TL mildes Olivenöl
mildes Chilisalz

Außerdem:
3–4 EL mildes Olivenöl

1 Für das Bohnengemüse die Bohnen in ein Sieb abgießen, kalt abbrausen und abtropfen lassen. Die Tomaten kreuzweise einritzen, überbrühen, kalt abschrecken, häuten, vierteln und entkernen. Die Tomatenviertel in Würfel schneiden. Die Frühlingszwiebeln putzen, waschen und in Ringe schneiden.

2 Die Bohnen in einem Topf mit der Brühe, dem Knoblauch, dem Ingwer und dem Zatar erhitzen und knapp unter dem Siedepunkt 5 Minuten ziehen lassen.

3 Die Tomatenwürfel und die Frühlingszwiebeln dazugeben, kurz erhitzen und mit Chilisalz abschmecken. Die Ingwerscheiben vor dem Anrichten entfernen.

4 Für die Rotbarbe die Fischfilets waschen und trocken tupfen. Das Olivenöl in einer Pfanne erhitzen und die Fischfilets darin auf der Hautseite etwa 3 Minuten anbraten. Den Fisch mit Chilisalz würzen, wenden, die Pfanne vom Herd nehmen und die Filets in der Resthitze noch etwa 1 Minute gar ziehen lassen. Die Hautseite ebenfalls mit Chilisalz würzen.

5 Das Bohnengemüse auf vorgewärmte tiefe Teller verteilen, mit Olivenöl beträufeln und die Rotbarbenfilets daraufsetzen.

Mein Tipp

Auf die Kombination von Bohnen und Tomaten bin ich auf meiner Reise in den unterschiedlichsten Varianten gestoßen – von einer Suppe in Marokko bis zu einem recht scharfen Gemüse in der Türkei. Bei meinem Rezept wird der Geschmack des Bohnengemüses durch das Olivenöl abgerundet. Deshalb wird es nicht mit erhitzt, sondern erst ganz zum Schluss über das Gemüse geträufelt. So bleibt das Öl besonders aromatisch.

BUNTBARSCH
auf Linsen mit Dill und Kapernbutter

FÜR 4 PERSONEN

Für die Linsen:
150 g Berglinsen (kleine grüne Linsen)
je 50 g Karotte, Knollensellerie und Lauch
½ Zwiebel · 1 EL Öl
½–1 EL Tomatenmark
1 EL saurer Granatapfelsirup (aus dem türkischen Feinkostladen)
½ l Hühnerbrühe
1 Lorbeerblatt
1 Knoblauchzehe (in Scheiben)
1 Scheibe Ingwer
1 kleiner Streifen unbehandelte Zitronenschale
1 EL Dill (frisch geschnitten)
2 EL braune Butter (siehe Tipp S. 202)
mildes Chilisalz

Für den Buntbarsch:
4 Buntbarschfilets (à 120 g, ohne Haut und Gräten)
2–3 EL mildes Olivenöl
mildes Chilisalz

Für die Kapernbutter:
50 g Butter
1 EL kleine eingelegte Kapern
1 TL abgeriebene unbehandelte Zitronenschale
mildes Chilisalz

1 Die Linsen 2 Stunden in kaltem Wasser einweichen. Die Karotte und den Sellerie putzen und schälen, den Lauch waschen. Das Gemüse in kleine Würfel schneiden. Die Zwiebel schälen und in feine Würfel schneiden. Das Öl in einer Pfanne erhitzen und die Zwiebel darin bei milder Hitze andünsten.

2 Das Tomatenmark zur Zwiebel geben, unterrühren und anrösten. Den Granatapfelsirup dazugeben. Die eingeweichten Linsen in ein Sieb abgießen, kurz abbrausen und ebenfalls dazugeben. Die Brühe angießen, das Lorbeerblatt hinzufügen und die Linsen 20 bis 25 Minuten mehr ziehen als kochen lassen. Nach 10 Minuten die Gemüsewürfel, den Knoblauch, den Ingwer und die Zitronenschale dazugeben.

3 Lorbeer, Ingwer und Zitronenschale am Ende der Garzeit wieder entfernen. Den Dill und die braune Butter dazugeben und mit Chilisalz abschmecken.

4 Für den Buntbarsch die Fischfilets waschen und trocken tupfen. In einer Pfanne 1 bis 2 TL Olivenöl erhitzen und die Filets darin bei milder Hitze 2 bis 3 Minuten braten. Wenden und 2 Minuten weiterbraten. Die Pfanne vom Herd nehmen und den Fisch in der Resthitze gar ziehen lassen. 1 bis 2 EL Olivenöl darüberträufeln und mit Chilisalz würzen.

5 Für die Kapernbutter die Butter bei milder Hitze zerlassen, die Kapern abtropfen lassen und mit der Zitronenschale unterrühren. Die Butter mit Chilisalz würzen.

6 Die Linsen auf vorgewärmte Teller verteilen, die Fischfilets daraufsetzen und mit der Kapernbutter beträufeln.

Mein Tipp

»Nilfisch mit Kapern und Dill«, ein Gericht, das aus dem alten Ägypten überliefert ist, hat mich schon beschäftigt, lange bevor die Arbeit an diesem Buch begann. Vermutlich wurde es mit Barsch zubereitet, da Barsche, vor allem Buntbarsche, sehr häufig auf ägyptischen Wandbildern dargestellt wurden. Auch heute noch sind sie die wichtigsten Speisefische aus dem Nil und machen mehr als 70 Prozent des Fangs aus.

Gebratenes Doradenfilet
auf Bohnengemüse mit Sardellen-Kapern-Joghurt

Für 4 Personen

Für das Bohnengemüse:
120 g getrocknete Schwarzaugenbohnen (ersatzweise 250 g kleine weiße Bohnen aus der Dose)
Natron · 1 kleine weiße Zwiebel
1 Lorbeerblatt · 5 Pimentkörner
2 Tomaten
1–2 TL mildes Olivenöl
1 Knoblauchzehe (in dünnen Scheiben)
3 EL Gemüsebrühe
2 Scheiben Ingwer · 2 EL Butter
Salz · Pfeffer aus der Mühle
Chilipulver · getrocknetes Bohnenkraut · 1 TL Orient. Gemüse- und Suppengewürz (siehe S. 144)
je 1 Msp. abgeriebene unbehandelte Zitronen- und Orangenschale · 1–2 EL Petersilie (grob geschnitten)

Für den Joghurt:
3 eingelegte, abgetropfte Sardellenfilets
1 TL eingelegte Kapern
1–2 TL Petersilie (frisch geschnitten) · 3 Estragonblätter (frisch geschnitten)
½ TL Dijonsenf
2 TL mildes Olivenöl
150 g griechischer Joghurt
1 Spritzer Zitronensaft
Salz · Pfeffer aus der Mühle
mildes Chilipulver · Zucker

Für die Dorade:
4 Doradenfilets (à ca. 100 g; mit Haut, ohne Gräten)
1–2 TL Öl · mildes Chilisalz

1 Am Vortag für das Gemüse die Bohnen in einer Schüssel mit reichlich Wasser und 1 Prise Natron einweichen und über Nacht quellen lassen.

2 Am nächsten Tag die Bohnen in ein Sieb abgießen und kalt abbrausen. Die Zwiebel schälen und halbieren. Die Bohnen mit 1 Zwiebelhälfte, dem Lorbeerblatt und den Pimentkörnern in Wasser etwa 1 Stunde weich garen. In ein Sieb abgießen, die Zwiebel und die Gewürze entfernen.

3 Für den Joghurt die Sardellen und die Kapern klein hacken und mit Petersilie, Estragon, Senf und Olivenöl unter den Joghurt rühren. Mit Zitronensaft, Salz, Pfeffer und je 1 Prise Chilipulver und Zucker abschmecken.

4 Die übrige Zwiebelhälfte in feine Würfel schneiden. Die Tomaten kreuzweise einritzen, überbrühen, kalt abschrecken, häuten, vierteln und entkernen. Die Tomatenviertel in Würfel schneiden. Die Kerne mit dem Stabmixer kurz durchmixen und durch ein Sieb streichen. Die übrigen Kerne aus dem Sieb entfernen.

5 Das Olivenöl in einer tiefen Pfanne erhitzen. Die Zwiebel und den Knoblauch darin andünsten. Die Brühe, den passierten Tomatensaft, die gegarten Bohnen und den Ingwer dazugeben und erhitzen.

6 Die Tomatenwürfel und die Butter unterrühren und mit Salz, Pfeffer, 1 Prise Chilipulver und 1 Prise Bohnenkraut würzen. Mit dem Gemüse- und Suppengewürz abschmecken.

7 Für die Dorade die Fischfilets waschen und trocken tupfen. Das Öl in einer Pfanne erhitzen und die Filets darin auf der Hautseite bei mittlerer Hitze etwa 3 Minuten anbraten. Den Fisch mit Chilisalz würzen, wenden, die Pfanne vom Herd nehmen und den Fisch in der Resthitze noch etwa 1 Minute garen. Die Hautseite ebenfalls mit Chilisalz würzen.

8 Die Zitronen- und Orangenschale und die Petersilie zum Gemüse geben und die Ingwerscheiben entfernen. Das Gemüse auf vorgewärmten Tellern anrichten und die Doradenfilets mit der Hautseite nach oben darauflegen. Den Sardellen-Kapern-Joghurt darum herumträufeln.

Mein Tipp

Kapern, die eingelegten Blütenknospen des dornigen Kapernstrauches, spielten schon zu biblischen Zeiten eine Rolle in den Küchen rund ums Mittelmeer; die älteste Kaper wurde in einer jordanischen Siedlung aus der frühen Bronzezeit gefunden.

Lachsforelle
auf Couscous-Endivien-Salat mit Radieschen

Für 4 Personen

Für den Salat:
2 Frühlingszwiebeln
2 große Blätter Endiviensalat
4 Radieschen
300 g griechischer Joghurt
100 ml kalte Gemüsebrühe
1 TL Dijonsenf
100 g vorgegarter Couscous (siehe S. 177)
1 EL gehackte Walnüsse
20 Minzeblätter (frisch geschnitten)
½ TL abgeriebene unbehandelte Zitronenschale
1–2 TL Zitronensaft
mildes Chilisalz

Für die Lachsforelle:
4 Lachsforellenfilets (à 120 g; ohne Haut und Gräten)
Öl für das Blech
3–4 EL braune Butter (siehe Tipp S. 202)
1 TL Orientalisches Fischgewürz (siehe S. 150)
Salz

1 Für den Couscous-Endivien-Salat die Frühlingszwiebeln putzen, waschen und in Ringe schneiden. 2 EL Frühlingszwiebelgrün beiseitelegen. Den Endiviensalat waschen, trocken tupfen und in ½ bis 1 cm große Blätter schneiden. Radieschen putzen, waschen und in Würfel schneiden.

2 Den Joghurt mit der Brühe und dem Senf glatt rühren. Couscous, Frühlingszwiebeln, Salatblätter, Radieschen, Walnüsse, Minze und Zitronenschale unterrühren und mit Zitronensaft und Chilisalz abschmecken.

3 Für die Lachsforelle den Backofen auf 80 °C vorheizen. Die Fischfilets waschen und trocken tupfen. Auf ein geöltes Backblech legen, mit Frischhaltefolie bedecken und im Ofen auf der mittleren Schiene 15 bis 20 Minuten saftig garen.

4 Die braune Butter mit dem Fischgewürz in einer Pfanne leicht erwärmen und mit Salz würzen. Die Lachsforellenfilets damit bestreichen.

5 Den Couscous-Endivien-Salat auf vorgewärmte Teller verteilen und die Lachsforellenfilets dazulegen. Mit den grünen Frühlingszwiebelringen bestreuen.

Mein Tipp

Statt mit Endivie und Radieschen kann der cremige Couscous-Salat auch mit vielen anderen Gemüsesorten zubereitet werden: Als Partysalat für ein Büfett ist er perfekt geeignet – dann allerdings ohne Lachsforelle, sondern mit Kochschinken- oder Hähnchenfleischwürfeln, die ebenfalls unter den Couscous gemischt werden.

Gebackener Kabeljau
auf orientalischem Kartoffel-Zitronen-Salat

Für 4 Personen

Für den Salat:
1 kg vorwiegend festkochende Kartoffeln
Salz · ½ EL ganzer Kümmel
1 kleine Zwiebel
400 ml Hühnerbrühe
½ eingelegte Salzzitrone (siehe S. 162)
3 eingelegte Sardellenfilets
3 EL Weißweinessig
1 EL Dijonsenf
mildes Chilipulver
Zucker
3 EL braune Butter (siehe S. 202)
1–2 TL kleine eingelegte Kapern
je 1–2 EL Dill und Petersilie (frisch geschnitten)

Für den Ras-el-Hanout-Dip:
2 TL Ras-el-Hanout
2 EL heiße Gemüsebrühe
1 EL mildes Olivenöl
200 g griechischer Joghurt
Salz · Zucker

Für den Kabeljau:
2 Eier
2 EL Sahne (angeschlagen)
1 Knoblauchzehe
1 TL abgeriebene unbehandelte Zitronenschale
1 TL Ras-el-Hanout
500 g Kabeljaufilet (ohne Haut und Gräten)
Salz · 50 g doppelgriffiges Mehl
80 g Weißbrotbrösel
Öl zum Braten

1 Für den Kartoffel-Zitronen-Salat die Kartoffeln waschen und in reichlich Salzwasser mit dem Kümmel weich garen. Abgießen, ausdampfen lassen, möglichst heiß pellen und in 4 bis 5 mm dicke Scheiben schneiden. Die Kartoffelscheiben in eine Schüssel geben.

2 Die Zwiebel schälen und in feine Würfel schneiden. In einer Pfanne 100 ml Brühe erhitzen und die Zwiebel darin bei milder Hitze dünsten, bis die ganze Flüssigkeit verkocht ist.

3 Das Innere der Salzzitrone entfernen und die Schale in kleine Würfel schneiden, die Sardellen abtropfen lassen und klein hacken.

4 Für das Dressing die restliche Brühe erhitzen, mit Essig und Senf verrühren und mit Salz sowie je 1 Prise Chilipulver und Zucker würzen. 1 Handvoll Kartoffelscheiben hinzufügen und mit dem Stabmixer pürieren. Das Dressing nach und nach unter die Kartoffelscheiben mischen, bis die Flüssigkeit vollständig gebunden ist.

5 Braune Butter, Zwiebel, Salzzitronenwürfel, Sardellen, Kapern, Dill und Petersilie unter den Kartoffelsalat mischen.

6 Für den Ras-el-Hanout-Dip das Ras-el-Hanout mit der Brühe verrühren. Mit dem Olivenöl unter den Joghurt mixen und mit Salz und 1 Prise Zucker würzen.

7 Für den Kabeljau die Eier in einem tiefen Teller mit der Sahne verquirlen. Den Knoblauch schälen und hineinreiben, die Zitronenschale und das Ras-el-Hanout hinzufügen. Das Fischfilet waschen, trocken tupfen und schräg in 2 cm dicke Scheiben schneiden. Mit Salz würzen. Mehl und Brösel jeweils in einen tiefen Teller geben. Filetstücke zuerst in Mehl wenden, durch die Eier ziehen und zuletzt mit den Bröseln panieren.

8 In einer tiefen Pfanne bei mittlerer Temperatur fingerbreit Öl erhitzen, die panierten Kabeljaustücke darin auf beiden Seiten insgesamt 5 bis 6 Minuten goldbraun braten. Herausnehmen, auf Küchenpapier abtropfen lassen und mit Salz würzen.

9 Den Kartoffel-Zitronen-Salat auf vorgewärmte Teller verteilen und je 1 Stück gebackenen Kabeljau daraufsetzen. Den Ras-el-Hanout-Dip darum herumträufeln.

Karpfenfilet
in Kichererbsen-Gewürzteig auf Karotten-Koriander-Sauce

Für 4 Personen

Für die Sauce:
1 große Karotte (80–100 g)
50 ml Gemüsebrühe
5 Scheiben Ingwer
¼ Zimtrinde
150 g griechischer Joghurt
je 1–2 TL Dill und Koriander (frisch geschnitten)
¼ TL geräuchertes Paprikapulver (Piment La Vera picante)
1 geriebene Knoblauchzehe
1 Spritzer Zitronensaft
je 1 Msp. abgeriebene unbehandelte Zitronen- und Orangenschale · Salz

Für die Krautblätter:
4 große Blätter junger Weißkohl (ca. 200 g; die äußeren Blätter)
Salz · 4 EL Gemüsebrühe
1 EL Weißweinessig
½–1 TL Dijonsenf
2 EL mildes Olivenöl
1 TL Dill (frisch geschnitten)
gemahlener Kreuzkümmel (ersatzweise Kümmel)
mildes Chilipulver · Zucker

Für den Karpfen:
3 EL Mehl
70 g Kichererbsenmehl
2–3 EL Speisestärke (35 g)
75 ml eisgekühlter Weißwein
1–2 EL neutrales Öl · Salz
500 g Karpfenfilet (ohne Haut)
Fett zum Frittieren
mildes Chilisalz
Pfeffer aus der Mühle
1 Spritzer Zitronensaft

1 Für die Sauce die Karotte putzen, schälen und in Scheiben schneiden. Die Karottenscheiben in einem Topf in der Brühe mit Ingwer und Zimt zugedeckt 15 Minuten weich dünsten. Kurz vor Ende der Garzeit den Deckel abnehmen und den Dünstfond fast vollständig einköcheln lassen.

2 Den Ingwer und den Zimt wieder herausnehmen, die Karotte im Blitzhacker pürieren und mit dem Joghurt verrühren. Den Dill und den Koriander unterrühren. Mit Paprikapulver, Knoblauch, Zitronensaft, Zitronen- und Orangenschale sowie Salz würzen.

3 Für die Krautblätter die Weißkohlblätter waschen, den Strunk entfernen und die Blätter in 6 bis 7 cm große Stücke schneiden. In einem Topf mit kochendem Salzwasser etwa 5 Minuten gerade weich garen, kalt abschrecken und abtropfen lassen.

4 Die Brühe mit Essig, Senf, Olivenöl und Dill verrühren und mit Salz, je 1 Prise Kreuzkümmel, Chilipulver und Zucker würzen. Die Kohlblätter damit marinieren.

5 Für den Karpfen das Mehl, das Kichererbsenmehl und die Speisestärke in einer Schüssel mischen und mit Wein, ⅛ l Eiswasser und dem Öl zu einem glatten Teig verrühren. Anschließend mit Salz würzen.

6 Das Fischfilet waschen, trocken tupfen und entlang der Gräten in Stücke schneiden, die Gräten dabei entfernen. Die Filets in 12 etwa gleich schwere Stücke schneiden.

7 Das Fett in der Fritteuse oder in einem großen hohen Topf auf 170 °C erhitzen. Die Karpfenstücke mit Chilisalz und Pfeffer würzen und mit Zitronensaft beträufeln. Im Kichererbsenteig wenden und im Fett etwa 4 bis 5 Minuten goldbraun backen. Herausnehmen, auf Küchenpapier abtropfen lassen und nochmals leicht mit Salz würzen.

8 Die Karotten-Koriander-Sauce auf leicht vorgewärmten Tellern verteilen. Die panierten Karpfenstücke darauf anrichten und die marinierten Kohlblätter dekorativ danebensetzen.

Gebratene Calamari
auf »Taubenzungen«-Risotto mit Harissa

Für 4 Personen

Für den Risotto:

½ Zwiebel
1 EL Olivenöl
300 g »Taubenzungen« (tunesische Bezeichnung für die reisförmigen Risoni- bzw. Kritharaki-Nudeln)
50 ml Weißwein
1 gestr. EL Harissapulver
800 ml heiße Brühe
1 EL Butter
1 EL braune Butter (siehe Tipp S. 202)

Für die Calamari:

500 g Calamari
2 Frühlingszwiebeln
2 EL mildes Olivenöl
1 Knoblauchzehe (in Scheiben)
½ – 1 TL klein gewürfelter Ingwer
mildes Chilisalz

1 Für den Risotto die Zwiebel schälen und in feine Würfel schneiden. Das Olivenöl in einem Topf erhitzen und die Zwiebel darin bei milder Hitze andünsten. Die Nudeln dazugeben und ebenfalls kurz andünsten. Mit dem Wein ablöschen und diesen einköcheln lassen. Das Harissa unterrühren, etwas Brühe hinzufügen und unter Rühren einköcheln lassen. Den Vorgang mit der restlichen Brühe wiederholen, bis die Nudeln nach etwa 15 Minuten bissfest gegart sind. Zum Schluss die Butter und die braune Butter unterrühren.

2 Für die Calamari den Kopf und die Arme der Calamari mitsamt den Eingeweiden aus dem Körperbeutel ziehen. Die Arme knapp unter den Augen mit einem Messer so vom Kopf abtrennen, dass sie durch einen dünnen Ring verbunden bleiben. Die Tentakel so in beide Hände nehmen, dass der harte Schnabel oben liegt. Das Kauwerkzeug von unten herausdrücken. Mit den Fingern das durchsichtige Fischbein aus dem Körperbeutel ziehen. Die hauchdünne Haut von den Beuteln abziehen. Die Beutel aufschneiden und die restlichen Eingeweide entfernen. Die Beutel und Arme gründlich unter fließendem kaltem Wasser waschen und trocken tupfen. Die Beutel und Tentakel – je nach Größe der Calamari – eventuell zerkleinern.

3 Die Frühlingszwiebeln putzen, waschen und in feine Ringe schneiden.

4 Eine große Pfanne bei mittlerer Hitze stark erhitzen, ½ bis 1 EL Olivenöl hineingeben und die Calamari darin verteilen. Den Knoblauch, den Ingwer und die Frühlingszwiebeln dazugeben und alles ½ bis 1 Minute anbraten. Das übrige Olivenöl dazugeben und die Calamari mit dem Chilisalz würzen.

5 Den Risotto auf vorgewärmten tiefen Tellern anrichten und die Calamari darauf verteilen.

Mein Tipp

Calamari dürfen nur ganz kurz – etwa ½ bis 1 Minute – gebraten werden. Sonst wird ihr Fleisch zäh.

Garnelen
in orientalischer Gewürzbutter mit Zimt-Linguine

Für 4 Personen

Für die Garnelen:

20 Riesengarnelen
3 EL zerlassene braune Butter (siehe Tipp S. 202)
½ Zimtrinde
½ ausgekratzte Vanilleschote
10 angedrückte grüne Kardamomkapseln
2 Knoblauchzehen (in Scheiben)
4 Scheiben Ingwer
je 1 TL abgeriebene unbehandelte Zitronen- und Orangenschale
mildes Chilisalz

Für die Nudeln:

400 g Linguine
Salz
4 Scheiben Ingwer
1 getrocknete rote Chilischote
⅛ l Hühnerbrühe
2 Knoblauchzehen (in Scheiben)
½ Zimtrinde
milde Chiliflocken
1–2 EL mildes Olivenöl
Pfeffer aus der Mühle

1 Die Garnelen schälen, am Rücken entlang einschneiden und den dunklen Darm entfernen. Die Garnelen waschen, trocken tupfen und längs halbieren.

2 In einer Pfanne 1 bis 2 TL braune Butter erhitzen. Die Garnelen darin auf der Schalenseite bei mittlerer Hitze 1 bis 2 Minuten anbraten, bis sie sich aufdrehen. Die Garnelen wenden, die Pfanne vom Herd nehmen und die Garnelen in der Resthitze noch 1 Minute gar ziehen lassen.

3 Die übrige braune Butter darüberträufeln. Zimt, Vanilleschote, Kardamom, Knoblauch, Ingwer, Zitronen- und Orangenschale dazugeben, mit Chilisalz würzen und alles gut mischen.

4 Für die Nudeln die Linguine in reichlich kochendem Salzwasser mit 2 Scheiben Ingwer und der Chilischote sehr bissfest garen, dabei gelegentlich umrühren. In ein Sieb abgießen und kurz abtropfen lassen. Die ganzen Gewürze wieder entfernen.

5 Die Brühe in einem Topf erhitzen und mit Knoblauch, restlichem Ingwer, Zimt und 1 Prise Chiliflocken 2 Minuten köcheln lassen. Die abgetropften Nudeln darin erhitzen und zuletzt das Olivenöl hinzufügen. Mit Pfeffer würzen, Ingwer und Zimt entfernen.

6 Die Nudeln auf vorgewärmte tiefe Teller verteilen, die Garnelen darauf anrichten und mit der Garnelen-Gewürzbutter beträufeln.

Mein Tipp

Die Nudeln können auch sehr gut vorgekocht werden. Dazu sollten sie etwa 4 Minuten kürzer als auf der Packung angegeben gegart werden. Anschließend werden sie abgegossen, kurz abgetropft, dabei auf keinen Fall mit Wasser abgebraust, auf einem Tablett verteilt und mit etwas Olivenöl vermischt. Sobald sie abgekühlt sind, können sie in einem verschlossenen Behälter mehrere Tage im Kühlschrank aufbewahrt werden. Sie werden wie oben beschrieben fertiggestellt. Eventuell benötigt man zum Erhitzen etwas mehr Brühe.

Oktopusgröstl
mit Okraschoten und Austernpilzen

Für 4 Personen

Für das Gröstl:

300 g kleine festkochende Kartoffeln
Salz · ganzer Kümmel
1 kleiner Oktopus (800 – 1000 g)
1 Lorbeerblatt
2 Scheiben Ingwer
1 frische rote Chilischote
250 g Okraschoten
100 g Austernpilze
1 EL braune Butter (siehe Tipp S. 202)
1 TL Zatar
4 EL mildes Olivenöl
2 TL Orientalisches Fischgewürz (siehe S. 150)
2 Knoblauchzehen (in dünnen Scheiben)
mildes Chilisalz

Für den Joghurt-Dip:

2 TL Orientalisches Fischgewürz
2 EL heiße Gemüsebrühe
1 EL mildes Olivenöl
200 g griechischer Joghurt
Salz · Zucker

1 Die Kartoffeln waschen und in Salzwasser mit 1 Prise Kümmel weich garen. Abgießen und abkühlen lassen. Die Fangarme des Oktopus so vom Kopfteil abschneiden, dass sie noch gut zusammenhalten. Die Arme gründlich unter fließendem kaltem Wasser waschen, abtropfen lassen.

2 Reichlich Salzwasser zum Kochen bringen. Den Oktopus, das Lorbeerblatt, den Ingwer und die Chilischote dazugeben und aufkochen lassen. Dann die Hitze reduzieren und den Oktopus 1 ¼ bis 1 ½ Stunden mehr ziehen als köcheln lassen, bis er weich ist.

3 Den Oktopus aus dem Sud nehmen, etwas auskühlen lassen und schräg in 1 cm dicke Scheiben schneiden.

4 Die Okraschoten putzen, waschen, trocken tupfen und je nach Größe halbieren oder dritteln. Die Austernpilze putzen und grob zerkleinern. Die braune Butter in einer Pfanne erhitzen. Die gegarten Kartoffeln halbieren und mit der Schnittseite nach unten darin goldbraun anbraten, wenden und einige Minuten weiterbraten. Mit Salz und Zatar würzen.

5 In einer Pfanne 2 EL Olivenöl mit den Oktopusscheiben, dem Fischgewürz und dem Knoblauch erhitzen. Den Oktopus mit Salz würzen.

6 In einer zweiten Pfanne ½ bis 1 EL Olivenöl erhitzen. Die Austernpilze darin 4 bis 5 Minuten anbraten und herausnehmen. Das restliche Olivenöl in die Pfanne geben und die Okraschoten darin 2 Minuten anbraten. Die Austernpilze hinzufügen und mit Chilisalz würzen.

7 Für den Joghurt-Dip das Orientalische Fischgewürz mit der Brühe verrühren. Mit dem Olivenöl, am besten mit dem Stabmixer, unter den Joghurt rühren und mit Salz und 1 Prise Zucker abschmecken.

8 Die Kartoffeln und den Oktopus mit den Okraschoten und Austernpilzen mischen, nach Belieben nachwürzen und auf vorgewärmten Tellern anrichten. Den Joghurt-Dip außen herumziehen.

Mein Tipp

Okra gehört zu den ältesten Gemüsesorten, die es gibt. Schon vor über 3000 Jahren wurde der Gemüse-Eibisch mit den fünfeckigen Schoten an den Ufern des Nils kultiviert. Am besten schmeckt Okra, wenn die Schoten in etwas Öl heiß gebraten oder sogar frittiert werden.

GEBRATENE JAKOBSMUSCHELN
auf orientalischem Blattspinat mit Kichererbsen

FÜR 4 PERSONEN

Für den Spinat:
400 g Babyspinat
2 Schalotten
2–3 EL mildes Olivenöl
50 ml Gemüsebrühe
mildes Chilisalz
Syrisches Spinatgewürz (siehe S. 142)
1 Spritzer Zitronensaft

Für die Jakobsmuscheln:
12 ausgelöste Jakobsmuscheln
1–2 TL braune Butter (siehe Tipp S. 202) oder Olivenöl
mildes Chilisalz

Außerdem:
1 EL Butter
1 Handvoll gegarte Kichererbsen
1–2 EL Granatapfelkerne

1 Den Spinat verlesen, gründlich waschen und trocken schleudern. Die Schalotten schälen und in feine Würfel schneiden.

2 In einer Pfanne 1 bis 2 EL Olivenöl erhitzen und die Schalottenwürfel darin andünsten. Die Brühe und den Spinat dazugeben und 2 Minuten dünsten. Mit Chilisalz, Syrischem Spinatgewürz und Zitronensaft abschmecken und das übrige Olivenöl untermischen.

3 Für die Jakobsmuscheln eine große Pfanne mit dickem Boden bei mittlerer Hitze erwärmen. Die Jakobsmuscheln trocken tupfen. Mit einem Pinsel die braune Butter in der Pfanne verteilen. Die Jakobsmuscheln darin auf beiden Seiten je etwa 1 Minute anbraten. Die Pfanne vom Herd nehmen und die Muscheln in der Resthitze je nach Größe noch kurz nachziehen lassen. Mit Chilisalz würzen.

4 Die Butter in einer Pfanne erhitzen und die Kichererbsen darin erhitzen. Zum Schluss die Granatapfelkerne dazugeben.

5 Den Spinat auf vorgewärmte Teller verteilen, die Jakobsmuscheln darauf anrichten und die Kichererbsen mit den Granatapfelkernen darum herumstreuen.

Mein Tipp

Als der Sagenheld Paris beurteilen musste, welche der drei Göttinnen Hera, Athene und Aphrodite die schönste sei, überreichte er der Siegerin einen Granatapfel. Der Mann wusste, was er tat: Kaum eine Frucht enthält so viele Stoffe, die die Gesundheit und auch die Schönheit vor den Angriffen schädlicher Substanzen bewahren. Um die festsitzenden Kerne aus der Frucht zu lösen, wird der Granatapfel am besten mit einem Messer quer halbiert. Danach hält man jede Hälfte einzeln mit der Schnittfläche nach unten über eine größere Schüssel und klopft mit einem Kochlöffel rundum auf die Schale, bis sich nach und nach alle Kerne gelockert haben und in die Schüssel fallen.

FLEISCH

Rinderlende mit Zatarkruste
mit Koriander-Kartoffeln und Knoblauchsauce

Für 4 Personen

Für die Rinderlende:

125 g weiche Butter
1–2 TL scharfer Senf
1 EL Zatar
1 EL Petersilie (frisch geschnitten)
1 TL geriebener Parmesan
1 Knoblauchzehe (gehackt)
40 g Weißbrotbrösel
Salz · Pfeffer aus der Mühle
1–2 TL Öl
4 Rinderlendensteaks (aus dem Mittelstück; à 200 g und 5–6 cm dick)

Für die Koriander-Kartoffeln:

500 g festkochende Kartoffeln
Salz
1 Lorbeerblatt
1 kleine getrocknete rote Chilischote
1 TL Korianderkörner
1 EL braune Butter (siehe Tipp S. 202)
mildes Chilisalz

Für die Knoblauchsauce:

4 große Knoblauchzehen
1 Eiweiß
1 kleine gegarte Kartoffel (ca. 50 g)
150 ml neutrales Salatöl
2 Eiswürfel
Salz

1 Für die Rinderlende die weiche Butter schaumig rühren. Senf, Zatar, Petersilie, Parmesan, Knoblauch und Brösel unterrühren. Mit Salz und Pfeffer würzen. Die Masse mithilfe von Backpapier zu einer Rolle von etwa 3 cm Durchmesser formen und ½ bis 1 Stunde kühl stellen.

2 Den Backofen auf 100 °C vorheizen. Auf die unterste Schiene ein Abtropfblech schieben und darauf ein Ofengitter setzen.

3 Das Öl in einer Pfanne erhitzen und die Rinderlendensteaks darin bei mittlerer Hitze auf beiden Seiten anbraten. Herausnehmen, auf das Ofengitter legen und etwa 50 Minuten saftig durchziehen lassen. Die Fleischstücke mit Gitter und Blech herausnehmen. Den Backofen auf Grillfunktion umschalten.

4 Für die Koriander-Kartoffeln die Kartoffeln schälen, waschen und in 2 bis 2 ½ cm große Stücke schneiden. In Salzwasser mit dem Lorbeerblatt und der Chilischote 15 bis 20 Minuten weich garen. Die Kartoffeln in ein Sieb abgießen, abkühlen lassen und die Gewürze entfernen.

5 Den Koriander in einer Pfanne ohne Fett rösten, bis er zu duften beginnt. Die Körner abkühlen lassen und in eine Gewürzmühle füllen. Die braune Butter in einer Pfanne erhitzen und die abgekühlten Kartoffeln darin rundum leicht anbraten und mit Chilisalz und Koriander aus der Mühle würzen.

6 Für die Knoblauchsauce den Knoblauch schälen, in dünne Scheiben schneiden und in kochendem Wasser 10 Sekunden blanchieren. In ein Sieb abgießen und abkühlen lassen.

7 Den Knoblauch, das Eiweiß und die gegarte Kartoffel in einen hohen Rührbecher geben und mit dem Stabmixer pürieren. Dabei das Öl erst tropfenweise, dann in einem dünnen Strahl hinzufügen, bis die Sauce eine mayonnaiseähnliche Konsistenz annimmt. Die Eiswürfel in einen Gefrierbeutel geben, mit dem Nudelholz oder dem Plattiereisen zerstoßen und unter die Sauce mixen. Die Sauce mit Salz würzen.

8 Die Steaks mit Salz und Pfeffer würzen und auf ein Backblech legen. Die Zatar-Butter in Scheiben schneiden, auf die Steaks legen und unter dem Backofengrill auf der unteren Schiene 3 bis 4 Minuten überbacken.

9 Die überbackenen Rinderlendensteaks auf vorgewärmten Tellern anrichten, die Kartoffeln danebenlegen und die Knoblauchsauce darum herum verteilen.

Gegrilltes Rinderfiletsteak
mit orientalischer Barbecuesauce

Für 4 Personen

Für die Barbecuesauce:

100 ml Ananassaft
1 TL Rauchsalz (aus dem Gewürzladen)
100 ml Espresso
1 EL Honig
1 geh. TL Harissapulver
1 TL geräuchertes Paprikapulver (Piment La Vera picante)
300 g Tomatenketchup

Für die Filetsteaks:

8 Rinderfiletsteaks (à 1 ½–2 cm dick, insg. ca. 800 g; aus dem Mittelstück)
1–2 TL Öl
mildes Chilisalz

1 Für die Barbecuesauce den Ananassaft mit dem Rauchsalz in einem Topf auf ein Viertel einköcheln lassen. Den Espresso und den Honig dazugeben und wiederum einkochen, bis die Flüssigkeit leicht sirupartig ist. Das Harissa, das geräucherte Paprikapulver und den Tomatenketchup unterrühren.

2 Für die Filetsteaks die Steaks mit dem Handballen etwas flach drücken. Das Öl in einer Pfanne erhitzen und die Steaks darin bei mittlerer Hitze etwa 2 Minuten anbraten, bis das Fleisch an der Oberfläche leicht zu schwitzen beginnt und sich nach oben wölbt. Das Fleisch wenden und wiederum etwa 2 Minuten braten, bis sich die Fleischstücke nach oben wölben und an der Oberfläche die ersten kleinen Fleischsaftperlen zu sehen sind.

3 Die Pfanne vom Herd nehmen, die Steaks in der Resthitze noch 1 Minute ziehen lassen und aus der Pfanne nehmen. Mit Chilisalz würzen und kurz warm stellen.

4 Die Steaks auf vorgewärmte Teller verteilen und mit der Barbecuesauce beträufeln. Dazu passen Bratkartoffeln und Gurkensalat oder Bohnengemüse.

Mein Tipp

Die Barbecuesauce kann gut im Voraus zubereitet werden, da sie sich im Kühlschrank mehrere Tage frisch hält. Gewürzt wird sie unter anderem mit Rauchsalz, einem speziellen, aufwendig hergestellten Salz, das 150 Stunden lang über Buchen- oder Eichenfeuer geräuchert wird. Dabei wird das Salz immer wieder umgerührt, damit die Körner die Raucharomen intensiv aufnehmen können.

Geschmorte Rinderschulter
mit Granatapfel-Mandel-Sauce

Für 4 Personen

2 Zwiebeln
100 g Knollensellerie
1 kleine Karotte
2 EL Öl
1 ½ kg flache Rinderschulter (Schaufelbug)
1 EL Puderzucker
1 EL Tomatenmark
5 EL Weinbrand
350 ml kräftiger Rotwein
1 l Hühnerbrühe
½ TL Pimentkörner
½ TL schwarze Pfefferkörner
1 Stück Zimtrinde
5 angedrückte Wacholderbeeren
1 Lorbeerblatt
1 Knoblauchzehe (geschält und halbiert)
2 Scheiben Ingwer
je 1 Streifen unbehandelte Zitronen- und Orangenschale
1 EL kalte Butter
1–2 TL saurer Granatapfelsirup (aus dem türkischen Feinkostladen)
Salz · mildes Chilipulver
1 EL geröstete Mandelblättchen

1 Den Backofen auf 160 °C vorheizen. Zwiebeln schälen, den Sellerie und die Karotte putzen und schälen. Alles in 1 cm große Würfel schneiden.

2 In einem Schmortopf 1 EL Öl erhitzen und die Rinderschulter darin bei mittlerer Hitze rundum anbraten, wieder herausnehmen. Den Puderzucker hineinstäuben und hell karamellisieren. Das Tomatenmark unterrühren und kurz anrösten. Mit dem Weinbrand und einem Drittel des Weins ablöschen und sirupartig einkochen lassen. Den restlichen Wein auf 2 Portionen angießen und jeweils einköcheln lassen.

3 Das restliche Öl in einer Pfanne erhitzen und die Gemüsewürfel darin bei mittlerer Hitze andünsten, dann mit der Brühe zum Saucenansatz in den Bräter geben. Die Rinderschulter daraufsetzen und zugedeckt im Ofen auf der untersten Schiene etwa 3 ½ Stunden schmoren, dabei das Fleisch ab und zu wenden.

4 Das Fleisch herausnehmen und warm stellen. Den Piment, den Pfeffer, den Zimt, die Wacholderbeeren und das Lorbeerblatt zum Bratenfond geben und die Sauce auf etwa die Hälfte einköcheln lassen. Den Knoblauch, den Ingwer und die Zitronen- und Orangenschale hinzufügen und 5 Minuten in der Sauce ziehen lassen. Die Sauce in ein Sieb abgießen, dabei das Gemüse etwas ausdrücken.

5 Die kalte Butter in Stücken unterrühren und die Sauce mit dem Granatapfelsirup, Salz und Chilipulver abschmecken.

6 Die Rinderschulter in Scheiben schneiden und mit der Sauce auf vorgewärmten Tellern anrichten. Mit den Mandelblättchen bestreuen.

Mein Tipp

Der saure Granatapfelsirup – türkisch »Nar Ekşisi« oder in arabischen Läden unter der Bezeichnung »Grenadine Molasses« zu finden – wird gern und häufig in den Ländern des östlichen Mittelmeers verwendet. Er kann wie Balsamico-Essig eingesetzt werden und gibt vielen Salatdressings eine raffiniert-fruchtige Note.

Ragout vom Rinderbackerl
mit Zimt und Kardamom

Für 4 Personen

2 Zwiebeln
100 g Knollensellerie
1 kleine Karotte
2–3 EL Öl
4 große Rinderbackerl (à 350 g; außenliegende Sehne entfernt)
1 EL Puderzucker
1 EL Tomatenmark
5 EL Weinbrand
350 ml kräftiger Rotwein
1 l Hühnerbrühe
10 angedrückte grüne Kardamomkapseln
1 TL grob zerstoßene Pimentkörner · 1 Stück Zimtrinde
5 angedrückte Wacholderbeeren
1 Lorbeerblatt
1 Knoblauchzehe (in Scheiben)
2 Scheiben Ingwer
je 1 Streifen unbehandelte Zitronen- und Orangenschale
20 g kalte Butter (in Würfeln)
Salz

1 Die Zwiebeln schälen. Den Sellerie und die Karotte putzen und schälen. Das Gemüse in etwa 1 cm große Würfel schneiden.

2 In einem Bräter 1 bis 2 EL Öl erhitzen und die Rinderbackerl darin bei mittlerer Hitze rundum kurz anbraten und wieder herausnehmen. Den Puderzucker hineinstäuben und hell karamellisieren. Das Tomatenmark unterrühren und etwas anrösten. Mit dem Weinbrand und einem Drittel des Weins ablöschen und sämig einköcheln lassen. Den übrigen Wein auf 2 Portionen hinzufügen und jeweils sämig einköcheln lassen.

3 Etwa 1 EL Öl in einer Pfanne erhitzen und das Gemüse darin andünsten. Mit der Brühe zum Saucenansatz in den Bräter geben und die Rinderbackerl wieder dazugeben. Das Fleisch knapp unter dem Siedepunkt 3 ½ bis 4 Stunden weich garen. Dabei den Topfdeckel so auflegen, dass ein Spalt offen bleibt.

4 Das Fleisch aus der Sauce nehmen, etwas abkühlen lassen und in etwa 2 cm große Würfel schneiden. Den Bratenfond in einen Topf geben, Kardamom, Piment, Zimt, Wacholderbeeren und Lorbeerblatt dazugeben und die Sauce auf etwa die Hälfte einköcheln lassen.

5 Knoblauch, Ingwer, Zitronen- und Orangenschale hinzufügen, 5 Minuten darin ziehen lassen. Die Sauce durch ein Sieb gießen, dabei das Gemüse etwas ausdrücken. Die kalte Butter in die Sauce rühren, die Fleischwürfel wieder dazugeben und mit Salz abschmecken.

6 Das Rinderbackerlragout auf vorgewärmten Tellern anrichten. Nach Belieben mit kleinen Karotten oder Mairübchen garnieren. Dazu passen gefüllte Bulgurknödel (siehe S. 279).

Mein Tipp

Die Rinderbackerl sind ein exzellentes Schmorfleisch, das sich allerdings während der Garzeit stark zusammenzieht. Deshalb ist es besser, die Fleischportionen beim Einkauf vorsichtshalber etwas großzügiger zu bemessen. Da sich die Garzeit der Backerl schwer festlegen lässt, empfiehlt es sich, nach 3 ½ Stunden ab und an mit einer Bratengabel zu testen, ob das Fleisch schon butterweich und damit fertig ist.

Roastbeef
mit Harissa-Remoulade und Röstkartoffeln

Für 4 Personen

Für die Röstkartoffeln:
1 kg festkochende Kartoffeln
Salz
1 TL ganzer Kümmel
1 Zwiebel
1–2 EL Öl
Pfeffer aus der Mühle
1 TL getrockneter Majoran
1 EL Butter
1 EL Petersilie (frisch geschnitten)

Für das Roastbeef:
1 EL Öl
1,2 kg Rinderrücken
2–3 EL braune Butter
(siehe Tipp S. 202)
mildes Chilisalz

Für die Harissa-Remoulade:
1 hart gekochtes Ei
1 TL eingelegte Kapern
1 gestr. TL Harissapulver
1 EL heiße Gemüsebrühe
1 EL mildes Olivenöl
200 g griechischer Joghurt
1 TL Petersilie (frisch geschnitten)
1 Msp. abgeriebene unbehandelte Zitronenschale
1 Spritzer Zitronensaft
Chilisalz · Zucker

1 Für die Röstkartoffeln die Kartoffeln waschen und in Salzwasser mit 1 Prise Kümmel weich garen. Die Kartoffeln abgießen, ausdampfen lassen, möglichst heiß pellen und mehrere Stunden abkühlen lassen.

2 Für das Roastbeef den Backofen auf 100 °C vorheizen. Ein Ofengitter auf die mittlere Schiene und darunter ein Abtropfblech schieben.

3 Das Öl in einer Pfanne erhitzen und den Rinderrücken darin rundum anbraten. Auf das Ofengitter legen und etwa 2 Stunden rosa garen. Dann in zerlassener brauner Butter wenden und mit Chilisalz würzen.

4 Für die Harissa-Remoulade das Ei pellen und halbieren. Das Eiweiß und das Eigelb voneinander trennen und klein hacken. Die Kapern ebenfalls klein hacken.

5 Das Harissa mit der Brühe verrühren und mit dem Olivenöl unter den Joghurt mixen. Das gehackte Ei und die Kapern mit Petersilie und Zitronenschale unterrühren und mit Zitronensaft, Chilisalz und 1 Prise Zucker abschmecken.

6 Die Kartoffeln in ½ cm dicke Scheiben schneiden. Die Zwiebel schälen und in feine Streifen schneiden. Das Öl in einer großen Pfanne erhitzen und die Kartoffeln darin bei milder Hitze auf einer Seite goldbraun braten. Die Kartoffeln wenden, die Zwiebelstreifen dazugeben und beides anrösten. Mit Salz, Pfeffer, dem restlichen Kümmel und Majoran würzen, die Butter und die Petersilie hinzufügen.

7 Das Roastbeef in Scheiben schneiden, auf vorgewärmten Tellern anrichten und mit der braunen Butter beträufeln. Die Röstkartoffeln und die Harissa-Remoulade daneben anrichten.

Mein Tipp

Diese Remoulade ist nicht ganz so gehaltvoll, weil sie statt mit Mayonnaise mit griechischem Joghurt zubereitet wird. Dieser Joghurt hat eine milde Säure und eine feste, cremige Konsistenz. Dieser Trick lässt sich natürlich auch bei klassischen Remouladen anwenden.

Orientalisches Rindsgulasch
mit gefülltem Bulgurknödel

Für 4 Personen

Für die Bulgurknödel:
350 g mehligkochende Kartoffeln
Salz · ganzer Kümmel
25 g feiner Bulgur
60 ml Hühnerbrühe
Ras-el-Hanout
65 g Speisestärke · 2 Eigelb
2 Schalotten
1 Knoblauchzehe
1 EL mildes Olivenöl
200 g junger Blattspinat
1 Handvoll Petersilienblätter
½ TL Syrisches Spinatgewürz
(siehe S. 142) · mildes Chilisalz
1 Lorbeerblatt

Für das Gulasch:
1 kg Rindfleisch (aus Wade oder Schulter)
750 g Zwiebeln
2 EL Öl
1 EL Tomatenmark
1,2 l Hühnerbrühe
2 schwach geh. EL Tabil (wahlweise Berbere oder Baharat)
Salz

1 Für die Bulgurknödel die Kartoffeln waschen und in Salzwasser mit 1 Prise Kümmel weich garen. Abgießen, ausdampfen lassen, möglichst heiß pellen und durch die Kartoffelpresse drücken. Auf einem großen Teller ausbreiten, ausdampfen lassen und mehrere Stunden, am besten über Nacht, im Kühlschrank zugedeckt abkühlen lassen.

2 Den Bulgur in einem Sieb kalt abbrausen, bis das Wasser klar abfließt. Den Bulgur in einen Topf geben, mit der Brühe bedecken und knapp unter dem Siedepunkt 10 Minuten ziehen lassen. 1 Prise Ras-el-Hanout unterrühren und abkühlen lassen.

3 Für das Gulasch das Fleisch von Fett und groben Sehnen befreien und in 3 cm große Würfel schneiden. Die Zwiebeln schälen und in kleine Würfel schneiden. Das Öl in einem Bräter erhitzen, das Fleisch darin bei mittlerer Hitze rundum anbraten, wieder herausnehmen. Die Zwiebeln im Bratfett andünsten. Das Tomatenmark unterrühren und leicht anrösten.

4 Die Rindfleischwürfel wieder in den Bräter geben, die Brühe angießen. Das Fleisch sollte gerade bedeckt sein. Den Deckel so auf den Bräter auflegen, dass ein Spalt offen bleibt. Das Gulasch bei milder Hitze 4 Stunden garen, nicht kochen lassen. Nach 2 ½ Stunden ohne Deckel weitergaren.

5 Von den gekühlten Kartoffeln 250 g abnehmen und mit Bulgur, Speisestärke und Eigelben in eine Schüssel geben. Mit Salz und 1 Prise Ras-el-Hanout würzen und zu einem gleichmäßigen Teig verkneten.

6 Die Schalotten und den Knoblauch schälen und in feine Würfel schneiden. Das Olivenöl in einer Pfanne erhitzen und beides darin andünsten. Abkühlen lassen. Den Spinat verlesen, waschen und trocken schleudern. Mit der Petersilie in kochendem Salzwasser 1 bis 2 Minuten blanchieren, in ein Sieb abgießen, kalt abschrecken und abtropfen lassen. Mit den Händen die Blätter gut ausdrücken und klein schneiden.

7 Die Schalotten mit dem Petersilien-Spinat mischen und mit Syrischem Spinatgewürz und Chilisalz würzen. Zu 12 kleinen Bällchen formen. Den Kartoffel-Bulgur-Teig in 12 Portionen teilen und mit angefeuchteten Händen zu kleinen Knödeln formen. Eine Öffnung hineindrücken, mit der Spinatmasse füllen und diese mit dem Teig umhüllen. Die Knödel in leicht siedendem Salzwasser mit dem Lorbeerblatt 15 bis 20 Minuten garen.

8 Das Gulasch mit dem Tabil würzen, 5 Minuten ziehen lassen und mit Salz abschmecken. Die Knödel mit dem Schaumlöffel herausnehmen und auf vorgewärmten Tellern verteilen. Das Gulasch daneben anrichten.

Geschmorte Fleischpflanzerl
mit Bulgur und Kirschen

Für 4 Personen

Für die Sauce:
1–2 Zwiebeln
70 g Knollensellerie
¼ kleine Karotte
1 EL Öl
½–1 EL Tomatenmark
300 ml Rotwein
100 ml Kirschsaft (Direktsaft)
400 ml Hühnerbrühe

Für die Pflanzerl:
80 g feiner Bulgur
Salz
1 große weiße Zwiebel
100 ml Gemüsebrühe
80 g Toastbrot
100 ml Milch
2 Eier
1–2 TL Dijonsenf
1 Msp. abgeriebene unbehandelte Orangenschale
1 TL abgeriebene unbehandelte Zitronenschale
1 große geriebene Knoblauchzehe
½ TL geriebener Ingwer
3 TL Orientalisches Hackfleischgewürz (siehe S. 154; wahlweise Tabil, Berbere oder Baharat)
500 g Rinderhackfleisch
3 EL Petersilie (frisch geschnitten)
3 EL Öl

Außerdem:
200 g Herzkirschen
1–2 TL Butter

1 Für die Sauce die Zwiebeln schälen, den Sellerie und die Karotte putzen und schälen. Das Gemüse in ½ bis 1 cm große Würfe schneiden. Das Öl in einem Topf erhitzen und das Gemüse darin bei milder Hitze 5 bis 10 Minuten beinahe farblos andünsten. Das Tomatenmark unterrühren und rösten, bis es am Topfboden leicht bräunt. Mit einem Drittel vom Wein ablöschen und sämig einköcheln lassen. Den übrigen Wein auf 2 Portionen angießen. Den Kirschsaft dazugeben und ebenfalls sämig einköcheln lassen. Mit der Brühe auffüllen und knapp unter dem Siedepunkt 45 bis 50 Minuten ziehen lassen.

2 Die Brühe in ein Sieb abgießen und das Gemüse dabei noch etwas ausdrücken. Die Sauce zurück in den Topf geben.

3 Inzwischen für die Pflanzerl den Bulgur auf einem Sieb unter fließendem kaltem Wasser waschen, bis dieses klar bleibt. Den Bulgur in Salzwasser aufkochen und 4 Minuten garen. Kalt abschrecken, abtropfen lassen und gut ausdrücken. Die Zwiebel schälen und in feine Würfel schneiden. Die Brühe in einer Pfanne erhitzen und die Zwiebel weich köcheln, bis die gesamte Flüssigkeit verkocht ist.

4 Das Toastbrot in kleine Würfel schneiden und mit der Milch mischen. Eier, Senf, Orangen- und Zitronenschale, Knoblauch, Ingwer und die Gewürzmischung mit dem Stabmixer pürieren und mit Salz würzen.

5 Das Hackfleisch mit der gegarten Zwiebel, dem eingeweichten Brot, dem Bulgur, den gewürzten Eiern und der Petersilie in einer Schüssel zu einer gleichmäßigen Masse verarbeiten und 10 Minuten ziehen lassen. Ein kleines Probepflanzerl formen, in wenig Öl braten, probieren und, falls nötig, die Hackmasse nachwürzen.

6 Aus der Masse mit angefeuchteten Händen kleine Pflanzerl formen und in einer Pfanne im restlichen Öl rundum anbraten. Herausnehmen und auf Küchenpapier abtropfen lassen. Die Pflanzerl in die Sauce legen und knapp unter dem Siedepunkt 20 Minuten gar ziehen lassen

7 Inzwischen die Kirschen waschen und den Stiel entfernen. Die Kirschen halbieren und entsteinen. Die Butter in einer kleinen Pfanne erhitzen und die Kirschen darin erwärmen. Die Fleischpflanzerl mit der Sauce auf vorgewärmten Tellern anrichten und die Kirschen darüber verteilen.

Tunesische Tajine
mit Datteltomaten-Couscous-Salat

Für 4 Personen

Für die Tajine:

2 EL Olivenöl
250 g Blattspinat
Salz
80 g Toastbrot (in Würfeln)
100 ml Milch
½ Zwiebel
1 rote Paprikaschote (250 g)
2 Eier
2 TL scharfer Senf
3 geh. TL Tabil
abgeriebene Schale von ½ unbehandelten Zitrone
1 Msp. abgeriebene unbehandelte Orangenschale
150 g Lammhackfleisch
300 g Rinderhackfleisch
2 geriebene Knoblauchzehen
1 EL gehackte Kapern
2 EL Petersilie (frisch geschnitten)
1 TL Öl

Für den Salat:

200 g Datteltomaten (wahlweise Cocktailtomaten)
1 Frühlingszwiebel
5 Minzeblätter
2 EL gegarter Couscous mit Couscousgewürz (siehe S. 177)
1 EL Weißweinessig
2 EL mildes Olivenöl
Salz · Pfeffer aus der Mühle

1 Für die Tajine den Backofen auf 175 °C vorheizen. Eine Auflaufform mit 1 EL Olivenöl einfetten.

2 Den Spinat verlesen, waschen und trocken schleudern, grobe Stiele entfernen. In kochendem Salzwasser kurz blanchieren. In ein Sieb abgießen, kalt abschrecken und abtropfen lassen. Mit den Händen das übrige Wasser gut ausdrücken. Den Spinat klein schneiden.

3 Die Toastbrotwürfel in einer Schüssel mit Milch mischen. Die Zwiebel schälen und in feine Würfel schneiden. Die Paprikaschote längs halbieren, entkernen, waschen und in kleine Würfel schneiden.

4 Das restliche Olivenöl in einer Pfanne erhitzen und die Zwiebel- und Paprikawürfel darin bei milder Hitze andünsten. Eier, Senf, Salz, Tabil, Zitronen- und Orangenschale verquirlen und zum Toastbrot geben. Beide Hackfleischsorten, Spinat, Zwiebel, Paprika, Knoblauch, Kapern und Petersilie ebenfalls zum Brot geben und alles zu einer gleichmäßigen Masse verarbeiten.

5 Mit angefeuchteten Händen ein kleines Probepflanzerl formen. Das Öl in einer Pfanne erhitzen und das Probepflanzerl darin rundum braten. Probieren und, falls nötig, die Hackmasse nochmals etwas nachwürzen.

6 Die Masse mit angefeuchteten Händen gleichmäßig in der Auflaufform verteilen und im Ofen auf der mittleren Schiene etwa 35 Minuten backen.

7 Für den Salat die Datteltomaten waschen und längs halbieren. Die Frühlingszwiebel putzen, waschen und in Ringe schneiden. Die Minzeblätter waschen, trocken tupfen und in feine Streifen schneiden. Die Datteltomaten mit Frühlingszwiebel, Minze, Couscous, Essig und Olivenöl mischen und mit Salz und Pfeffer würzen. 15 Minuten ziehen lassen und, falls nötig, noch etwas nachwürzen.

8 Die Tajine aus dem Ofen nehmen, in Stücke schneiden und mit dem Datteltomaten-Couscous-Salat auf vorgewärmten Tellern anrichten.

Mein Tipp

Auch wenn der Name der gleiche ist: Mit den berühmten marokkanischen Schmorgerichten, die in den charakteristischen Tontöpfen mit den kegelförmigen Deckeln zubereitet werden, hat die tunesische Tajine nichts zu tun. Sie ist vielmehr ein herzhaftes, fast pastetenartiges Gericht, das wie ein Auflauf im Ofen gebacken wird.

Kalbsfilet
auf Kürbis-Paprika-Sauce mit Baharat

Für 4 Personen

Für das Kalbsfilet:

1–2 TL Öl
500 g Kalbsfilet (aus dem Mittelstück)
4 EL braune Butter (siehe Tipp S. 202)
Orientalisches Gewürzsalz (aus dem Gewürzladen)

Für die Kürbis-Paprika-Sauce:

300 g Butternutkürbis (oder Muskatkürbis)
1 rote Paprikaschote
¼ l Hühnerbrühe
1 kleine Knoblauchzehe (in Scheiben)
1 Scheibe Ingwer (geschält)
½ TL gemahlene Kurkuma
¼ TL geräuchertes Paprikapulver (z.B. Piment La Vera picante)
1 TL Baharat
40 g kalte Butter
Salz

1 Für das Kalbsfilet den Backofen auf 100 °C vorheizen. Auf die unterste Schiene ein Abtropfblech schieben und darauf ein Ofengitter setzen.

2 Das Öl in einer Pfanne erhitzen und das Kalbsfilet darin bei mittlerer Hitze rundum anbraten. Das Fleisch auf das Ofengitter legen und im Ofen 1 bis 1 ½ Stunden rosa garen.

3 Für die Kürbis-Paprika-Sauce den Kürbis schälen und die Kerne mit einem Löffel entfernen. Das Fruchtfleisch in 1 cm große Würfel schneiden. Die Paprikaschote längs halbieren, entkernen, waschen, mit dem Sparschäler schälen und in Würfel schneiden.

4 Den Kürbis und die Paprika in der Brühe mit dem Knoblauch und dem Ingwer knapp unter dem Siedepunkt etwa 20 Minuten weich garen. Die Kurkuma, das geräucherte Paprikapulver und Baharat hinzufügen und erhitzen. Die Sauce mit dem Stabmixer pürieren, die kalte Butter in Stückchen untermixen und mit Salz würzen.

5 Die braune Butter in einer Pfanne erwärmen und mit Orientalischem Gewürzsalz würzen. Das Kalbsfilet darin wenden.

6 Die Kürbis-Paprika-Sauce auf vorgewärmten Tellern verteilen, das Kalbsfilet in Scheiben schneiden und darauf anrichten. Dazu passen gebratene Kartoffelwürfel, Reis oder Bulgur.

Mein Tipp

Ist kein Gewürzsalz für das Kalbsfilet zur Hand, kann die braune Butter mit Salz und ¼ TL Baharat, Berbere oder Tabil gewürzt werden. Die Kürbis-Paprika-Sauce schmeckt auch ausgezeichnet, wenn sie mit Berbere anstatt mit Baharat gewürzt wird. Diese Sauce passt außerdem gut zu Hähnchen, Perlhuhn und Putenfleisch.

Kalbsleber
mit Tabil-Butter und Karotten-Ingwer-Püree

Für 4 Personen

Für das Karotten-Ingwer-Püree:

500 g Karotten
80 ml Gemüsebrühe
5 Scheiben Ingwer
½ Zimtrinde
1 TL grüne Kardamomkapseln
30 g kalte Butter
1 EL braune Butter (siehe Tipp S. 202)
mildes Chilisalz
je 1 Msp. abgeriebene unbehandelte Zitronen- und Orangenschale

Für die Leber:

700 g Kalbsleber (küchenfertig)
50 g doppelgriffiges Mehl
1–2 EL Öl
⅛ l Hühnerbrühe
3–4 TL Tabil
50 g kalte Butter · Salz

1 Für das Karotten-Ingwer-Püree die Karotten putzen, schälen und in etwa ½ cm dicke Scheiben schneiden. In einem Topf in der Brühe mit Ingwer und Zimt zugedeckt 20 bis 25 Minuten weich dünsten. Auf einem Sieb gut abtropfen lassen.

2 Ingwer und Zimt entfernen. Den Kardamom andrücken und in eine Mühle füllen. Die Karotten mit Küchenpapier etwas trocken tupfen und im Blitzhacker mit der kalten Butter und der braunen Butter pürieren. Das Püree in einem kleinen Topf erwärmen, mit Chilisalz, Zitronen- und Orangenschale und dem Kardamom aus der Mühle würzen.

3 Für die Leber die Kalbsleber putzen, waschen, trocken tupfen und in 5 bis 8 mm dicke Scheiben schneiden. Die Leberscheiben im Mehl wenden. Das Öl in einer Pfanne erhitzen und die Leber darin bei mittlerer Hitze auf beiden Seiten jeweils etwa ½ Minute braten, dann wieder aus der Pfanne nehmen.

4 Den Bratsatz mit der Brühe ablöschen, das Tabil und die kalte Butter unterrühren und mit Salz würzen. Die angebratene Leber darin wenden.

5 Die Leberscheiben auf vorgewärmten Tellern anrichten, mit der Tabil-Butter beträufeln und das Karotten-Ingwer-Püree danebensetzen.

Mein Tipp

Leber vom Kalb oder Geflügel, gelegentlich auch vom Lamm, ist die beliebteste Innerei in den Küchen Nordafrikas und des Orients. Vor allem die ägyptische Küche ist hier sehr variantenreich – am Nil wird Leber in Zitronensaft und Knoblauch mariniert, in Tomatensaft gegart oder mit Zimt gewürzt, paniert und mit Karottengemüse serviert.

Rosa gebratener Kalbsrücken
auf Mangold-Kichererbsen-Gemüse

Für 4 Personen

Für den Kalbsrücken:
1–2 TL Öl
4 Kalbslendensteaks (à 200 g)
4 EL mildes Olivenöl
1 TL Marokkanisches Hähnchen- und Steakgewürz (aus dem Gewürzladen)
Salz

Für das Mangold-Kichererbsen-Gemüse:
600 g Mangold
Salz
100 g Kichererbsen (aus der Dose; Abtropfgewicht)
½ Zwiebel
1 EL mildes Olivenöl
⅛ l Gemüsebrühe
3 EL kalte Butter
2 TL Syrisches Spinatgewürz (siehe S. 142)
mildes Chilisalz

Außerdem:
1–2 EL Granatapfelkerne

1 Für den Kalbsrücken den Backofen auf 100 °C vorheizen. Auf die unterste Schiene ein Abtropfblech schieben und darauf ein Ofengitter setzen.

2 Das Öl in einer Pfanne erhitzen. Die Kalbslendensteaks darin bei mittlerer Hitze auf beiden Seiten anbraten, auf das Ofengitter legen und etwa 50 Minuten saftig durchziehen lassen.

3 Für das Mangold-Kichererbsen-Gemüse den Mangold in Blätter teilen und waschen. Die Blätter von den Stielen und quer in 1 ½ cm breite Streifen schneiden. Die Stiele schälen und schräg in 2 cm breite Rauten schneiden. Beides getrennt in kochendem Salzwasser bissfest blanchieren. Dabei die Stiele 2 bis 3 Minuten und die Blätter etwa 1 Minute blanchieren. In ein Sieb abgießen, kalt abschrecken und abtropfen lassen.

4 Die Kichererbsen in ein Sieb abgießen, kalt abbrausen und abtropfen lassen. Die Zwiebel schälen und in feine Würfel schneiden. Das Olivenöl in einer Pfanne erhitzen und die Zwiebel darin bei milder Hitze andünsten. Die Brühe angießen, den Mangold dazugeben und kurz mitdünsten. Die Kichererbsen hinzufügen und erhitzen. Die kalte Butter dazugeben und das Mangoldgemüse mit Syrischem Spinatgewürz und Chilisalz abschmecken.

5 Das Olivenöl in einer Pfanne mit dem Marokkanischen Hähnchen- und Steakgewürz erwärmen und mit Salz würzen. Die Steaks darin wenden.

6 Das Mangold-Kichererbsen-Gemüse auf vorgewärmten Tellern verteilen und mit Granatapfelkernen bestreuen. Die Kalbslendensteaks darauf anrichten und mit der Gewürzbutter beträufeln.

Mein Tipp

Einige Gerichte, die in der ägyptischen Küche noch heute gang und gäbe sind, gehen bis auf die Zeit der Pharaonen zurück. Zu ihnen gehört »Muluchiye«, das sogenannte Muskraut einer Malvenpflanze, deren Blätter beim Kochen einen unverwechselbaren, intensiven Geruch entwickeln. Hierzulande ist dieses Gemüse vor allem in getrocknetem Zustand zu bekommen; eine frische Alternative ist Spinat oder eben Mangold, der zudem noch etwas mehr Biss hat.

Kalbsragout
mit syrischem Spinatknödel

Für 4 Personen

Für das Ragout:

2 Zwiebeln
1 Lorbeerblatt
1 Gewürznelke
2 EL Öl
1 flache Kalbsschulter (ca. 800 g)
2 ½ – 3 l Hühnerbrühe
½ TL schwarze Pfefferkörner
3 angedrückte Wacholderbeeren
¼ TL Korianderkörner
100 g Knollensellerie (in kleinen Würfeln)
1 Karotte (in kleinen Würfeln)
100 g Lauch (nur das Weiße)
80 ml Weißwein
1 Knoblauchzehe (in Scheiben)
2 Scheiben Ingwer
150 g Sahne
1 schwach geh. EL Speisestärke
1 Streifen unbehandelte Zitronenschale
1 Spritzer Zitronensaft
Salz
1 –2 TL Ras-el-Hanout
mildes Chilipulver

Für die Spinatknödel:

450 g junger Blattspinat
Salz · 300 g Speisequark
150 g Toastbrot
50 g weiche Butter
1 TL abgeriebene unbehandelte Zitronenschale
1 gestr. TL Syrisches Spinatgewürz (siehe S. 142)
1 kleine geschälte Knoblauchzehe
1 Eigelb · 1 Ei

1 Für das Ragout 1 Zwiebel schälen und das Lorbeerblatt mit der Gewürznelke darauf feststecken. In einem Topf 1 EL Öl erhitzen und die Kalbsschulter darin bei mittlerer Hitze rundum anbraten. Brühe angießen, bis das Fleisch gut bedeckt ist, und die Zwiebel hinzufügen. Das Fleisch bei milder Hitze knapp unter dem Siedepunkt 2 Stunden mehr ziehen als köcheln lassen, bis das Fleisch weich ist.

2 Pfeffer, Wacholderbeeren und Koriander in ein Gewürzsäckchen füllen und verschließen. Etwa 20 Minuten vor Ende der Garzeit das Gewürzsäckchen, Sellerie und Karotte zum Fleisch geben.

3 Das Fleisch aus der Brühe nehmen und etwas abkühlen lassen. Die Brühe durch ein feines Sieb gießen. Das Gewürzsäckchen und die Zwiebel herausnehmen, das Gemüse aufbewahren. Die Kalbsschulter in 1 ½ bis 2 cm große Würfel schneiden und mit dem Gemüse mischen. Die übrige Zwiebel schälen und in feine Würfel schneiden. Den Lauch putzen, waschen und in Ringe schneiden.

4 In einem Topf Zwiebel und Lauch im restlichen Öl erhitzen und bei milder Hitze 5 bis 10 Minuten farblos andünsten. Mit Wein ablöschen und weitgehend einköcheln lassen. Mit 800 ml Kalbsbrühe auffüllen, Knoblauch und Ingwer dazugeben und knapp unter dem Siedepunkt 20 Minuten weich ziehen lassen. Dann die Sahne hinzufügen, die Sauce mit dem Stabmixer pürieren und durch ein Sieb streichen. Die Sauce mit der Speisestärke binden und 2 Minuten leicht köcheln lassen. Die Zitronenschale hineinlegen, einige Minuten ziehen lassen und anschließend entfernen. Die Fleischwürfel und das Gemüse in die Sauce geben und mit Zitronensaft, Salz, Ras-el-Hanout und 1 Prise Chilipulver abschmecken.

5 Für die Spinatknödel den Spinat verlesen, waschen und in kochendem Salzwasser 2 Minuten blanchieren. Abgießen, kalt abschrecken, mit den Händen das Wasser gut ausdrücken und die Blätter fein schneiden. Den Quark in einem Küchentuch ausdrücken, sodass etwa 160 g Quark übrig bleiben. Das Toastbrot zerkleinern und im Blitzhacker zu Bröseln mahlen.

6 Die Butter mit Salz, Zitronenschale und Syrischem Spinatgewürz in eine Schüssel geben, den Knoblauch dazureiben und die Butter cremig aufschlagen. Dabei zuerst das Eigelb, dann das Ei unterrühren. Quark, Spinat und Brotbrösel dazugeben, alles zu einer gleichmäßigen Masse verarbeiten und 20 bis 30 Minuten ruhen lassen. Mit angefeuchteten Händen etwa 16 kleine Knödel formen und in siedendem Salzwasser 10 bis 15 Minuten gar ziehen lassen. Das Ragout mit den Spinatknödeln anrichten.

Altrömische Kalbshaxe
auf Kartoffelpüree mit Petersilie und Minze

Für 4–6 Personen

Für die Haxe:

2 Zwiebeln
1 Karotte
120 g Knollensellerie
2–3 EL Öl
1 Kalbshaxe (ca. 2 ½ kg)
2 TL Puderzucker
1 EL Tomatenmark
150 ml Rotwein
1,2 l Hühnerbrühe
2 Lorbeerblätter
je ½ TL schwarze Pfeffer- und Korianderkörner
1 Gewürznelke
1 TL ganzer Kümmel
½ Zimtrinde
6 angedrückte Wacholderbeeren
10 angedrückte grüne Kardamomkapseln
1 Streifen unbehandelte Zitronenschale
3 Knoblauchzehen (in Scheiben)
2 Scheiben Ingwer
1 EL Speisestärke
1 EL kleine eingelegte Kapern
Salz · Pfeffer aus der Mühle

Für das Kartoffelpüree:

1 kg mehligkochende Kartoffeln
Salz · 1 frische rote Chilischote
1 kleines Lorbeerblatt
¼ l heiße Milch
30 g kalte Butter
2 EL braune Butter (siehe Tipp S. 202)
2 EL Petersilie (frisch geschnitten)
1 EL Minze (frisch geschnitten)
frisch geriebene Muskatnuss

1 Für die Haxe die Zwiebeln schälen, die Karotte und den Sellerie putzen und schälen. Das Gemüse klein schneiden. Den Backofen auf 160 °C vorheizen.

2 In einem Bräter 1 bis 2 EL Öl erhitzen und die Kalbshaxe darin bei mittlerer Hitze rundum anbraten, wieder herausnehmen. Das übrige Fett aus dem Bräter tupfen, den Puderzucker hineinstäuben und darin hell karamellisieren. Das Tomatenmark unterrühren und leicht anrösten. Die Hälfte des Weins angießen und sämig einköcheln lassen. Den übrigen Wein angießen und ebenfalls einköcheln lassen.

3 Das restliche Öl in einer Pfanne erhitzen. Das Gemüse darin bei mittlerer Hitze andünsten. Mit der Brühe zum Saucenansatz in den Bräter geben und die Kalbshaxe daraufsetzen. Zugedeckt auf der mittleren Schiene im Ofen 4 ½ bis 5 Stunden weich garen, dabei gelegentlich wenden. Nach 2 Stunden den Deckel abnehmen und die Haxe ab und zu mit der Sauce begießen.

4 Die Kalbshaxe herausnehmen und warm stellen. Den Bratenfond in einen Topf geben. Lorbeerblätter, Pfeffer, Koriander, Gewürznelke, Kümmel, Zimt, Wacholderbeeren und Kardamom dazugeben und die Sauce etwas einköcheln lassen. Zitronenschale, Knoblauch und Ingwer hinzufügen und einige Minuten darin ziehen lassen. Die Sauce durch ein Sieb gießen, dabei das Gemüse etwas ausdrücken.

5 Die Speisestärke mit wenig kaltem Wasser glatt rühren, nach und nach in die köchelnde Sauce rühren, bis diese sämig bindet. Die Kapern abtropfen lassen, dazurühren und die Sauce mit Salz abschmecken.

6 Für das Kartoffelpüree die Kartoffeln schälen, waschen und in Salzwasser mit der Chilischote und dem Lorbeerblatt weich garen. Abgießen und die Gewürze entfernen. Die Kartoffeln ausdampfen lassen und möglichst heiß durch die Kartoffelpresse drücken. Die Milch nach und nach mit einem Kochlöffel unterrühren, zuletzt die kalte Butter und die braune Butter unterrühren. Die Petersilie und die Minze untermischen und das Püree mit Salz und 1 Prise Muskatnuss abschmecken.

7 Die Kalbshaxe parallel zum Knochen in Scheiben schneiden, leicht mit Salz und Pfeffer würzen und mit der Sauce auf vorgewärmten Tellern anrichten. Das Kartoffelpüree danebensetzen.

Kalbstafelspitz
mit Spinat und Kurkuma-Senf-Sauce

Für 4 Personen

Für den Tafelspitz:
2 braunschalige Zwiebeln
1 EL Öl
1,2 kg Kalbstafelspitz (am Stück)
Salz
1 Karotte
150 g Knollensellerie
½ dünne Stange Lauch
1 Lorbeerblatt
3 Wacholderbeeren
½ TL schwarze Pfefferkörner

Für die Kurkuma-Senf-Sauce:
50 g Sahne
½–1 gestr. TL Speisestärke
2 TL Dijonsenf
1 Msp. geriebener Knoblauch
¼ TL gemahlene Kurkuma
1 Msp. abgeriebene unbehandelte Zitronenschale
Salz
mildes Chilipulver
1 EL kalte Butter

Für den Spinat:
100 g junger Blattspinat
2 Schalotten
1–2 TL Olivenöl
1 Knoblauchzehe (in Scheiben)
1 Scheibe Ingwer
1 Streifen unbehandelte Zitronenschale
1 TL kalte Butter
Syrisches Spinatgewürz (siehe S. 142)
mildes Chilisalz

1 Für den Tafelspitz 1 Zwiebel bis auf die innerste braune Schale schälen und quer halbieren. Die Zwiebel auf den Schnittflächen in einer unbeschichteten Pfanne ohne Fett anrösten.

2 Das Öl in einem Topf erhitzen und den Kalbstafelspitz darin bei mittlerer Hitze rundum anbraten. Mit so viel Wasser auffüllen, dass das Fleisch gut bedeckt ist, leicht mit Salz würzen und die gebräunte Zwiebel dazugeben. Das Fleisch bei milder Hitze knapp unter dem Siedepunkt 1 ½ Stunden mehr ziehen als kochen lassen.

3 Die übrige Zwiebel schälen. Die Karotte und den Sellerie putzen und schälen. Die Karotte längs halbieren. Alles nach 30 Minuten zur Brühe geben. Den Lauch putzen, waschen und erst nach weiteren 30 Minuten mit dem Lorbeerblatt, den Wacholderbeeren und dem Pfeffer hinzufügen.

4 Das Fleisch herausnehmen und die Brühe vorsichtig durch ein feines Sieb gießen. Das Fleisch in der Brühe warm halten.

5 Für die Sauce 200 ml Kalbstafelspitzbrühe abnehmen und in einem Topf mit der Sahne erhitzen. Die Speisestärke mit wenig kaltem Wasser glatt rühren und in die sanft köchelnde Brühe-Sahne-Mischung rühren, bis sie leicht sämig bindet. 1 bis 2 Minuten köcheln lassen. Senf, Knoblauch, Kurkuma und Zitronenschale unterrühren und die Sauce mit Salz und 1 Prise Chilipulver abschmecken. Die kalte Butter untermixen.

6 Für den Spinat die Spinatblätter verlesen, waschen und trocken schleudern. Die Schalotten schälen und in Streifen schneiden. Das Olivenöl in einem Topf erhitzen und die Schalotten darin bei milder Hitze andünsten. 3 EL Kalbstafelspitzbrühe mit Knoblauch, Ingwer und Zitronenschale dazugeben, den Spinat hinzufügen und kurz andünsten. Die kalte Butter im Spinat schmelzen und den Spinat mit 1 Prise Syrischem Spinatgewürz und Chilisalz würzen. Die ganzen Gewürze anschließend entfernen.

7 Den Spinat auf vorgewärmten Tellern anrichten, den Kalbstafelspitz in dünne Scheiben schneiden und danebenlegen. Die Kurkuma-Senf-Sauce darum herumträufeln. Dazu passt libanesischer Couscous (siehe S. 178).

Schweinerücken
auf Quitten-Spitzkraut mit Joghurt-Koriander-Dip

Für 4 Personen

Für das Spitzkraut:
500 g Spitzkohl
¼ Quitte (100 g)
1 TL Puderzucker
100 ml Hühnerbrühe
1 EL kalte Butter
Salz
mildes Chilipulver
gemahlener Kümmel
1–2 TL Dill (frisch geschnitten)

Für den Joghurt-Koriander-Dip:
1 EL Korianderkörner
200 g griechischer Joghurt
1 Spritzer Zitronensaft
Salz · Zucker
Chilipulver

Für den Schweinerücken:
500 g Schweinerücken (wahlweise Schnitzel aus der Oberschale)
2 TL Öl
80 ml Hühnerbrühe
1–2 TL Berbere
30 g kalte Butter · Salz

1 Für das Spitzkraut vom Kohl die äußeren Blätter und den Strunk entfernen und die Blätter in Rauten schneiden. Die Quitte putzen, schälen und entkernen, in ½ bis 1 cm große Würfel schneiden.

2 In einem Topf bei mittlerer Hitze den Puderzucker hell karamellisieren. Die Quittenwürfel hinzufügen und darin einige Minuten rundum anbraten. Das Spitzkraut dazugeben und etwas andünsten. Die Brühe hinzufügen, den Kohl und die Quitte zugedeckt etwa 20 Minuten weich garen.

3 Inzwischen für den Joghurt-Koriander-Dip den Koriander in einer Pfanne ohne Fett rösten, bis er nussig duftet. Die Körner abkühlen lassen und in eine Gewürzmühle füllen.

4 Den Joghurt mit 1 EL Dünstsud vom Spitzkohl verrühren. Mit Koriander aus der Mühle kräftig würzen, mit Zitronensaft, Salz und je 1 Prise Zucker und Chilipulver abschmecken.

5 Die kalte Butter unter das Kohlgemüse rühren und mit Salz sowie je 1 Prise Chilipulver und gemahlenem Kümmel würzen. Zum Schluss den Dill untermischen.

6 Für den Schweinerücken das Fleisch in 8 etwa ½ cm dicke Scheiben schneiden. Das Öl in einer Pfanne erhitzen und die Schweinerückenscheiben darin bei mittlerer Hitze auf beiden Seiten je 1 bis 2 Minuten anbraten. Aus der Pfanne nehmen.

7 Den Bratsatz mit der Brühe ablöschen. Das Berbere und die kalte Butter unterrühren und mit Salz würzen. Die Schweinerückenscheiben in der Sauce wenden.

8 Das Quitten-Spitzkraut auf vorgewärmten Tellern anrichten, die Schweinerückenscheiben darauflegen, mit der Berbere-Butter beträufeln und den Joghurt-Koriander-Dip dazu servieren.

Mein Tipp

Quitten sind im Orient und in Nordafrika nicht nur für Konfitüren und Kompotte beliebt, sondern auch herzhaft in Kombination mit Fleisch. Vor allem für marokkanische Tajines, in denen häufig Lamm oder Rind zusammen mit Obst geschmort werden, existieren unzählige Rezepte mit Quitte.

Schweinemedaillons
auf Bohnen-Tomaten-Ragout mit Baharat-Butter

Für 4 Personen

Für die Schweinemedaillons:

500 g Schweinefilet
1–2 TL Öl
5 EL braune Butter (siehe Tipp S. 202)
mildes Chilisalz
1 TL Baharat

Für das Bohnen-Tomaten-Ragout:

1 Zwiebel
¼ Karotte
½ rote Paprikaschote
1 EL mildes Olivenöl
1 TL Tomatenmark
¼ l Hühnerbrühe
100 g passierte Tomaten (aus dem Tetrapak)
2 Knoblauchzehen (in Scheiben)
1 gestr. TL Speisestärke
½–1 TL Zatar
Salz · Zucker
mildes Chilipulver
200 g kleine weiße Bohnen (aus der Dose)

1 Für die Schweinemedaillons den Backofen auf 100 °C vorheizen. Auf die unterste Schiene ein Abtropfblech schieben und darauf ein Ofengitter setzen. Das Schweinefilet in Medaillons schneiden und diese mit dem Handballen etwas flach drücken.

2 Das Öl in einer Pfanne bei mittlerer Temperatur erhitzen und die Schweinefilets darin auf beiden Seiten etwa 2 Minuten anbraten. Das Fleisch auf das Ofengitter legen und im Ofen etwa 20 Minuten garen.

3 Für das Bohnen-Tomaten-Ragout die Zwiebel schälen und in feine Würfel schneiden. Die Karotte putzen, schälen und in kleine Würfel schneiden. Die Paprikaschote entkernen, waschen und mit dem Sparschäler schälen. Das Fruchtfleisch in kleine Würfel schneiden.

4 Das Olivenöl in einem Topf bei mittlerer Hitze erhitzen und das Gemüse darin andünsten. Das Tomatenmark dazurühren und etwas anrösten. Die Brühe mit den passierten Tomaten und dem Knoblauch unterrühren und das Gemüse knapp unter dem Siedepunkt 30 Minuten garen.

5 Das Ganze mit dem Stabmixer pürieren. Die Speisestärke mit wenig kaltem Wasser glatt rühren und nach und nach in die köchelnde Sauce rühren, bis diese leicht sämig bindet. Das Zatar unterrühren und mit Salz und je 1 Prise Zucker und Chilipulver abschmecken.

6 Die Bohnen in ein Sieb abgießen, kalt abbrausen und abtropfen lassen. Die Bohnen unter die Tomatensauce mischen, erhitzen und, falls nötig, das Ragout noch etwas nachwürzen.

7 Die braune Butter in einer Pfanne bei milder Hitze zerlassen und mit Chilisalz und Baharat würzen. Die Schweinemedaillons darin wenden.

8 Das Bohnen-Tomaten-Ragout auf vorgewärmten Tellern anrichten und die Schweinemedaillons daraufsetzen. Mit der Baharat-Butter beträufeln.

Mein Tipp

Nach dem Anbraten in der Pfanne setze ich das Fleisch auf das Ofengitter und lasse es bei 100 °C im Backofen durchziehen. So kann die Hitze die Medaillons von allen Seiten durchströmen, das Fleisch aber bleibt saftig und zieht sich nicht zusammen.

Gebackene Fleischtascherl
auf Rahmspinat mit Minze

Für 4 Personen

Für die Fleischtascherl:
6 Schalotten (120 g)
1–2 TL mildes Olivenöl
2–3 EL Petersilie (frisch geschnitten)
300 g gekochtes Kasseler (ohne Knochen)
100 g Frischkäse
1 Eigelb
2 EL gegarter Bulgur (siehe S. 179)
1 TL Orientalisches Hackfleischgewürz (siehe S. 154)
mildes Chilisalz
12 Strudelteigblätter (à 20 x 20 cm)
60 g zerlassene Butter
1 Eiweiß · Salz

Für den Rahmspinat:
500 g junger Blattspinat
50 ml Gemüsebrühe
150 g Sahne
½ geriebene Knoblauchzehe
½ TL geriebener Ingwer
1 Spritzer Zitronensaft
1 Msp. abgeriebene unbehandelte Zitronenschale
1 gestr. TL Syrisches Spinatgewürz (siehe S. 142)
2 TL Minze (frisch geschnitten)
1 EL kalte Butter
1 EL braune Butter (siehe Tipp S. 202)
Salz · mildes Chilipulver

1 Für die Fleischtascherl die Schalotten schälen und in feine Würfel schneiden. Das Olivenöl in einer Pfanne erhitzen und die Schalotten darin bei milder Hitze andünsten. Die Petersilie unterrühren und die Mischung abkühlen lassen.

2 Das Kasseler in 3 bis 4 mm große Würfel schneiden. Den Frischkäse mit dem Eigelb verrühren, mit Schalotten, Kasselerwürfeln und Bulgur mischen und mit Hackfleischgewürz und Chilisalz abschmecken.

3 Die Hälfte der Strudelteigblätter auf die Arbeitsfläche legen und mit etwas Butter bestreichen. Mit den übrigen Teigblättern belegen und zu 24 Quadraten (à etwa 10 cm Seitenlänge) schneiden. Das Eiweiß mit Salz würzen und verquirlen, die Teigränder damit bestreichen.

4 Jeweils etwa 1 TL Kasselerfüllung in die Mitte der Teigblätter setzen, die Teigecken darüber zusammenfalten und die Enden andrücken, sodass kleine Teigtäschchen entstehen.

5 Den Backofen auf 200 °C vorheizen. Die Tascherl auf mit Backpapier belegte Backbleche setzen. Mit der restlichen Butter bestreichen und im Ofen 10 bis 12 Minuten goldbraun backen.

6 Für den Rahmspinat den Spinat verlesen, waschen und abtropfen lassen. Die Brühe in eine heiße tiefe Pfanne gießen. 400 g der Spinatblätter in der Brühe kurz zusammenfallen lassen. Die Sahne angießen und auf die Hälfte einköcheln lassen. Den Spinat in einen hohen Rührbecher geben, mit dem Stabmixer pürieren und wieder in die Pfanne geben.

7 Die restlichen Spinatblätter unter den Rahmspinat mischen und den Knoblauch, den Ingwer und den Zitronensaft hinzufügen. Den Spinat mit der Zitronenschale und dem Syrischen Spinatgewürz würzen. Zum Schluss die Minze, die kalte Butter und die braune Butter unterrühren. Den Spinat mit Salz und 1 Prise Chilipulver abschmecken.

8 Den Rahmspinat auf vorgewärmten Tellern anrichten und die Fleischtascherl daraufsetzen.

Orientalischer Schweinebraten
mit zweierlei Kümmel

Für 4 Personen

800 ml Hühnerbrühe
1 ½ kg Schweinebauch (mit Schwarte)
3 Zwiebeln
½ kleine Karotte
150 g Knollensellerie
1 EL Öl
1 EL Tomatenmark
150 ml leichter Rotwein
80 ml Quittensaft (Direktsaft)
Salz
2 TL Speisestärke
4 Knoblauchzehen (in Scheiben)
5 Scheiben Ingwer
je ½ TL ganzer Kreuzkümmel und ganzer Kümmel
1 geh. TL Korianderkörner
15 grüne Kardamomkapseln
1–2 Lorbeerblätter
1 Stück Zimtrinde

1 Den Backofen auf 130 °C vorheizen. Die Brühe in einen Bräter gießen, den Schweinebauch mit der Schwarte nach unten in die Brühe legen und im Ofen auf der mittleren Schiene 1 Stunde garen.

2 Inzwischen die Zwiebeln schälen, die Karotte und den Sellerie putzen und schälen. Das Gemüse in 1 bis 1 ½ cm große Stücke schneiden und in einem Topf im Öl bei mittlerer Hitze beinahe farblos anbraten. Das Tomatenmark unterrühren und anrösten, bis es am Topfboden bräunt. Mit dem Wein ablöschen und sämig einköcheln lassen. Den Quittensaft hinzufügen und ebenfalls sämig einköcheln lassen.

3 Das Fleisch aus dem Bräter nehmen und umdrehen. Mit einem scharfen Messer die Schwarte quer zur Faser in Abständen von 1 cm einritzen. Die Backofentemperatur auf 160 °C erhöhen.

4 Das angedünstete Gemüse zur Brühe in den Bräter geben und untermischen. Den Schweinebraten mit der Schwarte nach oben daraufsetzen und im Ofen auf der mittleren Schiene weitere 2 Stunden garen. Am Ende der Garzeit den Braten herausnehmen und die Ofentemperatur auf 220 bis 240 °C Oberhitze oder Umluftgrill erhöhen.

5 Den Braten aus der Sauce nehmen, auf ein Backblech setzen und die Schwarte mit Salz würzen. Den Schweinebraten im Ofen auf der untersten Schiene 20 bis 30 Minuten knusprig braten.

6 Die Sauce in einem Topf aufkochen. Die Speisestärke mit wenig kaltem Wasser glatt rühren, nach und nach in die köchelnde Sauce rühren, bis sie leicht sämig bindet. 1 bis 2 Minuten leicht köcheln lassen. Knoblauch, Ingwer, Kreuzkümmel, Kümmel, Koriander, Kardamom und Lorbeerblatt hinzufügen und die Sauce knapp unter dem Siedepunkt 10 Minuten ziehen lassen. Mit der Zestenreibe etwas Zimt in die Sauce reiben. Die Sauce durch ein Sieb streichen und mit Salz würzen.

7 Den orientalischen Schweinebraten in Scheiben schneiden und mit der Bratensauce anrichten.

Mein Tipp

Anstelle der vielen einzelnen Gewürze können Sie die Sauce für den orientalischen Schweinebraten auch sehr gut mit 2 TL Berbere oder 2 TL Baharat würzen. Als Beilage passen Kartoffel-, Semmel- oder Brezenknödel.

Lammrücken in der Brotkruste
mit gegrillten Okraschoten und Chili-Joghurt

Für 4 Personen

Für den Lammrücken:
100 g Hähnchenbrustfilet
Salz
130 g kalte Sahne
1 TL Dijonsenf
½ TL abgeriebene unbehandelte Zitronenschale
2 TL Ras-el-Hanout
4 Scheiben Tramezzinibrot
4 Lammrückenfilets (à ca. 100 g; ca. 10 cm lang)
6 EL Petersilie (frisch geschnitten)
5 EL braune Butter (siehe Tipp S. 202)

Für den Chili-Joghurt:
200 g griechischer Joghurt
2 EL Sahne
1 TL abgeriebene unbehandelte Zitronenschale
mildes Chilisalz

Für die Okraschoten:
400 g kleine Okraschoten
1 EL Olivenöl
Salz

1 Für den Lammrücken das Hähnchenbrustfilet waschen und trocken tupfen, in Würfel schneiden und mit Salz würzen. Mit der Sahne 10 Minuten in das Tiefkühlfach stellen, bis beides eiskalt, aber noch nicht angefroren ist. Das Fleisch im Blitzhacker mit Senf, Zitronenschale, Ras-el-Hanout und einem Drittel der Sahne kurz pürieren, bis die Masse anfängt zu binden. Nach und nach die restliche Sahne unterrühren, bis eine glatte, glänzende Masse entsteht. Falls nötig, nochmals mit Salz würzen.

2 Den Backofen auf 130 °C vorheizen. Ein Ofengitter auf die mittlere Schiene und darunter ein Abtropfblech schieben.

3 Die Tramezzinischeiben jeweils auf etwa 20 cm Länge kürzen und etwa 3 mm dick mit dem Brät bestreichen. Die Lammrückenfilets rundum gleichmäßig mit der Petersilie bestreuen und diese etwas andrücken. Je 1 Lammfleischstück auf 1 Brotscheibe legen und darin einrollen, sodass das Fleisch rundum in Brot eingewickelt ist.

4 Die braune Butter in einer Pfanne erhitzen und die Brotpäckchen darin rundum goldbraun anbraten. Dann im Ofen auf dem Gitter je nach Dicke 16 bis 18 Minuten gar ziehen lassen.

5 Für den Chili-Joghurt den Joghurt mit der Sahne glatt rühren. Die Zitronenschale unterrühren und den Joghurt mit Chilisalz würzen.

6 Für die Okraschoten die Okraschoten putzen, waschen und trocken tupfen. Das Olivenöl in einer großen Pfanne erhitzen und die Okraschoten darin rundum anbraten. Die Okraschoten herausnehmen, auf Küchenpapier abtropfen lassen und mit Salz würzen.

7 Die Okraschoten auf vorgewärmte Teller verteilen und das Lamm in der Brotkruste daneben anrichten. Den Chili-Joghurt dazu servieren.

Mein Tipp

Für die Zubereitung des Bräts ist es sehr wichtig, dass alle Zutaten tatsächlich eiskalt verarbeitet werden. Sonst können sie sich nicht zu einer glatten Farce verbinden, die Masse wird krisselig und beim Garen nicht schnittfest.

Krautwickerl vom Lamm
auf Tomatensauce mit Zatar

Für 4 Personen

Für die Krautwickerl:

Salz
1 Weißkohl
60 g Toastbrot
100 ml Milch
½ kleine Zwiebel
1 EL Butter
1 Ei
1 TL scharfer Senf
abgeriebene Schale von ½ unbehandelten Zitrone
200 g Lammhackfleisch
200 g Schweine- oder Kalbshackfleisch
2 TL Orientalisches Hackfleischgewürz (siehe S. 154)
1 EL Petersilie (grob gehackt)
1 EL Öl
¼ l Hühnerbrühe

Für die Tomatensauce:

1 Zwiebel
¼ Karotte
1 EL mildes Olivenöl
1 TL Tomatenmark
200 g passierte Tomaten (aus dem Tetrapak)
2 Knoblauchzehen (in Scheiben)
Salz · Zucker
½–1 TL Zatar

1 Für die Krautwickerl in einem großen Topf reichlich Salzwasser aufkochen. Den Weißkohl putzen, die äußeren Blätter und den Strunk entfernen. Mit einer Fleischgabel tief in die Aushöhlung stechen und den Kohl für einige Minuten in das kochende Wasser tauchen, dabei nach und nach 4 Blätter ablösen. Den übrigen Kohl anderweitig verwenden. Die Blattrippen mit einem Messer flach schneiden. Die Blätter auf Küchentücher legen und mit dem Nudelholz glatt rollen.

2 Das Toastbrot in Würfel schneiden und mit der Milch mischen. Die Zwiebel schälen und in feine Würfel schneiden. Die Butter in einer Pfanne erhitzen und die Zwiebel darin bei milder Hitze andünsten. Das Ei mit dem Senf und der Zitronenschale verquirlen.

3 Beide Hackfleischsorten mit dem eingeweichten Brot, der Zwiebel und dem verquirlten Ei mischen, mit Salz und dem Hackfleischgewürz würzen. Die Petersilie untermischen. Je ein Viertel der Füllung auf 1 Krautblatt setzen, darin einwickeln und mit Rouladenspießen feststecken.

4 Das Öl in einer Pfanne erhitzen und die Krautwickerl darin bei mittlerer Hitze auf der Nahtseite anbraten, wenden, auf der anderen Seite anbraten und aus der Pfanne nehmen. Die Pfanne vom Herd nehmen und den Bratsatz mit der Brühe ablöschen.

5 Für die Tomatensauce die Zwiebel schälen und in feine Würfel schneiden. Die Karotte schälen und in kleine Würfel schneiden. Das Olivenöl in einer Schmorpfanne erhitzen, die Zwiebel und die Karotte bei mittlerer Hitze andünsten. Das Tomatenmark dazugeben und anrösten. Den abgelöschten Bratsatz von den Krautwickerln mit den passierten Tomaten und dem Knoblauch unterrühren. Die Krautwickerl in die Pfanne setzen und zugedeckt bei milder Hitze 30 Minuten garen.

6 Die Krautwickerl herausholen, die Spieße entfernen. Die Sauce mit dem Stabmixer pürieren. Mit Salz, 1 Prise Zucker und Zatar abschmecken. Die Krautwickerl mit der Sauce auf vorgewärmten Tellern anrichten. Dazu passt Reis.

Mein Tipp

Durch das Eintauchen des Krautkopfs in das kochende Wasser werden die Blätter geschmeidig und können im Ganzen vom Kopf gelöst werden, ohne dass sie reißen.

Gefüllte Lammbrust
mit Safran-Zimt-Reis

Für 4 Personen

Für die Füllung:

150 g Basmatireis
220 ml Hühnerbrühe
½–1 TL gemahlene Kurkuma
10 Safranfäden
½ Zimtrinde
1 TL Orientalisches Reisgewürz (siehe S. 148)
1 ½ EL Mandelsplitter
1 ½ TL Pistazien
1 Msp. abgeriebene unbehandelte Zitronenschale

Für die Lammbrust:

1 kg Lammbrust (ca. 1 kg; ohne Knochen)
2–3 EL Öl
2–3 Zwiebeln
½ kleine Karotte
100 g Knollensellerie
1 EL Tomatenmark
¼ l Rotwein
600 ml Hühnerbrühe
1 Lorbeerblatt
2 Knoblauchzehen (in Scheiben)
2 Scheiben Ingwer
1 Streifen unbehandelte Zitronenschale
½ TL Orientalisches Lammgewürz (aus dem Gewürzladen; siehe Tipp S. 304)
mildes Chilisalz

1 Für die Füllung den Reis mit der Brühe in einen kleinen Topf geben. Kurkuma, Safran und Zimt hinzufügen und den Reis zugedeckt knapp unter dem Siedepunkt 12 bis 15 Minuten ziehen lassen. Anschließend den Zimt entfernen, das Reisgewürz unterrühren und etwas abkühlen lassen.

2 Die Mandelsplitter in einer Pfanne ohne Fett goldbraun rösten und mit den Pistazien und der Zitronenschale unter den Reis rühren. Falls nötig, mit etwas Chilisalz nachwürzen.

3 Für die Lammbrust eine große Tasche in die möglichst kalte Lammbrust schneiden, dabei darauf achten, dass das dünne Fleischstück mittig eingeschnitten wird. Die Reisfüllung gleichmäßig darin verteilen und die Öffnung mit kleinen Holzspießen zustecken. In einer großen Pfanne 1 bis 2 EL Öl erhitzen und die Lammbrust darin auf beiden Seiten anbraten.

4 Den Backofen auf 150 °C vorheizen. Die Zwiebeln und die Karotte schälen. Den Sellerie putzen und schälen. Das Gemüse in 1 cm große Stücke schneiden. Das übrige Öl in einem Bräter erhitzen und das Gemüse darin bei mittlerer Hitze farblos andünsten. Das Tomatenmark unterrühren und mitrösten, bis es am Topfboden leicht bräunt. Mit dem Wein ablöschen und einköcheln lassen.

5 Die Brühe angießen, die Lammbrust mit der Fleischseite nach unten in den Bräter legen und im Ofen auf der mittleren Schiene gut 2 Stunden weich garen. Nach knapp 1 Stunde die Lammbrust wenden. 30 Minuten vor Ende der Garzeit das Lorbeerblatt dazugeben.

6 Am Ende der Garzeit Knoblauch, Ingwer und Zitronenschale dazugeben und mit Orientalischem Lammgewürz und Chilisalz würzen. Die Sauce nach Belieben mit 1 TL kalt angerührter Speisestärke binden.

7 Die gefüllte Lammbrust aus dem Bräter nehmen, in Scheiben schneiden und auf vorgewärmten Tellern anrichten.

Mein Tipp

Die Lammbrust ist ein sehr dünnes Fleischstück, das sich gut füllen lässt. Das Entbeinen des Fleischstücks und auch das Einschneiden der Tasche erfordern etwas Übung. Hilfreich ist es, wenn das Fleisch gut gekühlt ist, so ist es fester und kann besser verarbeitet werden. Die Knochen können Sie aber auch gut mitschmoren und nach dem Garen mit einem scharfen Messer entfernen.

LAMMRAGOUT
mit Trauben und Walnüssen

FÜR 4 PERSONEN

800 ml Hühnerbrühe
4 Zwiebeln
1 Lorbeerblatt
1 Gewürznelke
1 kg Lammfleisch (aus der Schulter)
100 g Knollensellerie
¼ Karotte
1 EL Öl
1 EL Tomatenmark
350 ml kräftiger Rotwein
2 Knoblauchzehen (in Scheiben)
3 Scheiben Ingwer
1 Streifen unbehandelte Zitronenschale
1 schwach geh. EL Speisestärke
Salz
1 TL Harissapulver
3 EL kalte Butter
50 g weiße Trauben oder Rosétrauben
3–4 EL Walnusskerne

1 Die Brühe aufkochen, 1 Zwiebel schälen und das Lorbeerblatt mit der Gewürznelke darauf feststecken. Das Lammfleisch mit der gespickten Zwiebel dazugeben und das Fleisch knapp unter dem Siedepunkt 1 ½ bis 2 Stunden gerade gar ziehen lassen. Dabei den Deckel so auflegen, dass ein Spalt offen bleibt. Den dabei aufsteigenden Schaum mit einem Schaumlöffel abnehmen. Sobald das Fleisch gar ist, aus dem Sud nehmen, mit einem Küchentuch bedecken und etwas abkühlen lassen. Die gespickte Zwiebel entfernen.

2 Inzwischen für die Sauce die restlichen Zwiebeln schälen und in 1 cm große Würfel schneiden. Den Sellerie und die Karotte putzen, schälen und ebenfalls in etwa 1 cm große Stücke schneiden. Das Öl in einem Topf erhitzen und das Gemüse darin bei milder Hitze 5 bis 10 Minuten farblos andünsten – es sollte etwas weich werden.

3 Das Tomatenmark unterrühren und mitrösten, bis es am Topfboden leicht bräunt. Mit einem Drittel vom Wein ablöschen und sämig einköcheln lassen. Den übrigen Wein auf 2 Portionen angießen und jeweils einköcheln lassen. Mit ¾ l Lammbrühe auffüllen und knapp unter dem Siedepunkt 45 Minuten leicht köcheln lassen.

4 Nach gut 30 Minuten den Knoblauch, den Ingwer und die Zitronenschale dazugeben und ziehen lassen. Die Sauce anschließend durch ein Sieb gießen, das Gemüse dabei etwas ausdrücken. Die Speisestärke mit wenig kaltem Wasser glatt rühren und in die leicht köchelnde Sauce rühren. Die Sauce ein paar Minuten leise köcheln lassen. Mit Salz und Harissa abschmecken und 2 EL kalte Butter unterrühren.

5 Das abgekühlte Fleisch in 2 cm große Würfel schneiden, in die Sauce geben und und darin weitere 30 Minuten knapp unter dem Siedepunkt gar ziehen lassen. Nach Belieben nochmals nachwürzen.

6 Die Trauben abzupfen, waschen, halbieren und, falls nötig, entkernen. Die restliche Butter in einer Pfanne erhitzen und die Trauben darin leicht erwärmen. Das Lammragout auf vorgewärmten Tellern anrichten und die Walnüsse mit den Trauben auf dem Ragout verteilen.

Rosa gebratene Lammkeule
mit Pistazienreis und Aprikosen

Für 6–8 Personen

Für die Lammkeule:

1 Lammkeule (ca. 2,2 kg; mit Knochen)
2 EL Öl · 1 l Hühnerbrühe
2 Zwiebeln (250 g)
½ kleine Karotte
80 g Knollensellerie
2 TL Tomatenmark
⅛ l leichter Rotwein
50 ml Quittensaft
2 Knoblauchzehen (in Scheiben)
2 Scheiben Ingwer
1 Streifen unbehandelte Zitronenschale
1 TL Speisestärke
Salz · 1 TL Orientalisches Lammgewürz (aus dem Gewürzladen; siehe Tipp)
1 TL saurer Granatapfelsirup (aus dem türkischen Feinkostladen)

Für den Pistazienreis:

200 g Basmatireis
400 ml Hühnerbrühe
1 Lorbeerblatt
1 Gewürznelke
¼ TL gemahlene Kurkuma
1 Knoblauchzehe (in Scheiben)
je 1 Streifen unbehandelte Zitronen- und Orangenschale
1–2 EL Pistazien

Für die Aprikosen:

8 kleine reife Aprikosen (wahlweise getrocknete Softaprikosen)
1 EL Butter · 2 Scheiben Ingwer
je 1 Streifen unbehandelte Zitronen- und Orangenschale
milde Chiliflocken

1 Für die Lammkeule den Backofen auf 130 °C vorheizen. Die Lammkeule waschen und trocken tupfen. In einer Pfanne 1 EL Öl erhitzen und das Fleisch darin bei mittlerer Hitze rundum anbraten. Mit 100 ml Brühe ablöschen und den Bratsatz lösen. Die Lammkeule aus der Pfanne nehmen.

2 Die Zwiebeln und die Karotte schälen, den Sellerie putzen und schälen. Das Gemüse in 1 cm große Stücke schneiden. Das restliche Öl in einem Bräter erhitzen und das Gemüse darin bei mittlerer Hitze etwa 5 Minuten farblos andünsten. Das Tomatenmark unterrühren und mitrösten, bis es am Topfboden leicht bräunt. Mit dem Wein und dem Quittensaft ablöschen und einköcheln lassen. Den abgelöschten Bratsatz und die restliche Brühe dazugeben. Die Lammkeule daraufsetzen und im Ofen etwa 3 Stunden rosa durchziehen lassen.

3 Die Keule aus der Sauce nehmen und warm stellen. Knoblauch, Ingwer und Zitronenschale in die Sauce geben und 5 Minuten ziehen lassen. Die Sauce durch ein Sieb gießen, dabei das Gemüse etwas ausdrücken und die Sauce einige Minuten einköcheln lassen.

4 Die Speisestärke mit wenig kaltem Wasser glatt rühren, in die köchelnde Sauce rühren und diese sämig binden. Die Sauce mit Salz, Lammgewürz und Granatapfelsirup abschmecken.

5 Für den Pistazienreis den Reis auf einem Sieb unter fließendem kaltem Wasser abwaschen, bis das Wasser klar ist. In einen Topf geben, mit der Brühe auffüllen. Lorbeerblatt, Gewürznelke, Kurkuma, Knoblauch, Zitronen- und Orangenschale hinzufügen und den Reis knapp unter dem Siedepunkt etwa 15 Minuten gar ziehen lassen.Die Pistazien dazugeben.

6 Die Aprikosen waschen, vierteln und entsteinen. Die Butter in einer Pfanne erhitzen und die Aprikosen darin mit Ingwer, Zitronen- und Orangenschale kurz erhitzen und mit 1 Prise Chiliflocken würzen.

7 Die Lammkeule in dünne Scheiben schneiden, den Knochen dabei entfernen. Das Fleisch und den Reis auf vorgewärmten Tellern anrichten, mit den Aprikosen garnieren und die Sauce um das Fleisch träufeln.

Mein Tipp

Das Lammgewürz für die eigene Gewürzmühle besteht aus getrocknetem Knoblauch, Ingwer, Bohnenkraut, Kurkuma, Fenchel, Koriander, Kreuzkümmel, Kardamom, Paprika, Salz, Zimt, Chili und Pfeffer.

Orientalisches Gröstl
von Lamm und Hendl mit Koriander-Joghurt

Für 4 Personen

Für den Koriander-Joghurt:
200 g griechischer Joghurt
3 EL Milch
1 geh. TL Koriander (frisch geschnitten)
1 TL Dill (frisch geschnitten)
1 TL Zitronensaft
½ TL abgeriebene unbehandelte Zitronenschale
½ geriebene Knoblauchzehe
½ TL geriebener Ingwer
Salz
mildes Chilipulver
Zucker

Für das Gröstl:
2 Hähnchenbrustfilets (à ca. 120 g; ohne Haut)
300 g Lammrücken
100 g Okraschoten
4 EL mildes Olivenöl
2 Knoblauchzehen (in Scheiben)
2 Scheiben Ingwer
½ – 1 TL Zatar
½ TL abgeriebene unbehandelte Orangenschale
mildes Chilisalz

1 Für den Koriander-Joghurt den Joghurt mit Milch, Koriander, Dill, Zitronensaft, Zitronenschale, Knoblauch und Ingwer in einem Schälchen verrühren. Mit Salz sowie je 1 Prise Chilipulver und Zucker würzen.

2 Für das Gröstl das Hähnchenbrustfilet waschen und trocken tupfen. Das Filet und den Lammrücken in 2 cm große Würfel schneiden. Die Okraschoten putzen, waschen, auf einem Sieb abtropfen lassen und dritteln.

3 In einer Pfanne 1 TL Olivenöl erhitzen und die Hähnchenwürfel darin bei mittlerer Hitze 2 bis 3 Minuten hell anbraten. Das Fleisch aus der Pfanne nehmen. Falls nötig, nochmal etwas Öl in die Pfanne träufeln und die Lammfleischwürfel mit dem Knoblauch darin rundum etwa 2 bis 3 Minuten anbraten. Das Hähnchenfleisch mit Ingwer, Zatar, Orangenschale und 1 EL Olivenöl dazugeben und mit Chilisalz würzen. Bei sanfter Hitze einige Minuten darin garen. Den Ingwer und die Orangenschale danach entfernen.

4 In einer Pfanne 1 bis 2 TL Olivenöl stark erhitzen und die Okraschoten darin rundum 2 bis 3 Minuten andünsten. Die Okraschoten herausnehmen, auf Küchenpapier abtropfen lassen, mit Chilisalz würzen und mit den Fleischwürfeln mischen.

5 Das orientalische Gröstl auf vorgewärmte Teller verteilen und den Koriander-Joghurt darum herumträufeln.

Mein Tipp

Damit jedes Fleisch seinen optimalen Garpunkt erreichen kann, werden Lamm und Huhn getrennt voneinander bei mittlerer Hitze rundum angebraten. Erst später ziehen sie dann bei milder Hitze gemeinsam in einer Pfanne saftig durch.

Geflügel & Wild

Grillhendl

mit Salat von Gurke, Oliventomaten und Kichererbsen

Für 4 Personen

Für das Hendl:

1 Masthähnchen (1 ½ kg; küchenfertig)
½ kleine Zwiebel
½ Apfel
½ unbehandelte Zitrone
mildes Chilisalz
100 g zerlassene Butter zum Bestreichen
1 EL Marokkanisches Hähnchen- und Steakgewürz (aus dem Gewürzladen; siehe Tipp)
Salz

Für den Salat:

1 Salatgurke
200 g Oliventomaten (Datteltomaten)
150 g Kichererbsen (aus der Dose)
1 Schalotte
1–2 EL milder Weißweinessig
2 EL mildes Olivenöl
1 EL Dill (frisch geschnitten)
mildes Chilisalz
Zucker

1 Für das Hendl den Backofen auf 160 °C vorheizen. Das Hähnchen innen und außen waschen und trocken tupfen.

2 Die Zwiebel schälen, den Apfel waschen, nochmals halbieren und entkernen. Die Zitrone heiß waschen. Zwiebel, Apfel und Zitrone in 1 bis 2 cm große Stücke schneiden. Das Innere des Hähnchens mit Chilisalz würzen und mit der Zwiebel-Apfel-Mischung füllen. Die Öffnung mit Rouladennadeln oder kleinen Holzspießen zustecken und das Hähnchen in eine Auflaufform setzen.

3 Das Hähnchen mit etwas Butter bestreichen und im Ofen auf der mittleren Schiene 1 ¼ Stunden garen. Anschließend die Temperatur auf 200 °C erhöhen und das Hähnchen weitere 20 bis 25 Minuten knusprig braun braten.

4 Die übrige Butter mit dem Marokkanischen Hähnchen- und Steakgewürz und Salz würzen. Das Hendl gegen Ende der Garzeit öfter mit der Gewürzbutter bestreichen, bis diese aufgebraucht ist.

5 Für den Salat die Gurke schälen, längs halbieren, entkernen und in ½ bis 1 cm große Würfel schneiden. Die Tomaten waschen und halbieren. Die Kichererbsen in ein Sieb abgießen, kalt abbrausen und abtropfen lassen. Die Schalotte schälen und in feine Würfel schneiden.

6 Den Essig mit Olivenöl und Schalottenwürfeln verrühren, den Dill hinzufügen und alles mit Chilisalz und 1 Prise Zucker abschmecken. Gurke, Tomaten und Kichererbsen in einer Schüssel mit dem Dressing mischen.

7 Vom Hendl die Brust und die Keulen auslösen, in 4 Portionen teilen und mit dem Salat auf vorgewärmten Tellern anrichten.

Mein Tipp

In den Küchen Nordafrikas wird Geflügel eher geschmort als gebraten. Doch die für Marokko typischen Gewürze Kardamom, Koriander, Kreuzkümmel, Kurkuma und Zimt, die ich in meinem »Marokkanischen Hähnchen- und Steakgewürz« verwende, passen auch zur knusprigen Kruste eines gegrillten Hendls wunderbar.

Marokkanisches Zitronenhendl
auf Bulgur-Bohnen-Salat

Für 4 Personen

Für das Zitronenhendl:
4 Hähnchenbrustfilets
(à ca. 150 g; ohne Haut)
1 ½ eingelegte Salzzitronen
(siehe S. 162)
100 ml Hühnerbrühe
2 EL mildes Olivenöl

Für den Bulgur-Bohnen-Salat:
400 g grüne Bohnen
Salz
50 g feiner Bulgur
150 ml Hühnerbrühe
1–2 EL Mandelstifte
3 TL Zitronensaft
2 EL mildes Olivenöl
1–2 TL Arganöl
je 1 Msp. abgeriebene
unbehandelte Zitronen-
und Orangenschale
Salz · Pfeffer aus der Mühle
mildes Chilipulver

1 Den Backofen auf 120 °C vorheizen. Die Hähnchenbrustfilets waschen und trocken tupfen. Die Salzzitronen in dünne Scheiben schneiden. Die Hälfte der Zitronenscheiben in eine Auflaufform legen, die Hähnchenbrustfilets darauf verteilen und mit den übrigen Zitronenscheiben belegen. Die Brühe darüberträufeln. Die Form mit Frischhaltefolie zudecken und die Hähnchenfilets im Ofen auf der mittleren Schiene etwa 35 Minuten saftig garen.

2 Die Zitronenscheiben von den gegarten Hähnchenbrustfilets nehmen. Von 2 Zitronenscheiben das Innere entfernen und die Schale in feine Würfel schneiden. Die übrigen Zitronenscheiben anderweitig verwenden.

3 Die Garflüssigkeit in ein Sieb abgießen und auffangen. Mit den Salzzitronenwürfeln und dem Olivenöl verrühren und, falls nötig, leicht mit Salz würzen. Die Hähnchenbrustfilets darin wenden.

4 Für den Bulgur-Bohnen-Salat die Bohnen putzen, waschen und in 1 ½ cm lange Stücke schneiden. In kochendem Salzwasser 5 bis 8 Minuten gerade weich garen, in ein Sieb abgießen, kalt abschrecken und abtropfen lassen.

5 Den Bulgur auf einem Sieb unter fließendem kaltem Wasser waschen, bis dieses klar bleibt. Den Bulgur mit ⅛ l Brühe in einem kleinen Topf einmal aufkochen lassen, zugedeckt knapp unter dem Siedepunkt 10 Minuten ziehen und anschließend etwas abkühlen lassen.

6 Inzwischen die Mandelstifte bei mittlerer Hitze in einer Pfanne ohne Fett goldbraun rösten. Für die Marinade die übrige Brühe mit Zitronensaft, Oliven- und Arganöl verrühren. Zitronen- und Orangenschale hinzufügen, mit Salz, Pfeffer und 1 Prise Chilipulver würzen. Die Bohnen mit Bulgur, Mandelstiften und der Marinade mischen. Zum Schluss nach Belieben nochmals nachwürzen.

7 Den Bulgur-Bohnen-Salat auf vorgewärmten Tellern anrichten, die Hähnchenbrustfilets schräg in Scheiben schneiden und darauflegen. Mit der Zitronenmarinade beträufeln.

Arabisches Gröstl
mit Hähnchenbrust, Gemüse und Harissa

Für 4 Personen

Für die Hähnchenbrust:
4 Hähnchenbrustfilets
(à ca. 150 g; mit Haut)
3 EL mildes Olivenöl
1 TL Harissapulver
Salz

Für das Gemüsegröstl:
½ Zucchino
½ Aubergine
je 1 rote und orangefarbene Paprikaschote
3 EL mildes Olivenöl
100 ml Hühnerbrühe
1 Knoblauchzehe (in Scheiben)
2 Scheiben Ingwer
je 1 Streifen unbehandelte Zitronen- und Orangenschale
1 TL Zatar
mildes Chilisalz

1 Die Hähnchenbrustfilets waschen, trocken tupfen und in 2 ½ cm große Stücke schneiden. In einer großen Pfanne 1 bis 2 TL Olivenöl erhitzen und die Hähnchenstücke darin bei mittlerer Hitze rundum etwa 4 Minuten anbraten. Die Pfanne vom Herd nehmen und das Hähnchenfleisch in der Resthitze gar ziehen lassen. Das übrige Olivenöl mit dem Harissa dazugeben, mit Salz würzen und die Hendlstücke darin wenden.

2 Für das Gemüsegröstl den Zucchino und die Aubergine putzen und waschen. Den Zucchino längs halbieren, die Aubergine längs vierteln und beides in Scheiben schneiden. Die Paprikaschoten längs halbieren, entkernen, waschen und in 2 cm große Stücke schneiden.

3 Das Olivenöl in einer Grillpfanne erhitzen und die Zucchini-, Auberginen- und Paprikastücke darin portionsweise anbraten. Alle Gemüsesorten wieder zurück in die Pfanne geben. Die Brühe mit Knoblauch, Ingwer, Zitronen- und Orangenschale und Zatar dazugeben und mit Chilisalz würzen. Das Gemüse darin nochmals erhitzen.

4 Das Gemüsegröstl auf vorgewärmte Teller verteilen und die Hähnchenbruststücke darauf anrichten.

Mein Tipp

Die Zucchini- und Auberginenscheiben für dieses Gericht sollten Sie nicht zu dünn schneiden – sie dürfen durchaus ½ cm dick sein. Beim Braten arbeite ich mit so wenig Öl wie möglich, um den Grillgeschmack zu verstärken. Erst ganz zum Schluss, wenn alle Gemüsesorten angebraten sind, gebe ich noch etwas Brühe und die Gewürze dazu – sie können sich in der warmen Flüssigkeit am besten entfalten. Das Grillgemüse lässt sich mit etwas Zitronensaft oder saurem Granatapfelsirup zu einem warmen Grillgemüsesalat abwandeln.

Gegrillte Maispoulardenkeule
mit Paprika-Walnuss-Sauce

Für 4 Personen

Für die Sauce:
2 rote Paprikaschoten
Öl zum Bestreichen
2 EL mildes Olivenöl
½ geriebene Knoblauchzehe
¼ TL Harissapulver
1 EL gehackte Walnüsse
mildes Chilisalz

Für die Maispoulardenkeule:
4 Maispoulardenkeulen (à ca. 250 g)
Salz
4 EL mildes Olivenöl
1 EL Zatar

1 Für die Sauce den Backofengrill vorheizen. Die Paprikaschoten längs halbieren, entkernen und waschen. Die Hälften nochmals halbieren. Mit der Schale nach oben auf ein Backblech legen und mit etwas Öl bestreichen. Die Paprikaschoten auf der mittleren Schiene 10 bis 15 Minuten garen, bis die Haut dunkel wird und Blasen wirft. Die Paprikaschoten mit einem feuchten Küchentuch bedecken und 5 Minuten abkühlen lassen. Die Schoten häuten und klein schneiden.

2 Die Paprikastücke, das Olivenöl, den Knoblauch und das Harissa mit dem Stabmixer pürieren. Die Walnüsse untermischen und die Sauce mit Chilisalz würzen.

3 Für die Maispoulardenkeule den Backofen auf 160 °C vorheizen. Ein Ofengitter auf die mittlere Schiene und darunter ein Abtropfblech schieben. Die Poulardenkeulen waschen, trocken tupfen, auf der Hautseite mit Salz würzen und auf das Ofengitter legen. Im Ofen 30 Minuten garen.

4 Die Ofentemperatur auf 200 °C erhöhen und die Geflügelkeulen weitere 20 Minuten knusprig braun braten. Das Olivenöl mit dem Zatar verrühren, die Keulen damit 5 Minuten vor Ende der Garzeit bestreichen und mit Salz würzen.

5 Die Maispoulardenkeulen auf vorgewärmten Tellern anrichten und die Paprika-Walnuss-Sauce darum herumträufeln. Dazu passen gebratene Kartoffeln oder gemischter Blattsalat.

Mein Tipp

Zu der Paprika-Walnuss-Sauce inspirierte mich eine syrische Vorspeise: »M'hammara«, eine Paste aus zerbröseltem Zwieback, Walnüssen, Paprika, Sesammus und Granatapfelsirup. Durch Harissa bekommt sie, je nach Geschmack, eine gewisse Schärfe.

Arabisch-bayerisches Hendl
mit Gurken-Ingwer-Salat

Für 4 Personen

Für das arabische Hendl:
½ Zwiebel
1 kleines Lorbeerblatt
2 Gewürznelken
3 Hähnchenkeulen (à ca. 250 g)
½ l Hühnerbrühe
1–2 TL Marokkanisches Hähnchen- und Steakgewürz (aus dem Gewürzladen; siehe Tipp S. 308)
5 EL heiße Gemüsebrühe
1 EL mildes Olivenöl
200 g griechischer Joghurt
mildes Chilisalz · Zucker

Für das bayerische Hendl:
2 Eier · 1 TL abgeriebene unbehandelte Zitronenschale
frisch geriebene Muskatnuss
50 g doppelgriffiges Mehl
100 g Weißbrotbrösel
3 Hähnchenbrustfilets (à 150 g; ohne Haut)
mildes Chilisalz
Öl zum Ausbacken
Zitronensaft zum Beträufeln
Salz

Für den Gurken-Ingwer-Salat:
500 g kleine Salatgurken
80 g eingelegter Ingwer mit Einlegesud (aus dem Asienladen)
2 EL Weißweinessig
3–4 EL Olivenöl
Pfeffer aus der Mühle
Chilisalz · Zucker
1 EL Dill (frisch geschnitten)

1 Für das arabische Hendl die Zwiebel schälen und das Lorbeerblatt mit den Gewürznelken darauf feststecken. Die Hähnchenkeulen waschen und trocken tupfen. In einem Topf die Brühe aufkochen, die Hähnchenkeulen mit der Zwiebel hineinlegen und knapp unter dem Siedepunkt 50 bis 60 Minuten gar ziehen lassen.

2 Inzwischen das Marokkanische Hähnchen- und Steakgewürz mit der Gemüsebrühe verrühren, mit dem Olivenöl unter den Joghurt rühren und mit Chilisalz und 1 Prise Zucker abschmecken.

3 Die Hähnchenkeulen aus der Brühe nehmen, die Haut entfernen und die Knochen auslösen. Fleisch in insgesamt 12 etwa gleich große Stücke teilen.

4 Für das bayerische Hendl die Eier in einem tiefen Teller verquirlen und mit Zitronenschale und 1 Prise Muskatnuss würzen. Das Mehl und die Weißbrotbrösel ebenfalls jeweils in tiefe Teller verteilen.

5 Die Hähnchenbrustfilets waschen und trocken tupfen, schräg in jeweils 4 Stücke schneiden und mit Chilisalz würzen. Die Hähnchenstücke erst im Mehl wenden, dann durch die verquirlten Eier ziehen und zuletzt mit den Weißbrotbröseln panieren.

6 In einer Pfanne bei mittlerer Hitze etwa 1 cm hoch Öl erhitzen. Die panierten Geflügelteile darin auf beiden Seiten goldbraun ausbacken. Herausnehmen, auf Küchenpapier abtropfen lassen, mit Zitronensaft beträufeln und leicht mit Salz würzen.

7 Für den Gurken-Ingwer-Salat die Gurken putzen, waschen, dritteln und auf dem Gemüsehobel längs in dünne Scheiben hobeln. Den Ingwer in feine Streifen schneiden, mit dem Einlegesud, dem Essig und dem Olivenöl unter die Gurken mischen. Mit Pfeffer, Chilisalz und 1 Prise Zucker würzen, den Dill unterrühren.

8 Die arabischen Hähnchenkeulenstücke im Gewürz-Joghurt wenden. Den Gurkensalat auf Tellern verteilen und jeweils 3 Stücke vom Back- und vom Joghurthendl dazulegen, den restlichen Joghurt-Dip darum herumziehen. Nach Belieben mit Minzeblättern garnieren.

Barbarie-Entenbrust
mit Pistazien-Kartoffeln und Rotwein-Granatapfel-Butter

Für 4 Personen

Für die Entenbrust:
2 Barbarie-Entenbrustfilets (à 350–400 g; mit Haut, küchenfertig)
2 EL Öl
Salz · Pfeffer aus der Mühle

Für die Pistazien-Kartoffeln:
300 g festkochende Kartoffeln
1 Lorbeerblatt
1 getrocknete rote Chilischote
Salz
2 EL braune Butter (siehe Tipp S. 202)
1 gestr. TL Harissapulver
1–2 EL Pistazien

Für die Rotwein-Granatapfel-Butter:
1 TL Puderzucker
200 ml kräftiger Rotwein
1 EL süßer Granatapfelsirup (aus dem türkischen Feinkostladen)
½ TL Speisestärke
60 g sehr kalte Butter
Salz · Pfeffer aus der Mühle

1 Für die Entenbrust den Backofen auf 100 °C vorheizen. Ein Ofengitter auf die mittlere Schiene und darunter ein Abtropfblech schieben. Die Entenbrustfilets waschen und trocken tupfen und die Haut rautenförmig einritzen.

2 Das Öl in einer Pfanne erhitzen und die Entenbrustfilets darin mit der Hautseite nach unten bei mittlerer Hitze 5 bis 8 Minuten anbraten. Wenden und die Fleischseite kurz anbraten. Die Filets auf das Ofengitter legen und im Ofen 50 bis 60 Minuten rosa garen.

3 Für die Pistazien-Kartoffeln die Kartoffeln schälen, waschen und in knapp 1 cm große Würfel schneiden. Mit dem Lorbeerblatt und der Chilischote in kochendem Salzwasser 10 bis 15 Minuten gerade weich garen. Die Kartoffeln abgießen und ausdampfen lassen, das Lorbeerblatt und die Chilischote entfernen.

4 In einer Pfanne 1 EL braune Butter erhitzen, bis sie goldbraun ist. Die übrige braune Butter dazugeben und mit Harissa und Salz würzen. Die Pistazien hineinstreuen und erhitzen. Die Kartoffelwürfel darin wenden.

5 Für die Rotwein-Granatapfel-Butter den Puderzucker in einen Topf oder eine Pfanne sieben und bei mittlerer Hitze hell karamellisieren. Mit dem Wein ablöschen und um zwei Drittel einköcheln lassen.

6 Den Granatapfelsirup dazugeben. Die Speisestärke mit wenig kaltem Wasser glatt rühren und nach und nach in die köchelnde Flüssigkeit rühren, bis diese leicht sämig bindet. Die kalte Butter in Würfel schneiden. Die Butterwürfel nacheinander bei milder Hitze unter ständigem Rühren in die Sauce geben, die Sauce sollte nun nicht mehr köcheln. Mit Salz und Pfeffer abschmecken.

7 Die Entenbrustfilets aus dem Ofen nehmen und mit Salz und Pfeffer würzen. Die Pistazien-Kartoffeln auf vorgewärmten Tellern anrichten. Die Entenbrust in Scheiben schneiden und darauf anrichten. Die Rotwein-Granatapfel-Butter darum herumträufeln.

Gebratene Ente

mit Sellerie-Walnuss-Salat und Baharat-Sauce

Für 4 Personen

Für die Ente:

½ Zwiebel
½ Apfel
Salz · Pfeffer aus der Mühle
1 TL Zatar
1 Bauernente (ca. 2 ½ kg)
1,2 l Hühnerbrühe

Für den Sellerie-Walnuss-Salat:

1 kleine Sellerieknolle (ca. 1 kg)
1 ½–2 l Gemüsebrühe
2–3 EL Weißweinessig
1 TL scharfer Senf
Chilisalz
Zucker
je 1 TL Sternanis (grob zerstoßen), Korianderkörner und Zimtsplitter
2 EL Öl
2 EL geviertelte Walnüsse

Für die Sauce:

2 Zwiebeln
1 kleine Karotte
100 g Knollensellerie
1 EL Öl
2 TL Puderzucker
1 EL Tomatenmark
¼ l kräftiger Rotwein
1 TL Speisestärke
1 TL Baharat
1 TL saurer Granatapfelsirup (aus dem türkischen Feinkostladen)
Salz

1 Den Backofen auf 130 °C vorheizen. Die Zwiebel schälen, den Apfel waschen, halbieren und entkernen. Beides in grobe Würfel schneiden und mit Salz, Pfeffer und Zatar würzen. Von der Ente die Flügelknochen abschneiden und alle Innereien entfernen. Die Ente innen und außen waschen und trocken tupfen. Die Bauchhöhle mit der Zwiebel-Apfel-Mischung füllen. Die Ente mit der Bauchseite nach oben in einen Bräter legen und die Flügelknochen mit dem Entenhals dazugeben. Die Brühe angießen und die Ente auf der untersten Schiene etwa 2 Stunden garen. Die Ente dabei öfter wenden und mit der Brühe begießen. Dann die Ente aus dem Bräter nehmen, den Bratenfond weitgehend entfetten und für die Sauce beiseitestellen. Flügelknochen und Hals ebenfalls aufbewahren.

2 Die Temperatur des Backofens auf 160 °C erhöhen. Ein Abtropfblech auf die untererste Schiene schieben und darauf ein Ofengitter setzen. Die Ente mit der Brustseite nach oben auf das Gitter legen und etwa 1 ½ Stunden weich und knusprig braun braten.

3 Für den Sellerie-Walnuss-Salat den Sellerie putzen, kleine Wurzeln entfernen und die Knolle gründlich waschen. Mit der Brühe bedeckt in einem schmalen, hohen Topf 1 ½ bis 2 Stunden weich garen. Den Sellerie herausnehmen und schälen, in Scheiben und diese in Stücke schneiden. 300 ml Kochbrühe mit Essig und Senf verrühren, mit Chilisalz und 1 Prise Zucker würzen. Die ganzen Gewürze in eine Gewürzmühle füllen und die Marinade damit würzen. Das Öl mit den Walnüssen unterrühren, den Sellerie hinzufügen und mindestens 30 Minuten ziehen lassen. Falls nötig, etwas nachwürzen.

4 Für die Sauce die Zwiebeln schälen. Die Karotte und den Sellerie putzen und schälen. Das Gemüse in etwa 1 cm große Würfel schneiden. Das Öl in einer Pfanne erhitzen und das Gemüse darin andünsten.

5 In einem Topf den Puderzucker bei milder Hitze hell karamellisieren. Das Tomatenmark unterrühren und leicht anrösten. Die Hälfte des Weins dazugießen und sirupartig einköcheln lassen. Den restlichen Wein hinzufügen und ebenfalls einköcheln lassen. Die Flügelknochen und den Hals, das angedünstete Gemüse sowie den beiseitegestellten Bratenfond unterrühren. Alles knapp unter dem Siedepunkt gut 1 Stunde ziehen lassen.

6 Die Sauce durch ein feines Sieb in einen Topf gießen und auf etwa die Hälfte einköcheln lassen. Mit der Speisestärke binden, Baharat und Granatapfelsirup hinzufügen und die Sauce mit Salz würzen. Die Ente tranchieren und mit dem Sellerie-Walnuss-Salat und der Sauce servieren.

Gebratenes Stubenküken

mit Pistazien-Rosinen-Reis

Für 4 Personen

Für das Stubenküken:

4 Stubenküken (à ca. 500 g; küchenfertig)
3–4 TL Öl
mildes Chilisalz

Für den Reis:

200 g Basmatireis
400 ml Hühnerbrühe
1–2 EL Pistazien
1–2 EL Rosinen
1 geh. TL Orientalisches Reisgewürz (siehe S. 148; wahlweise Ras-el-Hanout)
1 EL mildes Olivenöl
mildes Chilisalz

1 Für das Stubenküken den Backofen auf 100 °C vorheizen. Ein Abtropfblech auf die unterste Schiene schieben und darauf ein Ofengitter setzen. Die Stubenküken waschen und trocken tupfen, mit einem Messer Keulen und Brustfilets auslösen.

2 Eine Pfanne bei mittlerer Temperatur erhitzen und 1 bis 2 TL Öl mit einem Pinsel darin verstreichen. Die Stubenkükenkeulen darin mit der Hautseite nach unten bei mittlerer Hitze etwa 5 Minuten goldbraun anbraten. Wenden, auf der Fleischseite kurz anbraten und dann mit der Hautseite nach oben auf das Ofengitter im Ofen legen.

3 Die Pfanne säubern, erneut 1 bis 2 TL Öl darin verteilen und die Stubenkükenbrustfilets darin mit der Hautseite nach unten ebenfalls etwa 5 Minuten goldbraun anbraten. Wenden, auf der Fleischseite kurz anbraten und neben die Keulen auf das Ofengitter legen. Die Stubenkükenteile im Ofen weitere 20 Minuten gar ziehen lassen.

4 Inzwischen für den Reis den Basmatireis auf einem Sieb unter fließendem kaltem Wasser waschen, bis es klar bleibt. Den Reis in einen Topf geben und mit der Brühe aufgießen. Zugedeckt knapp unter dem Siedepunkt 10 Minuten garen. Die Pistazien und die Rosinen hineinrühren und den Reis etwa weitere 5 Minuten fertig garen. Mit dem Orientalischen Reisgewürz, dem Olivenöl und 1 Prise Chilisalz abschmecken.

5 Die gebratenen Stubenkükenteile mit Chilisalz würzen und mit dem Pistazien-Rosinen-Reis auf vorgewärmten Tellern anrichten.

Mein Tipp

Eine Inspirationsquelle für dieses Gericht liegt in den Pilaws der türkischen Küche. Jene aufwendig zubereiteten Reisplatten mit Langkornreis, unter den Rosinen und Pistazien, Mandeln und Nüsse, aber auch Fleischstückchen und Gemüse gemischt werden, erinnern bis heute an den Glanz und Luxus der Küche an den Sultanshöfen des osmanischen Reichs. Dazu serviere ich auch gerne einen meiner Gewürz-Joghurt-Dips (siehe S. 180).

Glasierte Wachtel

auf Lauch-Champignon-Gemüse mit Granatapfelsauce

Für 4 Personen

Für die Wachteln:

je 8 Wachtelbrüstchen und -keulen (mit Haut)
1 – 2 TL Öl
2 EL kalte Butter
Salz · Pfeffer aus der Mühle
50 ml Hühnerbrühe
½ Zimtrinde
1 TL saurer Granatapfelsirup
2 TL süßer Granatapfelsirup (beides aus dem türkischen Feinkostladen)
einige angedrückte grüne Kardamomkapseln

Für das Lauch-Champignon-Gemüse:

½ Stange Lauch (120 g)
Salz
120 g kleine weiße Champignons
100 g junger Blattspinat
3 EL Gemüsebrühe
1 leicht geh. TL Orientalisches Gemüse- und Suppengewürz (siehe S. 144)
1 EL kalte Butter
1 EL Arganöl

Außerdem:

2 EL Granatapfelkerne

1 Für die Wachteln die Wachtelbrüstchen und -keulen waschen und trocken tupfen, von den Keulen nach Belieben den Oberschenkelknochen auslösen.

2 Das Öl in einer Pfanne erhitzen, die Brüstchen und Keulen auf der Hautseite bei mittlerer Hitze goldbraun anbraten. Wenden und auf der anderen Seite ebenfalls kurz braten, die Pfanne vom Herd nehmen und das Fleisch in der Resthitze rosa garen. 1 EL Butter dazugeben und zerlassen. Die Wachtelbrüste und -keulen darin wenden und mit Salz und Pfeffer würzen.

3 Das Fleisch aus der Pfanne nehmen und warm halten. Den Bratensatz mit der Brühe ablöschen. Die Zimtrinde sowie den sauren und den süßen Granatapfelsirup dazugeben und etwa 1 Minute einköcheln lassen. Den Kardamom in die Gewürzmühle füllen. Die Pfanne vom Herd nehmen, die übrige kalte Butter dazugeben und mit Salz, Pfeffer und Kardamom aus der Mühle würzen. Den Zimt entfernen und die Sauce beiseitestellen.

4 Für das Lauch-Champignon-Gemüse den Lauch putzen, längs halbieren, waschen und in 1 ½ bis 2 cm große Rauten schneiden. In kochendem Salzwasser 2 Minuten blanchieren, kalt abschrecken und auf einem Sieb abtropfen lassen. Die Pilze putzen, trocken abreiben und halbieren oder vierteln. Den Spinat verlesen, gründlich waschen und trocken schleudern.

5 Die Brühe in einer Pfanne bei mittlerer Temperatur erhitzen. Die Spinatblätter dazugeben und kurz andünsten, den Lauch und die Pilze hinzufügen. Mit dem Orientalischen Gemüse- und Suppengewürz würzen, die kalte Butter und das Arganöl unterrühren.

6 Das Gemüse auf vorgewärmte Teller verteilen und die Wachtelbrüstchen und -keulen darauflegen. Die Granatapfelsauce außen herumträufeln und die Granatapfelkerne darüberstreuen.

Mein Tipp

Gleich zwei Zutaten dieses Rezepts lassen sich bis in die Zeit der alten Ägypter zurückverfolgen: Lauch gehört zu den ersten Gemüsesorten, die an den Ufern des Nils angebaut wurden. Und Wachteln waren so beliebt, dass das Bild eines Wachtelkükens als Hieroglyphe für die Buchstaben »W« und »U« verwendet wurde.

Gebratene Perlhuhnbrust
mit Paprika-Orangen-Sauce

Für 4 Personen

Für die Perlhuhnbrust:

4 Perlhuhnbrustfilets (à ca. 100 g; mit Haut)
1–2 TL Öl
mildes Chilisalz

Für das Kartoffel-Auberginen-Püree:

800 g mehligkochende Kartoffeln
Salz
½ TL ganzer Kümmel
½ Aubergine
3 EL mildes Olivenöl
1 TL Zatar
220–250 ml Milch
1 EL Butter
1 EL braune Butter (siehe Tipp S. 202
frisch geriebene Muskatnuss

Für die Paprika-Orangen-Sauce:

1 rote Paprikaschote
½ kleine Zwiebel
300 ml Gemüsebrühe
1 geriebene Knoblauchzehe
½ TL Paprikapulver (edelsüß)
1 Msp. gemahlene Kurkuma
½ TL Ras-el-Hanout
1 EL kalte Butter
1 Msp. abgeriebene unbehandelte Orangenschale
Salz · mildes Chilipulver
Pfeffer aus der Mühle

1 Für die Perlhuhnbrust den Backofen auf 100 °C vorheizen. Ein Abtropfblech auf die unterste Schiene schieben und darauf ein Ofengitter setzen.

2 Die Perlhuhnbrustfilets waschen und trocken tupfen. Das Öl in einer Pfanne erhitzen und die Perlhuhnbrüste darin auf der Hautseite bei mittlerer Hitze etwa 4 Minuten goldbraun anbraten. Das Fleisch wenden und kurz auf der Fleischseite anbraten. Die Perlhuhnbrüste aus der Pfanne nehmen und auf dem Gitter im Ofen etwa 20 Minuten garen und mit Chilisalz würzen.

3 Für das Kartoffel-Auberginen-Püree die Kartoffeln waschen und in Salzwasser mit dem Kümmel weich garen. Inzwischen die Aubergine putzen, waschen und in ½ cm große Würfel schneiden. In einer großen Pfanne 1 bis 2 EL Olivenöl erhitzen und die Auberginenwürfel darin rundum anbraten. Mit Salz und Zatar würzen.

4 Die Kartoffeln abgießen, ausdampfen lassen, möglichst heiß pellen und durch die Kartoffelpresse drücken. Die Milch erhitzen und mit dem Kochlöffel unter die Kartoffeln rühren. Die Auberginenwürfel, die Butter, die braune Butter und das restliche Olivenöl untermischen. Das Püree mit Salz und 1 Prise Muskatnuss würzen.

5 Für die Paprika-Orangen-Sauce die Paprikaschote längs halbieren, entkernen und waschen. Mit dem Sparschäler schälen und in kleine Würfel schneiden. Die Zwiebel schälen und in feine Würfel schneiden.

6 Die Brühe in einem Topf erhitzen, die Zwiebel- und die Paprikawürfel mit dem Knoblauch darin knapp unter dem Siedepunkt etwa 15 Minuten garen. Das Paprikapulver, die Kurkuma, das Ras-el-Hanout und die Butter hinzufügen und mit dem Stabmixer pürieren. Die Sauce mit Orangenschale, Salz, 1 Prise Chilipulver und Pfeffer würzen.

7 Das Kartoffel-Auberginen-Püree auf vorgewärmten Tellern anrichten und die Paprika-Orangen-Sauce außen herum verteilen. Die Perlhuhnbrustfilets schräg halbieren und darauf anrichten.

Geschmorte Rehschulter
in Rotwein-Granatapfel-Sauce mit Dattel-Couscous

Für 4 Personen

Für die Rehschulter:

4 Zwiebeln
1 Lorbeerblatt
2 Gewürznelken
1,2 l Hühnerbrühe
1 kg Rehschulter (ohne Knochen)
80 g Knollensellerie
¼ Karotte
1 EL Öl
1 EL Tomatenmark
350 ml kräftiger Rotwein
1 TL angedrückte Wacholderbeeren
1 TL schwarze Pfefferkörner
½ TL Korianderkörner
½ Zimtrinde
5 angedrückte grüne Kardamomkapseln · 1 Gewürznelke
1 EL getrocknete Champignons
2 Knoblauchzehen (in Scheiben)
3 Scheiben Ingwer
1 schwach geh. EL Speisestärke
1 TL saurer Granatapfelsirup
1–2 TL süßer Granatapfelsirup (beides aus dem türkischen Feinkostladen)
Salz · Pfeffer aus der Mühle

Für den Dattel-Couscous:

100 g getrocknete Datteln (ohne Stein)
¼ l Gemüsebrühe
2 TL Couscousgewürz (siehe S. 146)
200 g Couscous
2–3 EL braune Butter (siehe Tipp S. 202)
je 1 EL Petersilie und Minze (frisch geschnitten)

1 Die Zwiebeln schälen und auf 1 Zwiebel das Lorbeerblatt mit den Gewürznelken feststecken. Die Brühe aufkochen, das Rehfleisch mit der gespickten Zwiebel einlegen und das Fleisch knapp unter dem Siedepunkt etwa 2 Stunden garen. Den dabei aufsteigenden Schaum mit dem Schaumlöffel abnehmen.

2 Sobald das Fleisch weich ist, aus dem Sud nehmen, mit einem Küchentuch bedecken und abkühlen lassen. Die gespickte Zwiebel aus dem Reh-Kochsud entfernen.

3 Inzwischen den Sellerie und die Karotte putzen und schälen. Die restlichen Zwiebeln, Sellerie und Karotte in etwa 1 cm große Stücke schneiden. Das Öl in einem Topf erhitzen und das Gemüse darin bei milder Hitze 5 bis 10 Minuten fast farblos andünsten. Das Tomatenmark hineinrühren und anrösten, bis sich am Topfboden ein leicht brauner Bratsatz bildet. Mit dem Wein ablöschen und sämig einköcheln lassen.

4 Das Gemüse mit dem Reh-Kochsud auffüllen und knapp unter dem Siedepunkt 45 Minuten ziehen lassen. Nach etwa 30 Minuten angedrückte Wacholderbeeren, Pfeffer- und Korianderkörner, Zimt, Kardamom, Gewürznelke, Trockenpilze, Knoblauch und Ingwer dazugeben.

5 Am Ende der Garzeit die Sauce durch ein Sieb gießen und das Gemüse dabei etwas ausdrücken. Die Speisestärke in wenig kaltem Wasser glatt rühren, in die leicht köchelnde Sauce rühren und die Sauce ein paar Minuten sämig einköcheln lassen. Mit dem sauren und dem süßen Granatapfelsirup, Salz und Pfeffer abschmecken.

6 Das abgekühlte Rehfleisch in 2 cm große Würfel schneiden, in die Sauce geben und bis knapp unter dem Siedepunkt erhitzen. Nach Belieben nochmals nachwürzen.

7 Für den Dattel-Couscous die Datteln in kleine Stücke schneiden. Die Brühe in einem Topf aufkochen und das Couscousgewürz unterrühren. Den Couscous mit den Datteln in eine vorgewärmte Schüssel geben, die Brühe dazugießen und kurz verrühren. Die Schüssel mit Frischhaltefolie zudecken und den Couscous etwa 7 Minuten quellen lassen.

8 Den Couscous mit einer Gabel auflockern und die braune Butter unterrühren. Dann die Petersilie und die Minze unterrühren. Die geschmorte Rehschulter mit dem Dattel-Couscous auf vorgewärmten Tellern anrichten. Die Sauce darum herumträufeln.

Rosa gebratener Rehrücken
auf Zimt-Feigen-Blaukraut mit Kartoffel-Quitten-Püree

Für 4 Personen

Für das Blaukraut:
800 g Rotkohl
1 EL Puderzucker
100 ml Portwein
200 ml kräftiger Rotwein
1/8 l Gemüsebrühe
1 Lorbeerblatt
1 Gewürznelke
1/2 TL schwarze Pfefferkörner
1/2 Zimtrinde (in Splittern)
5 getrocknete Feigen
2–3 EL Apfelmus
1 Streifen unbehandelte Orangenschale
1 Scheibe Ingwer
2 EL kalte Butter · Salz · Zucker
1 EL saurer Granatapfelsirup (aus dem türkischen Feinkostladen)

Für den Rehrücken:
1 EL Öl
500 g Rehrücken (ohne Knochen; küchenfertig)
1 EL Butter
1 TL Wacholderbeeren
Salz · Pfeffer aus der Mühle

Für das Kartoffel-Quitten-Püree:
800 g mehligkochende Kartoffeln
Salz · 1/2 TL ganzer Kümmel
1 mittelgroße Quitte (350 g)
1 TL Zucker
1/4 Zimtrinde
2 Scheiben Ingwer
200 ml Milch
1 EL Butter
2 EL braune Butter (siehe Tipp S. 202)
frisch geriebene Muskatnuss

1 Für das Blaukraut den Rotkohl putzen und die äußeren Blätter entfernen. Den Kohl auf dem Gemüsehobel in feine Streifen hobeln, den Strunk entfernen. Den Puderzucker in einem Topf hell karamellisieren, den Portwein und den Rotwein angießen und auf ein Drittel einköcheln lassen. Rotkohl und Brühe hinzufügen und den Kohl zugedeckt bei milder Hitze etwa 1 1/2 Stunden mehr ziehen als köcheln lassen, dabei öfter umrühren. Nach 1 Stunde das Lorbeerblatt hineinlegen. Die Gewürznelke, den Pfeffer und den Zimt in ein Gewürzsäckchen füllen. Das Säckchen verschließen und in den Rotkohl legen.

2 Für den Rehrücken den Backofen auf 100 °C vorheizen. Ein Ofengitter auf die mittlere Schiene und darunter ein Abtropfblech schieben. Das Öl in einer Pfanne erhitzen und das Rehfleisch darin bei mittlerer Hitze rundum anbraten. Das Fleisch aus der Pfanne nehmen und im Ofen auf dem Ofengitter etwa 50 Minuten rosa durchziehen lassen.

3 Für das Blaukraut von den getrockneten Feigen den Stielansatz entfernen und die Feigen in kleine Würfel schneiden. Am Ende der Garzeit die Feigen mit dem Apfelmus unter den Kohl rühren, die Orangenschale und den Ingwer hinzufügen, einige Minuten darin ziehen lassen und wieder entfernen. Das Lorbeerblatt und das Gewürzsäckchen ebenfalls entfernen und die kalte Butter unterrühren. Den Rotkohl mit Salz, Zucker und Granatapfelsirup abschmecken.

4 Für das Kartoffel-Quitten-Püree die Kartoffeln waschen und in Salzwasser mit dem Kümmel weich garen. Inzwischen die Quitte schälen, vierteln, entkernen und in 4 bis 5 mm große Würfel schneiden. In einem Topf 100 ml Wasser erhitzen und die Quittenwürfel mit Zucker, Zimt und Ingwer zugedeckt 10 Minuten weich dünsten. Die Flüssigkeit sollte dabei vollständig einköcheln. Zimt und Ingwer wieder entfernen.

5 Die Kartoffeln abgießen, kurz ausdampfen lassen, möglichst heiß pellen und durch die Kartoffelpresse drücken. Die Milch erhitzen und mit einem Kochlöffel unter die durchgepressten Kartoffeln rühren, die Quitte mit Butter und brauner Butter untermischen. Das Kartoffel-Quitten-Püree mit Salz und 1 Prise Muskatnuss würzen.

6 Für den Rehrücken die Butter in einer Pfanne bei milder Hitze zerlassen. Wacholderbeeren hinzufügen, mit Salz und Pfeffer würzen und das Fleisch darin wenden. Den Rehrücken in Scheiben schneiden, mit dem Blaukraut auf vorgewärmten Tellern anrichten und mit der Gewürzbutter beträufeln. Das Kartoffel-Quitten-Püree daneben anrichten.

Geschmorte Kaninchenkeule
mit Baharat-Chermoula und gegrilltem Fenchel

Für 4 Personen

Für die Chermoula:
½ kleine Zwiebel
1 EL Zitronensaft
2 EL mildes Olivenöl
1 geriebene Knoblauchzehe
je 1 Msp. abgeriebene unbehandelte Zitronen- und Orangenschale
½–1 gestr. TL Baharat
2 EL Petersilie (frisch geschnitten)
je ½–1 EL Minze und Koriander (frisch geschnitten)
mildes Chilisalz

Für das Kaninchen:
1 Zwiebel
4 Kaninchenkeulen (à ca. 250 g; küchenfertig)
1 EL Öl
200 ml Hühnerbrühe
1 kleines Lorbeerblatt
1 Gewürznelke
1 EL kalte Butter

Für den gegrillten Fenchel:
1 große Fenchelknolle
1 EL mildes Olivenöl
mildes Chilisalz

1 Für die Chermoula die Zwiebel schälen und in feine Würfel schneiden. Die Zwiebel 2 Minuten in Wasser kochen, in ein Sieb abgießen, kalt abschrecken, abtropfen lassen und das Wasser gut ausdrücken.

2 Den Zitronensaft mit Olivenöl, Knoblauch, Zitronen- und Orangenschale und Baharat verrühren. Die Petersilie mit Minze, Koriander und Zwiebel untermischen und mit Chilisalz würzen.

3 Für das Kaninchen die Zwiebel schälen und vierteln. Die Kaninchenkeulen waschen und trocken tupfen. Das Öl in einer Schmorpfanne erhitzen und die Kaninchenkeulen darin bei mittlerer Hitze rundum anbraten. Die Brühe angießen, die Zwiebel, das Lorbeerblatt und die Gewürznelke dazugeben. Den Pfannendeckel so auflegen, dass ein Spalt offen bleibt, und die Kaninchenkeulen knapp unter dem Siedepunkt 1 ¼ bis 1 ½ Stunden garen, dabei gelegentlich wenden.

4 Die Kaninchenkeulen herausnehmen und warm halten. Die Zwiebel und die Gewürze entfernen. Den Sud bis auf 2 bis 3 EL einköcheln lassen, die kalte Butter unterrühren und die Kaninchenkeulen darin wenden.

5 Für den gegrillten Fenchel den Fenchel putzen, waschen und längs in 3 bis 4 mm dicke Scheiben schneiden. Das Olivenöl in einer großen Pfanne erhitzen, den Fenchel darin bei mittlerer Hitze auf beiden Seiten goldbraun braten und mit Chilisalz würzen.

6 Die Fenchelscheiben auf vorgewärmten Tellern anrichten, je 1 Kaninchenkeule darauflegen und die Baharat-Chermoula darauf verteilen.

Mein Tipp

Chermoula ist aus den nordafrikanischen Küchen nicht wegzudenken: Die würzige Mischung wird als Marinade oder als Topping für alles benutzt, was gegrillt, im Ofen gebraten oder geschmort werden soll – sei es Fisch, Geflügel, Lamm oder eben Wild. Jede Köchin verwendet etwas andere Zutaten und passt ihre persönliche Zusammenstellung dem jeweiligen Gericht an.

Kaninchenroulade
mit Pistazien und Linsen-Paprika-Gemüse

Für 4 Personen

Für das Linsen-Paprika-Gemüse:

150 g Berglinsen (kleine grüne Linsen)
½ Zwiebel · je 50 g Karotte und Knollensellerie
1 große rote Paprikaschote
1 EL Öl · ½–1 EL Tomatenmark
½ l Hühnerbrühe · 1 EL saurer Granatapfelsirup (aus dem türkischen Feinkostladen)
1 Lorbeerblatt
2 Scheiben Knoblauch
1 Scheibe Ingwer
1 kleiner Streifen unbehandelte Zitronenschale
Salz · mildes Chilipulver

Für die Roulade:

150 g gekühltes Hähnchenbrustfilet (in kleinen Würfeln)
Salz · Pfeffer aus der Mühle
150 g kalte Sahne
½–1 TL scharfer Senf
frisch geriebene Muskatnuss
je 50 g Knollensellerie, Karotte und Zucchino
1–2 EL Pistazien
1 EL Petersilie (frisch geschnitten)
½–1 TL Estragon (frisch geschnitten)
mildes Chilipulver
150 g Kaninchenlebern
2 Kaninchenrücken (à ca. 500 g; mit Knochen und Bauchlappen)
Öl für die Folie
2 EL braune Butter (siehe Tipp S. 202)
1 EL gemischte Kräuter (z.B. Petersilie, Kerbel; frisch geschnitten)

1 Für das Linsen-Paprika-Gemüse die Linsen 2 Stunden in kaltem Wasser einweichen. Zwiebel schälen, Karotte und Sellerie putzen und schälen. Alles in kleine Würfel schneiden. Paprikaschote längs halbieren, entkernen, mit dem Sparschäler schälen und in kleine Würfel schneiden. Das Öl in einem Topf erhitzen und das Gemüse – bis auf die Paprika – darin bei milder Hitze andünsten. Das Tomatenmark hineinrühren und kurz anrösten. Die Linsen in ein Sieb abgießen, kurz abbrausen und dazugeben. Brühe angießen, Sirup und Lorbeerblatt hinzufügen und die Linsen 20 bis 25 Minuten mehr ziehen als kochen lassen. Nach 10 Minuten Paprikawürfel, Knoblauch, Ingwer und Zitronenschale dazugeben. Gewürze entfernen und das Gemüse mit Salz und 1 Prise Chilipulver abschmecken.

2 Für die Roulade das Hähnchenfilet mit Salz und Pfeffer würzen. Mit der Sahne 5 bis 10 Minuten in das Tiefkühlfach stellen, bis beides eiskalt, aber noch nicht angefroren ist. Das Fleisch im Blitzhacker mit Senf, 1 Prise Muskatnuss und einem Viertel der Sahne kurz pürieren, bis die Masse anfängt zu binden. Nach und nach restliche Sahne unterrühren, bis eine glatte, glänzende Masse entsteht. Farce in einer Schüssel kühl stellen.

3 Sellerie und Karotte putzen und schälen, Zucchino putzen und waschen. Das Gemüse in ½ cm große Würfel schneiden. Sellerie und Karotte in kochendem Salzwasser etwa 5 Minuten fast weich garen, nach 4 Minuten Zucchino dazugeben. Kalt abschrecken und abtropfen lassen. Die Gemüsewürfel mit Pistazien, Petersilie und Estragon unter die Geflügelfarce rühren. Mit Salz und 1 Prise Chilipulver abschmecken.

4 Die Kaninchenlebern putzen, waschen und trocken tupfen. Die Rückenknochen des Kaninchens mit einem Ausbeinmesser von der Innenseite her so auslösen, dass ein zusammenhängendes Stück Fleisch mit anliegenden Rückenfilets entsteht. Falls nötig, an den Rändern noch etwas zuschneiden. Die Bauchlappen nacheinander zwischen 2 geölten Lagen Frischhaltefolie mit der flachen Seite eines Schnitzelklopfers noch etwas dünner ausklopfen. Die Filets dabei aussparen.

5 Die beiden Fleischstücke mit den Filets nach oben auf der Arbeitsplatte ausbreiten. Die Geflügelfarce darauf verteilen, die Lebern jeweils zwischen die 2 Rückenfilets legen, dazu, falls nötig, etwas zuschneiden und das Ganze zu einer Rolle formen. Erst in Frischhaltefolie, dann in feste Alufolie wickeln. In einem Topf Wasser auf 90 °C erhitzen und die Rouladen darin 25 Minuten saftig garen. Die braune Butter erwärmen, die Kräuter unterrühren und mit Salz und Pfeffer würzen. Die Rouladen darin wenden, in Scheiben schneiden und mit dem Gemüse anrichten.

Desserts

Feige mit Turban
und Mandeljoghurt

Für 4 Personen

Für die Feige:
4 große Feigen (je ca. 70 g)
1 TL Zitronensaft
1–2 TL Puderzucker
je ½ unbehandelte Zitrone und Orange
60 g Zucker
1 Eiweiß
Salz

Für den Mandeljoghurt:
150 g griechischer Joghurt
1 EL Puderzucker
2 TL dunkles Mandelmus (aus dem Reformhaus oder Bioladen)
1 TL Amaretto (ital. Mandellikör)

Außerdem:
1 EL Mandelblättchen
1–2 TL karamellisierte Kardamomsamen (siehe S. 188)

1 Für die Feige die Früchte waschen, trocken tupfen und Stiel- und Blütenansätze gerade abschneiden. Die Feigen quer halbieren und die Hälften mit den Schnittfläche nach oben auf ein Backblech setzen. Die Feigen mit dem Zitronensaft beträufeln und mit dem Puderzucker bestäuben. Die Zitrone und die Orange heiß waschen, trocken reiben und jeweils etwas Schale mit der Zestenreibe über die Feigen reiben.

2 Den Backofengrill einschalten. Den Zucker mit 2 bis 3 EL Wasser in einem Topf verrühren und 2 Minuten köcheln lassen. Das Eiweiß mit 1 Prise Salz mit den Quirlen des Handrührgeräts schaumig schlagen. Den kochend heißen Zuckersirup unter ständigem Rühren dazugeben und 5 bis 10 Minuten weiterschlagen, bis der Eischnee wieder ausgekühlt ist.

3 Den Eischnee in einen Spritzbeutel mit Lochtülle (8 bis 10 mm Durchmesser) füllen und auf die Schnittflächen der Feigenhälften jeweils einen hohen Turban aufspritzen. Das abstehende spitze Ende mit einem angefeuchteten Finger glatt tupfen. Das Baiser mit den Mandelblättchen bestreuen und die Feigen unter dem Backofengrill auf der untersten Schiene einige Minuten goldbraun überbacken.

4 Inzwischen für den Mandeljoghurt den Joghurt mit Puderzucker und Mandelmus verrühren, falls nötig, noch mit etwas Milch verdünnen. Den Mandeljoghurt mit dem Amaretto abschmecken.

5 Die Mandeln in einer Pfanne ohne Fett goldbraun rösten. Feigen mit Turban mit dem Mandeljoghurt auf Desserttellern anrichten. Mit den Mandeln und dem Kardamom bestreuen. Dazu passt Schwarzes Johannisbeersorbet (Cassissorbet).

Mein Tipp

Meringues, bei denen heißer Zuckersirup unter das Eiweiß geschlagen wird, nennt man auch »italienischen Baiser«. Der Vorteil dieser Methode ist, dass das Eiweiß durch den Zuckersirup selbst erhitzt und dabei so stabil wird, dass es sich ohne Schwierigkeiten auf die Feige spritzen lässt. Zur Zubereitung des Sirups wird der Zucker am besten »zum Faden« gekocht – das heißt, dass das Zuckerwasser einige Minuten kocht, bis es 107 °C erreicht hat. Anschließend wird es sofort unter das geschlagene Eiweiß gerührt.

GEBACKENE MISPELN
mit Fruchtsalat und Aprikosensauce

FÜR 8 PERSONEN

Für die Mispeln:
10 Mispeln (oder Aprikosen)
½ l Weißwein
100 g Zucker
3 Gewürznelken
2 Zacken Sternanis
½ aufgeschlitzte Vanilleschote
1 Splitter Zimtrinde
2 Scheiben Ingwer
1 EL geröstete, gehackte Mandeln
1 EL gehackte Pistazien
1 EL gemahlene Walnüsse
1 EL gemahlene Haselnüsse
3 EL Aprikosenkonfitüre
50 g Marzipanrohmasse

Für den Teig:
185 g Mehl
140 ml Weißwein
1–2 EL Pfirsichlikör
4 EL Öl
4 Eigelb
4 Eiweiß
Salz
40 g Zucker
Öl zum Frittieren

Für die Sauce und den Fruchtsalat:
500 g Aprikosenmark
100 g Ananas
¼ Mango
¼ Papaya
½ Kiwi
100 g Melone
4 EL Granatapfelkerne
1 Spritzer Limettensaft
etwas Puderzucker

1 Am Vortag für die Mispeln die Früchte von der Stielansatzseite her aushöhlen, sodass alle Kerne und auch die feste Innenhaut entfernt werden. Die Früchte häuten und in eine tiefe ofenfeste Form legen. Den Backofen auf 180 °C vorheizen.

2 Den Weißwein mit Zucker, Gewürznelken, Sternanis, Vanille, Zimt und Ingwer aufkochen und alles am Siedepunkt 10 Minuten ziehen lassen. Durch ein Sieb gießen und kochend heiß über die ausgehöhlten Früchte gießen – sie sollten mit der Flüssigkeit bedeckt sein. Die Früchte im Ofen auf der mittleren Schiene 10 Minuten garen. Dann herausnehmen, auskühlen lassen und über Nacht im Sud ziehen lassen. Am nächsten Tag die Früchte abtropfen lassen und die Marinade für die Sauce aufbewahren.

3 Für die Füllung 2 marinierte Mispeln fein hacken und mit Mandeln, Pistazien, Walnüssen, Haselnüssen und 1 EL Aprikosenkonfitüre mischen. Die Masse in einen Spritzbeutel füllen und die übrigen 8 Mispeln damit bis fast obenhin füllen. Zum Verschließen der Öffnungen das Marzipan mit der übrigen Aprikosenkonfitüre zu einer glatten Masse verrühren, die Öffnungen damit verschließen und glatt streichen. In die runde Oberseite der Mispeln kleine Holzspieße stecken und die Mispeln bis zur Weiterverarbeitung einfrieren.

4 Den Backofen auf 180 °C vorheizen. Für den Backteig das Mehl mit Wein, Pfirsichlikör, Öl und den Eigelben glatt rühren. Die Eiweiße mit 1 Prise Salz und dem Zucker zu einem cremigen Schnee schlagen und unter die Mehlmasse heben. In der Fritteuse oder in einem hohen Topf 7 bis 10 cm hoch Öl auf 190 °C erhitzen.

5 Die gefrorenen Mispeln am Holzspieß anfassen, portionsweise in den Backteig tauchen und mithilfe des Spießes in das heiße Öl tauchen, damit der Teig goldbraun anbäckt. Früchte dann auf ein Backblech legen und im Ofen auf der mittleren Schiene etwa 12 Minuten durchziehen lassen. Die Spieße wieder entfernen.

6 Für die Sauce die Gewürzmarinade mit dem Aprikosenmark verrühren und unter häufigem Rühren bei milder Hitze auf die Hälfte einköcheln, dann auskühlen lassen. Für den Fruchtsalat alle Früchte schälen, falls nötig, entkernen und entsteinen und in 5 bis 6 mm große Würfel schneiden. Mit den Granatapfelkernen mischen und mit Limettensaft und Puderzucker würzen. Die Sauce auf Teller verteilen, die gebackenen Mispeln daraufsetzen und den Fruchtsalat darum herum verteilen. Nach Belieben je 1 Kugel Haselnusseis (Rezept siehe S. 335) dazu servieren.

Hibiskusgranité
mit Zimt-Ingwer-Aroma

Für 4 Personen

1 Zimtrinde
10 g Hibiskusblüten (fein zerrieben; aus dem Teeladen)
1 Gewürznelke
10 grüne Kardamomkapseln
6 Scheiben Ingwer
je 3 Streifen unbehandelte Zitronen- und Orangenschale
½ aufgeschlitzte Vanilleschote
150 g Zucker
Saft von 2 Orangen
Saft von ½ Zitrone

1 Die Zimtrinde zerbröseln und mit den Hibiskusblüten, der Gewürznelke, dem Kardamom, den Ingwerscheiben, den Zitronen- und Orangenschalenstreifen, der Vanilleschote und dem Zucker in einen Topf geben. Mit 1 l kochendem Wasser übergießen und 10 Minuten ziehen lassen.

2 Orangen- und Zitronensaft hinzufügen, alles durch ein Sieb gießen und abkühlen lassen. In eine gefrierfeste flache Form füllen und im Tiefkühlfach durchfrieren lassen.

3 Zum Anrichten das gefrorene Granité mit einem Löffel aufrauen, in vorgekühlte Gläser füllen und sofort servieren.

Granité
von Minze und grünem Tee

Für 4 Personen

1 Bund Minze
1 EL kräftiger grüner Tee (z.B. Gunpowder)
150 g Zucker
½ aufgeschlitzte Vanilleschote
je 4 Streifen unbehandelte Zitronen- und Orangenschale

1 Die Minze waschen, trocken schütteln und die Blätter abzupfen. Die Minzeblätter mit dem grünen Tee in einen Topf geben. Den Zucker, die Vanilleschote und die Zitronen- und Orangenschale dazugeben. Mit 1 l kochendem Wasser übergießen und 5 Minuten ziehen lassen.

2 Die Mischung durch ein Sieb gießen und auskühlen lassen. In eine gefrierfeste flache Form füllen und im Tiefkühlfach durchfrieren lassen.

3 Zum Anrichten mit einem Löffel aufrauen, in vorgekühlte Gläser füllen und sofort servieren.

Haselnusseis
mit Orange

Für 4 Personen

2 Vanilleschoten
½ l Milch
500 g Sahne
150 g Zucker
6 Eigelb
4 Eier
Salz
250 g schwach gesüßte Haselnusspaste (aus dem arabischen Feinkostladen; ersatzweise Nussnougat)
1 TL abgeriebene unbehandelte Orangenschale
1 TL geriebener Ingwer
1 EL Rum
1–2 EL Haselnusslikör

1 Die Vanilleschoten längs aufschneiden und das Mark mit einem spitzen Messer herauskratzen. Die Milch, die Sahne, die Vanilleschoten und das -mark mit 75 g Zucker in einem Topf aufkochen lassen.

2 Die Eigelbe, die Eier, den restlichen Zucker und 1 Prise Salz in einer Metallschüssel mit dem Schneebesen hellschaumig aufschlagen. Die kochend heiße Vanillemilch nach und nach unter Rühren hinzufügen. Währenddessen in einen Topf etwa 3 cm hoch Wasser füllen und zum Kochen bringen.

3 Die Vanillecreme auf den Topf über den aufsteigenden Wasserdampf stellen – die Schüssel sollte nicht im Wasser stehen. Die Creme 5 bis 10 Minuten erhitzen, dabei mit einem flexiblen Teigschaber ruhig, aber beständig von der Schüsselwand wegrühren. Die Masse dabei auf höchstens 75 bis 78 °C erhitzen, bis sie anfängt leicht zu binden (das nennt man »zur Rose abziehen«).

4 Die Vanillecreme sofort durch ein Sieb gießen. Die Haselnusspaste, die Orangenschale und den Ingwer unterrühren. Die Creme abkühlen lassen, dabei gelegentlich umrühren.

5 Die Vanillecreme mit Rum und Haselnusslikör abschmecken und in der Eismaschine zu einem cremigen Eis gefrieren. In einen gefrierfesten, eisgekühlten Behälter füllen, mit Backpapier direkt bedecken und bis zum Servieren im Tiefkühlfach aufbewahren. Das Haselnusseis möglichst frisch verzehren.

Mein Tipp

Das Haselnusseis wird zum feinen Dessert, wenn Sie es mit frischen Früchten der Saison und einer Schokoladensauce servieren. Auch zu den gebackenen Mispeln von Seite 332 passt es hervorragend.

Geeistes vom Kaffee
mit Arabischem Kaffeegewürz

Für 4 Personen

Für die Kaffee-Sahne-Haube:
70 g Sahne
1 EL Kaffeebohnen
1 TL Zucker

Für das Kaffee-Eis:
50 ml starker Kaffee
1 TL Instant-Kaffeepulver
50 g Zucker
2 Eigelb
1 EL Rum
100 g Sahne

Außerdem:
Arabisches Kaffeegewürz (aus dem Gewürzladen; ersatzweise eine Mischung aus Kardamom, Muskatnuss, Gewürznelken, Piment, Vanille und Zimt)

1 Am Vortag für die Kaffee-Sahne-Haube die Sahne mit den Kaffeebohnen und dem Zucker verrühren und zugedeckt über Nacht im Kühlschrank durchziehen lassen.

2 Am nächsten Tag für das Kaffee-Eis den Kaffee, das Kaffeepulver und den Zucker in einen Topf geben und unter Rühren einmal aufkochen lassen – der Zucker sollte sich dabei auflösen.

3 Die Eigelbe in einer Metallschüssel schaumig schlagen. Den heißen Kaffee unter Rühren dazugeben und alles im heißen Wasserbad weiterschlagen, bis die Masse bei 75 bis 78 °C feinporig und schaumig ist. Dann in der Küchenmaschine oder im kalten Wasserbad kalt schlagen, dabei den Rum hinzufügen.

4 Die Sahne cremig schlagen und unter den Kaffeeschaum ziehen. Die Mischung in gefrierfeste Kaffeetassen füllen – dabei oben einen 1 bis 1 ½ cm breiten Rand lassen. Die Tassen in das Tiefkühlfach stellen und die Creme mehrere Stunden gefrieren.

5 Für die Kaffee-Sahne-Haube die Sahne mit den Kaffeebohnen durch ein Sieb gießen, die Sahne schaumig schlagen und kurz vor dem Servieren die Tassen damit bis zum Rand befüllen. Mit dem Arabischen Kaffeegewürz bestäuben.

Mein Tipp

Das Dessert schmeckt am besten, wenn es 20 bis 30 Minuten vor dem Servieren zum Temperieren in den Kühlschrank gestellt wird.

Milchreiseis
auf Erdbeeren mit Kardamom

Für 4 Personen

Für das Eis:
200 g Sahne
300 ml Milch
Salz
40 g Milchreis
½ TL Milchreisgewürz (aus dem Gewürzladen; ersatzweise eine Mischung aus Zimt, Kardamom, Ingwer, Vanille, Kurkuma, Gewürznelke, schwarzem Pfeffer, Fenchel, Anis und Orangenschale)
2 Eier
4 Eigelb
90 g Zucker

Für die Erdbeeren:
1 TL grüne Kardamomkapseln
200 g Erdbeeren
2 EL gesiebter Puderzucker
1 TL Zitronensaft
einige Tropfen Orangenlikör

1 Die Sahne mit der Milch und 1 Prise Salz aufkochen. Den Milchreis hinzufügen und knapp unter dem Siedepunkt etwa 1 Stunde ziehen lassen, dabei gelegentlich umrühren. Das Milchreisgewürz hinzufügen und alles mit dem Stabmixer pürieren.

2 Die Eier und die Eigelbe mit dem Zucker in einer Metallschüssel schaumig schlagen. Die heiße Milchreis-Sahne unterrühren. Währenddessen in einen Topf etwa 3 cm hoch Wasser füllen und zum Kochen bringen.

3 Die Milchreismasse auf den Topf über den aufsteigenden Wasserdampf stellen und 5 bis 10 Minuten erhitzen, dabei mit einem flexiblen Teigschaber ruhig, aber beständig von der Schüsselwand wegrühren. Die Masse dabei auf höchstens 75 bis 78 °C erhitzen, bis sie anfängt leicht zu binden (das nennt man »zur Rose abziehen«).

4 Sobald die Masse sämig bindet, die Schüssel sofort ins kalte Wasserbad stellen und kalt rühren. Die Milchreiscreme in der Eismaschine zu einem cremigen Eis gefrieren lassen. Das Milchreiseis in eine gefrierfeste, eisgekühlte Schüssel umfüllen, die Oberfläche glatt streichen und direkt mit Backpapier bedecken. Bis zum Servieren in das Tiefkühlfach stellen.

5 Für die Erdbeeren den Kardamom etwas andrücken und in eine Gewürzmühle füllen. Die Erdbeeren waschen, putzen und vierteln. Mit Puderzucker, Zitronensaft und Orangenlikör marinieren und mit dem Kardamom würzen.

6 Die Erdbeeren auf Dessertteller verteilen. Von dem Milchreiseis mit einem Esslöffel Nocken abstechen und auf den Erdbeeren anrichten.

Mein Tipp

Anstatt der Erdbeeren passt zu dem Milchreiseis beinahe jedes Obst bzw. Kompott als fruchtige Beilage. Servieren Sie das Eis je nach Saison z.B. mit Rhabarberkompott, marinierten Beeren, Aprikosen- oder Zwetschgenröster oder Blutorangenragout.

Sesam-Krokant-Parfait
mit marinierter Melone

Für 10 Personen

Für das Parfait:
160 g Zucker
50 g helle Sesamsamen
4 Eigelb
2 Eier
Mark von 1 Vanilleschote
400 g Sahne

Für die marinierte Melone:
1 vollreife orangefleischige Melone
2 EL Orangensaft
etwas Zitronensaft
1 EL Zucker
1 EL weißer Portwein
1 Schuss Prosecco
1 Stiel Minze
Puderzucker

Außerdem:
Öl für die Form

1 Für das Parfait 100 g Zucker bei mittlerer Hitze in einer Pfanne ohne Rühren schmelzen. Dafür den Zucker nach und nach so einstreuen, dass immer wieder Zucker auf bereits geschmolzenen gestreut wird. Sobald die ganze Zuckermenge gleichmäßig goldbraun karamellisiert ist, den Sesam einrühren. Die Masse auf einen Bogen Backpapier geben, einen zweiten Bogen darauflegen und mit einem Rollholz möglichst flach ausrollen. Abkühlen lassen, das Backpapier abziehen und die Krokantplatte z. B. mit einem Sägemesser zerkleinern.

2 In einem Topf 2 bis 3 cm hoch Wasser zum Kochen bringen. Die Eigelbe, die Eier, den übrigen Zucker und das Vanillemark in eine Metallschüssel geben und diese auf den Topf über den aufsteigenden Wasserdampf stellen – die Schüssel sollte nicht im Wasser stehen. Die Mischung mit den Quirlen des Handrührgeräts oder einem feinmaschigen Schneebesen hellschaumig schlagen, bis die Masse eine Temperatur von 75 bis 78 °C erreicht.

3 Die Schüssel ins kalte Wasserbad stellen und die Masse kalt schlagen. Die Sahne cremig aufschlagen und mit 90 g zerkleinertem Krokant unter die Eiermasse heben.

4 Eine Königskuchenform (25 cm Kantenlänge) oder 10 Portionsförmchen (à 120 ml Inhalt) mit Öl einfetten und mit Frischhaltefolie auslegen. Die Parfaitmasse einfüllen und den übrigen Krokant daraufstreuen. Direkt mit Backpapier oder Frischhaltefolie bedecken und im Tiefkühlfach 8 Stunden durchfrieren lassen.

5 Für die marinierte Melone die Frucht halbieren, die Kerne entfernen und aus dem Fruchtfleisch kleine Kugeln ausstechen. Das übrige Fruchtfleisch mit dem Orangensaft, 1 Spritzer Zitronensaft, Zucker und Portwein pürieren. Den Prosecco hinzufügen und je nach Konsistenz noch etwas Wasser hinzufügen.

6 Die Melonenkugeln mit dem Melonenpüree mischen. Die Minze waschen und trocken tupfen, die Blätter abzupfen, klein schneiden und untermischen. Das Melonenragout kurz vor dem Servieren mit Zitronensaft und Puderzucker abschmecken.

7 Das Sesam-Krokant-Parfait auf ein gekühltes Schneidebrett stürzen, die Folie abziehen und das Parfait in Scheiben schneiden. Auf gekühlten Desserttellern mit der marinierten Melone anrichten.

Couscouscreme
mit eingelegten Kirschen

Für 6 Personen

Für die Creme:

200 ml Apfelsaft
½ Döschen Safranfäden (0,05 g)
½ aufgeschlitzte Vanilleschote
100 g Couscous
4 Blatt Gelatine
1 EL Zitronensaft
1 TL abgeriebene unbehandelte Zitronenschale
1 EL Orangensaft
1 TL abgeriebene unbehandelte Orangenschale
2 Eiweiß
Salz
60 g Zucker
300 g Sahne

Für die Kirschen:

125 g Zucker
20 g Speisestärke (ca. 2 EL)
⅛ l Rotwein
⅛ l roter Portwein
4 EL Orangensaft
1 EL Zitronensaft
1 kleines Stück Zimtrinde
5 Pimentkörner
5 schwarze Pfefferkörner
1 Zacken Sternanis
¼ Vanilleschote
je 1 Streifen unbehandelte Zitronen- und Orangenschale
1 Scheibe Ingwer
200 g Kirschen

1 Für die Creme den Apfelsaft erhitzen. Die Safranfäden einstreuen, die Vanilleschote einlegen und bei milder Hitze 5 Minuten ziehen lassen. Den Couscous in den heißen Apfelsaft rühren, vom Herd ziehen und zugedeckt 5 Minuten quellen lassen.

2 Die Gelatine in kaltem Wasser einweichen, ausdrücken, unter den warmen Couscous rühren und darin auflösen. Zitronensaft und -schale, Orangensaft und -schale unterrühren und den Couscous auf Zimmertemperatur abkühlen lassen. Die Vanilleschote entfernen.

3 Die Eiweiße mit 1 Prise Salz und dem Zucker zu einem cremigen Schnee schlagen. Die Sahne cremig schlagen. Eischnee und Sahne abwechselnd locker unter den Couscous heben. Die Creme in Portionsförmchen (120 ml Inhalt) füllen und mehrere Stunden kühl stellen.

4 Für die Kirschen den Zucker mit 60 ml Wasser in einen kleinen Topf geben und bei mittlerer Hitze einige Minuten zu einem hellen flüssigen Karamell kochen.

5 Die Stärke mit etwas Rotwein glatt rühren. Den restlichen Rotwein, den Portwein, Orangen- und Zitronensaft zum Karamell geben und den dabei festwerdenden Karamell darin auflösen.

6 Die angerührte Stärke vorsichtig in den Fond rühren und etwa 1 Minute köcheln lassen. Die ganzen Gewürze, die Zitrusschalen und den Ingwer dazugeben, den Topf vom Herd nehmen und alles 5 bis 10 Minuten ziehen lassen.

7 Inzwischen die Kirschen waschen und entsteinen. Den Fond durch ein Sieb gießen, mit den Kirschen mischen und auskühlen lassen

8 Die Couscouscreme aus den Förmchen auf Dessertteller stürzen und mit den eingelegten Kirschen und nach Belieben gebackenen Kataifiteigfäden garnieren.

Mein Tipp

Die Kirschen lasse ich nicht im Gewürzsud mitkochen – so bleiben sie schön knackig und behalten ihre Form und Farbe. Allerdings sollten sie dann am gleichen Tag verzehrt werden. Wer die Kirschen am Tag vorher zubereiten möchte, kocht sie einmal kurz im Sud auf.

Pistazien-Crème-brulée
mit Orangenblütenwasser

Für 4 Personen

100 g Pistazien
½ Vanilleschote
¼ l Milch
250 g Sahne
80 g Zucker
1 TL abgeriebene unbehandelte Orangenschale
3 EL Orangenblütenwasser (aus der Apotheke)
Salz
5 Eigelb
2 cl Amaretto (ital. Mandellikör)
2 EL feiner brauner Zucker

1 Den Backofen auf 150 °C vorheizen. Die Pistazien im Blitzhacker sehr fein mahlen. Die Vanilleschote längs aufschneiden und das Mark mit einem spitzen Messer herauskratzen.

2 Die Milch mit der Sahne, dem Zucker, den Pistazien, dem Vanillemark, der Orangenschale, dem Orangenblütenwasser und 1 Prise Salz in einen Topf geben und aufkochen lassen.

3 Die Pistazienmilch in den Küchenmixer geben und 2 Minuten mixen. Während des Mixens die Eigelbe dazugeben. Die Masse durch ein Sieb streichen, 3 EL der im Sieb zurückgebliebenen Pistazienmasse in die Milchmischung rühren und den Amaretto hinzufügen.

4 Die Masse auf 4 Soufflèförmchen (à 150 ml Inhalt) verteilen, in ein tiefes Backblech stellen und so viel kochend heißes Wasser auffüllen, dass die Förmchen etwa ein Drittel hoch im Wasser stehen. Im Backofen auf der mittleren Schiene 45 bis 50 Minuten cremig stocken lassen. Nach spätestens 30 Minuten Garzeit zum ersten Mal die Konsistenz der Creme prüfen und diese bei Bedarf früher aus dem Ofen nehmen.

5 Die Förmchen aus dem Wasserbad nehmen, die Creme abkühlen lassen und mindestens 4 Stunden (am besten über Nacht) kühl stellen.

6 Kurz vor dem Servieren den Backofengrill einschalten. Die Creme in den Schälchen gleichmäßig mit dem braunen Zucker bestreuen und unter dem Grill auf der obersten Schiene goldbraun karamellisieren (alternativ mit dem Flambierbrenner karamellisieren). Die Pistazien-Crème-brulée nach Belieben mit Pistazien bestreuen und mit Hippen servieren.

Mein Tipp

Der Anbau von Pistazien ist seit der Antike belegt; seitdem sind sie im gesamten Mittelmeerraum verbreitet und gerade bei den Desserts des Orients nicht mehr wegzudenken. Zudem sind sie gesund: Sie mindern, wenn sie gleichzeitig mit kohlenhydrathaltigen Speisen verzehrt werden, den Anstieg des Blutzuckerspiegels und reduzieren Hormone, die das Hungergefühl fördern. Schon allein deshalb wäre es viel zu schade, die Pistazien, die nach dem Abseihen der Pistazienmilch zurückbleiben, wegzuwerfen. Sie können gut unter Nussfüllungen oder Kuchen- und Muffinteige gemischt werden. Allerdings sollten sie möglichst noch am gleichen Tag weiterverwendet werden.

Joghurt-Quitten-Creme
mit Mandelkrokant

Für 6–8 Personen

Für das Quittenmus:
500 g Quitten (ca. 2 kleine)
50 g Zucker
1 EL Zitronensaft
5 EL Orangensaft
1 Gewürznelke
¼ aufgeschlitzte Vanilleschote
½ Zimtrinde
je 2 Streifen unbehandelte Zitronen- und Orangenschale

Für die Joghurtcreme:
200 g griechischer Joghurt
50 g Zucker
1 Msp. abgeriebene unbehandelte Orangenschale
1 EL Zitronensaft
Salz
300 g Sahne
3 Blatt Gelatine
Saft von ½ Orange

Für den Krokant:
2 EL Mandelstifte
2 EL Zucker

1 Für das Quittenmus die Quitten vierteln, schälen, entkernen und in Würfel schneiden. Mit 100 ml Wasser, dem Zucker, Zitronen- und Orangensaft in einen Topf geben.

2 Gewürznelke, Vanilleschote, Zimt, Zitronen- und Orangenschale hinzufügen und die Quitten zugedeckt bei milder Hitze etwa 15 Minuten garen, bis sie weich sind.

3 Abkühlen lassen, die Gewürze entfernen und die Quitten samt Sud mit dem Stabmixer pürieren.

4 Für die Joghurtcreme den Joghurt mit Zucker, Orangenschale, Zitronensaft und 1 Prise Salz verrühren. Die Sahne mit den Quirlen des Handrührgeräts cremig schlagen.

5 Die Gelatine in kaltem Wasser einweichen. Den Orangensaft erwärmen, die Gelatine ausdrücken und im Orangensaft auflösen. 1 EL Joghurtmischung hineinrühren und die Gelatine zügig unter die restliche Joghurtmasse rühren. Dann die Sahne unterheben. Das Quittenmus in Dessertgläser verteilen, die Joghurtcreme daraufgeben und mindestens 1 Stunde kühl stellen.

6 Für den Krokant die Mandelstifte mit dem Zucker in einer Pfanne bei mittlerer Hitze unter Rühren hell karamellisieren, sofort aus der Pfanne nehmen und auf Backpapier abkühlen lassen. Die Joghurt-Quitten-Creme kurz vor dem Servieren mit dem Mandelkrokant bestreuen.

Mein Tipp

Gelatine bildet keine Klümpchen, wenn sie der Temperatur der Masse angeglichen wird, mit der sie verrührt werden soll. Deshalb ist es wichtig, nach dem Auflösen der Blätter in Saft auch etwas Joghurtmischung hineinzurühren, bevor die aufgelöste Gelatine unter die Crememasse gemischt wird. Die Sahne sollte kühlschrankkalt sein, damit sie sich gut schlagen lässt. Optimal für die Joghurt-Quitten-Creme ist sie, wenn sie beim Schlagen ihr volles Volumen erreicht hat, aber noch nicht ganz fest geworden ist. So verbindet sie sich mit der Joghurtmasse am besten.

Milchpudding
mit Quittenragout und Berberitzen

Für 4 Personen

Für den Milchpudding:
1 Vanilleschote
½ l Milch
1 Scheibe Ingwer
1 Zimtrinde
2–3 grüne Kardamomkapseln
je 1 Streifen unbehandelte Zitronen- und Orangenschale
50 g Zucker
5 Blatt Gelatine
3–4 TL Rosenwasser (aus der Apotheke)
100 g geschlagene Sahne

Für das Quittenragout:
100 g Zucker
1 EL Zitronensaft
4 EL Orangensaft
200 ml Weißwein
150 ml Prosecco (oder Sekt)
¼ Zimtrinde
Mark von ¼ Vanilleschote
je 1 Streifen unbehandelte Zitronen- und Orangenschale
2 große Quitten
1 geh. EL Speisestärke
1–2 EL getrocknete Berberitzen

1 Für den Milchpudding die Vanilleschote längs aufschneiden und das Mark mit einem spitzen Messer herauskratzen. Die Milch mit der Vanilleschote, dem -mark, Ingwer, Zimt, Kardamom, Zitronen- und Orangenschale und dem Zucker in einem Topf aufkochen lassen. Vom Herd nehmen und 10 Minuten ziehen lassen.

2 Die Gelatine in kaltem Wasser einweichen. Die Gewürzmilch durch ein Sieb in eine Schüssel gießen. Die Gelatine gut ausdrücken, unter Rühren in der heißen Gewürzmilch auflösen und abkühlen lassen, bis die Masse zu gelieren beginnt. Das Rosenwasser unterrühren und die geschlagene Sahne unterheben.

3 Die Masse in Portionsförmchen (à 120 ml Inhalt) füllen und zugedeckt im Kühlschrank mindestens 2 Stunden fest werden lassen.

4 Für das Quittenragout den Zucker in einen Topf streuen und bei mittlerer Hitze bernsteinfarben karamellisieren. Mit Zitronen- und Orangensaft ablöschen. Den Weißwein und den Prosecco dazugeben, die Gewürze, Zitronen- und Orangenschale hinzufügen und das Ganze bei milder Hitze einige Minuten köcheln lassen, bis sich der Karamell gelöst hat. Den Topf vom Herd ziehen.

5 Die Quitten vierteln, schälen, entkernen und in Würfel schneiden. In den Sud geben und bei milder Hitze etwa 15 Minuten weich garen. In ein Sieb abgießen und die Gewürze entfernen.

6 Den Quittensaft in einem Topf aufkochen lassen. Die Speisestärke mit wenig kaltem Wasser glatt rühren und nach und nach unter den Quittensaft rühren. Den Saft 2 Minuten einköcheln lassen. Die Quitten und Berberitzen dazugeben und auskühlen lassen.

7 Den Milchpudding mit dem Quittenragout anrichten und servieren.

Mein Tipp

Bevor die Sahne untergehoben wird, ist es besonders wichtig, die mit Gelatine versetzte Gewürzmilch so weit abzukühlen, dass diese bereits anfängt zu gelieren. Dadurch bindet sie die Sahne sofort, sodass diese sich nicht mehr absetzen kann. Das anschließende Abschmecken der Creme mit Rosenwasser erfordert Fingerspitzengefühl. Optimal ist es, wenn das Blütenaroma fein zu schmecken ist, die Creme jedoch nicht dominiert.

Zitronencreme
mit karamellisierten Pfirsichspalten

Für 6 Personen

Für die Zitronencreme:

200 ml Milch
400 g Sahne
150 g Zucker
4 Blatt Gelatine
½ TL gemahlene Kurkuma
1 TL abgeriebene unbehandelte Zitronenschale
Saft von 2 Zitronen (ca. 60 ml)

Für die Pfirsiche:

2 reife Pfirsiche
1 EL Puderzucker
5 angedrückte grüne Kardamomkapseln
¼ Zimtrinde
¼ aufgeschlitzte Vanilleschote
2 Scheiben Ingwer
je 1 Streifen unbehandelte Zitronen- und Orangenschale
1 EL kalte Butter
1 Spritzer Zitronensaft

Außerdem:

80 g kleine Himbeeren
einige Minzeblätter zum Garnieren

1 Für die Zitronencreme die Milch mit 200 g Sahne und dem Zucker in einem Topf aufkochen lassen und vom Herd nehmen. Die Gelatine in kaltem Wasser einweichen, ausdrücken und unter die heiße Sahne-Milch-Mischung rühren. Kurkuma und Zitronenschale untermischen und die Mischung auf Zimmertemperatur abkühlen lassen. Dann durch ein Sieb in eine Schüssel gießen.

2 Die restliche Sahne cremig schlagen. Den Zitronensaft unter die Sahne-Milch-Mischung rühren und in Eiswasser oder im kalten Wasserbad kalt rühren, bis die Creme anfängt zu gelieren. Die geschlagene Sahne unterheben und die Creme in Portionsförmchen (etwa 150 ml Inhalt) füllen und mindestens 2 Stunden kühl stellen.

3 Inzwischen die Pfirsiche waschen, halbieren und entsteinen. Die Hälften in schmale Spalten schneiden.

4 Den Puderzucker in eine Pfanne stäuben und bei mittlerer Hitze hell karamellisieren. Die Pfirsichspalten mit Kardamom, Zimt, Vanilleschote, Ingwer, Zitronen- und Orangenschale hineingeben und darin auf beiden Seiten insgesamt etwa 2 Minuten andünsten. Die Butter dazugeben, die Pfanne vom Herd nehmen und die Pfirsichspalten mit dem Zitronensaft abschmecken. Die Gewürze entfernen.

5 Die Himbeeren verlesen, vorsichtig waschen und trocken tupfen. Die Förmchen mit der Zitronencreme am Rand entlang einschneiden, bis zum oberen Rand in kochend heißes Wasser tauchen und die Creme auf Dessertteller stürzen. Die Pfirsichspalten daneben anrichten und die Himbeeren dazwischenstreuen. Mit der Minze garnieren.

Mein Tipp

Die Legende will es, dass kein Geringerer als Alexander der Große die Zitrone aus Indien in den Mittelmeerraum brachte. Tatsächlich schauten sich zunächst die Perser und Araber von den Indern und Chinesen die Kunst ab, Zitruspflanzen zu kultivieren, und verbreiteten diese zwischen dem 10. und 13. Jahrhundert im Mittelmeerraum. Dort sind sie bis heute aus keiner Länderküche mehr wegzudenken.

Aprikosen-Pastilla
mit Vanillesahne

Für 4 Personen

Für die Pastilla:

250 g Aprikosen
45 g getrocknete Datteln (mit Stein)
50 g getrocknete Feigen
1 EL Haselnusskerne
2 geh. EL Zucker
1 geh. EL Vanillezucker
1 EL Zitronensaft
½ TL geriebener Ingwer
5 Filoteigblätter (à 40 x 35 cm, aus dem türkischen Feinkostladen; ersatzweise Strudelteig)
ca. 50 g zerlassene Butter

Für die Vanillesahne:

100 g Sahne
1 EL Vanillezucker
1 Msp. abgeriebene unbehandelte Orangenschale

Außerdem:

1 TL gehackte Pistazien

1 Für die Pastilla die Aprikosen waschen, halbieren und entsteinen. Die Aprikosenhälften in Spalten schneiden. Die Datteln ebenfalls entsteinen und in kleine Würfel schneiden. Von den Feigen den Stielansatz entfernen, die Feigen ebenfalls in kleine Würfel schneiden. Die Haselnüsse klein hacken.

2 Die Aprikosen mit den Datteln, den Feigen, den Haselnüssen, dem Zucker, dem Vanillezucker, dem Zitronensaft und dem Ingwer mischen. Den Backofen auf 180 °C vorheizen. Ein Backblech mit Backpapier belegen.

3 Vier Filoteigblätter jeweils bis zur Mitte mit Butter bestreichen, die andere Hälfte darüberschlagen und leicht andrücken. Die Aprikosenfüllung mittig daraufsetzen und den Teig über der Füllung zu einem Rechteck einschlagen. Die Päckchen mit der Nahtseite nach unten auf das Backblech setzen und an der Oberfläche mit etwas Butter bestreichen.

4 Das übrige Filoteigblatt zweimal jeweils zur Mitte hin zusammenfalten, sodass nun 4 Teigschichten übereinanderliegen. Aus dem Teig 4 Kreise (6 bis 7 cm Durchmesser) ausschneiden. Die Teigkreise einmal vom Rand bis zur Mitte einschneiden, mit der restlichen Butter bestreichen, dekorativ zu Blüten eindrehen und auf die Teigpäckchen setzen.

5 Die Aprikosen-Pastilla im Ofen auf der mittleren Schiene 20 bis 25 Minuten goldbraun backen.

6 Für die Vanillesahne die Sahne mit dem Vanillezucker und der Orangenschale mit den Quirlen des Handrührgeräts zu einer sämigen Sauce schlagen. Die Sauce auf Dessertteller verteilen, je 1 Aprikosen-Pastilla daraufsetzen und mit den Pistazien bestreuen.

Mein Tipp

Dieses Dessert wurde ebenso von der marokkanischen »B'Stilla« beeinflusst wie die Taubenpastete im Vorspeisenkapitel (S. 186). Im Original wird für diese süß wie auch herzhaft zubereiteten Pasteten Warkateig verwendet, der sehr aufwendig und schwierig herzustellen ist: Mit einem Ballen aus recht flüssigem Mehl-Wasser-Teig werden auf ein über einem Feuer erhitztes Blech dicht nebeneinander Teigkreise getupft, die rasch trocknen und sich dabei zu einem schuppenartigen, runden Blatt vereinen. Fertige Warkateigblätter sind hierzulande nur über das Internet zu beziehen; Filoteig ist aber ein guter Ersatz.

Birne in knuspriger Hülle
mit Granatapfelsabayon

Für 4 Personen

Für die Birne:

2 reife, feste Birnen
35 g Puderzucker
300 ml Weißwein
3 EL süßer Granatapfelsirup (aus dem türkischen Feinkostladen)
½ Zimtrinde
½ ausgekratzte Vanilleschote
1 Gewürznelke
1 kleines Lorbeerblatt
4 Brikteigblätter (aus dem arabischen Feinkostladen)
50 g zerlassene Butter
2 TL Zimtzucker (2 TL Zucker gemischt mit 1 Prise Zimtpulver)
1 Eiweiß
4 EL braune Butter (siehe Tipp S. 202)

Für das Granatapfelsabayon:

2 Eigelb
je 1 Spritzer Zitronen- und Orangensaft

1 Für die Birne die Früchte vierteln, schälen und entkernen. Die Birnenviertel in ½ bis 1 cm große Würfel schneiden.

2 Den Puderzucker in einem Topf bei milder Hitze hell karamellisieren. Mit dem Wein ablöschen, den Granatapfelsirup dazugeben, Zimt, Vanilleschote, Gewürznelke und Lorbeerblatt hinzufügen und alles einmal aufkochen lassen.

3 Die Birnenwürfel dazugeben und knapp unter dem Siedepunkt je nach Reife der Birnen 5 bis 10 Minuten leicht bissfest garen. Den Topf vom Herd nehmen und die Birnen abkühlen lassen. Dann die Birnenwürfel in ein Sieb abgießen und gut abtropfen lassen, den Birnenkochsud auffangen und für das Sabayon beiseitestellen.

4 Die Brikteigblätter mit etwas Butter bestreichen und jeweils einmal zusammenfalten. Nochmals mit Butter bestreichen, mit dem Zimtzucker bestreuen und die Birnenwürfel daraufsetzen. Den Teig so über der Füllung einschlagen, dass etwa 2 cm dicke dreieckige Päckchen entstehen. Die Teigenden mit verquirltem Eiweiß bestreichen.

5 Für das Granatapfelsabayon von dem Birnenkochsud 120 ml abmessen und mit den Eigelben und den Zitrussäften in eine Metallschüssel geben. In einem kleinen Topf 2 cm hoch Wasser aufkochen, die Schüssel daraufstellen und die Flüssigkeit mit dem Schneebesen oder den Quirlen des Handrührgeräts zu einem feinporigen, dicklichen Schaum aufschlagen. Das Sabayon sollte dabei höchstens 75 bis 78 °C erreichen.

6 Die braune Butter in einer Pfanne erhitzen und die Birnenpäckchen darin bei mittlerer Hitze auf beiden Seiten je etwa 2 Minuten goldbraun braten. Herausnehmen und auf Küchenpapier abtropfen lassen.

7 Die Birnenpäckchen auf vorgewärmte Teller legen und das Granatapfelsabayon darum herumträufeln.

Mein Tipp

Das Dessert können Sie auch mit anderen Obstsorten zubereiten, beispielsweise mit Äpfeln oder Quitten. Wichtig ist, dass Sie die Teigdreiecke immer zuerst mit der Nahtseite nach unten anbraten, damit sich die Päckchen gut verschließen.

Karamellisierter Pfannkuchen
mit Feigen und Zimt

Für 4 Personen

1 geh. EL geschälte, gemahlene Mandeln
60 g Mehl
1 EL gehackte Pistazien
¼ TL abgeriebene unbehandelte Zitronenschale
1 Msp. abgeriebene unbehandelte Orangenschale
Mark von ¼ Vanilleschote
90 ml Milch
2 Eigelb
40 g zerlassene braune Butter (siehe Tipp S. 202)
2 Eiweiß · Salz
2 geh. EL Zucker
4 große reife Feigen
1–2 TL Zitronensaft
2 EL Butter
ca. 2 EL Zimtzucker (2 EL Zucker gemischt mit 1–2 Prisen Zimtpulver)
Puderzucker zum Bestäuben

1 Den Backofengrill einschalten. Die Mandeln in einer Pfanne ohne Fett hell rösten und auskühlen lassen.

2 Das Mehl mit den Mandeln und den Pistazien in einer Schüssel mischen. Zitronen- und Orangenschale sowie Vanillemark dazugeben. Die Milch und die Eigelbe verrühren, zur Mehlmischung geben und alles zu einem glatten Teig verrühren. Zuletzt die braune Butter unterrühren.

3 Die Eiweiße mit 1 Prise Salz und dem Zucker in einer Schüssel zu einem cremigen Schnee schlagen und unter den Teig heben.

4 Die Feigen waschen und den Stielansatz entfernen. Die Feigen in etwa ½ cm dicke Scheiben schneiden und mit dem Zitronensaft beträufeln.

5 Eine Pfanne (24 cm Durchmesser) bei mittlerer Temperatur erhitzen. Die Hälfte der Butter darin zerlassen, die Hälfte des Zimtzuckers hineinstreuen und die Hälfte der Feigenscheiben hineinlegen. Die Hälfte des Pfannkuchenteigs darauf verteilen und 2 bis 3 Minuten hell anbräunen.

6 Den Feigenpfannkuchen unter dem Backofengrill auf der mittleren Schiene etwa 5 Minuten goldbraun backen. Herausnehmen und auf einen vorgewärmten Teller stürzen. Den zweiten Pfannkuchen auf die gleiche Weise zubereiten.

7 Zum Servieren die Pfannkuchen in Portionsstücke schneiden und auf Desserttellern anrichten. Mit Puderzucker bestäuben und nach Belieben mit Vanille- oder Mandeleis servieren.

Mein Tipp

Beim Anbraten des Pfannkuchens sollten Sie unbedingt mit milder Hitze arbeiten: So schmilzt der Zucker langsam, das Gewürz wird nicht überhitzt, und es bleibt Ihnen reichlich Zeit, die Feigenscheiben in die Pfanne zu legen. Zudem bräunt der eingegossene Teig langsam und gleichmäßig und zieht dabei von unten bereits etwas durch. Das Finish unter dem Backofengrill hat den Vorteil, dass das luftige Gebäck in der Pfanne nicht mühsam gewendet werden muss.

Wabenpfannkuchen
mit Orangensalat und Minze

Für 4 Pfannkuchen

Für die Pfannkuchen:

125 g Hartweizengrieß
6 g frische Hefe
125 g Mehl
60 ml Milch
1 Ei · Salz
Mark von ½ Vanilleschote
abgeriebene Schale von 1 unbehandelten Orange
1 TL geriebener Ingwer
2 EL braune Butter (siehe Tipp S. 202)

Für den Orangensalat:

2 Orangen
1 Handvoll getrocknete Datteln (ohne Stein)
50 g Puderzucker
200 ml Orangensaft
1 Msp. Vanillemark
1 EL Zucker
1 kleines Stück Zimtrinde
1 Streifen unbehandelte Orangenschale
1 TL Speisestärke
1 TL Orangenlikör
1–2 EL Minze (frisch geschnitten)

1 Für die Pfannkuchen den Hartweizengrieß in einer unbeschichteten Pfanne ohne Fett anrösten, bis er anfängt zu duften. Abkühlen lassen.

2 Die Hefe in 60 ml lauwarmem Wasser auflösen, 3 TL Mehl unterrühren und den Vorteig zugedeckt an einem warmen Ort 15 Minuten gehen lassen.

3 Dann das übrige Mehl in einer großen Schüssel mit dem Vorteig, dem Hartweizengrieß, 150 ml lauwarmem Wasser, der Milch, dem Ei, 1 Prise Salz, dem Vanillemark, der Orangenschale und dem Ingwer mit dem Schneebesen glatt rühren. Den Pfannkuchenteig an einem warmen Ort 1 Stunde gehen lassen.

4 Den Backofen auf 50 °C vorheizen. Eine beschichtete Pfanne (etwa 15 cm Durchmesser) bei mittlerer Temperatur erhitzen und mit einem hitzebeständigen Pinsel etwas braune Butter darin verteilen. Ein Viertel des Pfannkuchenteigs unter leichtem Drehen der Pfanne hineingießen, sodass der Boden gerade bedeckt ist. Den Pfannkuchen bei milder Hitze auf einer Seite hell bräunen, nicht wenden und aus der Pfanne nehmen. Im Ofen warm halten. Auf diese Weise aus dem restlichen Teig 3 weitere Pfannkuchen backen.

5 Für den Orangensalat die Orangen mit einem scharfen Messer so großzügig schälen, dass auch die weiße Haut mit entfernt wird. Die Fruchtfilets zwischen den Trennhäuten herausschneiden. Die Datteln längs vierteln.

6 Den Puderzucker in einen Topf stäuben, bei milder Hitze goldbraun karamellisieren und mit dem Orangensaft ablöschen. Das Vanillemark, den Zucker, die Zimtrinde und die Orangenschale hinzufügen. Bei mittlerer Hitze aufkochen lassen. Die Speisestärke mit wenig kaltem Wasser glatt rühren und den Orangensud damit sämig binden. Etwas abkühlen lassen. Die Orangenfilets und die Datteln hineingeben und mit dem Orangenlikör abschmecken. Den Orangensalat abkühlen lassen und die Minze untermischen.

7 Die Wabenpfannkuchen auf vorgewärmte Dessertteller legen und den Orangensalat darauf anrichten.

Reissoufflé

mit eingelegtem Steinobst und Orangenblütenwasser

Für 4 Personen

Für das eingelegte Steinobst:

600 g gemischtes Steinobst (z. B. Herzkirschen, Nektarinen, Weinbergpfirsiche, Zuckeraprikosen, Zwetschgen)
2 EL Zucker
50 ml Orangensaft
1 EL Zitronensaft
300 ml Apfelsaft
½ Zimtrinde
¼ aufgeschlitzte Vanilleschote
5 grüne Kardamomkapseln
2 schwach geh. TL Speisestärke
1 EL Pistazien
je 2 Streifen unbehandelte Zitronen- und Orangenschale
2 EL Orangenblütenwasser (aus der Apotheke)

Für das Soufflé:

¼ l Milch
30 g Milchreis
¼ aufgeschlitzte Vanilleschote
6 grüne Kardamomkapseln
½ Zimtrinde
1 Scheibe Ingwer
80 g Speisequark · 2 Eigelb
je 1 Msp. abgeriebene unbehandelte Zitronen- und Orangenschale
2 Eiweiß · Salz
40 g Zucker

Außerdem:

weiche Butter und Zucker für die Förmchen

1 Für das eingelegte Steinobst die Früchte waschen, halbieren und entsteinen. Alle Früchte – bis auf die Kirschen – in Spalten schneiden.

2 Den Zucker bei mittlerer Hitze in einem Topf hell karamellisieren. Mit dem Orangensaft ablöschen, Zitronen- und Apfelsaft dazugeben. Zimt, Vanilleschote und Kardamom hinzufügen und alles einmal aufkochen lassen. Die Speisestärke mit wenig kaltem Wasser glatt rühren und die köchelnde Sauce damit binden.

3 Das Obst – bis auf die Kirschen – mit den Pistazien und der Zitronen- und Orangenschale dazugeben und knapp unter dem Siedepunkt etwa 15 Minuten köcheln lassen, bis es gerade weich ist. Zuletzt die Kirschen dazugeben und noch einmal kurz aufkochen lassen. Das Obst mit dem Orangenblütenwasser verfeinern, lauwarm abkühlen lassen und die Gewürze entfernen.

4 Für das Soufflé die Milch aufkochen lassen. Milchreis, Vanilleschote, Kardamom, Zimtrinde und Ingwer einrühren. Den Reis unter häufigem Rühren bei milder Hitze etwa 20 Minuten garen. Vom Herd nehmen und etwas abkühlen lassen, dabei gelegentlich umrühren. Gewürze entfernen.

5 Den Backofen auf 200 °C vorheizen. Auf die untere Schiene ein tiefes Backblech schieben, mit Küchenpapier auslegen und etwa 2 cm hoch heißes Wasser einfüllen. Vier Förmchen (à 120 ml Inhalt) mit Butter großzügig bis zum oberen Rand einfetten und mit Zucker ausstreuen.

6 Den Quark mit dem lauwarmen Milchreis, den Eigelben und der Zitronen- und Orangenschale verrühren.

7 Die Eiweiße mit 1 Prise Salz und dem Zucker zu einem cremigen Schnee schlagen und unter die Reismasse ziehen. Die Mischung in die Förmchen füllen und diese mit etwas Abstand auf das Küchenpapier in das mit Wasser gefüllte Blech stellen. Die Soufflés im Ofen 20 Minuten backen, dabei die Backofentür nicht öffnen, damit die Soufflés nicht zusammenfallen.

8 Die Reissoufflés mithilfe eines mehrfach gefalteten Küchentuchs auf ein Brett stürzen. Das eingelegte Steinobst mit der Gewürzsauce in tiefe Teller verteilen, die Reissoufflés daraufsetzen und sofort servieren.

Gebäck & Konfekt

BAKLAVA
mit Mandelcreme

FÜR CA. 30 KLEINE STÜCK

Für die Baklava:
50 g Zucker
80 g warme braune Butter (siehe Tipp S. 202)
6 Filoteigblätter (40 x 35 cm, aus dem türkischen Feinkostladen; ersatzweise Strudelteig)
je 80 g gehackte Pistazien, gehackte, gehäutete Mandeln und Pinienkerne
1 EL Rosenwasser (aus der Apotheke)
½ TL milde Chiliflocken
1 Msp. gemahlene Vanille
1 TL abgeriebene unbehandelte Orangenschale

Für die Mandelcreme:
3 Blatt Gelatine
75 g Marzipanrohmasse
¼ l Milch
30 g Zucker
200 g Sahne
1–2 EL Amaretto (ital. Mandellikör)

1 Für die Baklava den Backofen auf 180 °C vorheizen. Den Zucker mit 25 ml Wasser unter Rühren langsam aufkochen, bis sich der Zucker aufgelöst hat. Den Sirup abkühlen lassen und in eine kleine Dressierflasche (z. B. für Dessertsaucen) füllen.

2 Einen viereckigen Backrahmen (etwas kleiner als die Teigblätter) auf ein mit Backpapier belegtes Backblech stellen und den Rahmen innen mit etwas brauner Butter einpinseln.

3 Die Filoteigblätter jeweils mit brauner Butter bestreichen und aufeinanderlegen. In den Backrahmen legen, die Teigplatte in die Ecken und an die Ränder drücken und mit einer Gabel mehrmals einstechen.

4 Pistazien, Mandeln und Pinienkerne mit 1 EL brauner Butter, dem Rosenwasser, den Chiliflocken, der Vanille und der Orangenschale mischen. Gleichmäßig auf dem Teig verteilen.

5 Die Baklava im Ofen auf der untersten Schiene 20 bis 25 Minuten goldbraun backen. Aus dem Ofen nehmen, den Zuckersirup aus der Dressierflasche gleichmäßig daraufträufeln und die Baklava abkühlen lassen.

6 Für die Mandelcreme die Gelatine in kaltem Wasser einweichen. Das Marzipan klein schneiden, mit Milch und Zucker aufkochen lassen und mit dem Stabmixer glatt mixen. Die Gelatine ausdrücken, in der heißen Mandelmilch auflösen und abkühlen lassen. Die Sahne cremig aufschlagen. Die Mandelmilch auf Eiswasser so lange kalt rühren, bis sie anfängt zu binden. Die Sahne unterheben und mit Amaretto abschmecken. Die Mandelcreme auf der Baklava verteilen, glatt streichen und im Kühlschrank fest werden lassen. Die Baklava nach Belieben mit gehackten Pistazien und Mandeln garnieren, in Portionsstücke schneiden und möglichst frisch servieren.

Mein Tipp

Auch wenn die Baklava frisch am besten schmeckt, können Sie das Gebäck gut für den Vorrat backen – dann allerdings ohne Mandelcreme. Es ist bei Zimmertemperatur wochenlang haltbar. Ihr Aroma entfaltet die Baklava besonders gut, wenn man sie vor dem Verzehr leicht erwärmt.

Quittengeleewürfel
mit Ingwerzucker

Für ca. 80 Stück

Für die Geleewürfel:
30 g Apfelpektin (aus der Apotheke oder dem Reformhaus)
650 g Zucker
½ l Quittensaft
220 g Glukosesirup (aus der Konditorei oder aus dem Internet)
2 EL Zitronensaft

Außerdem:
Öl für die Form
200 g Ingwerzucker (ca. 200 g Zucker mit 1 TL gemahlenem Ingwer gemischt; ein paar Tage im Voraus zubereitet)

1 Eine Auflaufform (etwa 18 x 30 cm) mit Öl einpinseln und den Boden mit Backpapier belegen.

2 Das Apfelpektin mit 50 g Zucker gut vermischen. Den Quittensaft in einen Topf geben, die Zucker-Pektin-Mischung hineinrühren und unter häufigem Rühren bei mittlerer Hitze einmal aufkochen lassen.

3 Den restlichen Zucker, den Glukosesirup und den Zitronensaft unterrühren. Die Mischung 10 bis 15 Minuten weiterköcheln lassen, bis sie eine Temperatur von 107 °C erreicht hat (mit dem Küchenthermometer messen).

4 Die Flüssigkeit in die Auflaufform füllen und bei kühler Zimmertemperatur mehrere Stunden, am besten über Nacht fest werden lassen.

5 Mit einem dünnen Messer zwischen dem Gelee und der Form entlangfahren, sodass es sich vom Rand löst. Das Gelee vorsichtig auf ein Schneidebrett stürzen. Mit einem scharfen Messer in etwa 2 cm große Würfel schneiden und im Ingwerzucker rundum wenden. Zum Aufbewahren die Quittengeleewürfel in eine gut verschließbare Dose setzen, dabei je eine Lage Backpapier zwischen die Schichten legen.

Mein Tipp

Hierzulande erleben Quitten gerade eine Renaissance – aus den Küchen der arabischsprachigen Länder sind sie nie verschwunden. Im Nahen und Mittleren Osten war es sogar lange Zeit üblich, im Herbst immer eine Schale mit 2 oder 3 Quitten in der Küche stehen zu haben und sich an ihrem feinen Duft zu erfreuen. Bei Desserts tauchen sie in ungezählten Varianten auf, und als Grundlage für Konfitüre und Gelee gibt es kaum eine Frucht, die ihr im Orient den Rang abläuft. Bei diesem Rezept kann anstelle von Ingwerzucker auch Zimtzucker verwendet werden. Das sieht hübsch aus und schützt die Würfel auch vor dem Aneinanderkleben.

Knusprige Walnussrauten
mit Rosensirup

Für 60–80 Stück

Für die Walnussrauten:
200 g braune Butter
(siehe Tipp S. 202)
16 Filoteigblätter (40 x 35 cm, aus dem türkischen Feinkostladen; ersatzweise Strudelteig)
125 g gemahlene Walnüsse
200 g Zucker
500 g gehackte Walnüsse

Für den Rosensirup:
300 g Zucker
150 ml Rosenwasser
(aus der Apotheke)

1 Für die Walnussrauten den Backofen auf 175 °C vorheizen. Ein Backblech mit etwas brauner Butter einfetten.

2 Die Filoteigblätter aufeinanderlegen und auf Backblechgröße (etwa 40 x 25 cm) zuschneiden. Das oberste Blatt mit brauner Butter einpinseln und auf das Blech legen. Mit etwa 1 EL gemahlenen Walnüssen bestreuen. Weitere 6 Filoteigblätter mit brauner Butter bepinseln und mit den restlichen gemahlenen Walnüssen bestreuen. Die Teigblätter aufeinander auf das Blech schichten.

3 Den Zucker mit den gehackten Walnüssen mischen. Ein weiteres Filoteigblatt mit brauner Butter einpinseln, auf die oberste Schicht auf das Blech legen und die Hälfte der Walnuss-Zucker-Mischung gleichmäßig darauf verteilen.

4 Weitere 7 Filoteigblätter nach und nach mit brauner Butter bestreichen und abwechselnd mit der restlichen Walnuss-Zucker-Mischung einschichten. Das letzte Blatt mit brauner Butter bestreichen und die letzte Walnussschicht damit abdecken. Das Ganze mit einem scharfen Messer in Rauten von 4 bis 5 cm Seitenlänge schneiden und im Ofen auf der untersten Schiene etwa 40 Minuten backen.

5 Für den Sirup den Zucker mit 200 ml Wasser in einem Topf unter gelegentlichem Rühren aufkochen. Das Rosenwasser einrühren und bei milder Hitze 15 bis 20 Minuten köcheln lassen, bis der Sirup leicht dicklich wird.

6 Die Walnussrauten aus dem Ofen nehmen und noch heiß gleichmäßig mit dem Sirup begießen. Abkühlen lassen und zugedeckt mindestens 6 Stunden im Kühlschrank ziehen lassen – so ziehen sie saftig durch.

Mein Tipp

Das berühmte Baklava ist nur eine der vielen orientalischen Gebäckvarianten, die blättrigen Teig, eine Masse mit Walnüssen und viel süßen Sirup kombinieren. Vor allem Damaskus ist eine Hochburg orientalischer Patisserie-Kunst, die mich zu vielen Dessert- und Konfektrezepten, wie diesen Walnussrauten, inspiriert hat.

Gazellenhörnchen mit Mandelfüllung

Für ca. 30 Stück

Für den Teig:

150 g Mehl
1 Ei
2 EL Orangenblütenwasser
1 TL Essig
1 TL Puderzucker
Salz
1 EL weiche Butter

Für die Füllung:

250 g geschälte, gemahlene Mandeln
1 Ei
60 g Zucker
½ TL Zimtpulver
1 TL Orangenblütenwasser (aus der Apotheke)
Salz
½ TL abgeriebene unbehandelte Orangenschale
Mark von ¼ Vanilleschote

Außerdem:

Mehl für die Arbeitsfläche

1 Für den Teig das Mehl, das Ei, das Orangenblütenwasser, den Essig, den Puderzucker, 1 Prise Salz und die Butter mit den Knethaken des Handrührgeräts zu einem glatten Teig verkneten, in drei Portionen teilen und diese mit Frischhaltefolie bedeckt 30 Minuten ruhen lassen.

2 Für die Füllung die Mandeln in einer Pfanne ohne Fett oder auf einem Backblech im Backofen bei 150 °C goldbraun rösten und auskühlen lassen. Dann mit dem Ei, dem Zucker, dem Zimt, dem Orangenblütenwasser, 1 Prise Salz, der Orangenschale und dem Vanillemark zu einer gleichmäßigen Masse verarbeiten.

3 Die Füllung in 30 gleich große Stücke teilen (je etwa 1 EL) und diese zwischen den Handflächen spindelförmig drehen (ähnlich wie Vanillekipferl).

4 Eine Teigportion auf der bemehlten Arbeitsfläche dünn ausrollen und gegebenenfalls mit den Händen noch etwas nachziehen. Ein Stück Füllung nach dem anderen in den Teig einrollen, sodass kleine Hörnchen entstehen. Den Teig dann jeweils abschneiden oder mit einer entsprechenden Form ausstechen und die Enden mit etwas Wasser einpinseln. Den übrigen Teig und die restliche Füllung nach und nach auf die gleiche Weise verarbeiten.

5 Die geformten Hörnchen auf mit Backpapier belegte Backbleche setzen und 30 Minuten ruhen lassen. Den Backofen auf 150 °C vorheizen.

6 Die Gazellenhörnchen mit einem Zahnstocher mehrmals einstechen und im Ofen etwa 15 Minuten goldbraun backen. Herausnehmen, etwas abkühlen lassen und nach Belieben mit Puderzucker bestäuben.

Mein Tipp

Die Gazellenhörnchen »Kaab el Ghzal« gehören zu den berühmtesten Süßigkeiten der marokkanischen Küche. In Zeiten, in denen Zucker, Mandeln, Rosenwasser und exotische Gewürze unerschwinglich waren, konnten es sich nur die Sultane und Kalifen leisten, zum Abschluss des Mahls in solchen süßen Kostbarkeiten zu schwelgen. Auch wenn sich Zeiten und Transportwege geändert haben, sind Gazellenhörnchen etwas Besonderes geblieben: Sie werden in Marokko nur bei größeren Anlässen und Familienfesten serviert.

POWERRIEGEL

mit Berberitzen, Zimt und Honig

FÜR 70–80 STÜCK

300 g getrocknete Datteln (ohne Stein)
100 g Pistazien
50 g helle Sesamsamen
50 g gehackte Haselnüsse
100 g Mandelblättchen
100 g getrocknete Berberitzen
80 g kernige Haferflocken
6 rechteckige Backoblaten (à 12 x 20 cm)
300 g Honig
3 Eiweiß
1 geh. TL Apfelkuchengewürz (aus dem Gewürzladen; siehe Tipp S. 365)
1 geh. TL Zimtpulver
1 EL Zitronensaft

Außerdem:
Butter für das Blech

1 Die Datteln in etwa ½ cm große Stücke schneiden. Die Pistazien grob hacken. Sesam, Haselnüsse und Mandelblättchen in einer Pfanne ohne Fett bei milder Hitze hellbraun rösten und abkühlen lassen.

2 Die Datteln mit den Berberitzen, den Haferflocken, den Pistazien und der gerösteten Mischung aus der Pfanne mischen.

3 Ein Backblech mit Butter einfetten und mit den Oblaten belegen.

4 Den Honig und die Eiweiße in eine Rührschüssel geben. In einem Topf etwa 2 cm hoch Wasser aufkochen. Die Rührschüssel daraufsetzen und die Zutaten unter Rühren mit einem Schneebesen auf etwa 95 °C erhitzen.

5 Den Backofen auf 180 °C vorheizen. Das Apfelkuchengewürz, den Zimt und den Zitronensaft zur Honig-Eiweiß-Mischung geben und die Trockenfrucht-Nuss-Mischung mit einem Teigschaber unterrühren. Die Masse mit dem Teigschaber oder einer Teigkarte gleichmäßig auf die Oblaten streichen.

6 Die Riegel im Ofen auf der untersten Schiene 15 bis 20 Minuten saftig durchbacken. Mit einem Messer in etwa 3 x 8 cm große rechteckige Stücke schneiden. Zum Aufbewahren in gut verschließbare Dosen schichten, dabei je eine Lage Backpapier zwischen die Schichten legen.

Mein Tipp

Eigentlich sind Berberitzen vor allem für die Küche des Iran typisch: Dort prägt ihr säuerlicher Geschmack Reisgerichte, aber auch Fischrezepte und Schmorbraten. Doch auch in anderen Ländern des Orients, vor allem in der Türkei und in Syrien, finden sich immer wieder Rezepte, in denen die vitaminreichen Früchte des Essigbeerstrauchs verwendet werden.

Hefezopf
mit Mandelfüllung

Für 1 Zopf

Für den Hefeteig:

250 g Mehl
65 ml Milch
18 g Hefe (knapp ½ Würfel)
10 g Zucker
1 Ei · ¼ TL Salz
½ TL abgeriebene unbehandelte Zitronenschale
¼ TL abgeriebene unbehandelte Orangenschale
40 g weiche Butter

Für die Füllung:

65 ml Milch
½ TL Apfelkuchengewürz (aus dem Gewürzladen; siehe Tipp)
25 g Marzipanrohmasse
50 g Zucker
60 g gemahlene Mandeln
2 EL Weißbrotbrösel
½ TL abgeriebene unbehandelte Orangenschale

Außerdem:

Mehl zum Verarbeiten · 1 Ei

1 Für den Hefeteig das Mehl in eine Schüssel sieben und in die Mitte eine Mulde drücken. Die Milch leicht erwärmen, vom Herd nehmen und die Hefe darin auflösen. Die Hefemilch mit dem Zucker, dem Ei, Salz, Zitronen- und Orangenschale zum Mehl geben und in der Küchemaschine verkneten. Die weiche Butter dazugeben und alles bei kleiner Stufe 20 Minuten zu einem glatten, geschmeidigen Teig kneten.

2 Die Schüssel mit Frischhaltefolie bedecken und den Teig an einem warmen Ort 30 Minuten gehen lassen.

3 Inzwischen für die Füllung die Milch mit dem Apfelkuchengewürz in einem kleinen Topf erwärmen und das Marzipan untermixen. Den Zucker, die Mandeln, die Weißbrotbrösel und die Orangenschale unterrühren.

4 Den Backofen auf 180 °C vorheizen. Ein Backblech mit Backpapier belegen. Den Teig aus der Schüssel nehmen und in drei gleich große Stücke teilen. Diese auf der bemehlten Arbeitsfläche zu 8 cm breiten und 30 bis 40 cm langen Streifen ausrollen. Mit je einem Drittel der Mandelfüllung bestreichen und jeweils von der Längsseite her einrollen, sodass drei lange Stränge entstehen.

5 Die drei gefüllten Teigstränge zu einem Zopf flechten, die Enden nach unten einschlagen, auf das Backblech setzen und mit einem bemehlten Küchentuch bedeckt an einem warmen Ort 15 Minuten gehen lassen.

6 Das Ei verquirlen, den Hefezopf damit bestreichen und im Ofen auf der untersten Schiene 20 bis 25 Minuten goldbraun backen. Herausnehmen, lauwarm abkühlen lassen und in Scheiben schneiden.

Mein Tipp

Zu diesem Hefezopf inspirierte mich ein sehr traditionelles jüdisches Hefebrot – Challah. Dieses ungesüßte Gebäck wird mit Sesam oder Mohn bestreut und am Sabbat sowie an anderen jüdischen Feiertagen serviert. Mein Apfelkuchengewürz ist eine Mischung aus Zimt, Gewürznelken, Muskatnuss, Ingwer und Rosenblütenblättern. Es verfeinert Apfelkuchen und anderes Gebäck, aber auch Heißgetränke.

Mokkakonfekt mit Dattelmarzipan
und Sesam-Weichkrokant

Für das Mokkakonfekt (40–50 Stück):
Öl für die Form
150 g Marzipanrohmasse
150 g Dattelpaste (aus dem türkischen Feinkostladen; ersatzweise getrocknete Datteln zu einer Paste verarbeiten)
Puderzucker für die Arbeitsfläche
200 g Sahne
60 g Honig
8–10 g Instant-Kaffeepulver
Salz
Mark von ½ Vanilleschote
300 g Zartbitterkuvertüre
3–5 getrocknete Datteln

Für den Weichkrokant (30–40 Stück):
70 g getrocknete Datteln
70 g Mandelblättchen
25 g helle Sesamsamen
1–2 EL Pistazien
1 TL dunkle Sesamsamen
30 g Marzipanrohmasse
35 g Butter
2–3 TL Honig
¼ TL Arabisches Kaffeegewürz (aus dem Gewürzladen; ersatzweise Kardamom, Muskatnuss, Gewürznelken, Piment, Vanille, Zimt)
80 g Puderzucker

1 Für das Mokkakonfekt eine rechteckige Form (etwa 25 x 15 cm) mit Öl einfetten und mit Frischhaltefolie auslegen. Das Marzipan und die Dattelpaste in kleine Stücke zupfen, mischen und zu einem glatten Teig verkneten. Die Arbeitsfläche mit Puderzucker bestäuben und den Teig darauf zu einer etwa ½ cm dicken Platte in der Größe der Form ausrollen. Die Teigplatte in die Form legen.

2 Die Sahne mit dem Honig, dem Instant-Kaffee, 1 Prise Salz und dem Vanillemark in einem Topf aufkochen. Die Kuvertüre klein hacken. Die heiße Sahne vom Herd nehmen, die Schokolade unterrühren und kurz stehen lassen, damit die Schokolade etwas anschmilzt. Dann alles mit dem Stabmixer zu einer sämigen Schokoladenmasse mixen.

3 Die Schokoladenganache auf dem Marzipan-Dattel-Teig verteilen und das Konfekt bei kühler Zimmertemperatur mehrere Stunden, am besten über Nacht, fest werden lassen.

4 Das Konfekt mithilfe der Folie vorsichtig aus der Form heben und mit einem dünnen, erwärmten Messer in etwa 2 ½ x 3 cm große Stücke schneiden. Die Datteln halbieren, entsteinen und die Hälften nach Belieben ganz lassen oder in schmale Streifen schneiden. Die Konfektstücke damit garnieren. In gut verschließbaren Dosen aufbewahren.

5 Für den Weichkrokant den Backofen auf 50 °C vorheizen. Die Datteln halbieren, entsteinen, in ½ cm große Stücke schneiden und beiseitelegen. Die Mandelblättchen und den hellen Sesam nacheinander in einer Pfanne ohne Fett goldbraun rösten und aus der Pfanne nehmen. Die Pistazien grob hacken. Die Mandelblättchen mit beiden Sesamsorten und den Pistazien mischen und im Ofen warm halten.

6 Das Marzipan zerbröckeln. Mit der Butter, dem Honig und dem Arabischen Kaffeegewürz in einem kleinen Topf erwärmen und glatt rühren. Eine große Pfanne bei mittlerer Hitze erwärmen, den Puderzucker nach und nach hineinstäuben und ohne Rühren goldbraun karamellisieren. Die warme Marzipanmischung unterrühren, die Pfanne vom Herd nehmen, die Nussmischung und die Datteln unterrühren.

7 Die Masse auf einen Bogen Backpapier geben, einen zweiten Bogen Backpapier darauflegen und mit einem Rollholz zu einer 5 bis 8 mm dicken Platte ausrollen. Lauwarm abkühlen lassen und mit einem scharfen Messer in kleine Dreiecke oder Rechtecke schneiden. Die Krokantstücke mit etwas Abstand zueinander in gut verschließbare flache Behälter schichten, dabei je ein Stück Backpapier zwischen die Schichten legen.

WALNUSSPLÄTZCHEN
mit Ingwer und Kardamom

FÜR 60–70 STÜCK

100 g Zartbitterkuvertüre
140 g wachsweiche Butter
70 g Puderzucker
Salz
Mark von ½ Vanilleschote
1 TL Zimtpulver
je 1 TL gemahlener Ingwer und Kardamom
1 Ei
190 g Mehl
60 g gehackte Walnüsse
Mehl für die Arbeitsfläche

1 Die Kuvertüre mit einem Messer fein hacken. Die Butter, den Puderzucker, 1 Prise Salz, das Vanillemark, den Zimt, den Ingwer und den Kardamom in einer Schüssel mit den Knethaken des Handrührgeräts verrühren. Das Ei, das Mehl, die Kuvertüre und die Walnüsse dazugeben und unterkneten.

2 Den Teig auf der bemehlten Arbeitsfläche zu vier Rollen (à etwa 3 cm Durchmesser) formen, in Frischhaltefolie wickeln und 1 Stunde in den Kühlschrank legen.

3 Den Backofen auf 180 °C vorheizen. Zwei Backbleche mit Backpapier belegen. Die Teigrollen mit einem scharfen Messer in ½ cm dicke Scheiben schneiden und auf die Bleche legen. Die Walnussplätzchen im Ofen auf der mittleren Schiene 10 bis 15 Minuten goldbraun backen. Auskühlen lassen und bis zum Servieren in gut verschließbaren Dosen lagern.

Mein Tipp

Die alten Griechen hatten für die Walnuss keinen geringeren Namen als »Eichel des Zeus« – ihr Göttervater selbst schien es gewesen zu sein, der ihnen den Baum mit der köstlichen Frucht in die Welt gepflanzt hatte. Tatsächlich werden Walnüsse schon seit über 9000 Jahren als Nahrungsmittel genutzt. Die Römer debattierten in zahlreichen Schriften über deren Anpflanzung und Pflege – und verbreiteten die Bäume in ihrem ganzen Imperium. So kommt es, dass sich Mitteleuropa und die orientalischen Länder, was die Fülle an Walnuss-Spezialitäten anbelangt, einander in nichts nachstehen.

Knusprige Haselnussnester
mit Zimt-Zucker-Sirup

Für 80–100 Stück

100 g Kataifiteig (aus dem türkischen Feinkostladen)
ca. 100 g geschälte Haselnüsse (siehe Tipp; ersatzweise Pistazien oder Pinienkerne)
200 g zerlassene braune Butter (siehe Tipp S. 202)
50 g Zucker
1 EL Zitronensaft
½ gestr. TL Zimtpulver

1 Den Backofen auf 180 °C vorheizen. Vom Kataifiteig ein Fadenbündel von 4 bis 5 mm Dicke und 12 bis 15 cm Länge abnehmen und wulstig um den Zeigefinger zu einem Nest wickeln.

2 Das Teignest mit den Fingern der anderen Hand vorsichtig abziehen und in eine Auflaufform (etwa 15 x 25 cm) setzen. Den übrigen Teig auf die gleiche Weise verarbeiten und die Teignester dicht nebeneinander in die Form setzen, sodass sie sich gegenseitig in Form halten.

3 In die Öffnungen je 1 Haselnuss setzen. Die Oberfläche der Nester vorsichtig andrücken, sodass keine Teigspitzen hochstehen (diese bräunen sonst zu stark) und die Teignester noch etwas kompakter werden.

4 Die braune Butter gleichmäßig über die Teignester träufeln und diese im Ofen auf der mittleren Schiene 30 bis 40 Minuten goldbraun backen.

5 Inzwischen für den Zimt-Zucker-Sirup den Zucker mit 2 ½ EL Wasser, dem Zitronensaft und dem Zimtpulver unter Rühren langsam aufkochen lassen, bis sich der Zucker aufgelöst hat. Den Sirup etwas abkühlen lassen und in eine kleine Dressierflasche (z. B. für Dessertsaucen) füllen.

6 Von den frisch gebackenen Haselnussnestern die braune Butter vorsichtig abgießen, dabei das Gebäck mit einer breiten Palette oder etwas Ähnlichem festhalten. Den Zimt-Zucker-Sirup gleichmäßig auf das heiße Gebäck träufeln und auskühlen lassen. Frisch servieren oder bis zum Verzehr in gut verschließbaren Dosen aufbewahren.

Mein Tipp

Die braune Haut der Haselnüsse lässt sich am besten lösen, indem die Nüsse auf einem Backblech bei 180 °C im Backofen geröstet werden. Nach 15 bis 20 Minuten löst sich die Haut. Die Nüsse dann in ein Küchentuch geben und kräftig aneinanderreiben – so lässt sich die Haut fast vollständig entfernen.

Pistazien-Sesam-Gebäck
mit Vanille

Für 60–70 Stück

Für das Gebäck:

2 ½ g Hefe (etwa 1 haselnussgroßes Stück)
125 g Mehl
60 g wachsweiche Butter
40 g Zucker
Salz
Mark von ½ Vanilleschote
40 g flüssiger Honig
90 g helle Sesamsamen
50 g Pistazien

Außerdem:

Mehl für die Arbeitsfläche

1 Den Backofen auf 180 °C vorheizen. Ein Backblech mit Backpapier belegen. Die Hefe zerkrümeln und mit 2 ½ EL Wasser glatt rühren. Das Mehl mit der Butter, dem Hefewasser, dem Zucker, 1 Prise Salz und dem Vanillemark mit den Knethaken des Handrührgeräts verkneten.

2 Den Teig halbieren und auf der leicht bemehlten Arbeitsfläche zu 2 Rollen (2 ½ bis 3 cm Durchmesser) formen.

3 Den Honig mit 2 TL Wasser in einem tiefen Teller verrühren und den Sesam untermischen. Die Pistazien klein hacken und in einen tiefen Teller geben.

4 Die Teigrollen in 4 bis 5 mm dicke Scheiben schneiden. Die Plätzchen mit einer Seite in den Sesamhonig legen, leicht andrücken, dann mit der zweiten Seite in die Pistazien drücken. Mit der Pistazienseite nach unten mit etwas Abstand zueinander auf das Blech setzen. Das Pistazien-Sesam-Gebäck im Ofen auf der mittleren Schiene 10 bis 12 Minuten backen.

Mein Tipp

Optimal lassen sich die Teigscheiben in Sesam und Pistazien wenden, wenn jeweils gleich mehrere nebeneinander in die Teller gelegt werden. Dadurch, dass sie frei liegen, werden sie selbst in kürzester Zeit etwas wärmer. So werden sie beim Wenden noch etwas geschmeidiger und dünner und beim Backen daher besonders knusprig.

Feigenkuchen
mit Walnüssen und Honig

Zutaten für ca. 15 Stücke

100 g getrocknete Feigen
100 g getrocknete, fleischige Datteln (z. B. Medjoul)
4 EL Rum
100 g Walnusskerne
1 EL Honig
weiche Butter und Mehl für die Form
100 g weiche Butter
150 g Zucker
4 Eigelb
1 TL abgeriebene unbehandelte Orangenschale
Mark von 1 Vanilleschote
½ TL gemahlene Gewürznelken
1 TL gemahlener Zimt
4 Eiweiß · Salz
50 g Mehl
Puderzucker zum Bestäuben

1 Von den Feigen den Stielansatz entfernen, die Datteln entsteinen. Feigen und Datteln klein schneiden und mit dem Rum mischen. Die Walnüsse grob hacken und mit dem Honig mischen.

2 Den Backofen auf 165 °C vorheizen. Eine Königskuchenform (25 cm Kantenlänge) mit Butter einfetten und mit Mehl bestäuben.

3 Die Butter mit 50 g Zucker und den Eigelben cremig aufschlagen. Orangenschale, Vanillemark, Nelken- und Zimtpulver unterrühren. Die marinierten Früchte und die Walnüsse unter die Butter-Eigelb-Masse rühren.

4 Die Eiweiße mit 1 Prise Salz und dem übrigen Zucker zu einem cremigen Schnee schlagen und abwechselnd mit dem Mehl unter die Butter-Frucht-Masse heben.

5 Den Teig in die Form füllen, glatt streichen und im Ofen auf der mittleren Schiene 50 bis 60 Minuten backen. Herausnehmen, 10 Minuten abkühlen lassen und vorsichtig auf ein Kuchengitter stürzen. Den Feigenkuchen vollständig auskühlen lassen und mit Puderzucker bestäuben.

Mein Tipp

Datteln gehören zu den Urzutaten der nordafrikanischen Küche: Denn bereits die Berber, die durch die Wüsten zogen, kochten mit dem, was ihre Tiere hergaben und was sie in den Oasen vorfanden: Fleisch, Milch und eben Datteln. Heute sind die Früchte der Dattelpalmen vor allem aus der Palette an orientalischem Naschwerk nicht wegzudenken: Egal, ob sie mit Mandelmasse gefüllt, zu Konfitüre und Gebäck verarbeitet werden oder die Grundlage für einen Trockenobst-Pudding abgeben.

Honigkrapfen
mit Sesam

Für ca. 40 Stück

Für die Krapfen:
500 g Mehl
75 g helle Sesamsamen
Salz
20 g gemahlener Anis
10 g gemahlener Fenchel
½ TL Zimtpulver
8 g frische Hefe (ca. ⅕ Würfel)
100 ml Orangenblütenwasser (aus der Apotheke)
75 g weiche Butter
1 Ei
1 EL Essig

Außerdem:
Mehl zum Verarbeiten
Erdnussöl zum Frittieren
25 g helle Sesamsamen
250 g flüssiger Honig (leicht angewärmt)
Puderzucker zum Bestäuben

1 Für die Krapfen das Mehl mit den Sesamsamen, 1 Prise Salz, Anis, Fenchel und Zimt in einer Rührschüssel mischen. Die Hefe in 5 EL lauwarmem Wasser auflösen. Die aufgelöste Hefe, das Orangenblütenwasser, die Butter, das Ei und den Essig zum Gewürzmehl geben und mit den Knethaken des Handrührgeräts zu einem glatten Teig verarbeiten.

2 Den Teig dritteln, zu Kugeln formen, mit reichlich Abstand zueinander auf ein bemehltes Küchentuch setzen, mit einem weiteren Küchentuch bedecken und an einem warmen Ort 15 Minuten gehen lassen.

3 Die Teigportionen auf der bemehlten Arbeitsfläche etwa 2 mm dick ausrollen. Mit einem Teigrad Rechtecke von 8 x 12 cm ausschneiden. Die kleinen Rechtecke der Länge nach jeweils dreimal parallel einschneiden, dabei aber am oberen und unteren Ende einen Rand von 1 bis 2 cm lassen, an dem sie zusammenhalten. Nun mit den Fingern einer Hand die Teigstreifen auffädeln, sodass abwechselnd ein Streifen oben, einer unten liegt. Eine Ecke des Rechtecks durch die aufgefädelten Teigbänder ziehen, sodass ein rundliches, lockeres Teiggeflecht entsteht. Den ganzen Teig auf diese Weise verarbeiten.

4 Inzwischen reichlich Öl in der Fritteuse oder einem hohen Topf auf 170 °C erhitzen – es soll mindestens 8 cm hoch stehen. Die Krapfen darin portionsweise 4 bis 5 Minuten goldbraun backen, dabei zwischendurch einmal wenden. Mit dem Schaumlöffel herausnehmen und auf Küchenpapier abtropfen lassen.

5 Die Sesamsamen in einer Pfanne ohne Fett bei mittlerer Hitze hellbraun rösten. Das heiße Gebäck auf eine Platte setzen, jedes Stück mit 1 bis 2 TL flüssigem Honig beträufeln, mit dem gerösteten Sesam bestreuen und mit Puderzucker bestäuben.

Mein Tipp

Viele Gerichte hatte ich vor meinen Reisen für typisch europäisch gehalten, bis ich unterwegs aber eines Besseren belehrt wurde. Ein gutes Beispiel hierfür ist ausgebackenes Hefegebäck. In Marokko wird es in Rädchen-, in Tunesien in Ringform serviert. Im Libanon werden Bällchen frittiert. Lauwarm schmeckt derlei Gebäck am besten. Es hält sich aber auch mehrere Stunden frisch und kann nach Belieben bei 50 °C warm gehalten werden. Wichtig ist, dass der Honig leicht warm und flüssig ist, damit er sich auf dem Gebäck verteilt.

Zitronen-Griess-Kuchen
mit Mohn

Für ca. 16 Stücke

Für den Sirup:
250 g Zucker
Saft von 2 kleinen Zitronen
½ aufgeschlitzte Vanilleschote
1 Sternanis
einige Zimtsplitter

Für den Kuchen:
30 g gemahlener Mohn
120 g weiche Butter
100 g Zucker
Salz
1 Msp. Vanillepulver
abgeriebene Schale von 2 unbehandelten Zitronen
2 Eier
500 g feiner Weichweizengrieß
1 ½ TL Natron
200 g griechischer Naturjoghurt
20–30 geschälte Mandeln

1 Für den Sirup den Zucker mit 350 ml Wasser in einem Topf aufkochen. Den Zitronensaft mit der Vanilleschote, dem Sternanis und den Zimtsplittern unterrühren, bei milder Hitze 10 Minuten köcheln und abkühlen lassen. Die Gewürze entfernen.

2 Für den Kuchen den Backofen auf 180 °C vorheizen. Ein Backblech mit Backpapier belegen. In einem zweiten Topf den Mohn mit ⅛ l Wasser aufkochen und knapp unter dem Siedepunkt 15 Minuten ziehen lassen, bis die ganze Flüssigkeit verdampft ist.

3 Die Butter mit dem Zucker, 1 Prise Salz, dem Vanillepulver, der Zitronenschale und dem Mohn hellschaumig rühren. Die Eier nacheinander unterrühren und die Masse cremig schlagen. Den Grieß mit dem Natron mischen und mit dem Joghurt unter die Butter-Eier-Masse rühren.

4 Die Masse auf dem Blech zu einem Rechteck (etwa 30 x 25 cm groß und 2 cm dick) aufstreichen. Mit den ganzen Mandeln dekorativ belegen und im Ofen auf der untersten Schiene etwa 20 Minuten backen.

5 Mit einem Holzstäbchen den Kuchen mehrmals einstechen und den Zuckersirup gleichmäßig darauf verteilen. 5 Minuten weiterbacken, lauwarm auskühlen lassen und in 16 Stücke schneiden.

Mein Tipp

Gleich mehrmals bin ich auf meinen Reisen »Basbousa« begegnet, einem flachen, zu quadratischen Stücken geschnittenen Grießkuchen, der mit Mandeln verziert wird. In Beirut habe ich ihn ebenso gekostet wie in Istanbul. Beheimatet ist das Rezept, heißt es, allerdings in Ägypten. Und egal, wo man den Kuchen isst: Immer ist er mit süßem Sirup vollgesogen, den ich in meiner Variante mit Zitronensaft und Gewürzen noch etwas aromatisiert habe.

Couscouskuchen
mit Trauben

Für 12 Stücke

Für den Couscouskuchen:
125 g feiner Couscous
¼ l Apfelsaft
75 g weiche Butter
1 TL Arabisches Kaffeegewürz (aus dem Gewürzladen; ersatzweise eine Mischung aus Kardamom, Muskatnuss, Gewürznelken, Piment, Vanille und Zimt)
125 g Zucker
3 Eier
Salz
125 g geschälte gemahlene Mandeln
50 g Mandelblättchen
je 200 g helle und dunkle Trauben
250 g Quittengelee

Außerdem:
Butter für die Form

1 Den Couscous mit dem Apfelsaft in einem Topf offen am Siedepunkt 4 bis 5 Minuten leicht köcheln lassen. Den Topf vom Herd nehmen und den Couscous 2 bis 3 Stunden quellen und abkühlen lassen. Dabei gelegentlich umrühren und den Couscous auflockern.

2 Den Backofen auf 190 °C vorheizen. Eine Springform (26 bis 28 cm Durchmesser) mit Butter einfetten.

3 Die weiche Butter mit dem Arabischen Kaffeegewürz und 75 g Zucker cremig rühren. Die Eier trennen. Die Eigelbe nach und nach dazugeben und die Masse hellschaumig aufschlagen. Die Eiweiße mit 1 Prise Salz und dem restlichen Zucker zu einem cremigen Schnee schlagen. Den Couscous unter die Eigelbmasse rühren, dann den Eischnee abwechselnd mit den gemahlenen Mandeln unterheben.

4 Die Teigmasse in die Springform füllen und im Ofen auf der untersten Schiene 40 Minuten backen. Abkühlen lassen und aus der Form lösen.

5 Die Mandelblättchen in einer Pfanne ohne Fett hellbraun rösten. Die Trauben waschen, von den Stielen zupfen, längs halbieren und entkernen. Das Quittengelee mit 2 EL Wasser in einem Topf unter gelegentlichem Rühren aufkochen und etwa auf drei Viertel einköcheln lassen.

6 Die Oberseite des Kuchens mit etwas Quittengelee bestreichen. Die Traubenhälften mit der Rundung nach oben darauflegen und gleichmäßig mit dem restlichen Quittengelee bepinseln, dabei auch den Rand des Kuchens einstreichen. Den bestrichenen Kuchenrand mit den Mandelblättchen garnieren.

Mein Tipp

Couscous wird in diesem Rezept wie Mehl verwendet; der Grieß verleiht dem Gebäck eine leicht körnige Konsistenz. Damit der Kuchen trotzdem saftig wird, lasse ich den Couscous mit der Flüssigkeit einige Zeit quellen, bevor ich ihn mit den übrigen Zutaten zu einem Teig verarbeite. Das Quittengelee, mit dem der Kuchen überzogen wird, muss so weit einkochen, bis es leicht zähflüssig wird. Sonst bleibt es beim Auftragen nicht an den Früchten haften.

Schuhbecks neueste Gewürzmischungen:

Baharat

Eine Mischung aus Paprika (edelsüß), Kreuzkümmel, schwarzem Pfeffer, Knoblauch, Koriander, Kardamom, Zimt, Muskatnuss und Nelken

Verwendung: Würzt Reis, Nudeln, Couscous, Schmorgerichte, Hackfleisch und Gemüse. Mit Olivenöl vermischt, ideal zum Marinieren von Grillgut und zum Beträufeln von gebratenem Fisch und Fleisch.

Berbere

Eine Mischung aus Koriander, Knoblauch, Ingwer, Paprika (edelsüß), Kardamom, Zimt, Kreuzkümmel, Kurkuma, schwarzem Pfeffer, Bockshornklee, Chili (mild) und Nelken

Verwendung: Verleiht Schmorgerichten, Fisch, Fleisch, Kartoffel- und Reisgerichten, Füllungen und Farcen einen nordafrikanisch-orientalischen Touch.

Couscousgewürz

Eine Mischung aus Ingwer, Knoblauch, Kurkuma, Kardamom, Koriander, Kreuzkümmel, Paprika (edelsüß), Zimt, Fenchel, Vanille, Anis und Nelken

Verwendung: Ideal zum Aromatisieren von Couscous und Reis, aber auch zum Würzen von Nudel- und Gemüsegerichten sowie Suppen.

Harissa

Eine Mischung aus Knoblauch, Koriander, Chili, Paprika (edelsüß), Kümmel, Ingwer, Kreuzkümmel, Räucherpaprika, Kurkuma

Verwendung: Traditionelle Gewürzmischung der tunesischen Küche. Sie gibt Geflügel, Fleisch, Eintöpfen, Gemüsesuppen, Reis, Couscous, Bulgur & Co. und auch Joghurt-Dips eine nordafrikanische Note.

Marokkanisches Hähnchen- & Steakgewürz

Eine Mischung aus Chili, Ingwer, Kardamom, Knoblauch, Koriander, Kreuzkümmel, Kurkuma, Paprika (edelsüß), schwarzem Pfeffer und Zimt

Verwendung: Ideales Grillgewürz für Geflügel, Kalb, Kaninchen, Rind und Schwein. Eignet sich auch bestens zum Verfeinern von Saucen und Marinaden.

Orientalisches Fischgewürz

Eine Mischung aus Knoblauch, Ingwer, Koriander, Kurkuma, Paprika (edelsüß), Fenchel, italienischen Kräutern, Kardamom, Zimt, Zitronenöl und Mandarinen-Orangen-Öl

Verwendung: Verleiht Fisch, Garnelen und Gemüse das gewisse Etwas. Mit Olivenöl verrührt, eine würzige Marinade für Fisch.

Oriental. Gemüse- & Suppengewürz

Eine Mischung aus Knoblauch, Ingwer, Koriander, Kardamom, schwarzem Pfeffer, Kurkuma, Kreuzkümmel, Fenchel, Zimt und Vanille

Verwendung: Gibt Gemüsezubereitungen, Suppen, Eintöpfen, Reis, Nudeln, Couscous, Spätzle und anderen Teigwaren ein orientalisches Aroma.

Oriental. Gewürz für klare Suppen

Eine Mischung aus Knoblauch, Koriander, Fenchel, Ingwer, Kardamom, Kurkuma und Zimt

Verwendung: Verfeinert feine Suppen wie Consommés, Bouillons oder klare Fischsuppen mit einer orientalischen Note.

EINE AUSWAHL

Orientalisches Hackfleischgewürz

Eine Mischung aus Kreuzkümmel, Chili (mild), schwarzem Pfeffer, Kurkuma, Fenchel, Zimt, Nelken, Koriander, Paprika (edelsüß), Anis, Ingwer, Vanille, Knoblauch und Kardamom

Verwendung: Würzt alle Hackfleischzubereitungen wie Frikadellen, Hackbraten und Füllungen.

Orientalisches Reisgewürz

Eine Mischung aus Paprika (edelsüß), Koriander, Kurkuma, Kardamom, Knoblauch, Fenchel, Rosenblüten, Nelken, Ingwer, Vanille und Zimt

Verwendung: Nicht nur Aromageber für Reisgerichte, sondern auch für Couscous, Bulgur, Nudelgerichte, Gemüse sowie Aufläufe mit Reis & Co.

Orientalisches Tatargewürz

Eine Mischung aus Ingwer, schwarzem Pfeffer, Knoblauch, Koriander, Kardamom, Fenchel, Kreuzkümmel, Zimt, Chili (mild) und Vanille

Verwendung: Gibt Tatar, Hackfleischbällchen, Frikadellen, Sauce bolognese, Lasagne, kurz gebratenem Fleisch, Reis und Gemüse die besondere Würze.

Ras-el-Hanout

Eine Mischung aus Koriander, Knoblauch, Kreuzkümmel, Kardamom, Zimt, Ingwer, Anis, schwarzem Pfeffer, Chili, Kurkuma, Paprika (edelsüß), Nelken, Sternanis, Rosenblüten, Muskatnuss, Schwarzkümmel, Lavendel und Paradieskörnern

Verwendung: Verfeinert Geflügel, Fleisch, Hackfleisch, Füllungen, Farcen, Fisch, Nudel-, Reis- und Gemüsegerichte sowie Couscous & Co. auf marokkanische Art.

Syrisches Spinatgewürz

Eine Mischung aus Koriander, Kreuzkümmel, Knoblauch, Ingwer und Chili (mild)

Verwendung: Perfekt für Spinat und Gemüsegerichte mit Spinat, Spinatknödel und -gnocchi sowie Spinatfüllungen.

Tabil

Eine Mischung aus Koriander, Knoblauch, Kümmel, Ingwer, Chili (mild), Fenchel und Zimt

Verwendung: Gibt Schmorfleischgerichten, Hackfleisch, Nudeln, Reis, Couscous und Gemüsezubereitungen ein tunesisches Aroma.

Zatar

Eine Mischung aus Sesam, Thymian, Oregano, Knoblauch, Majoran, Koriander und Bohnenkraut

Verwendung: Aromatisiert, mit Olivenöl verrührt, gebratenes Fleisch, Geflügel, Fisch, Gemüse sowie Fladenbrot. Tomaten- und Bohnengerichte bekommen dadurch eine orientalische Note.

Glossar

Ägypten im Altertum: Die Pyramiden von Gizeh, Königsgräber der 4. Dynastie (um 2500 v. Chr.) sowie die Paläste und Tempel von Luxor, Karnak und Theben aus der 18. Dynastie (um 1400 v. Chr.) sind die berühmtesten Zeugen einer fantastisch reichen Zivilisation, die sich im fruchtbaren Niltal etwa um 3000 v. Chr. herausbildete und bis in römische Zeit Bestand hatte. Prachtvoll gestaltete Hieroglyphen in der schon vor dem Alten Reich entstandenen Bilderschrift geben Auskunft über das Leben in einer ständisch gegliederten, auf den gottähnlichen König ausgerichteten Gesellschaft mit einem straff organisierten Beamtenapparat. Die diplomatischen und kommerziellen Kontakte des mächtigen Staats reichten bis nach Mesopotamien und über den Sudan nach Zentralafrika. Hoch entwickelt waren Medizin und Chirurgie sowie das Wissen über die Wirkung von Pflanzen, wie es etwa der »Papyrus Ebers« dokumentiert (siehe S. 28 f.).

Gilgamesch-Epos: Die bekannteste Dichtung des alten Orients geht bis ins 3. Jtd. v. Chr. zurück und ist in unterschiedlich alten Bruchstücken überliefert; die umfassendste Version enthalten zwölf Keilschrifttafeln aus der Bibliothek des assyrischen Königs Assurbanipal (7. Jh. v. Chr.). Die Erzählung von Gilgamesch, den der Tod seines wilden Freundes Enkidu so anrührt, dass er sich auf die Suche nach dem ewigen Leben macht, enthält viele Schilderungen der mesopotamischen Lebenswirklichkeit, darunter Hinweise auf die rituelle Rolle, aber auch auf die Beliebtheit und die Verwendung von Kräutern, Gewürzen, duftenden Salben – und berauschendem Bier.

Griechenland in der Antike: Die Akropolis in Athen gilt neben dem Kapitol in Rom und Golgota in Jerusalem als einer der drei Hügel, auf denen das Abendland seinen Anfang nahm. Nach der dorischen Wanderung (ab ca. 1200 v. Chr.) konnten sich auf der Balkanhalbinsel voneinander unabhängige, sich jedoch als »griechisch« verstehende Orte etablieren; in Anlehnung an die phönizische Schrift entstand um 850 v. Chr. das griechische Alphabet. Seit der Kolonisation im 8. bis 6. Jh. gab es im Mittelmeerraum und im Nahen Osten etwa 700 griechische Städte, wie Tarent, Syrakus und Massalia (Marseille). Bis zu ihrem Ende in der Schlacht gegen Philipp II. von Makedonien 338 v. Chr. kämpften die großen Stadtstaaten – vor allem Athen und Sparta – um die Vorherrschaft, hinzu kam der verlustreiche Krieg gegen die eindringenden Perser. Ebenso langwierig war die innenpolitische Entwicklung im Konflikt zwischen Aristokratie, Bürgern, Unfreien und einzelnen Führern bzw. Tyrannen. Bleibende Errungenschaften der griechischen Antike waren einerseits die intensive Diskussion um die richtige »Politik«, d. h. die Organisation des Gemeinwesens (»Polis«) und die fortschreitende Demokratisierung in Athen bis zur Zeit des Perikles, andererseits – neben einer grandiosen bildenden Kunst – der Triumph des wissenschaftlichen Denkens: die Ablösung des Mythos durch die Kombination von Beobachtung, Experiment und logischer Analyse.

Heiliges Römisches Reich (Deutscher Nation): So eigenartig wie der Name ist der historisch-politische Gegenstand, den er bezeichnet. Dieses Reich war nie ein Staat oder eine Nation im heutigen Sinn, sondern eine Art Zwangsverband souveräner Fürsten unter einem »römisch-deutschen Kaiser«. Tragende Ideologie war dabei die Anknüpfung an das Römische Reich und insbesondere die Legitimation der Herrschaft als Fortsetzung des Imperium Christianum des Kaisers Konstantin. Diese Kaiser, die aus – im weitesten Sinn – deutschen Dynastien stammten, waren hauptsächlich damit beschäftigt, ihre Macht gegen eigene wie fremde Territorialherren und die katholische Kirche zu behaupten bzw. auszuweiten. Den Beginn des Heiligen Römischen Reichs datiert man auf 962, als der Papst den Sachsenkönig Otto zum ersten Kaiser krönte; aufgelöst wurde es 1806 durch Napoleon, letzter Kaiser war der österreichische Habsburger Franz II.

Kreuzzüge: Papst Urban II. rief 1095 in Frankreich zum Feldzug zur »Befreiung« der Heiligen Stadt Jerusalem vom Joch muslimischer Herrscher auf. Ging das erste Kreuzfahrerheer schon in Anatolien zugrunde, wurden im Ersten Kreuzzug 1098 Antiochia und 1099 Jerusalem erobert. Bis 1270 folgten noch weitere sechs Expeditionen, mit unterschiedlichen Zielen und wechselndem Erfolg. 1187 zerschlug Sultan Saladin in der Schlacht von Hattin das Heer der Kreuzfahrerstaaten und nahm Jerusalem ein. Nach dem Fall des Hafens Akkon 1291 gaben die Kreuzfahrer ihre verbliebenen Städte und Burgen auf. Für die mittelalterliche Gesellschaft Mitteleuropas brachten die Kreuzzüge einen intensiven Kontakt mit der byzantinischen und islamischen Welt, mit orientalischen Lebens- und Denkweisen, und damit eine bedeutende Erweiterung des Horizonts.

Mesopotamien (Zweistromland): Das Land »zwischen den Flüssen« Euphrat und Tigris erstreckte sich im heutigen Irak, im Südwesten Irans, in Ostsyrien und der südöstlichen Türkei. Der Norden gilt als eines der Gebiete, in dem Menschen erstmals, vor ca. 10 000 Jahren, sesshaft wurden und Landwirtschaft betrieben. Die aufgrund der Flussablagerungen fruchtbaren Böden förderten die Entstehung komplexer Stadtstaaten und mächtiger Reiche (ab ca. 3000 v. Chr.): Uruk und Eridu im Süden Sumers, später u. a. Akkad, Ur, Assur, Ninive und Babylon. Keilschrifttafeln berichten seit ca. 3000 v. Chr. vom Anbau und der bewussten Verwendung von Heilkräutern und Gewürzen, ebenso vom intensiven Gewürzhandel, der möglicherweise bis China reichte. Und auch das früheste Kochrezept überhaupt ist uns auf einer Keilschrifttafel überliefert (ca. 1750 v. Chr.).

Phönizier: Die Ostküste des Mittelmeers hatte schon früh große Bedeutung als »Scharnier«, als Handelsdrehkreuz zwischen dem Orient und dem mediterranen Raum. Zwischen 1000 und 600 v. Chr. waren Tyros, Byblos und Sidon das Zentrum eines Seehandelsnetzes mit vielen Niederlassungen, u. a. in Karthago und Gades (Cádiz). Die Phönizier waren nicht nur exzellente Seefahrer und Schiffsbauer, sie stellten auch Glas, Purpur und Metallgegenstände her und lieferten das wirtschaftlich höchst wichtige Zedernholz aus dem Libanon.

Römische Antike: Wenn die Meriten der alten Griechen vor allem in Philosophie und Wissenschaft, in Gesellschaftstheorie und Kunst liegen, sind die Leistungen Roms eher in den prosaischeren Bereichen von Kriegführung und Verwaltung, Bauwesen und Handel und luxuriöser Lebensweise zu suchen. 753 v. Chr. soll der mythische König Romulus die Stadt Rom gegründet haben; bewohnt waren die Hügel am Tiber mindestens seit dem 13. Jh. v. Chr. von Latein sprechenden Menschen. Um 600 v. Chr. war Rom ein entwickelter Stadtstaat, der sich jedoch kulturell auf die Errungenschaften der Etrusker und der Griechen stützte. 509 v. Chr. wurde der letzte König vertrieben und die Republik installiert, gleichzeitig begann die Expansion: In einer langen Reihe von Kriegen unterwarf Rom bis 272 v. Chr. Italien südlich des Pos, die Punischen Kriege brachten die Ausdehnung bis nach Spanien, und Julius Cäsar erweiterte das Staatsgebiet um 55 v. Chr. bis nach Britannien. Etwa ab der Zeitenwende setzte das Imperium Romanum, das römische Kaiserreich, mit einem perfekt organisierten Berufsheer die Expansionspolitik fort; unter Kaiser Hadrian (ab 117 n. Chr.) umfasste es das Gebiet zwischen Atlantik und Kaukasus sowie zwischen Britannien und Nordafrika. Ein solches Imperium benötigte ein exzellentes Transport- und Kommunikationssystem mit einer hoch entwickelten Ingenieurstechnik. Die Transportwege sorgten dafür, dass Rom und die Städte im Reich mit Waren »aus aller Welt«, für den Grundbedarf ebenso wie für den Luxus, versorgt wurden. Es war z. B. kein Problem, Eis aus den Alpen nach Rom zu schaffen. Eine reiche Oberschicht hatte damit alles zur Verfügung, was das Leben angenehm machte, und sie nutzte das nach Kräften; geradezu legendär wurde der Schlemmer Apicius (siehe S. 383), und im »Gastmahl des Trimalchio«, der zentralen Episode in dem Roman »Satyricon« (verfilmt von Federico Fellini), schildert Petronius Arbiter aufs Deftigste die dekadente Welt römischer Emporkömmlinge.

Safran: Kaum ein anderes Gewürz steht noch heute so sehr für die märchenhafte Welt des Orients; praktisch in allen Zeiten und Ländern wurde er geradezu kultisch verehrt. Wie früher ist es das teuerste Gewürz überhaupt, für ein Gramm bezahlt man heute im Laden 10 bis 30 €. Das ist nicht verwunderlich, denn seine Gewinnung ist mühsam – siehe S. 57 –, und der Safrankrokus blüht nur im Herbst für ganze zwei Wochen. Angebaut wird Safran heute vor allem im Nahen und Mittleren Osten und im Mittelmeerraum, aber auch in Österreich und der Schweiz.

Seidenstraße: Auf ihr wurde nicht nur Seide transportiert, sondern alle Schätze und Luxusgüter, an denen der Osten bzw. der Westen interessiert war: Gold, Silber und Edelsteine, Textilien, Heilpflanzen, Gewürze, Waffen und Lack. Die Handelswege, die schon in der Antike zwischen Ostasien und dem Mittelmeerraum bestanden, wurden mit zunehmendem Wohlstand der Abnehmerländer immer bedeutender; ihre großen Zeiten hatten sie in der chinesischen Tang-Dynastie (7. bis 10. Jh.) und unter dem Schutz der Mongolen (13. bis 15. Jh.). Die Hauptroute verlief zwischen Chang'an (Xi'an) in China, Kaschgar, Buchara und Bagdad bzw. Konstantinopel.

Spanien unter dem Islam: Nach Mohammeds Tod 632 breitete sich der Islam vor allem durch Eroberungen rasch aus. 711 unterlag der Westgotenkönig Roderich dem nordafrikanischen Statthalter des Kalifen von Damaskus, 718 war die größte Ausdehnung auf der Iberischen Halbinsel erreicht. Vertriebene Omajjaden gründeten 756 das Emirat von Córdoba (ab 929 Kalifat), das im 10. Jh. seine Blütezeit hatte; das maurische Spanien wurde zum Inbegriff hoher Zivilisation, gekennzeichnet durch die gegenseitige Befruchtung arabischer, jüdischer und christlicher Kultur. Für die abendländische Identität höchst bedeutsam war, dass islamische Gelehrte das antike Wissen in arabischen Übersetzungen überlieferten. Die christliche Rückeroberung (Reconquista), die schon 962 begonnen hatte, wurde 1492 mit der Einnahme von Granada abgeschlossen.

Viersäftelehre: Wohl auf ägyptische Vorstellungen geht die antike Theorie zurück, dass für das Funktionieren des menschlichen Körpers vier Flüssigkeiten zuständig seien (Humoralpathologie): Blut, gelbe Galle, schwarze Galle und Schleim, die den vier Elementen Feuer, Luft, Erde und Wasser zugeordnet sind. Krankheiten entstehen durch ein Ungleichgewicht dieser Säfte. Diese Ansicht, die in den hippokratischen Schriften entwickelt wird, hat Galen im 2. Jh. n. Chr. erweitert und ausformuliert. Die vier Säfte werden in einem System von trocken–nass und warm–kalt geordnet; sie entsprechen unterschiedlichen Farben und Geschmacksqualitäten (süß, bitter, scharf, salzig) sowie den vier Temperamenten sanguinisch, cholerisch, melancholisch und phlegmatisch. Galens Behandlungslehre, die besonderen Wert auf richtige Ernährung legte, hatte auf die mittelalterliche Kochphilosophie großen Einfluss. Zutaten wurden gemäß Galens Schema klassifiziert und bewertet, ihre Kombination und Zubereitung sollten die unterschiedlichen Qualitäten ausgleichen und auch auf den individuellen Esser abgestimmt sein (»feuriges« Rindfleisch sollte gekocht, »feuchtes« Schweinefleisch auf Feuer gebraten werden etc.). Dies führte zu Rezepten, die heute manchmal recht exotisch anmuten.

Weihrauchstraße: Die Wüsten der Arabischen Halbinsel waren seit je von einem Netz von Handelswegen durchzogen, vor allem aber seit der Domestizierung des Kamels im 12. Jh. v. Chr., mit dem sich riesige Distanzen relativ rasch zurücklegen ließen. Das begehrte Harz des Weihrauchbaums, das nur im Gebiet Dhofar in Oman gewonnen wurde, gelangte über Sanaa, Medina und Petra nach Gaza bzw. Damaskus; aber auch Edelsteine und Gewürze aus Mittel- und Ostasien und andere Luxusartikel hatten die Lastenkamele im Gepäck. Die hohe Zeit der Weihrauchstraße dauerte vom 8. Jh. v. Chr. – als die südarabischen Königreiche wie Saba und Hadramaut entstanden – bis ins 1. Jh. v. Chr. Griechen und Römer waren damals die Hauptabnehmer des Harzes. Später eröffneten die Ptolemäer die Transportroute über das Rote Meer.

Personen und Werke

Apicius

Von dem berühmten Schwelger und Prasser Marcus Gaius Apicius, der zu Zeiten der Kaiser Augustus und Tiberius lebte, berichten Tacitus in den »Annalen« und Plinius in der »Naturalis historia«. Unter dem Namen Apicius ist das Kochbuch »De re coquinaria« überliefert, das allerdings erst im 3. oder 4. Jh. zusammengestellt wurde. Es beschreibt sowohl einfache als auch raffinierte bis höchst dekadente Speisen und gibt damit unverzichtbare Einblicke in die griechisch-römische Ess- und Kochkultur. Die »Fernwirkung« reichte bis in die französische Küche.

Avicenna

Avicenna ist der lateinische Name für den persischen Gelehrten Abu Ali al-Hussein Ibn Abdallah Ibn Sina, geboren zwischen 973 und 980 in Buchara/Usbekistan, gestorben 1037 im persischen Hamadan. Er gilt als der bedeutendste Universalwissenschaftler, Philosoph und Arzt des islamischen Ostens im Mittelalter. Seine Schriften in arabischer und zum Teil in persischer Sprache verarbeiten neben griechischen und lateinischen Autoren auch arabische Quellen. Sein Ruhm in der Medizin beruht auf etwa 40 Werken, deren wichtigstes der fünfbändige »Canon medicinae« ist. Wegen seiner Systematik und übersichtlichen Darstellung war dieses Werk in lateinischen, hebräischen und anderen Übersetzungen für die damalige Zeit grundlegend, und es wurde nach Erfindung des Buchdrucks bis ins 17. Jh. nachgedruckt.

Breslauer Arzneibuch

Das »Breslauer Arzneibuch« ist ein Sammelwerk deutschsprachiger Medizinliteratur mit Texten aus dem 12. und 13. Jh. Es enthält u. a. das »Deutsche Salernitanische Arzneibuch«, die »Freiberger Arzneimittellehre« und ein Pflanzenglossar mit deutschen und lateinischen Bezeichnungen.

Daz buoch von guoter spîse

Dieses Kochbuch, das erste, das in deutscher Sprache geschrieben wurde, entstand um 1350. Es ist kein systematisches Kochbuch, sondern eine Sammlung von 96 Rezepten, die aus dem wohlhabenden Bürgertum stammen; es geht um die »gute« Speise im Gegensatz zur »gemeinen« der einfachen Leute, die hauptsächlich Brot und Brei aus Getreide aßen. Die teuren exotischen Gewürze, die beim Adel seit dem Mittelalter beliebt waren – Pfeffer, Ingwer, Safran, Muskatnuss, Zimt, Anis etc. –, werden auch verwendet, jedoch sparsamer als heimische Ingredienzen wie Petersilie, Liebstöckel und Salbei.

Dioskurides

Der Grieche Pedanios Dioskurides (1. Jh. n. Chr.) stammte aus dem kleinasiatischen Anazarba und war Militärarzt unter den römischen Kaisern Claudius und Nero. Wohl in den Jahren 60 bis 70 n. Chr. verfasste er ein fünfbändiges Buch (»Peri hyles iatrikes«, lat. »De materia medica«), das als das bedeutendste pharmazeutische Werk der Antike gilt und bis weit in die Neuzeit Einfluss auf die Arzneimittellehre genommen hat. Er führte darin alle bis dahin bekannten pflanzlichen, tierischen und mineralischen Heilmittel auf, beschrieb sie sorgfältig und versah die verschiedenen Heilmittel mit genauen Ausführungen zu Indikation und Wirkung. Dioskurides war bis in die Neuzeit einer der meistkopierten, meistübersetzten und am häufigsten bearbeiteten Medizinautoren.

Leonhart Fuchs

Als einer der »Väter der Botanik« in Deutschland wird Leonhart Fuchs verehrt, der 1501 in Wemding bei Nördlingen geboren wurde und nach Studien in Erfurt und Ingolstadt als Arzt sowie als Professor der Medizin tätig war. 1535 berief ihn Herzog Ulrich von Württemberg nach Tübingen. Dort legte er den Botanischen Garten an, einen der ersten der Welt. 1542 brachte er ein Kräuterbuch heraus (»De historia stirpium«, 1543 in Deutsch als »New Kreüterbuch«), das nicht nur durch seine Systematik und Vollständigkeit den zeitgenössischen Werken überlegen war, sondern auch durch die künstlerische Qualität und botanische Genauigkeit seiner 541 Holzschnitte.

Galen von Pergamon

Bis in die frühe Neuzeit war der im kleinasiatischen Pergamon geborene griechische Mediziner Galen (129 bis ca. 200 n. Chr.) die große, unumstrittene Autorität in Sachen Naturphilosophie und Medizin. Erst Gladiatorenarzt in Pergamon, war er später zeitweilig Leibarzt des Kaisers Marcus Aurelius in Rom. Als Autor von medizinischen und philosophischen Schriften hinterließ er ein riesiges Werk, das die damalige Literatur wissenschaftlich auswertet und weiterentwickelt, von Hippokrates bis zur antiken Lehre von den vier Säften. Galens Werk beschäftigt sich nicht nur mit Anatomie, Physiologie, Pathologie und Chirurgie, sondern auch mit Arzneimittelkunde und Diätetik. Für die arabische Medizin waren die Schriften Galens von zentraler Bedeutung, sie beeinflussten aber auch die Klosterheilkunde.

Hildegard von Bingen

Knapp 900 Jahre nach ihrer Geburt erlebte die Gründerin und Äbtissin des Klosters Rupertsberg bei Bingen ihre Wiederentdeckung. Die Schriften der ersten namentlich bekannten mittelalterlichen Autorin medizinischer Werke werden seit den 1980er-Jahren vielfältig ediert und kommentiert, ihr Name ziert – zu Recht oder nicht – eine große Zahl von Büchern und Produkten für eine »gesunde« Lebensweise. Hildegard kam schon im achten Lebensjahr ins Kloster und wurde mit 16 Jahren Nonne, begann aber erst mit 43 Jahren als Äbtissin zu schreiben. Zwischen 1150 und 1160 verfasste sie zwei Werke zur Natur- und Heilkunde, die später unter den Titeln »Physica« und »Causae et curae« erschienen. Die »Physica« behandelt die Wirkung von Heilmitteln auf den Menschen, während die »Causae et curae« die Physiologie und Pathologie des Menschen zum Thema haben. Hildegard, eine gelehrte Theologin und Musikerin, wich in ihrer mystischen Weltanschauung und der Darstellung von Heilwirkungen stark von den antiken und zeitgenössischen Medizinern ab. Sie starb 1179 in ihrem Kloster. Die Nachwirkung ihrer Schriften war eher gering, wohl auch weil etwa gleichzeitig die bahnbrechenden Werke der Schule von Salerno in Süditalien überall Verbreitung fanden.

Hippokrates

Als bedeutendster Arzt des griechischen Altertums gilt – obwohl über sein Leben und seine Lehre nur Weniges sicher bekannt ist – Hippokrates (um 460 bis ca. 370 v. Chr.). Er stand der medizinischen Schule der Insel Kos vor und wirkte dort als Arzt und Autor. Nach ihm wurde das »Corpus hippocraticum« benannt, eine Sammlung von Schriften, die auf die Ärzteschule von Kos zurückgeht und bis ins 1. Jh. n. Chr. erweitert wurde. Durch den hippokratischen Eid der Ärzte ist sein Name bis heute geläufig.

Ibn Butlan

Ibn Butlan (oft auch Ibn Botlan) wurde gegen Ende des 10. Jh. in Bagdad geboren. Er widmete sich medizinischen Studien und begründete die Tradition der Gesundheitsbücher in Tabellenform. Sein tabellarisches Werk »Taqwim es-sihha« wurde im 13. Jh. in die lateinische Sprache übertragen und erfreute sich als »Tacuinum sanitatis in medicina« in Europa großer Beliebtheit. In ihrer ursprünglichen Form waren diese »Schachtafeln der Gesundheit« ohne Abbildungen, später wurden ihnen farbige Bilder hinzugefügt (z.B. im Wiener »Tacuinum«, um 1390). Die Tafeln umfassen nicht nur Heilpflanzen, sondern alle Bereiche der Gesundheit, zu denen schon zur damaligen Zeit neben der Ernährung auch die körperliche Betätigung und eine gesunde Lebensführung gehörten. Ibn Butlan starb im Jahr 1066 in einem Kloster in Antiochia. Er war wahrscheinlich Christ und profitierte von der religiösen Toleranz des Islam. So konnte er ein wichtiger Mittler zwischen den Weltreligionen werden.

Ibrahim bin al-Mahdi

Ibrahim (779–839), ein Sohn des Abbasiden-Kalifen Al-Mahdi und Halbbruder des berühmten Harun-ar-Raschid, wurde 817 zum Bagdader Kalifen ausgerufen, aber schon 819 abgesetzt. Sein weiteres Leben verbrachte er als Poet und Musiker; er galt als einer der Besten seiner Zeit, seine Liebeslieder gehören zu den schönsten der arabischen Sprache. Nicht verwunderlich, dass auch sein kulinarisches Talent gerühmt wird, das unter der Anleitung der Sklavin Badi'a zu höchster Vollendung kam; sein Kochbuch war das erste in arabischer Sprache. Überliefert sind einige seiner

Rezepte im »Kitab-al Tabikh« (»Buch der Gerichte«) von Ibn Sayyar al-Warraq aus dem 10. Jh. Heute noch bekannt ist insbesondere das nach Ibrahim benannte Hühnergericht »Ibrahimiya«.

Lorscher Arzneibuch

Ein bedeutendes Zeugnis der Klostermedizin aus der Zeit Karls des Großen ist das »Lorscher Arzneibuch«, entstanden um 795, mit 150 Seiten medizinisch-pharmazeutischen Texte. Neben den umfangreichen Pflanzenlisten weist das Werk über 500 Rezepturen für Heilmittel auf, die aus vielfältigen, zum Teil antiken Quellen übernommen wurden. Es enthält auch eine »Rechtfertigung der Heilkunde«. Sie verteidigt aus christlicher Sicht die Klostermedizin, die ihre Gegner als Eingriff in den göttlichen Heilsplan verurteilten.

Papyrus Ebers

Das alte Ägypten ist berühmt für seine herausragende Kultur. Dazu gehörte auch ein hoher Standard in den Wissenschaften, von dem über 40 000 Papyrusfunde zeugen, die im 19. und zu Anfang des 20. Jh. ausgewertet und übersetzt wurden. Eines der wichtigsten Dokumente – und eines der ältesten überhaupt – ist der nach seinem Entdecker und Erforscher Georg Ebers benannte Papyrus aus dem 16. Jh. v. Chr. Die insgesamt 20 Meter lange Handschriftenrolle enthält 877 kleinere Texte magischer und empirischer Natur, meist Beschreibungen von Krankheiten und Therapien. Die Rezepte und Abhandlungen geben einen guten Überblick über die damals verwendeten Pflanzen, Gewürze und Drogen. Allerdings sind bis heute nicht alle Bestandteile der Rezepte identifiziert.

Plinius der Ältere

Dieser Zeitgenosse von Dioskurides ist der zweite Autor im Römischen Reich, der sich neben anderen Wissensgebieten auch der Medizin und Pharmazeutik widmete. Gaius Plinius Secundus (der Ältere, 23 n. Chr. in Como geboren) verfasste eine 37 Bände umfassende Enzyklopädie der Naturgeschichte, »Naturalis historia«, die damals richtungweisend war. Die teilweise fast wörtliche Übereinstimmung einiger Passagen der Texte von Dioskurides und Plinius rührt nicht von wechselseitiger Kenntnis der Werke her, sondern hat ihre Ursache in identischen Quellen: Plinius sammelte sein Material nach eigenen Angaben aus 2000 Werken, im Inhaltsverzeichnis nennt er fast 150 römische und etwa 330 andere Autoren – ein ebenso überwältigendes wie wirkmächtiges Kompendium des Wissens seiner Zeit. Auch sein Werk wurde übersetzt und bearbeitet und so zur Quelle vieler mittelalterlicher Autoren der Klosterheilkunde (Odo von Meung). Plinius starb 79 n. Chr. beim Ausbruch des Vesuvs in Pompeji.

Tausendundeine Nacht

Um nicht, wie andere vor ihr, am nächsten Morgen getötet zu werden, erzählt Scheherazade dem König eines ungenannten Landes jede Nacht einen neuen Teil einer spannenden Erzählung, und nach 1001 Nacht wird ihr das Leben geschenkt. Die arabische Märchensammlung – mit indischen, persischen und ägyptischen Einflüssen – enthält auch viele Episoden, in denen es um Essen und Kochen geht und um die große Bedeutung der raffinierten Verwendung von Kräutern und Gewürzen.

Theophrast von Eresos

Der Grieche Theophrastos gilt als der Begründer der Botanik (Lehre von den Pflanzen). Der Philosoph und Naturforscher lebte um 380 v. Chr bis etwa 287 v. Chr., wobei unterschiedliche Lebensdaten überliefert sind. Theophrastos gehörte zunächst der Akademie Platons an, später wechselte er zur Schule von Aristoteles, als dessen Hauptschüler er gilt. Die Leitung der Schule übernahm er nach Aristoteles' Tod im Jahr 322 v. Chr. Insgesamt hatte er wohl 2000 Schüler. Ein Holzmangel in Athen führte dazu, dass er sich als Erster mit der Baum- und Holzkunde beschäftigte. Zu seinen wichtigsten naturwissenschaftlichen Schriften gehören die »Historia plantarum« und die »Causae plantarum« (»Geschichte der Gewächse« bzw. »Lebensweise der Gewächse«), in denen er etwa 500 Pflanzenarten beschreibt.

STICHWORTVERZEICHNIS

Bildnachweis

akg-images: 46, 81, 113, 116
akg-images/Orsi Battaglini: 102
akg-images /Bildarchiv Steffens: 61, 64
akg-images/Hervé Champollion: 38, 89
akg-images/Electa: 58
akg-images/François Guénet: 23
akg-images/André Held: 108
akg-images/Erich Lessing: 24, 107, 20
akg-images/R. u. S. Michaud: 14
akg-images/RIA Nowosti: 90
akg-images/Pirozzi: 48
Bayerische Staatsbibliothek München/ Köhlers Medizinal-Pflanzen, 1887: 4 (unten), 29, 47, 49, 69, 91, 93, 115, 117
Bibliothèque Nationale de France: 17
bpk: 40, 28
bpk/Alfredo Dagli Orti: 4 (2. von unten), 87
bpk/Scala: 68
Bridgeman Berlin: 41, 62, 111, 114
British Library: 82
Getty Images/ELIOT ELISOFON: 4 (2. von oben), 18
Alexander Haselhoff: 104
Tobias Krejtschi: 4 (1. von oben), 8–9, Rückseite (1. von oben links)
Stockfood: 43, 85
The Thera Foundation – Petros M. Nomikos/The Wall Paintings of Thera: 45
ullstein bild/Hackenberg: 27
ullstein bild/Imagebroker.net: 57, 67, 78
ullstein bild/Kiefer: 86
Universitätsbibliothek Bologna/Canon medicinae, MS 2197: 92
Yale Babylonian Collection: 21

Literatur

André, Jacques: Essen und Trinken im alten Rom, Stuttgart 1998

Beck, C. u. a. (Hg.): Pfefferland. Geschichten aus der Welt der Gewürze, Wuppertal 2002

Borst, Otto: Alltagsleben im Mittelalter, Frankfurt 1985

Dalby, Andrew: Essen und Trinken im alten Griechenland, Stuttgart 1998

Fansa, Mamoun, Katzer, Gernot, Fansa, Jonas (Hg.): Chili, Teufelsdreck und Safran, Oldenburg 2007

Freedman, Paul (Hg.): Essen – eine Kulturgeschichte des Geschmacks, Darmstadt 2007

Holl, Frank (Hg.): Gewürze – sinnlicher Genuss, lebendige Geschichte, Rosenheim 2010

Hottinger, Arnold: Die Mauren. Arabische Kultur in Spanien, München 1995

Lemke, Harald: Ethik des Essens: Eine Einführung in die Gastrosophie, Berlin 2007

Mayer, Dr. Johannes, Uehleke, Dr. med. Bernhard, Saum, Pater Kilian OSB: Handbuch der Klosterheilkunde, München 2007

Peter, Peter: Kulturgeschichte der deutschen Küche, München 2008

Schivelbusch, Wolfgang: Das Paradies, der Geschmack und die Vernunft. Eine Geschichte der Genußmittel, Berlin 1988

Zaouali, Lilia: Medieval Cuisine of the Islamic World: A Concise History with 174 Recipes, Berkeley 2007

Rezepte

ALFONS SCHUHBECK
MEINE KÜCHE DER
Gewürze